過去
問題集

合格
するための

よくわかる **簿記** シリーズ

Exercises in the Exam

全経上級

今後の検定日程

● 第215回全経上級試験

2024年 7 月14日（日）

● 第217回全経上級試験

2025年 2 月16日（日）

検定ホームページアドレス　https://www.zenkei.or.jp/

はしがき

　昨今，めまぐるしく変化するビジネス環境にあわせて，会計のあり方もさまざまに変容しています。これらにいち早く対応できる能力を身につけ，実社会において活躍できる人材になるための通過点，それが全国経理教育協会主催の簿記能力検定試験・上級（全経上級）です。合格者には税理士試験の税法科目の受験資格が与えられることもその一つの表れでしょう。

　全経上級と同様，税理士試験の税法科目の受験資格が得られる簿記能力検定試験に，日本商工会議所主催の日商簿記検定1級があります。

　全経上級と日商1級の出題内容を分析比較してみると，その多くの論点，出題形式が重なっていることに気づきます。しかし，合格率をみてみると，日商1級が毎回10％前後であるのに対し，全経上級は15％前後を維持しています。合格率だけを見れば，日商1級と同様の努力で，同様のリターンが得られるにもかかわらず，全経上級の方が受けやすい試験といえます。

　そうであれば，この機会を利用しない手はありません。すでに日商1級の学習を進められている方であれば，本書を利用し，日商1級と全経上級との違いを把握するだけで，合格への道が開けるのです。

　本書の解説編「解答への道」では，TAC簿記検定講座が教室講座および通信講座の講義を通じて培ったノウハウを随所に活かし，全経上級独特の論点については，特に詳細に解説するよう心がけました。きっと満足してご利用いただけるものと思います。

　読者の皆様が全経上級の合格を勝ち取り，新たなる一歩を踏み出されますよう，心よりお祈りしております。

2024年5月

TAC簿記検定講座

目次

全経上級はこんな試験

　日商簿記1級の出題傾向の変化に伴い，近年，注目を集めているのが全経主催の簿記能力検定試験・上級です。全経簿記上級試験は，日商簿記1級と並ぶ簿記の最高峰資格といわれています。日商簿記検定と同様に簿記の資格として履歴書に書くことができ，経理の仕事を希望する際にも有利な資格です。

主 催 団 体	公益社団法人　全国経理教育協会
受 験 資 格	特に制限なし
試 験 日	7月，2月
試 験 級	上級 ※他，1級〜3級，基礎簿記会計の実施があり，2〜3級にはネット試験もあります。
申込手続き	インターネットによる申込みのみ
申 込 期 間	おおむね試験日の2カ月前より1カ月間 ※試験会場によって異なる場合があります。
受 験 料	¥7,800（税込）
問い合わせ先	公益社団法人 全国経理教育協会 URL：https://www.zenkei.or.jp/

（2024年5月1日現在）

レベル　　商業簿記，会計学，工業簿記及び原価計算について高度な知識を有し，併せて複雑な実務処理能力を有する。

試験科目

科　　　目	配　点	制限時間	科　　　目	配　点	制限時間
商業簿記	100点	2科目あわせて 1時間30分	工業簿記	100点	2科目あわせて 1時間30分
会 計 学	100点		原価計算	100点	

400点満点中，280点以上で合格。ただし，科目ごとの得点で40点未満の科目があるときには不合格となります。

合格率

回　　　数	第201回 （'21年2月）	第203回 （'21年7月）	第205回 （'22年2月）
受 験 者 数	1,783人	1,811人	2,212人
合 格 者 数	253人	256人	309人
合 格 率	14.19%	14.14%	13.97%
第207回 （'22年7月）	第209回 （'23年2月）	第211回 （'23年7月）	第213回 （'24年2月）
1,964人	2,018人	1,791人	1,756人
250人	275人	255人	230人
12.73%	13.63%	14.24%	13.10%

出題論点分析一覧表

第199回～第213回までに出題された論点は以下のとおりです。

なお，記載のない回について全経上級は実施されていません。

商業簿記・会計学

(1) 商業簿記の出題傾向

　　商業簿記では，決算整理を中心とした財務諸表の作成，損益勘定・繰越利益剰余金勘定・決算残高勘定（または繰越試算表）の作成や連結精算表の作成の総合問題が多く出題されています。

(2) 会計学の出題傾向

　　会計学は，理論問題の比重が高く，正誤を判定し，誤っている理由を述べる問題や，文章の空欄に適切な語句を解答する穴埋め問題，規定文の内容理解の論述問題が多く出題され，その他に財務諸表の表示および分析などが出題されています。

　　計算問題は，日商1級と同様，個別計算問題が出題されています。

回　　数	商業簿記	会計学
第199回	問題1　仕訳問題 ・セール・アンド・リースバック取引 問題2　特定項目の金額算定 ・株主資本等変動計算書 問題3　損益勘定・閉鎖残高勘定の作成問題 ・為替予約 ・有価証券 ・社債　ほか	問題1　正誤問題 ・包括利益　ほか 問題2　空欄穴埋め・理論問題 ・ストック・オプション 問題3　理論問題 ・ROAとROE ・純資産負債比率 ・流動比率と当座比率
第201回	問題1　連結精算表の作成問題 ・支配獲得後2期目 ・未実現利益の消去 ・債権債務の相殺消去　ほか 問題2　決算整理後残高試算表の作成問題 ・収益認識 ・オプション取引 ・資産除去債務　ほか	問題1　正誤問題 ・退職給付会計　ほか 問題2　空欄穴埋め・理論問題 ・在外支店の財務諸表項目の換算 ・在外子会社の財務諸表項目の換算 問題3　空欄穴埋め・理論問題 ・企業結合
第203回	問題1　仕訳問題 ・取替法 問題2　仕訳問題・特定項目の金額算定 ・自己株式の処分 ・分配可能額 問題3　損益勘定・閉鎖残高勘定の作成問題 ・固定資産 ・有価証券 ・社債　ほか	問題1　正誤問題 ・誤謬の訂正　ほか 問題2　記号選択・理論問題 ・資本取引・損益取引 問題3　記号選択・理論問題 ・キャッシュ・フロー計算書 ・利息及び配当金の表示区分

回　数	商業簿記	会計学
第205回	**問題1　仕訳問題** ・ストック・オプション **問題2　仕訳問題** ・工事契約 **問題3　損益勘定・閉鎖残高勘定の作成問題** ・当座預金 ・リース取引 ・退職給付　ほか	**問題1　正誤問題** ・資産除去債務　ほか **問題2　理論問題** ・概念フレームワーク **問題3　日数算定と理論問題** ・総資産回転率 ・棚卸資産回転率 ・売上債権回転日数
第207回	**問題1　仕訳問題** ・返品権付販売 **問題2　仕訳問題** ・吸収合併 **問題3　決算整理後残高試算表の作成問題** ・割賦販売取引 ・投資有価証券 ・新株予約権　ほか	**問題1　正誤問題** ・収益認識に関する会計基準　ほか **問題2　理論問題** ・退職給付に関する会計基準 **問題3　理論問題** ・自己株式
第209回	**問題1　損益勘定・閉鎖残高勘定の作成問題** ・有価証券 ・社債 ・ストック・オプション　ほか **問題2　仕訳問題** ・有価証券の認識 **問題3　仕訳問題** ・商品有高帳 ・三分法と売上原価対立法	**問題1　正誤問題** ・リース取引　ほか **問題2　金額計算と理論問題** ・資産除去債務に関する会計基準 **問題3　理論問題と仕訳問題** ・収益認識に関する会計基準 ・契約の変更
第211回	**問題1　仕訳問題** ・連結会計 **問題2　仕訳問題** ・ソフトウェア ・固定資産の減損会計 **問題3　損益勘定・閉鎖残高勘定の作成問題** ・商品の期末評価（洗替法） ・有価証券 ・従業員賞与　ほか	**問題1　正誤問題** ・リース取引　ほか **問題2　理論問題** ・自己株式 **問題3　記号選択・数値計算問題** ・ROAとROE
第213回	**問題1　仕訳問題** ・収益認識に関する会計基準 **問題2　仕訳問題** ・連結会計 **問題3　決算整理後残高試算表の作成問題** ・クレジット売掛金 ・オプション取引 ・有形固定資産の買換え　ほか	**問題1　正誤問題** ・1株当たり当期純利益　ほか **問題2　空欄記入と財務諸表作成問題** ・キャッシュ・フロー計算書 **問題3　記号選択と理論問題** ・時価算定に関する会計基準 ・使用価値と正味売却価額

工業簿記・原価計算

(1) 工業簿記の出題傾向

　　工業簿記の出題形式は，仕訳・勘定記入・損益計算書の作成・理論・記述（２方法の計算結果の違いを文章で説明）と多岐に渡り，個別原価計算・総合原価計算・標準原価計算からの出題が多くなっています。

(2) 原価計算の出題傾向

　　原価計算の出題形式は，金額そのものを問うものと理論に大別され，CVP分析・設備投資の意思決定などからの出題が多くなっています。

回　数	工業簿記	原価計算
第199回	問題１　実際等級別総合原価計算 ・各等級製品の当月投入量の積数 ・各等級製品に按分される当月製造費用 ・等級製品Ｃの異常減損費 ・各等級製品の完成品総合原価と月末仕掛品原価 問題２　本社工場会計 ・工場側で行われる仕訳 問題３　標準原価計算 ・原料配合差異と原料歩留差異	問題１　ＤＣＦ法による企業価値評価 ・Ｍ社のフリーキャッシュフロー ・Ｍ社の企業価値 ・Ｍ社買収による当社のキャッシュフローの増減額 ・当社の企業価値を増加させる買収額の上限 問題２　セグメント別のＣＶＰ分析 ・損益分岐点売上高 ・Ａ事業部の最低売上高 ・来期の全社的損益分岐点売上高におけるＢ事業部売上高 問題３　記述問題（機会原価とは何か）
第201回	問題１　標準ロット別原価計算（修正パーシャル・プラン） ・当月完成品原価と月末仕掛品原価 ・振替仕訳 ・仕掛品勘定で把握される標準原価差異 ・材料数量差異と製造間接費差異の内訳 ・記述（購買活動の管理） 問題２　標準原価計算 ・原価要素別標準数量・時間を正常仕損率分だけ増やす方法による仕掛品勘定 ・正味標準製造原価に特別費として正常仕損費を加算する方法による仕掛品勘定	問題１　活動基準原価計算 ・直接作業時間基準の配賦率と単位当たり配賦原価 ・活動基準原価計算での単位当たり配賦原価 ・ＴＤＡＢＣを採用した場合の配賦率，活動当たり原価，製品ごとの活動原価，単位当たり配賦原価 ・月間の未利用キャパシティ・コスト 問題２　最適プロダクト・ミックス ・最適プロダクト・ミックスと全体の利益 ・固定費を追加し各プロセスの生産能力が増加した場合の最適プロダクト・ミックス
第203回	問題１　費目別計算（材料費計算） ・外部副費と内部副費の実際発生額 ・材料副費予定配賦率 ・材料副費配賦差異の分析（固定予算） ・材料勘定の記入 問題２　連産品と副産物 ・副産物に関する仕訳 ・連産品の等価係数（正常市価基準） ・月末仕掛品原価と当月完成品原価（度外視法） 問題３　記述問題（複合費）	問題１　取替投資の意思決定 ・旧機械を利用した場合の売上，税引前会計上の利益，ネット・キャッシュフロー，正味現在価値 ・新機械を購入した場合の税引前会計上の利益，ネット・キャッシュフロー，正味現在価値 ・代替案の選択 問題２　新規投資の意思決定 ・記述（内部収益率の意義） ・内部収益率 ・記述（内部収益率の問題点） 問題３　空欄補充（原価企画）

回　数	工業簿記	原価計算
第205回	**問題1　工程別単純総合原価計算（累加法）** ・第1工程の計算（平均法・非度外視法） ・第2工程の計算（平均法・非度外視法） ・記述（異常仕損費の会計処理） **問題2　直接原価計算** ・直接原価計算方式の損益計算書 ・固定費調整の仕訳 ・全部原価計算方式の損益計算書	**問題1　予算実績差異分析** ・全社的売上総利益差異と詳細分析 ・単位当たり売上総利益差異の詳細分析 **問題2　事業部の業績測定** ・全部原価計算方式の事業部別損益計算書 ・直接原価計算方式の事業部損益計算書（市価差引基準） ・記述（Y事業部の閉鎖の適否） **問題3　記述問題（埋没原価の意義）**
第207回	**問題1　単純個別原価計算** ・材料費，労務費，製造間接費の計算 ・個別原価計算（仕損あり） **問題2　単純総合原価計算** ・正常減損費の処理方法（記述） ・仕掛品勘定の作成（先入先出法・度外視法・正常減損2種類） ・仕掛品勘定の作成（先入先出法・度外視法・正常減損と異常減損） **問題3　空欄補充（製品別計算）**	**問題1　材料の経済的発注量** ・経済的発注量に関する公式の導出 ・経済的発注量の計算 **問題2　品質原価計算** ・空欄補充（品質原価の分類） ・改善前の品質原価の計算 ・改善後の品質原価の計算
第209回	**問題1　部門別計算（単一基準配賦法・予定配賦）** ・補助部門費の予定配賦率と配賦差異総額（階梯式配賦法） ・製造部門費の予算額と予定配賦率 ・製造部門費の配賦差異総額と細分析 ・記述（望ましい補助部門費の配賦方法） **問題2　標準原価計算** ・受入価格差異を会計処理後の材料有高 ・標準原価差異が少額の場合の会計処理の仕訳 ・標準原価差異の会計処理後の各残高 **問題3　記述問題（原価計算制度上の原価の本質）**	**問題1　CVP分析** ・各製品の単位当たり貢献利益 ・各製品の売上高が一定の場合のCVP分析（損益分岐点売上高，目標利益達成売上高，安全余裕率，経営レバレッジ係数） ・売上高が5％変動した場合の税引後営業利益の変動率 **問題2　自製か購入かの意思決定** ・必要量500個の場合の自製か購入かの意思決定 ・必要量1,500個の場合の自製か購入かの意思決定 ・自製する方が有利となる数量の範囲 **問題3　空欄補充問題（活動基準原価計算）**
第211回	**問題1　等級別総合原価計算** ・単純総合原価計算に近い方法 ・正常減損費の追加配賦 ・各等級製品の当月製造費用の推定 ・記述（正常減損費が良品に含まれる理由） **問題2　個別原価計算** ・製造指図書別原価計算表 ・製造間接費の差異分析 ・記述（基準操業度が平均操業度の場合と実際的生産能力の場合の操業度差異の意味）	**問題1　予算・実績差異分析** ・予算・実績差異分析総括表 ・変動売上原価差異の分析 ・マーケット・シェア分析（総額分析） **問題2　設備投資の意思決定（新規投資）** ・新型製品により獲得できる年間の税引後利益 ・新規投資案のキャッシュ・フローと正味現在価値 ・旧型製品のキャッシュ・フロー減少額 ・課税所得がない場合のキャッシュ・フロー **問題3　空欄補充（企業の組織単位）**
第213回	**問題1　単純総合原価計算（先入先出法）** ・正常仕損終点発生・非度外視法 ・記述（原価計算基準における非原価項目） ・正常仕損・異常仕損途中点発生・非度外視法 ・正常仕損・異常仕損途中点発生・度外視法 ・記述（度外視法での正常仕損費の負担割合） **問題2　単純総合原価計算（追加材料で製品が増量する場合）** ・追加材料を途中点で全量投入した場合と平均投入した場合の月末仕掛品の重量 ・仕掛品勘定の記入 **問題3　記述問題（連産品の原価計算の特徴）**	**問題1　最適プロダクト・ミックスの決定** ・各製品の単位当たり貢献利益 ・最適プロダクト・ミックスとその際の営業利益 ・設計見直しをした場合とさらに機械をリースした場合の最適プロダクト・ミックスとその利益 ・記述（リースに関する意思決定の良否） **問題2　CVP分析** ・損益分岐点売上高と安全余裕率 ・記述（損益分岐点算定の際の営業外損益の扱い） ・経営レバレッジ係数と営業利益増加額 ・記述（全経電機の安全性）

日商1級との違いからみる全経上級攻略メソッド

商　業　簿　記

　商業簿記については，解答形式に違いがあるものの，総合問題形式で出題され，内容も日商1級とほぼ同じです。したがって，**日商1級と同様の学習で全経上級の対策が可能です。**

　具体的には，財務諸表の作成，損益勘定・繰越利益剰余金勘定・決算残高勘定（または繰越試算表）の作成問題などがありますが，これらに対応するためには，日商1級で学習した**決算整理事項の確認を必ず行ってください。**ただし，**全経上級独特の勘定科目**で仕訳する場合がありますので，注意が必要です。

　また，連結会計の問題は，日商1級と違って精算表で出題される場合もありますので，**連結修正仕訳**とともに，日商2級で学習する**精算表の作成方法**についても確認を行ってください。

会　計　学

▶ 理論問題

　会計学については，日商1級とは違って，理論問題の比重が高く，**個別の対策が必要**となります。

　具体的には，誤りの理由を述べる正誤判定問題，文章の穴埋め問題，論述問題が出題されるので，テキスト，理論問題集や法規集を利用し，理解を深める必要があります。ただ，多くは計算項目と深く関連しているため，**計算項目と関連づけて理解**するのがよいでしょう。内容としては，**近年，新たに設定された会計基準**，財務諸表の表示に関した**財務諸表等規則**がよく出題されているので，その内容を中心に学習しましょう。また，繰り返し出題されている問題が多くありますので，**過去既出問題は，法規集等で必ず確認**を行ってください。

▶ 計算問題

　計算問題は，日商1級と同じく，個別問題形式で出題され，内容もほぼ同様なので，**日商1級と同様の学習で対策が可能**です。

　また，全経上級特有の論点として**財務分析**があります。ただ，同じような内容が繰り返し出題されていますので，過去既出問題で必ず確認を行ってください。

工業簿記・原価計算

　工業簿記・原価計算については，日商1級と同様の学習で対策が可能ですが，頻出度において，若干の違いがあります。以下に全経上級における最頻出論点（★），頻出論点（☆）を示しますので学習の際の参考にしてください。

▶ 個別原価計算
　★部門別計算
　☆製品別計算（含・仕損）

▶ 総合原価計算
　★工程別総合原価計算（累加法・非累加法）
　☆等級別総合原価計算

▶ 標準原価計算
　★勘定記入と差異分析
　☆仕損（減損）差異
　☆原価差異の会計処理

▶ 直接原価計算
　★CVP分析
　☆最適セールスミックス
　☆事業部の業績測定

▶ 経営意思決定
　☆差額原価収益分析
　★設備投資の意思決定

▶ 戦略の策定と遂行のための原価計算
　☆品質原価計算
　☆活動基準原価計算

　全経上級特有の論点が以前はありましたが，近年の出題論点は日商1級とほぼ同様となっています。ただし，**企業価値評価**については，日商1級での出題はありませんが，全経上級での出題は一定の頻度であり，知識に不安のある方は，本書で確認しておいてください。

　そして，**理論問題**については，上に示した最頻出論点（★）について，**用語の定義**が問われるほか，**計算の流れ**を記述させる問題が出題されます。原価計算基準の文言と実際の計算過程が結びつくようにしておきましょう。

本書の使い方

　過去問題は回数別に収録してありますので，時間配分を考えながら過去問演習を行ってください。解答にあたっては巻末別冊に収載の「解答用紙」を抜き取ってご利用ください（「サイバーブックストア」よりダウンロードサービスもご利用いただけます）。また，解答用紙の最後にあるチェック・リストを活用し，過去問演習を繰り返すことで，知識を確かなものにしてください。

　なお，vi〜ixページに過去の「出題論点分析一覧表」がありますので，参考にしてください。

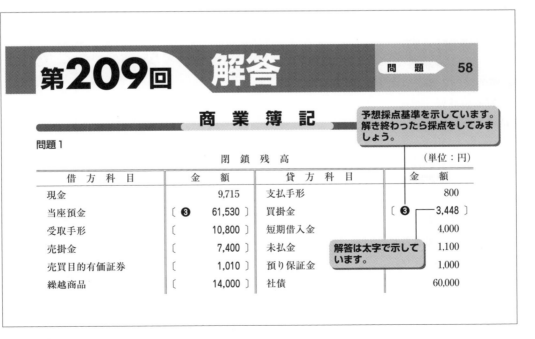

会　計　学

必要に応じて会計基準の改定・法改正などによる改題を加えています。

問題1 改

　次の文章のうち，一般に公正妥当と認められる会計諸基準（企業会計原則・同注解をはじめとする各種会計基準，意見書等は令和6年4月1日現在のものを有効とする。）に照らして，正しいものには○を，誤っているものには×を正誤欄に記入し，×を記入した場合にはその理由を理由欄に述べなさい。なお，重要性の原則の適用はないものとする。

1．「企業会計原則注解」によれば，企業会計は，予測される将来の危険に備えて，慎重な判断に基づく会計処理を行うことができる。
2．「企業会計原則注解」によれば，内部利益とは，会計単位内部における原材料，半製品等の振替から生ずる未実現の利益を言う。
3．「金融商品に関する会計基準」によれば，債務者から契約上の利払日を相当期間経過しても利息の支払を受けていない債権及び破産更生債権等については，すでに計上されている未収利息を当期の損失として処理するとともに，それ以後の期間に係る利息を計上してはならない。
4．「金融商品に関する会計基準」によれば，その他有価証券は，「時価の算定に関する会計基準」に従い算定された時価をもって貸借対照表価額とするが，継続適用を条件として，期末前1ヵ月間の市場価格の平均にもとづいて算定された価額を用いることもできる。

第209回　解答

問　題　58

商　業　簿　記

予想採点基準を示しています。解き終わったら採点をしてみましょう。

問題1

	閉　鎖　残　高		（単位：円）
借　方　科　目	金　額	貸　方　科　目	金　額
現金	9,715	支払手形	800
当座預金	〔 ❸　61,530 〕	買掛金	〔 ❸ ─ 3,448 〕
受取手形	〔　10,800 〕	短期借入金	4,000
売掛金	〔　7,400 〕	未払金	1,100
売買目的有価証券	〔　1,010 〕	預り保証金	1,000
繰越商品	〔　14,000 〕	社債	60,000

解答は太字で示しています。

xii

〈解答への道〉

商 業 簿 記 解 説

問題1 ● 仕訳問題（以下，単位：千円）

解答にあたり，別法がある場合など，「参考」として入れています。

参考1 リース料受取時に売上高と売上原価を計上する方法

(1)～(3)において，リース料受取時に売上高と売上原価を計上する方法により処理すると，以下のとおりとなる。

(1) ×1年4月1日：リース取引開始時

リース取引開始時にリース物件の購入価額によりリース投資資産を計上する。

（リース 投 資 資 産）	5,550	（買　　　掛　　　金）	5,550

(2) ×2年3月31日：リース料受取時

リース料受取額を売上に計上する。また，リース料受取額から利息相当額を控除した元本回収額をリース投資資産から減額するとともに売上原価に計上する。

（現　　　　　　　金）	2,000	（売　　　上　　　高）	2,000
（売　上　原　価）（＊）	1,778	（リース 投 資 資 産）	1,778

問1 空欄記入問題　　　　　　　　　　「金融商品に関する会計基準　14，26，【注5】」

金銭債権の貸借対照表価額は，**取得価額**(a)から貸倒見積高にもとづいて算定された**貸倒引当金**(b)を控除した額とする。ただし，金銭債権を債権金額より低いまたは高い価額で取得した場合において，取得価額と債権金額との差額（取得差額）の性格が**金利の調整**(c)と認められるとき（金利は，償却原価法に基づいて算定された価額から貸倒見積高に基づいて算定された貸倒引当た金額としなければならない。

適宜，図解や表を入れ，わかりやすく説明しています。

取　得　の　形　態		貸借対照表価額
債権金額＝取得価額（原則的評価）		B／S価額＝取得価額－貸倒引当金
債権金額 ≠ 取得価額	取得差額が金利調整差額と認められない場合	
	取得差額が金利調整差額と認められる場合	B／S価額＝償却原価－貸倒引当金

全経Point

全経では，金利区分法がよく出題されるのでしっかりマスターしておこう!!

全経上級試験において，注意すべきポイントを「全経Point」として示しています。

第**1**部

問題編

商　業　簿　記

（注意事項）
(1)　計算を容易にするために，数値を極端に小さくしている箇所がある。
(2)　計算の過程で端数が生じた場合には，特に指定がない限り，解答の最終段階で円未満を四捨五入する。

問題1

　当社は，2×05年4月1日に，全経リース社に備品を売却するとともに，当社が借手，全経リース社が貸手となり，その全部をリースバックした。取引の条件等は〈資料〉に示したとおりである。この取引に関する以下の(1)～(3)の当社の仕訳を答えなさい。なお，会計期間は4月1日から3月31日の1年間である。

(1)　2×05年4月1日
　①　全経リース社と保有する備品についてセール・アンド・リースバック取引に係る契約を締結し，全経リース社に備品を売却した。
　②　売却した備品をリースバックし，リース取引を開始した。
(2)　2×06年3月31日，リース料を現金で支払った。
(3)　2×06年3月31日，決算にあたり，リースバックした備品に必要な処理を行った。

〈資料〉
(1)　売却した備品に関するデータ
　①　取得日：2×03年4月1日
　②　取得原価：420,000円
　③　減価償却方法：定額法・耐用年数6年・残存価額0円
　　　なお，過年度の減価償却は適切に行われており，間接法で記帳している。
　④　売却価額：334,540円　代金は現金で受領した。
(2)　リースバック取引の契約内容
　①　解約不能のリース期間：4年
　②　リース料：年額90,000円（毎年3月31日に現金で後払いする。）
　③　リースバック後の経済的耐用年数：4年
　④　貸手の計算利子率：3％（借手もこれを知り得る。）
　⑤　リース期間終了後，備品の所有権は無償で当社に移転する。
(3)　利息の計算にあたっては，以下の年3％の年金現価係数を用いること。

n	1	2	3	4
年金現価係数	0.9709	1.9135	2.8286	3.7171

問題2

〈資料〉により，次の株主資本等変動計算書の空欄①〜⑧に入る金額を示しなさい。なお，負の金額は下表のとおり△で表し，金額が入らない場合は0とすること。

株主資本等変動計算書
自2×01年4月1日 至2×02年3月31日 （単位：円）

	株主資本								新株予約権	純資産合計
		資本剰余金		利益剰余金			自己株式	株主資本合計		
					その他利益剰余金					
	資本金	資本準備金	その他資本剰余金	利益準備金	別途積立金	繰越利益剰余金				
当期首残高	2,000,000	300,000	50,000	100,000	200,000	450,000	△10,000	3,090,000	5,000	3,095,000
当期変動額										
新株の発行										
新株の発行（新株予約権の行使）										
剰余金の配当など				③		④		⑦		
当期純利益又は当期純損失						⑤				
自己株式の消却			②							
株主資本以外の項目の当期変動額（純額）									⑧	
当期変動額合計										
当期末残高	①						⑥			

〈資料〉株主資本等に係る期中取引等

(1) 2×01年5月1日，新株予約権（帳簿価額2,000円）が行使されたため，新株を発行し，それに伴い500,000円の払い込みを受けた。なお，資本金には会社法が定める最低額を組み入れた。

(2) 2×01年6月23日，定時株主総会を開催し，次の要領で剰余金の配当等を議決した。

配当金総額　100,000円（すべて繰越利益剰余金を財源とする）

準備金　会社法が定める最低額

別途積立金　30,000円

(3) 2×01年9月10日，帳簿価額3,000円の自己株式を消却した。

(4) 2×02年3月31日，決算にあたり，当期純損失25,000円を計上した。

問題3

全経商事株式会社（会計期間は4月1日から3月31日までの1年間）の2×05年3月期に関する以下の〈資料1〉及び〈資料2〉にもとづき，解答用紙に示した損益勘定と閉鎖残高勘定を完成させなさい。

〈注意事項〉

(1) 税効果会計は考慮しなくてよい。

(2) 利息や減価償却費などの時の経過に伴い発生する収益及び費用は，月割計算を行う。

(3) 特に指示のない限り，原則的な処理方法によること。

〈資料1〉決算整理前残高試算表

決算整理前残高試算表
2×05年3月31日　　　　　　　　　　　　　（単位：円）

借方科目	金額	貸方科目	金額
現金	163,051	買掛金	106,550
当座預金	431,800	電子記録債務	21,450
売掛金	362,000	仮受消費税等	80,000
電子記録債権	21,000	社債	1,000,000
売買目的有価証券	110,000	社債発行差金	12,168
繰越商品	92,000	貸倒引当金	5,420
仮払消費税等	56,000	建物減価償却累計額	270,000
仮払法人税等	80,000	備品減価償却累計額	102,400
建物	675,000	資本金	2,000,000
備品	160,000	資本準備金	120,000
土地	1,800,000	利益準備金	34,000
商標権	41,600	繰越利益剰余金	128,000
その他有価証券	200,000	その他有価証券評価差額金	30,000
子会社株式	340,000	売上	3,210,000
長期性預金	200,000	受取配当金	1,600
仕入	2,245,000		
給料手当	107,500		
広告宣伝費	14,500		
雑費	1,869		
社債利息	20,268		
合計	7,121,588	合計	7,121,588

〈資料2〉決算整理事項等

1. 決算にあたって取引銀行から取り寄せた当座預金口座の期末の残高証明書によると，残高は411,400円であり，当座預金勘定残高と一致しないため，その原因を調べたところ，以下の事実が判明した。

  (1) 過年度に貸倒れとして処理した売掛金の回収額1,300円の振込みがあったが，その通知が未達であった。

  (2) 得意先からの売掛金の振込み6,000円を8,000円と誤記していた。

  (3) 広告宣伝費支払いのために振り出した小切手1,800円が先方に渡されておらず，金庫に保管されていた。

  (4) 社債利息の自動引落し21,500円が未処理であった（〈資料2〉7参照）。

2. 売上債権の期末残高に対して，差額補充法により2％の貸倒引当金を設定する。

3. 当期末に保有する有価証券は次のとおりである。

  (1) 売買目的有価証券

銘柄	帳簿価額	期末時価
A社	50,000円	55,000円
B社	60,000円	48,000円

(2) その他有価証券（株式）

銘柄	取得原価	期末時価	備考
C社	70,000円	90,000円	全部純資産直入法によって処理するが，評価差額に係る期首の振戻し処理は行っていない。
D社	100,000円	－	D社（当期末の純資産額350,000円）の発行済株式総数の10%に相当する。D社株式の実質価額が著しく下落しているため，減損処理を行う。

(3) 子会社株式

銘柄	帳簿価額	期末時価
E社	340,000円	370,000円

4．期末商品棚卸高は，次のとおりである。

種類	帳簿棚卸数量	実地棚卸数量	取得原価	正味売却価額
A商品	300個	290個	@100円	@ 94円
B商品	100個	95個	@500円	@620円

B商品の実地棚卸高のうち10個は品質低下のため，@280円に切り下げる。商品評価損及び棚卸減耗損は売上原価に算入するため，仕入勘定に振り替える。

5．固定資産の減価償却については，以下のとおりである。なお，過年度の減価償却はすべて適切に行われている。

建物：定額法　耐用年数30年　残存価額はゼロ

備品：定率法　耐用年数5年　償却率40%

6．買掛金のうち，22,000円はドル建ての買掛金＄200である。2×05年3月1日に，同買掛金の決済日である2×05年4月30日を期日として，＄1＝115円で為替予約契約を締結したが未処理である。なお，2×05年3月1日の直物為替レートは＄1＝113円であり，振当処理で処理する。

7．社債は，当期首に額面総額1,000,000円（償還期間：5年，利率：年4.3%，利払日：9月末日及び3月末日）を@101.34円で打歩発行したものである。額面金額と発行価額の差額は社債発行差金勘定を用いて，償却原価法（利息法・実効利子率は年4%）により処理する。2×04年9月末日の社債利息の支払い及び償却原価法については適切に処理されているが，2×05年3月末日の社債利息の自動引落し（〈資料2〉1⑷参照）及び償却原価法の処理は行われていない。

8．商標権は2×02年12月1日に取得したもので，耐用年数10年で定額法により償却している。

9．長期性預金は，2×04年11月1日に満期5年，利率は年2.4%，利息は満期日に元金とともに受け取るという条件で預け入れたものである。

10．消費税等に関する期末の処理を行う。

11．当期の法人税等180,000円を計上する。

会 計 学

問題1 改

　次の文章のうち，一般に公正妥当と認められる会計諸基準（企業会計原則・同注解をはじめとする各種会計基準，意見書等は令和6年4月1日現在のものを有効とする。）に照らして，正しいものには○を，誤っているものには×を正誤欄に記入し，×を記入した場合にはその理由を理由欄に述べなさい。なお，重要性の原則の適用はない。

1．企業会計原則によれば，未払費用及び未収収益は，当期の損益計算から除去し，前払費用及び前受収益は，当期の損益計算に計上しなければならない。

2．企業会計原則注解によれば，将来の特定の費用又は損失であって，その発生が当期の事象に起因し，発生の可能性が高く，かつ，その金額を合理的に見積ることができる場合には，当期の負担に属する金額を当期の費用又は損失として引当金に繰入れるものとする。

3．連結キャッシュ・フロー計算書等の作成基準によれば，現金同等物とは要求払預金をいう。

4．固定資産の減損に係る会計基準によれば，資産又は資産グループから得られる割引後将来キャッシュ・フローの総額が帳簿価額を下回る場合には，減損損失を認識する。

5．自己株式及び準備金の額の減少等に関する会計基準によれば，自己株式処分差益は，その他資本剰余金に計上する。

6．棚卸資産の評価に関する会計基準によれば，通常の販売目的で保有する棚卸資産について，期末における正味売却価額が取得原価よりも下落している場合には，正味売却価額をもって貸借対照表価額とすることを原則とするが，再調達原価の方が把握しやすく，正味売却価額が再調達原価に歩調を合わせて動くと想定される場合には，継続適用を条件として再調達原価によることができる。

7．資産除去債務に関する会計基準によれば，資産計上された資産除去債務に対応する除去費用は，減価償却を通じて，当該有形固定資産の残存耐用年数にわたり，各期に費用配分する。

8．会計上の変更及び誤謬の訂正に関する会計基準によれば，有形固定資産等の減価償却方法の変更は会計方針の変更であるため，新たな会計方針を過去の期間のすべてに遡及適用する。

9．包括利益の表示に関する会計基準によれば，包括利益を表示する計算書として，当期純利益を表示する損益計算書と包括利益を表示する包括利益計算書からなる形式（2計算書方式）と，当期純利益の表示と包括利益の表示を1つの計算書で行う形式（1計算書方式）とが認められている。

10．退職給付に関する会計基準によれば，年金資産の額は，期末における時価（公正な評価額をいう。ただし，金融商品を除く）により計算する。

問題2

　企業会計基準第8号「ストック・オプション等に関する会計基準」における次の定めに関連して，以下の問1〜問4に答えなさい。

　4．ストック・オプションを付与し，これに応じて企業が従業員等から取得する ［　(a)　］ は，その取得に応じて費用として計上し（ア），対応する金額を，ストック・オプションの権利の行使又は失効が確定するまでの間，貸借対照表の純資産の部に新株予約権として計上する（イ）。

　　　　　　　　　　　　　　　　……

　8．ストック・オプションが権利行使され，これに対して新株を発行した場合には，新株予約権として計上した額（第4項）のうち，当該権利行使に対応する部分を ［　(b)　］ に振り替える。

　　なお，新株予約権の行使に伴い，当該企業が ［　(c)　］ を処分した場合には，［　(c)　］ の取得原価と，新株予約権の帳簿価額及び権利行使に伴う ［　(d)　］ の合計額との差額は，［　(e)　］ であり，（以下略）

　9．権利不行使による失効が生じた場合には，新株予約権として計上した額（第4項）のうち，当該失効に対応する部分を ［　(f)　］ として計上する。

問1　本文中の(a)から(f)の ［　　　　　］ の中に適切な用語を入れなさい。

問2　下線部（ア）に関連して，費用認識の根拠を説明しなさい。

問3　下線部（イ）に関連して，企業会計基準第8号の公表以前に新株予約権は仮勘定として負債の部に計上されていたが，企業会計基準第8号では貸借対照表の純資産の部に計上されるようになった理由を簡潔に説明しなさい。

問4　費用認識の相手勘定について，権利確定日以前から払込資本として計上する処理の問題点を，権利確定日以前には一旦は純資産の部に新株予約権として計上しておき，権利確定日後に権利行使の有無に応じて ［　(b)　］ 又は ［　(f)　］ に振り替える処理の立場から説明しなさい。

問題3

　以下の財務諸表分析に関する問1〜問3に答えなさい。

問1　ＲＯＡとＲＯＥの違いについて，誰にとっての収益性（投資の効率性）かという観点から簡潔に説明しなさい。

問2　長期的視点からは純資産負債比率が低いほうが安全である理由を簡潔に述べなさい。

問3　(1)　流動比率は，かつてアメリカの銀行が融資先に200％以上であることを求めた財務指標である。100％以上であれば，流動負債は返済できるはずであるのに200％以上が求められる理由を簡潔に述べなさい。

　　　　(2)　上記(1)の点をふまえて考案された財務指標は何か。

第199回　問題

工 業 簿 記

問題 1

　全経油脂工業では，1つの工程を使って3つの等級製品を連続的に生産している。当月製造費用については，原価材の投入量の積数の比で各等級製品に按分する。また，直接材料は工程の始点ですべて投入されている。月末仕掛品の計算は平均法による。減損費の処理は非度外視法である。〈資料〉にもとづき，問1から問4に答えなさい。なお，割り切れない場合は最終的な解答において小数点以下第1位を四捨五入すること。

〈資料〉
　1．各等級製品の生産データは以下のとおりである。
　　　等級製品Aと等級製品Bには正常減損が発生している。等級製品Bについては，正常減損は工程を通じて平均的に発生している。また，等級製品Cには異常減損が発生している。

	等級製品A	等級製品B	等級製品C
月初仕掛品（kg）	100	200	200
加工進捗度	0.3	0.4	0.5
完成品（kg）	3,800	4,600	3,600
月末仕掛品（kg）	200	800	400
加工進捗度	0.6	0.5	0.4
正常減損（kg）	100	200	－
減損発生点	0.4	平均発生	－
異常減損（kg）	－	－	100
減損発生点	－	－	0.2

　2．各等級製品の等価係数は以下のとおりである。

等価係数	等級製品A	等級製品B	等級製品C
直接材料費	1	0.8	0.6
加工費	1	0.7	0.5

　3．当月の原価データは以下のとおりである。

　　　月初仕掛品原価

	等級製品A	等級製品B	等級製品C
直接材料費	86,500円	152,000円	153,000円
加工費	12,420円	23,700円	26,400円

　　　当月製造費用

直接材料費	2,665,000円
加工費	1,392,600円

問1 各等級製品について，当月の投入量の積数を計算しなさい。
問2 各等級製品に按分される当月製造費用を計算しなさい。
問3 等級製品Cの異常減損費を計算しなさい。
問4 各等級製品の完成品総合原価と月末仕掛品原価を計算しなさい。

問題2

全経精密工業は本社と工場の会計を独立させている。次の取引について，工場側で行われるべき仕訳を答えなさい。なお，使用する勘定科目は以下から適切なものを選ぶこと。また，仕訳が不要の場合には借方金額欄に「仕訳なし」と記入すること。

材　料　賃金給料　仕　掛　品　製造間接費　製　品　買掛金
売　掛　金　内部売上原価　内部売上　預り金　本　社

⑴ 本社は材料320,000円を掛けで仕入れ，材料は工場の倉庫に搬入された。
⑵ 工場において，直接材料250,000円，間接材料70,000円を消費した。
⑶ 本社は工場の従業員に対して，給与500,000円を支給し，納税等のための預り金50,000円を差し引いた金額が従業員に手渡された。
⑷ 工場で完成した製品を本社に納入したが，その際に製品原価1,200,000円に12％の内部利益を加算した金額で本社に納入した。
⑸ ⑷で本社に納入した製品が2,000,000円で掛けで販売された。

問題3

全経化学工業では，製品Aについて原料Xと原料Yを配合して生産している。原価計算は標準原価計算を採用している。当月の次の〈資料〉にもとづき，原料配合差異と原料歩留差異を計算しなさい。なお，差異の数字にはプラスマイナスを付けず，有利な差異か不利な差異かに○をすること。

〈資料〉
1．標準のデータ

	数量（kg）	単価（円/kg）	計（円）
原料X	8	600	4,800
原料Y	2	300	600
計	10		5,400

製品Aの1単位あたり重量　9kg

2．当月における実績

原料Xの消費量	2,198kg
原料Yの消費量	942kg

製品Aの生産量　2,790kg

3．月初・月末に仕掛品はない。

原 価 計 算

問題1

全経工業株式会社（以下，当社）は，産業用機械を製造・販売している中規模企業である。当社では，従来から加工作業の一部をM社に外注していたところであったが，このたび，M社に買収提案をするか否かを検討することになった。次の〈資料〉にもとづいて問1から問5に答えなさい。なお，利益に対する税率は30％であり，割り切れない場合は最終的な解答において小数点以下第1位を四捨五入すること。

〈資料〉

1. 直近のM社の財務諸表（単位：千円）

貸借対照表

流 動 資 産	30,000	負　　　　債	40,000
固 定 資 産	50,000	純　資　産	40,000
	80,000		80,000

損益計算書

費　　　　用	77,900	売　上　高	80,000
税 引 後 利 益	2,100		
	80,000		80,000

費用のうち非現金支出費用は減価償却費9,400千円である。また，支払利息は2,000千円である。

2. 資本コスト

M社の貸借対照表やその他の情報を収集して同社の資本コストを推定したところ，M社の負債資本コストは5％，自己資本コストは？％であり，加重平均資本コストは7％である。また，当社においては，投資決定において資本コスト8％を設定している。

3. 現価係数表

利子率	1年	2年	3年	4年	5年
7％	0.935	0.873	0.816	0.763	0.713
8％	0.926	0.857	0.794	0.735	0.681

問1 M社の自己資本コストは何％か計算しなさい。

問2 〈資料〉にもとづいてM社の年間フリーキャッシュフロー（＝税引後利益＋減価償却費＋支払利息×（1－税率））を計算しなさい。

問3 以下に示す仮定にもとづいて，それぞれのケースにおけるM社の企業価値を計算しなさい。

① 問2で計算した年間フリーキャッシュフローが将来5年間継続し，5年後のM社のターミナルバリューは72,000千円である。

② 問2で計算した年間フリーキャッシュフローが将来無限に継続する。

問4 M社を買収するか否かを検討するため，M社買収によって次年度の当社のキャッシュフローがどのように変化するかを予測する。そのための以下に示す追加資料にもとづいて，年間の当社のキャッシュフロー増減額を計算しなさい。非現金支出費用は減価償却費のみである。なお，減少する場合には金額の前に△を付しなさい。

〈追加資料〉　　　　　　　　　　　　　　（単位：千円）

	金　額
売　上　高　の　増　加	90,000
外　注　加　工　費　の　減　少	3,000
人　件　費　の　増　加	32,000
減　価　償　却　費　の　増　加	15,000
その他業務費用の増加	30,000

問5　当社の企業価値を増加させるためには，買収提案において買収額は何千円以下にするべきか。問4で計算した次年度のキャッシュフローは次年度を含めて5期間継続し，5年を超えた期間においては，問4のキャッシュフローの半額が継続的に得られる。なお，買収を実行する際の諸経費は考慮しないものとする。

問題2

次の〈資料〉に示す事業部別損益計算書にもとづいて，下記の問1から問4に答えなさい。なお，割り切れない場合には最終的な解答の小数点以下を切り上げなさい。

〈資料〉

当期における事業部別損益計算書　　　　　　　　　　　　　　　　　　　（単位：千円）

	A事業部	B事業部	C事業部	全　社
売　　上　　高	200,000	300,000	500,000	1,000,000
変　　動　　費	80,000	150,000	275,000	505,000
（　　ア　　）	120,000	150,000	225,000	495,000
個　別　固　定　費	130,000	120,000	180,000	430,000
セグメント・マージン	△10,000	30,000	45,000	65,000
共　通　固　定　費				80,000
営　業　利　益				△15,000

問1　事業部別損益計算書の空欄（　ア　）に入る適切な用語を解答欄に記入しなさい。

問2　資料の全社欄を利用して，全社的損益分岐点売上高を計算しなさい。また，そのときの各事業部の売上高を計算しなさい。

問3　A事業部が共通固定費の回収に貢献するためには，最低でいくらの売上高が必要となるか。

問4　来期においてA事業部の売上高は185,000千円になり，B事業部の一層の販売努力によってB事業部とC事業部の売上高は1：1の割合になると予測される。このとき，全社的損益分岐点におけるB事業部売上高を計算しなさい。なお，各事業部における変動費率，個別固定費，および共通固定費は，当期と同様とする。

問題3

機会原価とは何か。60字以内で説明しなさい。

第201回　問題

制限時間90分

商　業　簿　記

問題1

次の〈資料〉（金額は意図的に小さくしている）により，解答用紙にある2×01年度（2×01年4月1日から2×02年3月31日まで）の連結精算表を完成させなさい。なお，（　　）は貸方金額を意味する。また，実効税率を30％として税効果会計を適用し，消費税等は考慮しない。

〈資料〉

1．P社は2×00年3月31日にS社の発行済株式の80％を536,000円で取得し，子会社とした。同日のS社の純資産の内訳は，資本金400,000円，利益剰余金130,000円であった。

2．S社が所有する土地の帳簿価額は500,000円であるが，2×00年3月31日現在の時価は700,000円であった。その他の資産負債の時価は帳簿価額と同額であった。

3．2×01年3月31日のS社の純資産の内訳は，資本金400,000円，利益剰余金130,000円で期首と同額であった。

4．S社は，2×01年度中に80,000円の配当を行った。

5．P社はS社に対し，継続して原価の60％の利益を加算して販売しており，2×01年度中の販売額は80,000円であった。

6．2×01年3月31日のS社の期末商品のうち，18,000円はP社より仕入れた商品であった。また，2×02年3月31日のS社の期末商品のうち，20,000円はP社より仕入れた商品であった。

7．P社のS社に対する売掛金の期首残高はなく，期末残高は20,000円であった。

8．P社S社とも，期末売掛金残高に対し，2％の貸倒引当金を設定している。

問題2

株式会社全経（会計期間は4月1日から3月31日までの1年間）の2×19年度（2×20年3月期）に関する以下の〈資料1〉及び〈資料2〉に基づき，〔　　〕欄に金額を入れ，解答用紙に示した決算整理後残高試算表を完成させなさい。なお，金額は意図的に小さくしている。

〈注意事項〉

（1）税効果会計は，考慮しなくてよい。

（2）消費税の税率は10％であり，税抜方式で処理している。

（3）円未満の端数が生じた場合には，計算の最終段階で円未満を四捨五入する。

（4）減価償却費などの時の経過に伴い発生する収益及び費用は，月割計算を行う。

（5）特に指示のない限り，原則的な処理方法によること。

〈資料1〉 決算整理前残高試算表

決算整理前残高試算表 （単位：円）

借 方 科 目	金 額	貸 方 科 目	金 額
現　　　　　金	100	買　　掛　　金	154,000
当　座　預　金	5,000	仮 受 消 費 税 等	120,000
売　　掛　　金	170,000	貸 倒 引 当 金	1,000
売買目的有価証券	101,000	建物減価償却累計額	312,605
買建オプション	1,500	備品減価償却累計額	71,700
仮 払 法 人 税 等	6,200	社　　　　　債	100,000
仮 払 消 費 税 等	90,000	退 職 給 付 引 当 金	62,000
繰　越　商　品	110,000	資 産 除 去 債 務	93,270
建　　　　　物	586,135	資　　本　　金	500,000
備　　　　　品	150,000	その他資本剰余金	80,000
保　　証　　金	500,000	利 益 準 備 金	50,000
仕　　　　　入	800,000	繰 越 利 益 剰 余 金	60,860
給　与　手　当	150,000	売　　　　　上	1,200,000
支　払　地　代	36,000	受　取　利　息	500
そ の 他 の 費 用	100,000		
	2,805,935		2,805,935

〈資料2〉

1．収益認識について

(1) 収益の認識について，出荷時に売上を計上し，期末に着荷基準（引渡基準）に修正している。
2×20年3月から4月にかけて期末をまたぐ販売取引が次のとおり行われている。

	売上高（消費税込）	1個当たり原価	出荷日	着荷日	検収日
1．商品P	22,000円（@440円×50個）	@300円	3月30日	3月31日	4月2日
2．商品Q	22,000円（@550円×40個）	@500円	3月31日	4月1日	4月1日
3．商品R	23,100円（@770円×30個）	@600円	3月31日	4月1日	4月2日

(2) 商品売買は，すべて掛によっている。

2．売上債権について

(1) 売掛金のうち20,000円については，長期間回収が滞っているので，債務者との話し合いの結果，2×21年3月31日から毎年3月31日に5,000円ずつ返済してもらうことにした。同売掛金は長期貸付金に振り替え，貸倒懸念債権に分類したうえで，以下の情報に基づいてキャッシュ・フロー見積法により貸倒引当金を設定することにした。

1）当初の約定利子率は1％として計算する。

2）年利率1％・期間4年の年金現価係数を3.9020として計算する。

3）貸付金にかかる貸倒引当金繰入額は営業外費用に計上する。

4）総勘定元帳では，1年以内に返済される貸付金の短期貸付金への振替は行わない。

(2) その他の売掛金はすべて一般債権であり，期末残高に2％の貸倒引当金を差額補充法により設定し，貸倒引当金繰入額は販売費に計上する。

3．オプション取引等について

売買目的有価証券は，2×19年10月1日に1口100円につき@101円の価格で1,000口購入した国債である。この値下がりを見込み，2×20年3月1日に国債のプットオプションを100,000円（1,000

ロ）買い建て，１口につき@1.5円のオプション料を支払った。

ところが，予想に反し国債が値上がりし，期末には国債の価格が@102円となり，同じ条件の
プットオプションの価格は１口につき@0.8円に値下がりをした。

4．期末商品について

(1) 期末帳簿棚卸高（〈資料２〉１．(1)にかかる商品を含まない）は120,000円であったが，下記
のとおり減耗や価格低下が発生していた。

	帳簿棚卸		実地棚卸	
	簿価	数量	正味売却価額	数量
商品S	@300円	100個	@320円	90個
商品T	@500円	120個	@460円	115個

(2) 発生した評価差額は財務諸表上売上原価に算入するが，総勘定元帳上は棚卸減耗損勘定と商
品評価損勘定に計上したままとする。

(3) その他の商品については，減耗や価格の低下は見られなかった。

5．有形固定資産について

(1) 建物等

建物は2×11年４月１日に500,000円で取得をした。土地は地主との間で15年後に更地にして
返却する契約を結んでおり，下記条件で資産除去債務を計上し，適切に減価償却と債務の調整
をしてきた。

建物の耐用年数：15年

減価償却方法：定額法（残存価額ゼロ）

建物を除去する際の費用の見積額：100,000円

割引率：１％　なお，期間７年・年利率１％の現価係数は0.9327として計算すること。

当期首（2×19年４月１日）に改めて見積りをしたところ，除去する際の費用が150,000円と
算定された。他の要素について変更はない。資産除去債務と建物の取得価額を当期首から変更
し，プロスペクティブ方式（減価償却を通じ，残存耐用年数にわたり費用配分を行う方法）で
減価償却費を計上するが，この見積りの変更にかかる会計処理はまだ行っていない。

(2) 備品

備品は下記のとおりであり，残存価額ゼロとして200％定率法で償却をしている。

	備品A	備品B
取得価額	30,000円	120,000円
耐用年数	5年	8年
取得日	2×17年４月１日	2×17年４月１日
期首減価償却累計額	19,200円	52,500円
除却日	2×19年11月30日	（稼働中）
見積売却価額	1,000円	－

ただし，備品Aの除却の処理はまだ行っていない。

6．退職給付について

当社は確定給付型の退職年金制度を採用しており，次の資料により退職給付費用を計算する。
なお，2×16年度から退職年金支給額の増額改訂を行い，20,000円の過去勤務費用が発生したが，
同年度から従業員の平均残存勤務期間である10年で償却をすることにし，以降適切に処理してい
る。

14

期首の退職給付債務：400,000円

期首の年金資産（時価）：320,000円

当期の基金への拠出額：4,000円（期中に退職給付引当金を減額している）

当期の勤務費用：5,000円

退職給付債務の計算に使用する割引率：1％

年金資産の期待運用収益率：2％

7．社債について

　社債は2×19年4月1日に転換社債型新株予約権付社債（額面100,000円）を平価発行したものである。償還期限は2×24年3月31日で無利息という条件であるが，当社が同じ償還期限の普通社債を発行した場合，実効利子率は年2％となる。区分法を採用することとし，試算表の残高を修正したうえで，利息法により当期の社債利息を計上する。期間5年・年利率2％の現価係数を0.9057として計算すること。

8．地代について

　地代は，毎年9月30日に10月1日から翌年9月30日まで1年分を前払し，支払地代勘定に計上している。

9．消費税について

　消費税に関する勘定を整理し，未払消費税等を計上する。

10．法人税等について

　当期の法人税，住民税及び事業税の申告額の合計は12,800円である。中間納付額との差額を未払法人税等として計上する。

会 計 学

問題1 改

　次の文章のうち，一般に公正妥当と認められる会計諸基準（企業会計原則・同注解をはじめとする各種会計基準，意見書等は令和6年4月1日現在のものを有効とする。）に照らして，正しいものには○を，誤っているものには×を正誤欄に記入し，×を記入した場合にはその理由を理由欄に述べなさい。なお，重要性の原則の適用はない。

1．企業会計原則によれば，企業会計は，企業の財政状態及び経営成績に関して，真実な報告を提供するものでなければならないとされているが，この真実性は相対的なものと解されている。

2．四半期財務諸表に関する会計基準によれば，四半期連結財務諸表の範囲は，四半期連結貸借対照表，四半期連結損益計算書，四半期連結キャッシュ・フロー計算書とされている。

3．株主資本等変動計算書に関する会計基準によれば，株主資本以外の各項目の当期変動額は純額で表示するが，主な変動事由ごとにその金額を表示することができる。

4．退職給付に関する会計基準によれば，退職給付見込額のうち期末までに発生したと認められる額の計算方法としては，期間定額基準のみが認められている。

5．金融商品に関する会計基準によれば，転換社債型新株予約権付社債の発行者の処理としては一括法と区分法が認められているが，社債の償還日以前にその新株予約権が行使されて新株が発行された場合に計上される資本金及び資本準備金の合計額は，これらの方法ごとに異なる金額となる。

6．リース取引に関する会計基準によれば，ファイナンス・リース取引の借手は，売買処理によるリース資産を固定資産の部に表示し，リース債務は固定負債の部に表示する。

7．研究開発費等に係る会計基準によれば，研究開発費に該当しないソフトウェアの制作費は無形固定資産の区分に計上する。

8．「税効果会計に係る会計基準」の一部改正によれば，繰延税金資産は流動資産の区分に表示し，繰延税金負債は流動負債の区分に表示する。

9．法人税，住民税及び事業税等に関する会計基準によれば，事業税（付加価値割及び資本割）は，原則として，損益計算書の販売費及び一般管理費として表示する。

10．連結財務諸表に関する会計基準によれば，連結貸借対照表の作成にあたり，支配獲得日における子会社の資産及び負債の評価方法としては，全面時価評価法（子会社の資産及び負債のすべてを支配獲得日の時価により評価する方法）のみが認められている。

問題2

「外貨建取引等会計処理基準」に関する次の文章を読んで，以下の問1～問3に答えなさい。

　　在外支店における外貨建取引については，原則として，本店と同様に処理する。（ア）ただし，在外支店の外貨表示財務諸表に基づき本支店合併財務諸表を作成する場合には，特例として，期中平均相場によって収益及び費用（収益性負債の収益化額及び費用性資産の費用化額を除く。）を換算することもできる。なお，本店と異なる方法により換算することによって生じた換算差額は，当期の　　(a)　　として処理する。

　　連結財務諸表の作成又は持分法の適用にあたり，在外子会社の外貨表示財務諸表項目の換算は，次のように行う。

　　貸借対照表に関し，資産及び負債については決算時の為替相場による円換算額を，親会社による株式の取得時における資本に属する項目については，　　(b)　　の為替相場による円換算額を，親会社による株式の取得後に生じた資本に属する項目については，当該項目の　　(c)　　の為替相場による円換算額を付する。

　　損益計算書に関し，収益及び費用については，原則として期中平均相場による円換算額を付する。（イ）ただし，決算時の為替相場による円換算額を付することもできる。なお，親会社との取引による収益及び費用の換算については，　　(d)　　為替相場による。この場合に生じる差額は当期の　　(a)　　として処理する。

　　また，換算によって生じた換算差額については，　　(e)　　として貸借対照表の純資産の部に記載する。

問1　　(a)　　～　　(e)　　にあてはまる適切な用語を入れなさい。

問2　下線部（ア）に関連して，在外支店の外貨建取引の換算方法として，「外貨建取引等会計処理基準」がこのような方法を定めた理由を簡潔に説明しなさい。

問3　下線部（イ）に関連して，在外子会社の換算方法として，「外貨建取引等会計処理基準」がこのように在外支店とは異なる換算方法を定めた理由を簡潔に説明しなさい。

問題3

「企業結合に関する会計基準」に関する次の文章を読んで，以下の問1～問3に答えなさい。

　　企業結合とは，ある企業と他の企業とが1つの　　(a)　　に統合されることをいう。この企業結合の類型としては，　　(b)　　の取引と独立企業間の取引に分けられ，独立企業間の取引は　　(c)　　とそれ以外の企業結合取引（ア）に分けられる。

問1　　(a)　　～　　(c)　　にあてはまる適切な用語を入れなさい。

問2　下線部（ア）において，取得企業が被取得企業から受け入れた識別可能資産・負債を時価で評価する理由を簡潔に説明しなさい。

問3　下線部（ア）において，(1) 取得企業の支払った企業結合の対価と被取得企業から受け入れた識別可能資産・負債の時価との差額を何というか。また，(2) その処理方法について簡潔に説明しなさい。

第201回 問題

工 業 簿 記

問題 1

全経工業株式会社は，製品Aから製品Dの4種類の製品をロット別に生産し，修正パーシャル・プランによる標準原価計算制度を採用している。次の〈資料〉にもとづき問1から問7に答えなさい。なお，最終的な解答が割り切れない場合は，小数点以下第1位を四捨五入すること。

〈資料〉

1．標準原価カード

	製品A			製品B		
	標準単価・賃率・配賦率	標準数量・時間	原価標準	標準単価・賃率・配賦率	標準数量・時間	原価標準
直接材料費						
材料X	2,000円/kg	4 kg	8,000円	2,000円/kg	3 kg	6,000円
材料Y	1,500円/kg	4 kg	6,000円	1,500円/kg	5 kg	7,500円
直接労務費	2,400円/時間	2 時間	4,800円	2,400円/時間	1.5時間	3,600円
製造間接費	?	?	?	?	?	?
1個当たり標準原価			?			?
	製品C			製品D		
	標準単価・賃率・配賦率	標準数量・時間	原価標準	標準単価・賃率・配賦率	標準数量・時間	原価標準
直接材料費						
材料X	2,000円/kg	3 kg	6,000円	2,000円/kg	5 kg	10,000円
材料Y	1,500円/kg	7 kg	10,500円	1,500円/kg	5 kg	7,500円
直接労務費	2,400円/時間	2 時間	4,800円	2,400円/時間	2.5時間	6,000円
製造間接費	?	?	?	?	?	?
1個当たり標準原価			?			?

（注）？は各自推定すること。

2．生産に関するデータ
 (a) 製品Aのロットは500個で，月初に仕掛中（加工進捗度80％）であったが，当月に全量が完成している。
 (b) 製品Bのロットは500個で，月初に仕掛中（加工進捗度40％）であったが，当月に全量が完成している。
 (c) 製品Cのロットは600個で，当月に着手し，当月に全量が完成している。
 (d) 製品Dのロットは600個で，当月に着手し，月末に仕掛中（加工進捗度40％）である。

3．直接材料費に関するデータ
 (a) 材料XとYは，すべて掛で購入し，工程の始点で直接材料として投入している。
 (b) 材料Xの月初有高は2,413,200円，月初在庫量は1,200kg，当月実際購入額は9,676,800円，当月購入量は4,800kg，月末在庫量は800kgである。また，製品Dへの当月実際投入量は3,200kgであ

る。

(c) 材料Yの月初有高は1,496,000円，月初在庫量は1,000kg，当月実際購入額は11,824,000円，当月購入量は8,000kg，月末在庫量は1,700kgである。また，製品Dへの当月実際投入量は3,050kgである。

(d) 材料XとYは材料勘定に記録し，他の材料（間接材料）は別の勘定で記録する。材料XとYの実際消費単価は平均法で計算する。材料XとYに関する棚卸減耗はない。

4．直接労務費に関するデータ

当月実際直接作業時間は2,560時間，実際消費賃率は2,435円/時間である。

5．製造間接費に関するデータ

(a) 製造間接費は，直接作業時間を基準に各製品に配賦する。

(b) 製造間接費は，公式法変動予算を採用し，月次の予算額は，変動製造間接費が6,240,000円，固定製造間接費が4,680,000円である。また，月間の基準操業度は，2,600時間である。

(c) 製造間接費の原価差異の分析は，3分法で行っている。能率差異は，変動費率を用いて計算している。

(d) 当月実際製造間接費は11,011,000円である。

問1 〈資料〉1と5をもとに，標準原価カードに記入される製造間接費の標準配賦率を計算しなさい。

問2 〈資料〉1から5をもとに，当月完成品原価と月末仕掛品原価を計算しなさい。

問3 〈資料〉1から5をもとに，材料勘定から仕掛品勘定への直接材料費の振替仕訳を示しなさい。

問4 〈資料〉1から5をもとに，賃金勘定から仕掛品勘定への直接労務費の振替仕訳を示しなさい。

問5 〈資料〉1から5をもとに，材料勘定から材料消費価格差異勘定への振替仕訳を示しなさい。

問6 〈資料〉1から5をもとに，仕掛品勘定で把握される原価差異の総額，および，材料数量差異の内訳，製造間接費差異の内訳を計算しなさい。原価差異が不利差異の場合は，数値の前に△を付すこと。

問7 問5で示す方法では購買活動の管理にとって不十分であるため，責任会計の観点から修正することとした。購買管理に役立つために，どのように修正すればよいかについて，関連する金額を用いて説明しなさい。

問題2

全経産業株式会社は，〈資料〉1の標準原価カードを用いた標準原価計算制度を実施してきた。しかし，現場を調査したところ，工程の終点で正常仕損（経済価値はゼロ）が良品に対して3％生じていることが判明した。そこで，①原価要素別の標準数量・時間を3％増やして正常仕損費分を原価標準に含める方法，および，②正常仕損費分を含まない正味標準製造原価に特別費として3％を加える方法で再計算することとした。次の〈資料〉にもとづき問1と問2に答えなさい。なお，最終的な解答が割り切れない場合は，小数点以下第1位を四捨五入すること。

〈資料〉

1．標準原価カード

	標準単価・配賦率	標準数量・時間	原価標準
直接材料費	4,400円/kg	2 kg	8,800円
加工費	3,600円/時間	3 時間	10,800円
1個当たり標準原価			19,600円

2．実際原価に関するデータ

　　当月の直接材料費は12,544,000円，加工費は18,309,975円である。

3．生産に関するデータ

月初仕掛品	400個（加工進捗度25％）
完成品	1,600個
月末仕掛品	200個（加工進捗度75％）

4．原価差異は，仕掛品勘定においてまとめて把握する。

問1　①の方法，および，②の方法で再計算した場合の仕掛品勘定を記入しなさい。

問2　再計算の結果，①の方法は，②の方法に比べて正確な計算が行えないという意見がある。その理由を簡潔に述べなさい。

問題3

　標準原価計算制度において用いられる2つの標準原価の名称をあげ，それらの意味を簡潔に述べなさい。

原 価 計 算

問題1

　全経精密工業では，3種類の製品A，製品B，製品Cを生産している。現在，間接労務費をこれらの製品にどのように配賦すればよいのかを検討中である。以下の〈資料〉をもとに，問1から問8に答えなさい。

〈資料〉

1．間接工の作業は段取，マテハン，検査という活動である。

2．間接工は10人在籍しており，一日の就業時間は8時間，月間の就業日数は20日間である。

3．間接工に支払っている月間の間接労務費の合計は3,840,000円である。

4．月間の生産量は，製品Aが100個，製品Bが1,000個，製品Cが500個である。

5．各製品の製品単位当たりの直接作業時間は製品Aが5時間／個，製品Bが8時間／個，製品Cが7時間／個である。

6．間接工の作業を調査したところ，労力のウエイトは段取活動が20％，マテハン活動が70％，検査活動が10％である。

7．月間の活動量は，段取活動が240回，マテハン活動が4,000回，検査活動が40回である。製品ごとの活動量の内訳は以下の通りである。

活動消費量	製品A	製品B	製品C
段取（回）	180	10	50
マテハン（回）	2,000	500	1,500
検査（回）	25	5	10

8．各活動の1回当たりの所要時間は，段取活動が40分／回，マテハン活動が15分／回，検査活動が60分／回である。

問1　直接作業時間を基準にして間接労務費を各製品に配賦する場合の配賦率と各製品の単位当たり配賦原価を計算しなさい。

問2　活動基準原価計算（ＡＢＣ）によって間接労務費を各製品に配賦する。〈資料〉6のデータを資源ドライバー，〈資料〉7のデータを活動ドライバーとした場合の各製品の単位当たり配賦原価を計算しなさい。

問3　全経精密工業では，新しい間接費の配賦方法として時間基準のＡＢＣ（ＴＤＡＢＣ）を採用することにした。月間の総就業時間を最大生産能力とし，配賦のための基準操業度としては，不可避な停止時間（最大生産能力の20％）を除いた実際的生産能力（最大生産能力の80％）を用いることにした。〈資料〉2から，月間の実際的生産能力（分）を計算しなさい。

問4　問3の結果と〈資料〉3から，1分当たりの配賦率を計算しなさい。

問5　問4の結果と〈資料〉8から，それぞれの活動1回当たりの原価を計算しなさい。

問6　問5の結果と〈資料〉7から，製品ごとの活動原価を計算しなさい。

問7　問6の結果と〈資料〉4から，各製品の単位当たり配賦原価を計算しなさい。

問8　問6の結果と〈資料〉3から，月間の未利用キャパシティ・コストを計算しなさい。

問題2

全経エレクトロニクスでは，3種類の製品X，製品Y，製品Zを2つの連続するプロセスを経て製造している。月次の各種データは〈資料〉のとおりである。〈資料〉をもとに，問1から問4に答えなさい。なお，それぞれの設問は独立しているものとする。

〈資料〉

1．製品の売価と変動費

	製品X	製品Y	製品Z
売価（円/個）	375	1,000	500
変動費（円/個）	125	850	400

2．作業時間のデータ

単位あたり作業時間（時間/個）

	製品X	製品Y	製品Z
プロセス1	2	1	1
プロセス2	1	2	1

プロセス1の最大能力：4,000時間

プロセス2の最大能力：5,500時間

3．製品の需要

	製品X	製品Y	製品Z
需要（個）	800	2,000	1,500

4．共通固定費　　464,400円

問1　〈資料〉から，利益を最大化する製品の組み合わせと，全体の利益を計算しなさい。

問2　問1の場合の加重平均の貢献利益率とこのときの損益分岐点売上高と安全余裕率を計算しなさい。割り切れない場合は，貢献利益率と安全余裕率はパーセントの小数点以下第2位を四捨五入し，損益分岐点売上高は小数点以下第1位を切り上げなさい。

問3　月々20,000円の固定費を追加することにより，プロセス1の最大能力が6,000時間になるとする。この場合の利益を最大化する製品の組み合わせと全体の利益を計算し，解答用紙の文章を完成させなさい。

問4　月々20,000円の固定費を追加することにより，プロセス2の最大能力が6,000時間になるとする。この場合の利益を最大化する製品の組み合わせと全体の利益を計算し，解答用紙の文章を完成させなさい。

商 業 簿 記

（注意事項）

(1) 計算を容易にするために，数値を極端に小さくしている箇所がある。

(2) 計算の過程で端数が生じた場合には，とくに指示のある場合を除き，解答の最終段階で円未満を四捨五入する。

(3) とくに指示のない限り，原則的な方法によること。

問題1

(1) ×1年4月1日に，備品を1,200,000円で取得した。耐用年数5年，残存価額0，級数法で減価償却（記帳方法は間接法による）を行った場合，×3年3月31日の決算時における減価償却の仕訳を答えなさい。

(2) 次の一連の取引を仕訳しなさい。なお，×3年3月末の減価償却は適正に行われているものとする。

① ×1年4月1日に原価20,000,000円のレールを現金で取得し，ただちに敷設した。

② ×2年3月31日に決算を迎え，上記のレール（耐用年数は5年，残存価額は0とし，記帳方法は間接法による。）について半額償却法（取替法と並行して取得原価の半額に達するまで減価償却も行う方法。半額法ともいう。）による減価償却を定額法によって行う。

③ ×2年4月1日，劣化したレールの一部（取得原価280,000円分，売却価値0）を廃棄し，300,000円を小切手で支払って新しいもの（耐用年数等は同上）と交換した。

④ ×4年3月31日，このレールについて半額償却法による減価償却を行った。

(3) 上記(2)③について，取得時から半額償却法ではなく通常の定額法を適用していた場合の仕訳を答えなさい。

問題2

次の資料にもとづいて，以下の問に答えなさい。なお，他に考慮すべきものはないものとする。

【資料】（単位：円）

株主資本（期首）

資本金	6,000
資本準備金	700
利益準備金	450
繰越利益剰余金	970
自己株式	0

自己株式の取得及び処分（期中。現金取引による。）

取得	原価：700	
第1回処分	簿価：300	売価：320
第2回処分	簿価：300	売価：290

(1) 自己株式の第1回処分の仕訳を答えなさい。

(2) 自己株式の第2回処分の仕訳を答えなさい。

(3) 自己株式の第2回処分後の分配可能額を答えなさい。

問題3

全経株式会社（以下，当社）の当期（2×20年4月1日～2×21年3月31日）に関する〈資料1〉及び〈資料2〉にもとづいて，解答用紙に示した損益勘定と閉鎖残高勘定を完成させなさい。なお，すべての空欄に記入するとは限らない。また，税効果会計は考えなくてよい。

〈資料1〉決算整理前残高試算表

決算整理前残高試算表　　　　　　　　（単位：円）

借　方　科　目	金　額	貸　方　科　目	金　額
現　　　　　　　金	1,283	支　払　手　形	1,200
当　座　預　金	62,800	買　　掛　　金	1,480
受　取　手　形	20,300	短　期　借　入　金	4,800
売　　掛　　金	5,900	退　職　給　付　引　当　金	7,500
売買目的有価証券	5,400	社　　　　　債	40,000
繰　越　商　品	39,000	貸　倒　引　当　金	270
建　　　　　物	60,000	建物減価償却累計額	42,000
備　　　　　品	3,500	備品減価償却累計額	2,744
土　　　　　地	132,800	資　　本　　金	100,000
長　期　貸　付　金	600	資　本　準　備　金	22,000
関　連　会　社　株　式	2,600	利　益　準　備　金	11,500
その他有価証券	3,800	繰　越　利　益　剰　余　金	21,480
仮　　払　　金	1,870	その他有価証券評価差額金	200
社　債　発　行　差　金	1,200	売　　　　　上	280,000
仕　　　　　入	156,000	受　取　利　息	25
広　告　宣　伝　費	1,200	受　取　配　当　金	56
給　　　　　料	36,000		
消　耗　品　費	58		
支　払　利　息	224		
社　債　発　行　費	720		
	535,255		535,255

〈資料2〉決算整理事項等

1. 現金について

実査の結果，現金の実際有高は1,241円であった。現金過不足の原因を調査したところ，仮払いした旅費交通費の精算による追加支出額が57円あり（〈資料2〉5参照），残額は原因不明のため雑損又は雑益として処理する。

2. 売上債権について

(1) 受取手形と売掛金について，貸倒引当金を差額補充法により計上する。

(2) 売掛金のうち1,100円については支払いが滞っているため，長期貸付金に振り替え，貸倒懸念債権に分類した。なお，同社から担保として土地（時価：900円）の提供を受けている。こ

25

れを債権額から控除した残額の30％が回収不能と見積もられた。

(3) 上記以外は一般債権に該当し，過去の貸倒実績率は2％である。

3．有価証券について

決算日現在，保有する有価証券の明細は次のとおりである（単位：円）。

銘柄	保有区分	取得原価	帳簿価額	時価	備考
A社株式	売買目的	2,400	2,600	2,200	
B社株式	売買目的	1,700	2,800	3,100	
C社株式	その他	2,100	1,800	1,700	期首の振戻し処理は行っていない。部分純資産直入法を採用している。
D社株式	その他	1,800	2,000	2,100	
E社株式	関連会社株式	2,600	2,600	—	E社の株式の35％を保有しており，経営方針に重要な影響を与えている。E社の現時点での純資産額は3,600円である。

4．商品について

商品に関する情報は以下のとおりである。なお，売上原価の算定は仕入勘定により行うが，棚卸減耗損及び商品評価損は仕入勘定に振り替えない。

帳簿棚卸	350個	取得原価	@120円
実地棚卸	345個	正味売却価額	@145円

ただし，実地棚卸数量345個のうち，25個は品質低下のため@55円に切り下げる。

5．仮払金について

仮払金は旅費交通費の概算による前払額260円，仮払法人税等410円及び退職給付に係る支出1,200円である（〈資料2〉1及び8参照）。

6．固定資産について

(1) 建物は，2×13年4月1日に購入したものであり，定額法（耐用年数10年，残存価額0）により減価償却を行っている。当年度分の減価償却を行った後の簿価にもとづき，直接控除法により減損の処理を行うこととした。キャッシュ・フローは各年度末に生じ，次年度以降のキャッシュ・フローは次のとおり見積もられている（単位：円）。なお，割引率は年4％であり，2×21年3月31日の正味売却価額は10,000円である。

	2×22年3月31日	2×23年3月31日
割引前キャッシュ・フロー	5,616	5,408

(2) 備品は，2×17年4月1日に購入したものであり，200％定率法（耐用年数5年，残存価額0）により減価償却を行っている。保証率は0.10800，改定償却率は0.5である。

7．社債について

社債は，2×20年11月1日に額面40,000円（償還期間10年，利率年3％）を100円につき97円で発行したものである。額面金額と発行価額の差額は，社債発行差金勘定を用いて，償却原価法（定額法）により月割計算を行う。また半年分の社債利息は，2×21年5月1日に支払うことになっている。

8．退職給付について

当期の退職給付に関する事項は次のとおりであるが，当期の処理が未記帳である。

・当期首時点で，退職給付債務は12,000円，年金資産は4,500円であった。

・当期の勤務費用は800円であった。

・年金掛金拠出額は500円，退職一時金支払額は700円であり，仮払金としている（〈資料2〉5

参照）。

　・退職年金給付額は400円であり，年金資産から支払われた。

　・割引率：5％，長期期待運用収益率：3％

9．収益及び費用の見越し・繰延べについて

⑴　未払給料が，2,100円ある。

⑵　短期借入金4,800円は，最終利払日が2×20年11月30日であり，約定利率は年7％である。

⑶　長期貸付金600円は，最終利払日が2×21年1月31日であり，約定利率は年5％である。

⑷　広告宣伝費1,200円は全額，2×21年8月31日までの広告スペース使用料であり，1年分を前払いしたものである。

⑸　消耗品の期末未使用高は3円である。

10．法人税等について

　法人税等が，900円と算定された。

会 計 学

問題1 改

　次の文章のうち，一般に公正妥当と認められる会計諸基準（企業会計原則・同注解をはじめとする各種会計基準，意見書等は令和6年4月1日現在のものを有効とする。）に照らして，正しいものには○を，誤っているものには×を正誤欄に記入し，×を記入した場合にはその理由を理由欄に述べなさい。なお，1．を除き重要性の原則の適用はないものとする。

1. 「企業会計原則注解」によれば，重要性の乏しいものについては，本来の厳密な会計処理によらないで他の簡便な方法によることも，正規の簿記の原則に従った処理として認められる。

2. 「企業会計原則注解」によれば，減価償却累計額を控除する形式は，有形固定資産について減価償却累計額を控除した残額のみを記載し，減価償却累計額を注記する方法を原則とするが，その有形固定資産が属する科目ごとに減価償却累計額を控除する方法，または2以上の科目について減価償却累計額を一括して控除する方法によることもできる。

3. 「会計方針の開示，会計上の変更及び誤謬の訂正に関する会計基準」によれば，過去に入手可能な情報に基づく最善の見積りを行わなかったために，すでに目的を達成した引当金に残高が存在する場合には，その性質により，営業損益又は営業外損益として認識する。

4. 「企業結合に関する会計基準」によれば，被取得企業の時価総額を超えて多額のプレミアムが支払われた場合，企業結合年度において減損の兆候が存在すると判定される場合もある。

5. 「退職給付に関する会計基準」によれば，連結貸借対照表においてその他の包括利益累計額に計上されている未認識数理計算上の差異のうち，当期に費用処理された部分についても，そのままその他の包括利益累計額に含めたままとする。

6. 「棚卸資産の評価に関する会計基準」によれば，収益性が低下した場合における棚卸資産の簿価切下げは，取得原価基準の下で回収可能性を反映させるように，過大な帳簿価額を減額し，将来に損失を繰り延べないために行われる会計処理である。

7. 「自己株式及び準備金の額の減少等に関する会計基準」によれば，連結財務諸表では，連結子会社が保有する親会社株式は親会社の自己株式と同様に扱うため，その処分差損益もその他資本剰余金に計上する。

8. 「「研究開発費等に係る会計基準」の一部改正」によれば，取得企業が取得対価の一部を研究開発費等に配分したときは，当該金額を配分時に費用処理しなければならない。

9. 「金融商品に関する会計基準」によれば，その他有価証券に分類した株式の時価が著しく下落した場合には，回復する見込みがあると認められる場合を除き，洗い替え方式に基づき時価をもって貸借対照表価額とする。

10. 「法人税，住民税及び事業税等に関する会計基準」によれば，事業税（所得割）は，法人税，地方法人税及び住民税とともに，損益計算書の税引前当期純利益（又は損失）の次に，法人税，住民税及び事業税などその内容を示す科目をもって表示する。

問題2

資本取引・損益取引区分の原則について，下記の問いに答えなさい。

問1　資本取引と損益取引を区別しなければならない理由を損益計算の見地から簡潔に説明しなさい。

問2　(1)　資本取引の結果計上された資本剰余金は維持拘束すべきであり，原則として株主に配当できないが，解答用紙の項目のうち，例外として会社法上配当が許容される資本剰余金を○で囲みなさい。

　　　(2)　損益取引の結果計上された利益剰余金は原則として株主に配当できるが，解答用紙の項目のうち，例外として会社法上配当が禁止されている利益剰余金を○で囲みなさい。

問3　計数の変動（株主資本内での科目の振替）で，資本剰余金を利益剰余金に振り替えることができる例を1つあげなさい。

問4　計数の変動で，利益剰余金を払込資本に振り替えることができる例を1つあげなさい。

問5　資本剰余金と利益剰余金を区別するため，準備金の額の増加について，会社法が禁止している計数の変動を2つあげなさい。

問題3

キャッシュ・フロー計算書における利息及び配当金の表示区分について，次の問1から問3に答えなさい。

問1　継続適用を条件として選択適用が認められる2つの方法について，すでに解答用紙に記入済みの利息の受取額のほか，配当金の受取額，利息の支払額，配当金の支払額について適切なところに○を付し，解答用紙の表を完成させなさい。ただし，1行に複数の○を付した場合には採点の対象としない。

問2　解答用紙の方法①では，利息の受取額を営業活動によるキャッシュ・フローとして表示するが，その方法が依拠する考え方を簡潔に説明しなさい。

問3　解答用紙の方法②では，利息の受取額を投資活動によるキャッシュ・フローとして表示するが，その方法が依拠する考え方を簡潔に説明しなさい。

第203回 問題

制限時間 90分

| 解　　答 | 179 |
| 解答用紙 | 24 |

工 業 簿 記

問題 1

　以下の材料に関する〈資料〉にもとづいて，下記の問1から問4に答えなさい。なお，割り切れない場合には，最終的な解答の小数点以下第1位を四捨五入すること。

〈資料〉

1．材料費計算について

　　購入原価の計算には材料副費を含めており，材料の評価方法は先入先出法を採用している。また，材料消費価格として予定価格5,000円/kgを利用している。

2．当月の材料受け払いについて

　　10月1日　棚　卸　数　量　1,200kg　　取得原価　5,200円/kg

　　10月5日　払い出し数量　1,000kg

　　10月10日　受け入れ数量　1,500kg　　購入代価　4,800円/kg

　　10月16日　払い出し数量　1,200kg

　　10月23日　受け入れ数量　1,400kg　　購入代価　4,700円/kg

　　上記において，払い出しはいずれも直接材料としての払い出しである。月末に実地棚卸をしたところ，棚卸数量は1,860kgであった。

3．材料副費について

　　材料の取得原価の計算にあたっては，予算にもとづいて材料副費を予定配賦している。当月実際発生額と月間予算額（材料予定購入量3,000kg）は以下のとおりである。

（単位：円）

費　　　　　目	当月実際発生額	月　間　予　算　額
検　収　費	82,000	70,000
荷　役　費	335,000	330,000
引　取　運　賃	300,000	300,000
購　入　事　務　費	55,000	50,000
保　管　費	178,000	180,000

問1　材料副費は内部副費と外部副費に分類できる。当月の外部副費と内部副費の実際発生額を計算しなさい。

問2　材料副費予定配賦率を計算しなさい。

問3　解答欄に従って材料副費配賦差異を分解しなさい。なお，材料副費予算は固定予算方式で設定されている。

問4　解答用紙の材料勘定を完成しなさい。解答に当たって，相手勘定は以下のものから適切なものを利用すること。また，不要な欄は空欄のままにすること。

　　製品　　仕掛品　　材料消費価格差異　　材料消費数量差異

　　材料副費配賦差異　　材料副費予算差異　　材料購入量差異　　製造間接費

問題2

　全経工業株式会社は，連産品ＡとＢを生産しており，その生産工程において副産物が生じている。以下の〈資料〉にもとづいて，下記の問1から問3に答えなさい。なお，割り切れない場合には，最終的な解答の小数点以下第1位を四捨五入すること。

〈資料〉

　1．生産データ

　　第1工程始点で材料を投入し，工程終点において連産品ＡとＢが分離される。連産品Ａはそのまま販売され，連産品Ｂは第2工程でさらに加工のうえ製品Ｂとして販売される。また，第1工程の途中点で副産物，第1工程の終点で仕損品が生じる。なお，副産物は追加加工のうえ第1工程投入の材料として利用され，仕損品は追加加工のうえ売却される。以下は第1工程に関する当月の生産データであり，カッコ内は進捗度あるいは発生点である。

　　　月初仕掛品　　　　300kg　　　（0.5）
　　　当 月 投 入　　　2,000kg
　　　月末仕掛品　　　　400kg　　　（0.5）
　　　副　産　物　　　　100kg　　　（0.4）
　　　仕　損　品　　　　120kg　　　（終点）
　　　完　成　品　　　1,680kg　　　うち連産品Ａ　880kg，連産品Ｂ　800kg

　2．第1工程の原価データ　　　　　　　　　　（単位：円）

	直接材料費	加 工 費
月初仕掛品原価	474,000	285,000
当月製造費用	2,964,000	3,496,500

　3．連産品および副産物に関するデータ（単位：円/kg）

	見 積 売 価*	見積加工費
連 産 品 Ａ	1,500	—
連 産 品 Ｂ	2,100	300
副　産　物	400	20
仕　損　品	300	70

　　＊副産物については，節約される物品の見積購入原価である。

　問1　副産物について必要となる仕訳を示しなさい。
　問2　連産品ＡとＢの等価係数を正常市価基準によって設定しなさい。
　問3　第1工程の月末仕掛品，当月完成の連産品ＡとＢの原価を計算しなさい。なお，棚卸資産の評価方法は先入先出法を採用している。

問題3

　複合費とは何か述べなさい。また，複合費と補助部門費の類似点と相違点を簡潔に説明しなさい。

原 価 計 算

問題１

　全経化工株式会社は，正味現在価値法を用いて，製品Ａを製造するために現在使用している機械（旧機械）を，製造原価の低減が見込まれる新規の機械（新機械）に取り替えるかどうかについて検討している。次の〈資料〉にもとづいて，下記の問１から問８に答えなさい。同社は会社全体として十分な利益を上げており，この傾向は将来にわたり変わらないものとする。なお，最終的な解答が割り切れない場合は，小数点以下第１位を四捨五入すること。また，解答が負の値となる場合は，数字の前に△を付けること。販売費及び一般管理費，運転資本は考慮しない。

〈資料〉

１．製品Ａの販売に関するデータ

(a) 製品Ａの１個当たりの販売価格は6,000円である。売上はすべて現金収入である。

(b) 製品Ａの予想販売数量は，第１年度が1,600個，第２年度が1,400個，第３年度が1,200個，第４年度が1,000個である。

２．旧機械に関するデータ

(a) 取得原価は20,000,000円，耐用年数は８年であり，すでに４年が経過している。

(b) 減価償却の方法は，残存価額を０円とする定額法である。

(c) 旧機械を利用し続けた場合，第４年度期末に1,000,000円で売却する（現金収入）。

(d) 旧機械を利用し続けた場合，製品Ａの１個当たりの直接材料費は2,000円，製品Ａの１個当たりの変動加工費は1,000円，製品Ａにかかわる年間の固定加工費は1,000,000円である。これらの費用は，すべて現金支出費用である。

３．第１年度期首での旧機械の売却に関するデータ

旧機械を第１年度期首で売却する場合，売却価格は12,000,000円である。

４．新機械に関するデータ

(a) 第１年度期首に購入し，取得原価は14,000,000円，耐用年数は４年である。

(b) 減価償却の方法は，残存価額を０円とする定額法である。

(c) 購入した新機械は，第４年度期末に2,000,000円で売却する（現金収入）。

(d) 新機械を購入し利用した場合，旧機械を利用し続けたときと比べて，製品Ａの１個当たりの直接材料費は20％，製品Ａの１個当たりの変動加工費は25％，製品Ａにかかわる年間の固定加工費は30％低減する。これらの費用は，すべて現金支出費用である。

５．その他のデータ

(a) 当社の資本コストは６％である。現価係数は次のとおりである。

第１年度	第２年度	第３年度	第４年度
0.943	0.890	0.840	0.792

(b) 実効税率は30％である。

(c) 上記３の売却による現金収入は第１年度期首に生じるが，これにかかわる売却損益に伴う税金の影響は第１年度期末に生じる。上記４の購入による現金支出は第１年度期首に生じる。その他の収入と支出（税金の影響を含む）は，すべて各年度の期末に生じる。

問1 〈資料〉1と2をもとに，旧機械を利用し続けた場合，各年度における売上と税引前の会計上の利益を計算しなさい。

問2 〈資料〉1，2，5をもとに，旧機械を利用し続けた場合，各年度の期末におけるネット・キャッシュフローを計算しなさい。

問3 〈資料〉1，2，5をもとに，旧機械を利用し続けた場合における正味現在価値を計算しなさい。

問4 〈資料〉1から4をもとに，旧機械を売却し新機械を購入した場合，各年度における税引前の会計上の利益を計算しなさい。

問5 〈資料〉1から5をもとに，旧機械を売却し新機械を購入した場合，各年度の期末におけるネット・キャッシュフローを計算しなさい。

問6 〈資料〉1から5をもとに，旧機械を売却し新機械を購入した場合における正味現在価値を計算しなさい。

問7 問3と問6の計算結果をもとに，①旧機械を利用し続ける案と，②旧機械を売却し新機械を購入する案のいずれを選択すべきかを，理由となる数値を示して答えなさい。

問8 機械の中古市場を調査したところ，〈資料〉3で設定した旧機械の売却価格が高すぎることが判明した。そこで，他の条件を一定とし，〈資料〉3のみを「旧機械を第1年度期首で売却する場合，売却価格は8,000,000円である。」と修正する。この場合，①旧機械を利用し続ける案と，②旧機械を売却し新機械を購入する案のいずれを選択すべきかを，理由となる数値を示して答えなさい。

問題2

全経興産株式会社は，耐用年数4年の新たな機械への投資を行うべきかどうかについて，内部収益率法を用いて検討している。次の〈資料〉にもとづいて，下記の問1から問3に答えなさい。

〈資料〉

1．第1年度期首に購入し，取得原価は27,000,000円である。

2．ネット・キャッシュフローは，第1年度が10,000,000円，第2年度が8,000,000円，第3年度が7,000,000円，第4年度が6,000,000円である。これらはすべて各年度の期末に生じる。

3．当社の資本コストは6％である。現価係数は次のとおりである。

利率	第1年度	第2年度	第3年度	第4年度
5％	0.952	0.907	0.864	0.823
6％	0.943	0.890	0.840	0.792
7％	0.935	0.873	0.816	0.763

問1 内部収益率とは何か。その意味を簡潔に述べなさい。

問2 内部収益率を計算し，この投資案を行うべきかどうかを判断しなさい。なお，計算に当たっては，1％区間で線形補間法を適用すること。また，解答はパーセント表示の小数点以下第3位を四捨五入すること。

問3 複数の排他的投資案からの選択における内部収益率法の問題の1つとして，正味現在価値の低い投資案を選択してしまう点がある。こうした問題がどのような場合に生じるのかについて簡潔に述べなさい。

問題3

　原価企画にかかわる次の文章の空欄に適切な語句を記入しなさい。

　原価企画とは，製品の量産体制以前の（　1　）段階，すなわち，企画段階，開発段階，設計段階で原価を作り込む総合的利益管理活動をいう。ここでは，達成すべき目標原価が設定される。目標原価の設定方法としては，①予定売価から目標利益を控除して求められる（　2　）原価を目標原価とする方法，②現行製品を基準に設定した（　3　）原価を目標原価とする方法，③（　2　）原価と（　3　）原価をすり合わせて目標原価を設定する方法がある。①は（　4　）法，②は（　5　）法，③は折衷法とよばれている。

第205回 問題

制限時間 90分

| 解　答 | 193 |
| 解答用紙 | 28 |

商 業 簿 記

（注意事項）

(1) 計算を容易にするために，数値を極端に小さくしている箇所がある。

(2) 計算の過程で端数が生じた場合には，特に指定がない限り，解答の最終段階で円未満を四捨五入する。

問題1

2×01年10月1日，従業員200人に1個ずつストック・オプションを付与した。このストック・オプションに関する〈資料〉にもとづいて，以下の(1)～(3)の仕訳を答えなさい。なお，会計期間は4月1日から3月31日の1年間である。

(1) 2×02年3月期の費用を計上する。

(2) 2×03年3月期の費用を計上する。

(3) 2×04年3月期の費用を計上する。

〈資料〉

(1) ストック・オプション付与時の条件等

① 行使時の払込金額（行使価格）：1株当たり10,000円

② 行使により与えられる株式の数：ストック・オプション1個当たり1株

③ 権利確定日：2×04年3月31日

④ 権利行使期間：2×04年4月1日から2×06年3月31日

⑤ 付与時における公正な評価額：1個当たり3,000円

⑥ 失効の見積り：15個

(2) 2×03年3月期において，退職者が当初の見積りより多いと見込まれるため，失効数を18個に修正する。

(3) 2×04年3月31日，最終的な権利確定数は184個となった。

問題2

当社は，建設業を営んでいる。以下の建設請負工事契約に関する〈資料〉にもとづいて，ケース1及びケース2について，2×06年3月期に必要な(1)工事原価の集計・算定，(2)工事原価の計上，(3)工事収益の計上の各仕訳について示しなさい。なお，当社の会計期間は4月1日から3月31日までの1年間であり，実際発生工事原価を期末に集計・算定している。

〈資料〉

(1) 2×04年6月1日に請負工事契約価額1,200,000円の請負工事を受注し，直ちに建設を開始した。完成・引き渡しの予定は2×06年7月31日である。

(2) 実際発生工事原価および見積工事原価は以下の通りである。

（単位：円）

		2×05年3月期	2×06年3月期
各期の実際発生工事原価	材料費	102,000	92,000
	労務費	106,000	121,000
	経費	48,000	71,000
各期末における完成までに要する見積工事原価		384,000	210,000

・ケース1 「工事進行基準」（履行義務の充足に係る進捗度を見積り，当該進捗度にもとづき収益を一定期間にわたり認識する方法）で処理することが適切であると判断された場合。なお，工事進捗度は原価比例法によって見積もる。

・ケース2 原価回収基準で処理することが適切であると判断された場合。

問題3

全経商事株式会社（会計期間は4月1日から3月31日までの1年間）の2×03年3月期に関する以下の〈資料1〉及び〈資料2〉にもとづいて，解答用紙に示した損益勘定と閉鎖残高勘定を完成させなさい。

〈注意事項〉
(1) 税効果会計は考慮しなくてよい。
(2) 利息や減価償却費などの時の経過に伴い発生する収益及び費用は，月割計算を行う。
(3) 特に指示のない限り，原則的な処理方法によること。

〈資料1〉決算整理前残高試算表

決算整理前残高試算表 （単位：円）

借方科目	金額	貸方科目	金額
現　金	121,079	買　掛　金	51,000
当　座　預　金	各自推定	電子記録債務	32,000
売　掛　金	123,000	仮　受　金	62,000
電　子　記　録　債　権	84,000	貸　倒　引　当　金	1,194
仮　払　金	141,925	退職給付引当金	11,000
繰　越　商　品	184,000	建物減価償却累計額	35,000
建　物	150,000	資　本　金	各自推定
土　地	380,000	資　本　準　備　金	100,000
満期保有目的債券	各自推定	利　益　準　備　金	32,000
その他有価証券	32,000	繰越利益剰余金	144,006
長　期　性　預　金	1,200	売　上	2,454,000
仕　入	1,659,000	受　取　配　当　金	280
給　料　手　当	221,000	投資有価証券評価損	2,000
広　告　宣　伝　費	4,200		
支　払　家　賃	4,800		
雑　費	1,526		
	各自推定		各自推定

37

〈資料２〉決算整理事項等

1．決算にあたって取引銀行から取り寄せた当座預金口座の期末の残高証明書によると，残高は379,200円であった。当座預金勘定残高と一致しないため，その原因を調べたところ，以下の事実が判明した。

(1) 過年度に貸倒れとして処理した売掛金の回収額800円の振込みがあったが，その通知が未達であった。

(2) 得意先からの売掛金の振込み6,900円を9,600円と誤記していた。

(3) 電子記録債務2,800円が引き落とされていたが，その通知が未達であった。

(4) 広告宣伝費支払いのために振り出した小切手400円が先方に渡されておらず，金庫に保管されていた。

2．仮払金と仮受金の内訳は以下の通り。

(1) 仮払金

① 消費税等の仮払額　　　　　　　36,425円

② 法人税等の中間納付　　　　　　100,000円

③ 年金基金への期中拠出額　　　　500円（〈**資料２**〉７参照）

④ リース料　　　　　　　　　　　5,000円（〈**資料２**〉６参照）

(2) 仮受金

① 消費税等の仮受額　　　　　　　62,000円

3．売上債権の期末残高に対して，差額補充法により２％の貸倒引当金を設定する。

4．当期末に保有する有価証券は次のとおりである。

(1) 満期保有目的債券　帳簿価額：各自推定

　　2×01年10月１日に額面100,000円の，満期３年の割引債の新発債を購入した。なお，この割引債の実効利子率は年2.4％であり，過年度の処理は適正に行われている。

(2) その他有価証券（株式）：評価差額については部分純資産直入法によって処理しているが，期首の洗替え処理は適切に行われている。

銘柄	取得原価	期末時価
A社	12,000円	9,000円
B社	20,000円	21,300円

5．期末商品帳簿棚卸高は210,000円である。そのうち，以下のA商品とB商品以外の商品には棚卸減耗は生じておらず，正味売却価額は取得原価を上回っている。

種類	帳簿棚卸数量	実地棚卸数量	取得原価	正味売却価額
A商品	500個	490個	@100円	@ 75円
B商品	100個	98個	@600円	@700円

　　B商品の実地棚卸高のうち10個は品質低下のため，@250円と評価した。商品評価損及び棚卸減耗損は売上原価に算入するため，仕入勘定に振り替える。

6．固定資産の減価償却については，以下のとおりである。なお，過年度の減価償却はすべて適正に行われている。

(1) 建物：定額法　耐用年数30年　残存価額はゼロ

(2) 備品：当期首の2×02年４月１日に，以下の条件によるリース契約によってリース物件の引き渡しを受け，直ちに使用を開始したが，未処理である。

　・解約不能なリース期間　５年

　・所有権移転条項および割安購入選択権はなく，特別仕様ではない。

・リース料　年5,000円　各期末に現金で支払う。

・リース物件の貸手の購入価額　不明

・リース物件の借手の見積現金購入価額　23,000円

・貸手の計算利子率は知り得ない。

・借手の追加借入利子率　年6％

・リース物件の経済的耐用年数　7年

・借手の減価償却方法　定額法

なお，割引率6％，期間5年の年金現価係数は4.212である。

7．退職給付について

当社は従業員非拠出の確定給付型の退職年金制度を採用している。当期の退職給付に関する事項は以下の通りである。

・当期首の退職給付債務は70,000円，年金資産は50,000円である。

・退職給付債務の割引率は3％，年金資産の長期期待運用収益率は5％である。

・前期首に退職給付水準を引き上げた際に，過去勤務費用10,000円（借方）が発生した。この過去勤務費用は平均残存勤務期間である10年間で定額法によって処理している。

・当期の勤務費用は1,000円であった。

・期中の年金基金への拠出額は500円であり，仮払金で処理している。

・当期中の年金資産から支払われた退職年金給付額は800円である。

・上記以外の過去勤務費用，および数理計算上の差異は生じていない。

8．収益及び費用の見越し・繰延べについて

⑴　支払家賃は毎年8月1日に1年分を前払いしている。

⑵　長期性預金は，2×02年11月1日に満期3年，利率は年2％，利息は満期日に元金とともに3年分一括して受け取る条件で預け入れたものである。

9．消費税等に関する期末の処理を行う。

10．当期の法人税等185,000円を計上する。

会 計 学

問題1 改

　次の文章のうち，一般に公正妥当と認められる会計諸基準（企業会計原則・同注解をはじめとする各種会計基準，意見書等は令和6年4月1日現在のものを有効とする。）に照らして，正しいものには○を，誤っているものには×を正誤欄に記入し，×を記入した場合にはその理由を理由欄に述べなさい。なお，重要性の原則の適用はない。

1．「企業会計原則」によれば，資本取引と損益取引とを明瞭に区別し，特に資本準備金と利益準備金とを混同してはならない。

2．「棚卸資産の評価に関する会計基準」によれば，通常の販売目的で保有する棚卸資産について，収益性の低下に基づく簿価切下額が，臨時の事象に起因し，かつ，多額であるときには，特別損失に計上する。

3．「固定資産の減損に係る会計基準」によれば，共用資産に関して，より大きな単位でグルーピングを行う方法を採用している企業において，判定の結果，減損損失を認識することとなった場合には，共用資産を加えることによって算定される減損損失の増加額は，原則として，合理的な基準により各資産又は資産グループに配分する。

4．「連結キャッシュ・フロー計算書等の作成基準」によれば，キャッシュ・フロー計算書において，支払利息は，「営業活動によるキャッシュ・フロー」の区分又は「財務活動によるキャッシュ・フロー」の区分のいずれかに記載する。

5．「1株当たり当期純利益に関する会計基準」によれば，1株当たり当期純利益は普通株式に係る当期純利益を普通株式の期中平均株式数で除して算定するが，個別財務諸表における損益計算書上の当期純利益は，連結財務諸表においては，税金等調整前当期純利益とする。

6．「税効果会計に係る会計基準」によれば，繰延税金資産又は繰延税金負債の金額は，当期の税率ではなく回収又は支払が行われると見込まれる期の税率に基づいて計算しなければならない。

7．「ストック・オプション等に関する会計基準」によれば，ストック・オプションを付与し，これに応じて企業が従業員等から取得するサービスは，その取得に応じて費用として計上し，対応する金額を，ストック・オプションの権利行使又は失効が確定するまでの間，貸借対照表の純資産の部に払込資本として計上する。

8．「資産除去債務に関する会計基準」によれば，時の経過による資産除去債務の調整額は，損益計算書上，営業外費用の区分に計上する。

9．「連結財務諸表に関する会計基準」によれば，連結財務諸表の作成において生じた負ののれんは当該事業年度の利益として処理する。

10．「退職給付に関する会計基準」によれば，数理計算上の差異は，原則として各期の発生額について，予想される退職時から現在までの平均的な期間以内の一定の年数で按分した額を毎期費用処理する。

問題2

　次の文章は「討議資料　財務会計の概念フレームワーク」からの抜粋である。これに関して，以下の問いに答えなさい。

　「投資のリスクからの解放」と類似したものとして，「実現」，あるいは「実現可能」という概念がある。「実現した成果」については解釈が分かれるものの，最も狭義に解した「実現した成果」は，売却という事実に裏づけられた成果，すなわち非貨幣性資産の貨幣性資産への転換という事実に裏づけられた成果として意味づけられる（ア）ことが多い。この意味での「実現した成果」は，この概念フレームワークでいう「リスクから解放された投資の成果」に含まれる。ただし，投資のリスクからの解放は，いわゆる換金可能性や処分可能性のみで判断されるのではない（イ）。他方の「実現可能な成果」は，現金またはその同等物への転換が容易である成果（あるいは容易になった成果）として意味づけられることが多い。この意味での「実現可能な成果」の中には，「リスクから解放された投資の成果」に該当しないものも含まれている（ウ）。

問1　下線部（ア）に関して，最も狭義に解した「実現した成果」に換金可能性や処分可能性が求められる理由を，会計に要請されてきた社会的役割に注目して簡潔に説明しなさい。

問2　下線部（イ）に関して，売買目的有価証券の時価評価差額を当期の損益として処理する理由を，リスクからの解放という用語や考え方を使わずに簡潔に説明しなさい。

問3　下線部（ウ）に関して，次の問いに答えなさい。
⑴　上場している子会社株式の時価評価差額が「実現可能な成果」といえる理由を簡潔に説明しなさい。
⑵　上場している子会社株式の時価評価差額を認識しない理由を，リスクからの解放という用語や考え方を使わずに簡潔に説明しなさい。

問題3

財務諸表分析における回転率に関する以下の問いに答えなさい。

問1　電力会社は相対的に総資産回転率が高い業界に属するといえるか，あるいは低い業界に属するといえるか，理由もあわせて答えなさい。

問2　棚卸資産回転率を求めるにあたって一般的には分子に売上高が用いられるが，売上高の代わりに売上原価を用いる見解がある。売上原価を用いる見解に則った場合，売上高を用いる見解にはどのような問題があるといえるか簡潔に答えなさい。

問3　次の条件の下で，売上債権回転日数を求めなさい。ただし端数が生じる場合は，計算の最終段階で小数点以下を四捨五入すること。また貸借対照表項目については期首・期末の平均値を用い，1年は365日で計算すること。

期首現預金	500	期末現預金	620	期首売掛金	370
期末売掛金	300	期首受取手形	120	期末受取手形	150
売上高	2,350	売上原価	1,840		

41

第205回 問題

解答	208
解答用紙	34

制限時間 90分

工 業 簿 記

問題1

全経プラ工業では，製品Xのみを2つの工程で連続して製造している。製品の原価計算にあたっては，累加法による工程別総合原価計算を採用している。次の〈資料〉にもとづいて，下記の問1から問5に答えなさい。なお，割り切れない場合には最終的な解答の小数点以下第1位を四捨五入しなさい。

〈資料〉

1．第1工程は原材料Aを成形する工程であり，第2工程は原材料B（塗料）を使って第1工程の完成品に塗装を行う工程である。原材料Aは第1工程の始点ですべて投入されている。第1工程の完成品は第2工程の始点ですべて投入される。第1工程，第2工程ともに完成品原価と月末仕掛品原価の計算は平均法で行う。第1工程，第2工程ともに仕損費は非度外視法で処理する。第2工程の正常仕損費は，仕損発生点との関係で必要があれば異常仕損にも負担させる。

2．当月の第1工程の生産と原価に関するデータは以下のとおりである。括弧内は加工進捗度である。

月初仕掛品	200個 （0.8）
当月完成品	2,750個
月末仕掛品	500個 （0.5）
正常仕損品	100個

	原材料費A	加工費
月初仕掛品原価	61,000円	19,520円
当月製造費用	944,000円	346,480円

3．第1工程での正常仕損品は工程を通じて平均的に発生している。なお，正常仕損品は外部に販売することができる。その正味売却額は30円/個である。

4．当月の第2工程の生産と原価に関するデータは以下のとおりである。括弧内は加工進捗度及び仕損発生点である。

月初仕掛品	350個 （0.6）
当月完成品	2,800個
月末仕掛品	150個 （0.5）
正常仕損品	100個 （0.4）
異常仕損品	50個 （0.6）

	前工程費	原材料費B	加工費
月初仕掛品原価	163,250円	19,000円	28,980円
当月製造費用	?	246,050円	368,595円

第2工程では，加工の進行に応じて塗料が投入される。第2工程の仕損品には売却価値はない。

問1　第1工程の正常仕損費を計算しなさい。

問2　第1工程の完成品原価と月末仕掛品原価を計算しなさい。

問3　第2工程の正常仕損費を計算しなさい。

問4　第2工程の完成品原価，月末仕掛品原価，異常仕損費を計算しなさい。

問5　異常仕損費の会計処理について説明しなさい。

問題2

全経精工では，製品Yのみを製造・販売している。内部管理目的に直接原価計算を採用している。営業利益は，期末にころがし調整法によって全部原価計算方式の営業利益に調整している。〈資料〉にもとづいて，下記の問1から問4に答えなさい。なお，割り切れない場合には最終的な解答の小数点以下第1位を四捨五入しなさい。

〈資料〉

1．当期の製造と販売に関わるデータは以下のとおりである。

期首有高（個）	240
当期製造量（個）	2,850
期末有高（個）	190

販売単価（円/個）	1,200
当期販売量（個）	2,900

期首および期末に仕掛品はない。棚卸資産の評価方法は先入先出法による。

2．当期の原価に関するデータは以下のとおりである。

変動費のデータ（単位：円/個）

直接材料費	200
直接労務費	240
変動製造間接費	150
変動販売費	250

固定費のデータ　　　（単位：円）

固定製造間接費	342,000
固定販売費	165,000
一般管理費	248,000

3．期首製品に含まれる単位当たり変動製造原価は600円/個，単位当たり固定製造間接費は160円/個である。

問1　解答用紙の当期の直接原価計算方式による損益計算書を完成させなさい。

問2　前期末から繰延固定製造間接費勘定に計上されている固定製造間接費を，当期末の在庫品に含まれる固定製造間接費と比較し，その差額を固定費調整勘定に振り替えるための仕訳を示しなさい。

問3　問2の固定費調整勘定の残高を損益勘定に振り替える仕訳を示しなさい。

問4　問3の結果から，全部原価計算方式の営業利益を計算しなさい。

原 価 計 算

問題1

以下の〈資料〉に示す全経機械株式会社の予算および実績の一部にもとづいて，下記の問1から問5に答えなさい。なお，割り切れない場合には最終的な解答の小数点以下第3位を四捨五入しなさい。

〈資料〉

1．予算の一部

	A製品	B製品	C製品
売　上　高	300,000円	204,000円	340,000円
売　上　原　価	180,000円	138,000円	248,000円
販　売　数　量	600個	300個	400個

2．実績の一部

	A製品	B製品	C製品
売　上　高	317,200円	173,550円	336,200円
売　上　原　価	189,100円	114,810円	262,400円
販　売　数　量	610個	267個	410個

問1　製品別売上総利益率および全社的売上総利益率を，予算を前提として計算しなさい。

問2　解答用紙に示す，全社的売上総利益率と製品別売上総利益率の関係式を，予算を前提として，空欄に適切な数値を入れることによって完成しなさい。

問3　全社的売上総利益差異はいくらか。

問4　全社的売上総利益差異を解答用紙に従って3つの差異に分解しなさい。

問5　問4の全社的売上総利益差異に含まれる，C製品の単位当たり売上総利益差異を，販売価格差異と単位当たり原価差異に分解しなさい。

問題2

　全経工業では，X事業部がX製品，Y事業部がY製品を製造販売しており，本社は各事業部に対して管理サービスを提供している。X事業部は製造したX製品をY事業部に振り替えるが一部は外部に販売し，Y事業部はX製品をさらに加工することによってY製品を製造し，これを外部に販売する。当期における以下の〈資料〉にもとづいて，下記の問1から問4に答えなさい。なお，割り切れない場合には最終的な解答の小数点以下第1位を四捨五入しなさい。

〈資料〉

1．事業部別製造販売活動の状況

　　いずれの事業部においても在庫はない。また，Y事業部の製造原価に含まれる変動費24,000円/個にX事業部の製造単価18,000円/個が含まれている。

事業部	製造販売量	販売価格	製造原価	固定製造費
X	1,000個 うち振替分600個 外部分400個	30,000円/個	18,000円/個 うち変動費6,000円/個	12,000,000円
Y	600個	60,000円/個	42,000円/個 うち変動費24,000円/個	10,800,000円

2．事業部別販売費，一般管理費および本社費の状況

事業部	販売費	一般管理費	本社費
X	変動販売費　1,000円/個 固定販売費　1,200,000円	1,250,000円	2,940,000円
Y	変動販売費　1,300円/個 固定販売費　1,800,000円	1,600,000円	

　　変動販売費は外部販売分にのみ発生し，一般管理費および本社費はすべて固定費である。また，本社費は各事業部に正確に跡付けることができないために，各事業部売上高の割合で配賦する。

問1　X製品のY事業部への振替においては，単位当たり製造原価を振替価格とする。このとき，X事業部の売上高を計算しなさい。なお，X事業部の売上高は，Y事業部への振替分と外部販売分から計算する。

問2　問1の解答を前提として，解答用紙に示す，全部原価計算方式の事業部別損益計算書を完成しなさい。

問3　事業部の収益性を適切に把握するために，現在の振替価格および本社費の処理方法を見直すとともに，直接原価計算方式の事業部別損益計算書を導入することにした。解答用紙に示す，直接原価計算方式の事業部別損益計算書を完成しなさい。

問4　本社で開かれた経営会議において，Y事業部を閉鎖するべきであるか否かを検討することになった。以上の計算結果にもとづいて，あなたの意見とその根拠を述べなさい。なお，固定費はすべて回避不能費である。

問題3

埋没原価とは何か。40文字以内で説明しなさい。

商 業 簿 記

問題 1

当社は，商品M（仕入原価400円，販売価格700円・税抜）について，販売後20日以内であれば販売価格による返品に応じている。(1)から(3)の取引について，下記の勘定科目を使用して仕訳しなさい。

(1)　商品M3,000個を上記販売価格で掛販売した。販売の時点では12％が期限内に返品されると見積もった。なお，消費税等は税率10％とし，税抜方式で処理するが，販売時には返品がないものとして仮受消費税等を計算する。また，当社は商品の会計処理に売上原価対立法を採用している。

(2)　期限内に400個が返品された。調査の結果，平均して450円で再販売が可能と判断した。

(3)　返金額を売掛金と相殺した。

〈使用する勘定科目〉

　売掛金，商品，仕入，返品資産，仮受消費税等，返金負債，売上，売上原価

問題 2

A社は2×02年4月1日を合併期日としてB社を吸収合併した。合併前日のB社貸借対照表と，この合併に関する資料は下記のとおりである。この合併に必要なA社の仕訳を下記の勘定科目を使用して示しなさい。

B社　貸借対照表			（単位：円）
諸資産	800,000	諸負債	300,000
土地	350,000	資本金	600,000
		利益剰余金	250,000
	1,150,000		1,150,000

〈資料〉

(1)　B社の株主に交付したA社株式：1,000株

　　うち300株はあらかじめ取得していた自己株式（帳簿価額は1株当たり900円）を交付し，残りは新株を発行した。

(2)　合併前日のA社の発行済株式数：5,000株

(3)　合併期日のA社株式の時価：980円

(4)　合併契約書に記載されている事項

　　1）B社から引き継ぐ識別可能な資産及び負債は下記のとおりとする。

　　　土地：400,000円，特許権取得前の研究開発費：50,000円

　　　その他の諸資産と諸負債：B社の帳簿価額のとおり

　　2）資本金を100,000円，資本準備金を50,000円それぞれ増額し，残額はその他資本剰余金とする。

〈使用する勘定科目〉

　諸資産，土地，諸負債，資本金，資本準備金，その他資本剰余金，自己株式，研究開発費，仕掛研究開発費，のれん

問題3

株式会社全経（会計期間は4月1日から3月31日までの1年間）の2×21年度（2×22年3月期）に関する以下の〈資料1〉及び〈資料2〉にもとづき，〔　　　　　〕欄に金額を入れ，解答用紙に示した決算整理後残高試算表を完成させなさい。また，その他有価証券，繰延税金資産，繰延税金負債，その他有価証券評価差額金についてはその内訳を示しなさい。なお，金額は意図的に小さくしてある。

〈注意事項〉

(1) 消費税等の税率は10％であり，税抜方式で処理している。

(2) 円未満の端数が生じた場合には，計算の最終段階で円未満を四捨五入する。

(3) 減価償却費などの時の経過に伴い発生する収益及び費用は，月割計算を行う。

(4) 特に指示のない限り，原則的な処理方法による。

(5) 〈資料2〉3．投資有価証券に関する取引にのみ税効果会計を適用し，法人税等の税率を30％とする。

〈資料1〉決算整理前残高試算表

決算整理前残高試算表　　　　　　　　（単位：円）

借　方　科　目	金　額	貸　方　科　目	金　額
現　　　　　　金	1,520	買　　掛　　金	39,000
当　座　預　金	5,770	仮受消費税等	41,000
売　　掛　　金	60,000	仮　　受　　金	20,571
割　賦　売　掛　金	12,355	貸　倒　引　当　金	400
仮　　払　　金	200	建物減価償却累計額	75,000
仮　払　法　人　税　等	11,000	備品減価償却累計額	23,520
仮　払　消　費　税　等	32,800	利　息　調　整　勘　定	1,355
繰　越　商　品	20,000	資　　本　　金	190,000
建　　　　　物	150,000	その他資本剰余金	5,000
備　　　　　品	54,000	利　益　準　備　金	20,000
その他有価証券	44,903	繰　越　利　益　剰　余　金	54,772
保　　証　　金	98,000	新　株　予　約　権	3,000
自　己　株　式	15,000	売　　　　　上	400,000
仕　　　　　入	260,000	割　賦　売　上	10,000
給　与　手　当	45,000	受　取　利　息	500
支　払　地　代	12,600	商　品　評　価　損	30
その他の費用	53,000		
固　定　資　産　除　却　損	8,000		
	884,148		884,148

〈資料2〉

1．割賦販売取引について

商品を割賦販売価格12,355円（現金販売価格10,000円，消費税等1,000円，割賦利息1,355円）で2×21年4月1日に販売した。代金は2×22年3月31日を初回とし毎年3月31日に消費税等を含め2,471円を5年間にわたり受け取る。年利率を4％として利息区分法により処理する。なお，2×22年3月31日の受取額は仮受金に計上している。

2．期末売上債権の評価について

　　当社の売上債権の平均回収期間は1年未満である。また，2×22年3月期末には貸倒懸念債権や破産更生債権等はない。過去の期末債権残高と貸倒実績は下記のとおりである。

	2×19年3月期	2×20年3月期	2×21年3月期	2×22年3月期
期中貸倒実績	540円	600円	480円	616円
期末債権残高	50,000円	48,000円	56,000円	60,000円

　　通常販売にかかる売掛金に対しては，過去3年の平均貸倒実績率にもとづき差額補充法により貸倒引当金を設定する。また，割賦販売については，同業者の実績を参考に期末割賦売掛金残高に対し3％の貸倒引当金を設定する。

3．投資有価証券について

　　その他有価証券は下記の4銘柄である。当社は全部純資産直入法を採用している。

　　A社社債（割引債）　額面：10,000円，発行価格：額面100円につき97.54円（割引率：年0.5％）

　　　　発行日および購入日：2×20年4月1日，満期日：2×25年3月31日，期末時価9,930円

　　　　発行価額と額面の差額は利息の調整と認められ，利息法で償却し，受取利息に計上する。

　　B社社債（利付債）　額面：100ドル，発行価格：額面と同じ，発行日および購入日：2×21年4月1日，満期日：2×24年3月31日，期末時価：90ドル，為替レート：発行時1ドル＝105円，期末1ドル＝115円

　　　　なお，利息は適切に処理している。

　　C社株式　取得日：2×20年10月1日，取得価額：9,600円，期末時価：10,500円

　　　　2×21年6月30日に100円の配当を受けたが，C社より配当の原資が利益剰余金60％，資本剰余金40％である旨通知があった。受取額は仮受金に計上している。なお，源泉所得税は考慮しなくてよい。

　　D社株式　取得日：2×16年9月1日，取得価額：15,000円

　　　　同社は近年業績不振が続き，2×22年3月末には実質価額が9,000円まで低下したので，減損処理をするが，税務上は自己否認する。

4．期末商品について

　　当社は商品の会計処理に先入先出法を採用している。当期末の商品全体の帳簿棚卸高は22,000円であった。

　　取扱商品のうちP商品とQ商品に関する情報は下記のとおりである。

	P商品		Q商品	
	数量	単価	数量	単価
期首棚卸高	30個	@15円（原価）@14円（正味売却価額）	50個	@20円（原価）@21円（正味売却価額）
当期仕入高	350個	@14円（原価）	400個	@22円（原価）
当期販売高	330個		410個	
期末実地棚卸高	44個	@15円（正味売却価額）	40個	@18円（正味売却価額）

　　減耗損：棚卸減耗損勘定に振り替える。

　　評価損：前期末に下記の仕訳を行ない，期首に再振替仕訳を行っている。当期末も同様に行う。

　　　　（借）商品評価損　30　　（貸）商品低価引当金　30

　　なお，他の商品については，減耗や価格の低下はない。

5．仮払金，仮受金の内訳

　　仮払金　取り壊し費用　200円

　　　仮受金　割賦販売代金回収額　2,471円，配当金受取額　100円，

　　　　　新株予約権行使払込額　18,000円

6．有形固定資産について

6－1　建物

(1)　倉庫（取得価額20,000円，期首減価償却累計額12,000円，耐用年数20年，残存価額ゼロ，定額法で償却）

　　2×21年6月30日：この倉庫を取り壊し，下記の仕訳を行った。なお前年度までの減価償却は適正に行なわれている。

　　　　（借）建物減価償却累計額　12,000　　（貸）建物　20,000

　　　　　　　固定資産除却損　　　　8,000

　　また，取り壊しに要した費用200円は仮払金に計上している。

　　2×21年12月1日：新しい倉庫が完成した。直ちに使用を開始し，取得価額24,000円を建物勘定に借記した。なお，新築の倉庫の耐用年数と残存価額，償却方法は取り壊した倉庫と同じである。

(2)　他の建物については，期中の取得はなく，耐用年数30年，残存価額10％，定額法で償却をしている。

6－2　備品

　　　備品は下記2点であり，いずれも耐用年数5年，残存価額ゼロ，200％定率法で償却している。保証率は0.108，改定償却率は0.5として計算すること。

(1)　2×18年4月1日取得，取得価額30,000円

(2)　2×21年8月1日取得，取得価額24,000円

7．自己株式について

　　　自己株式（15,000円，@150円，100株）について，下記の取引が行なわれたがまだ処理を行なっていない。

(1)　消却株数と消却日：50株　2×21年7月31日

(2)　新株予約権の行使に充当：50株（8.(2)を参照）

8．新株予約権について

　　　新株予約権に関する情報は下記のとおりである。

(1)　2×21年4月1日に15個の新株予約権を1個当たり200円で発行した。

　　　新株予約権1個につき1株180円で10株割り当てる。

(2)　2×21年9月30日に10個が行使されたので，自己株式50株を充当し，残りは新株を発行した。払込金は仮受金に計上しており，権利行使にかかる仕訳はまだ行なっていない。

　　　新株式発行による株主資本の増加額のうち10,000円は資本金とし，残りを資本準備金とすることにした。

(3)　2×22年3月31日に5個の権利が失効した。失効に伴う処理はまだ行なっていない。

9．地代について

　　　地代は，毎年12月31日に翌年1月1日から12月31日までの1年分を前払し，支払地代勘定に計上している。

10．消費税等について

　　　消費税等に関する勘定を整理する。

11．法人税等について

　　　当期の法人税，住民税及び事業税の合計は23,910円である。

会 計 学

問題1 改

　次の文章のうち，一般に公正妥当と認められる会計諸基準（企業会計原則・同注解をはじめとする各種会計基準，意見書等は令和6年4月1日現在のものを有効とする。）に照らして，正しいものには○を，誤っているものには×を正誤欄に記入し，×を記入した場合にはその理由を理由欄に述べなさい。なお，重要性の原則の適用はない。

1．「企業会計原則」によれば，損益計算書の営業損益計算の区分に記載する売上高については，企業が商品等の販売と役務の給付とをともに主たる営業とする場合には，商品等の売上高と役務による営業収益とはこれを区別して記載する。

2．「企業会計原則」によれば，貸借対照表において，資産の部は流動資産，固定資産及び繰延資産に区分し，負債の部を流動負債と固定負債に区分しなければならないが，この流動・固定の分類は1年基準によって行われる。

3．「資産除去債務に関する会計基準」によれば，資産除去債務とは，有形固定資産の取得，建設，開発又は通常の使用によって生じ，当該有形固定資産の除去に関して法令又は契約で要求される法律上の義務である。

4．「連結財務諸表に関する会計基準」によれば，同一環境下で行われた同一の性質の取引等について，子会社が採用する会計方針は親会社にあわせて統一する。

5．「会計方針の開示，会計上の変更及び誤謬の訂正に関する会計基準」によれば，会計方針とは，財務諸表の作成にあたって採用した会計処理の原則及び手続き，財務諸表の科目分類，科目配列及び報告様式をいう。

6．「収益認識に関する会計基準」によれば，履行義務の充足に係る進捗度を合理的に見積ることができないが，当該履行義務を充足する際に発生する費用を回収することが見込まれる場合には，履行義務の充足に係る進捗度を合理的に見積ることができる時まで，一定の期間にわたり充足される履行義務について原価回収基準により処理する。

7．「リース取引に関する会計基準」によれば，所有権移転ファイナンス・リース取引において貸手が計上したリース債権は金融商品と考えられるため，「金融商品に関する会計基準」の定めに従って貸倒見積高を算定する。

8．「包括利益の表示に関する会計基準」によれば，当期純利益にその他の包括利益の内訳科目を加減して包括利益を表示するが，その他の包括利益の内訳科目は税効果を控除した後の金額で表示する。

9．「事業分離等に関する会計基準」によれば，分離元企業は，移転した事業に関する投資が清算されたとみなされる場合には移転損益を認識するが，そのまま継続しているとみなされる場合には認識しない。

10．「持分法に関する会計基準」によれば，持分の売却によりこれまで関連会社だった被投資会社が関連会社に該当しなくなった場合，残存する当該被投資会社に対する投資は，連結財務諸表上，その実質価額をもって評価する。

問題2

「退職給付に関する会計基準」（以下，本問題では「基準」という）にもとづき，以下の問に答えなさい。

問1　退職給付債務の概念には，一般的に予測給付債務概念，累積給付債務概念，確定給付債務概念の3つがある。「基準」で用いられている債務概念を示し（該当する概念の解答欄に○を付すこと），それぞれの債務概念について，「受給権」と「昇給」という用語を用いて，各債務に含まれる範囲を簡潔に説明しなさい。

問2　数理計算上の差異の処理方法について，連結財務諸表上と個別財務諸表上に分けて説明しなさい。

問題3

自己株式の会計に関して，以下の問に答えなさい。

問1　自己株式の取得原価には，証券会社に支払う手数料等の付随費用を含めない理由を説明しなさい。

問2　自己株式を証券市場で売却した際の帳簿価額と処分対価の差額（自己株式処分差額ないし自己株式処分差損益）について，(1)処理方法，及び(2)その理由を説明しなさい。

第207回 問題

制限時間 90分

解　答 240
解答用紙 43

工 業 簿 記

問題1

　全経産業株式会社は，受注生産型の企業であり，個別原価計算を採用している。次の当月（12月）の〈資料〉にもとづき問1から問7に答えなさい。なお，割り切れない場合は最終的な解答の小数点以下第1位を四捨五入すること。

〈資料〉

1．当月の材料勘定に関するデータ

	数量×実際価格
月初棚卸高	800kg×4,900円/kg
当月仕入高	4,200kg×5,050円/kg

（注1）材料費の算定においては予定価格を適用する。予定価格は5,000円/kgである。

（注2）当月消費数量の内訳は，直接材料として2,600kgであり，残りは間接材料である。

（注3）月末帳簿棚卸数量は700kg，月末実地棚卸数量は680kgである。棚卸減耗は正常な範囲である。

（注4）原価配分方法は先入先出法による。

2．当月の賃金給料勘定に関するデータ

	金額
前月末未払分（11月21日－11月30日）	5,389,000円
当 月 支 払 分（11月21日－12月20日）	16,099,000円

（注1）労務費の算定においては予定賃率を適用する。予定賃率は3,400円/時間である。

（注2）当月（12月1日－12月31日）の作業時間と手待時間の合計は4,820時間である。そのうち，直接作業時間は3,600時間である。手待時間は正常な範囲である。

（注3）当月末未払分（12月21日－12月31日）は，この期間の作業時間の合計（1,680時間）に予定賃率を乗じて算定する。ただし，1,680時間のうち30時間は，繁忙期による時間外作業のため，予定賃率に40％上乗せした賃率を適用する。

3．上記1と2以外の当月の製造間接費実際発生額　35,580,200円

4．製造間接費予算

　製造間接費予算は実査法変動予算を採用する。月間の予算額は，操業度が100％の場合で49,000,000円，95％の場合で48,600,000円，90％の場合で48,100,000円である。月間の基準操業度（機械運転時間）は5,000時間である。

5．製造間接費の配賦

　製造間接費の配賦においては予定配賦率を適用する。配賦基準は機械運転時間である。当月の実際機械運転時間は4,940時間である。

6．生産に関するデータ

	#1103	#1201	#1202	#1202R	#1203	#1203R	#1204
直接材料消費量	100kg	490kg	520kg	180kg	480kg	480kg	350kg
直接作業時間	120時間	720時間	780時間	220時間	700時間	680時間	380時間
機械運転時間	250時間	980時間	990時間	300時間	980時間	960時間	480時間
摘要	完成	完成	完成	#1202へ	#1203Rへ	完成	仕掛中
数量	50個	50個	50個	40個	50個	50個	50個

（注1）#1103は月初仕掛品（12,014,000円）である。

（注2）#1202Rは#1202の補修のために発行したものであり，#1203Rは#1203の全品が仕損となったために発行したものである。仕損はすべて正常な範囲である。

（注3）仕損品の評価額は14,400円/個である。

問1　〈資料〉1をもとに，材料勘定から仕掛品勘定への振替仕訳，および，材料勘定から製造間接費勘定への振替仕訳を答えなさい。

問2　〈資料〉1をもとに，材料消費価格差異を計算しなさい。不利差異の場合は数値の前に△を付すこと。

問3　〈資料〉2をもとに，賃金給料勘定から仕掛品勘定への振替仕訳，および，賃金給料勘定から製造間接費勘定への振替仕訳を答えなさい。

問4　〈資料〉2をもとに，賃率差異を計算しなさい。不利差異の場合は数値の前に△を付すこと。

問5　〈資料〉1から3をもとに，当月の製造間接費の実際発生額（製造間接費勘定の借方側に集計される金額の合計）を答えなさい。

問6　〈資料〉1から5をもとに，製造間接費配賦差異を計算し，これを予算差異と操業度差異に分解しなさい。不利差異の場合は数値の前に△を付すこと。

問7　〈資料〉1から6をもとに，正常仕損費と完成品原価を計算しなさい。

問題2

全経化工株式会社は，大量生産型の企業であり，単純総合原価計算を採用している。次の〈資料〉にもとづき問1から問3に答えなさい。なお，割り切れない場合は最終的な解答の小数点以下第1位を四捨五入すること。

〈資料〉

1．生産データ

	第1工程
月初仕掛品	500kg（80％）
当月投入	2,500kg
合計	3,000kg
減損A	200kg（50％）
減損B	100kg（60％）
月末仕掛品	500kg（80％）
完成品	2,200kg

（注）カッコ内は加工進捗度である。

2．原価データ　　　　　　　　（単位：円）

	原材料費	加工費
月初仕掛品	3,875,000	5,400,000
当月投入	19,250,000	31,152,000
合計	23,125,000	36,552,000

3．その他

　1．原価配分方法は先入先出法による。また，原材料は，すべて工程の始点で投入する。

　2．減損は，すべて当月投入分から発生している。正常減損費は，原価計算基準における処理方法を採用し，減損発生点と月末仕掛品の進捗度を考慮して適切な負担先を決定している。

問1　原価計算基準における正常減損費の処理方法の名称を答えなさい。

問2　〈資料〉をもとに，減損Aと減損Bがともに正常減損の場合での仕掛品勘定を完成させなさい。

問3　〈資料〉をもとに，減損Aが正常減損，減損Bが異常減損の場合での仕掛品勘定を完成させなさい。なお，正常減損費は異常減損に負担させないものとする。

問題3

次の文章の空欄にあてはまる最も適切な語句を記入しなさい。

　個別原価計算は，種類を異にする製品を個別的に生産する生産形態に適用する。個別原価計算にあたっては，（　1　）について個別的に直接費および間接費を集計し，完成品原価は，これを当該指図書に含まれる製品の（　2　）時に算定する。一方，総合原価計算は，原価集計の単位が期間生産量であることを特質とする。すなわち，（　3　）にもとづき，一期間における生産量について（　4　）を算定し，これを期間生産量に分割負担させることにより完成品総合原価を計算する。

原 価 計 算

問題1

　全経工機では，製品Aに組み込む部品Zの経済的発注量を計算しようとしている。下記の問1と問2に答えなさい。なお，割り切れない場合には解答の小数点以下第1位を切り上げること。

〈資料〉

1．部品Zに関するデータは次のとおりである。

単位当たり購入代価	4,000円
注文1回あたりの発注費	4,000円
部品1個当たりの保険料（年間）	80円／個
年間必要量	15,125個
倉庫の年間賃借料	1,200,000円
倉庫の年間電力料	120,000円

　　倉庫には十分なスペースがある。また，倉庫の電力料は保管する部品の数量にかかわらず一定額発生する。

2．部品の購入代価の8％を，在庫部品に関連する資本コストとして考慮し，これを在庫費の1つの項目とする。

問1　材料の年間の必要量をS，材料1単位当たりの在庫費をv，1回当たりの発注費をP，1回の発注ロットサイズをQとする。これらの文字を使い，経済的発注量に関する以下の文章の括弧を埋めなさい。

　　　在庫費は，1単位当たりの在庫費に，平均在庫量を乗じて計算される。材料の払い出しが規則的であるとした場合，平均在庫量は（　①　）となる。したがって，在庫費は，（　②　）となる。
　　　材料の発注回数は，年間の必要量と1回の発注ロットサイズから，（　③　）となる。材料の発注費は，1回当たりの発注費に発注回数を乗じればよいので，（　④　）となる。原価が最小になるところでは，在庫費＝発注費となるので，（　②　）＝（　④　）となる。この式をQについて整理すると，$Q^2 =$（　⑤　）となる。したがって，経済的発注量はQ＝（　⑥　）として求められる。

問2　〈資料〉から，部品Zの経済的発注量を求めなさい。

問題2

全経精機では，製品Xと製品Yについて品質原価計算を行っている。下記の問1から問3に答えなさい。

〈資料〉

1．全経精機における品質原価計算に関わるデータ

	製品X	製品Y
生産・販売量（個）*	1,200	2,500
販売価格（円/個）	650,000	400,000
製品1個当たり変動費（円/個）	250,000	200,000
品質改善設計時間（時間）	1,200	500
製品1個当たり検査時間（時間/個）	1.00	0.50
製品の再作業率	5％	10％
製品1個当たり再作業費（円/個）	300,000	200,000
販売済み製品の修理率	8％	4％
製品1個当たり修理費（円/個）	200,000	100,000
品質不良起因の推測逸失販売量（個）	40	100

＊期首と期末に製品・仕掛品の在庫はない。

2．1時間当たり設計費　20,000円/時　　1時間当たり検査費　6,000円/時

問1　品質原価計算に関する次の文章の括弧に適切な言葉を入れ，文章を完成させなさい。

　　品質原価計算上，品質原価は大きく（　①　）コストと（　②　）コストに分類できる。（　①　）コストはさらに（　③　）コストと評価コストに分類される。また，（　②　）コストはさらに（　④　）コストと外部失敗コストに分類される。このような品質原価の分類方法を，（　⑤　）法という。（　①　）コストと（　②　）コストの間には（　①　）コストを増加させると（　②　）コストが減少するという（　⑥　）関係があるので，（　①　）コストと（　②　）コストの合計が最小となる最適品質原価ポイントを実現するように管理していくべきであるとする考え方がある。

問2　〈資料〉にもとづき，全経精機での品質原価について，問1の③コスト，評価コスト，問1の④コスト，外部失敗コスト，品質原価合計を求めなさい。

問3　全経精機では，品質管理活動の改善を行うことにし，二つの案を考えた。A案は品質改善設計により多くの時間をかけるというものであり，B案は検査時間をより多くかけるというものである。

　　A案では，製品Xに1,300時間，製品Yに600時間の品質改善設計を行う。その結果，製品の再作業率が製品Xで3％，製品Yで8％になり，販売済み製品の修理率が製品Xで7％，製品Yで3％になると見込まれる。また，品質不良起因の推測逸失販売量は製品Xで30個，製品Yでは90個になると見込まれる。

　　B案では，製品1個当たりの検査時間を製品Xでは1.5時間/個，製品Yでは0.75時間/個とす

る。その結果，製品の再作業率は製品Ｘで４％，製品Ｙで７％となり，販売済み製品の修理率が製品Ｘで7.5％，製品Ｙで3.5％になると見込まれる。また，品質不良起因の推測逸失販売量は製品Ｘで35個，製品Ｙで85個になると見込まれる。

　以上の条件から，Ａ案とＢ案それぞれの品質原価を計算し，どちらの案を採った方が有利か，解答用紙の文章を完成させなさい。

第209回 問題

制限時間 90分

解 答	258
解答用紙	47

商 業 簿 記

(注意事項)

・計算を容易にするために，数値を極端に小さくしている箇所がある。

・計算の過程で端数が生じた場合には，とくに指示のある場合を除き，その都度，円未満を四捨五入すること。また，その四捨五入に伴う丸め誤差は最終年度で調整するものとする。

・とくに指示のない限り，原則的な方法によること。

・仕訳を答える問題で，仕訳の必要がない場合には「なし」と解答すること。

問題1

当社の当期（20×2年4月1日〜20×3年3月31日）に関する〈資料1〉及び〈資料2〉に基づいて，解答用紙に示した閉鎖残高勘定と損益勘定を完成させなさい。

(注意事項)

・単純化のために，建物は単独で，他の資産又は資産グループのキャッシュ・フローから概ね独立したキャッシュ・フローを生み出す最小の単位であるとする。

・税効果会計は適用しない。

〈資料1〉決算整理前残高試算表

決算整理前残高試算表 （単位：円）

借 方 科 目	金 額	貸 方 科 目	金 額
現 金	9,715	支 払 手 形	800
当 座 預 金	55,030	買 掛 金	1,960
受 取 手 形	12,600	短 期 借 入 金	4,000
売 掛 金	13,100	未 払 金	1,100
売買目的有価証券	990	預 り 保 証 金	1,000
繰 越 商 品	16,000	社 債	60,000
建 物	400,000	貸 倒 引 当 金	230
備 品	2,600	建物減価償却累計額	140,000
備 品 改 修 費	100	備品減価償却累計額	420
長 期 貸 付 金	5,000	仮 受 金	1,200
その他有価証券	1,230	資 本 金	180,000
社 債 発 行 差 金	4,791	資 本 準 備 金	31,000
自 己 株 式	5,000	その他資本剰余金	450
仕 入	265,000	利 益 準 備 金	8,780
給 料	2,400	繰 越 利 益 剰 余 金	28,500
社 債 利 息	3,600	その他有価証券評価差額金	120
広 告 宣 伝 費	480	売 上	340,000
支 払 利 息	94	受 取 利 息	170
仮 払 法 人 税 等	2,000		
	799,730		799,730

〈資料２〉決算整理事項等

1．当座預金について

　銀行から受け取った当座預金の残高証明書の残高は62,000円であり，当社の帳簿記録との不一致の原因は次のとおりである。

⑴　買掛金支払いのため振り出した小切手1,500円が未渡しである。

⑵　未払金支払いのため振り出した小切手700円は銀行に支払呈示がなされていないため，未取付けである。

⑶　売掛金代金の振込額5,000円が当社に未通知であった。

⑷　20×3年３月31日に現金230円を銀行の夜間金庫に預け入れたが，銀行では４月１日の入金として処理していた。

2．有価証券について

⑴　売買目的有価証券の内訳は，次のとおりである。なお当社は切放法を採用している。

	A社株式	B社株式
簿価	570円	420円
期末時価	630円	380円

⑵　その他有価証券の内訳は，次のとおりである。このうちD社株式とE社株式は当期中に取得したものである。部分純資産直入法を採ること。

	C社株式	D社株式	E社株式
簿価	250円	620円	360円
期末時価	280円	570円	320円

3．金銭債権について

　金銭債権には以下のものが含まれている。

債務者	明細	備考
F社	受取手形：1,800円 売　掛　金：　700円	当期に発生した金銭債権であるが，決算手続き中にF社が破産申請したため，修正後発事象として取り扱う。つまり，破産更生債権等に振り替えるとともに，必要な貸倒引当金を設定する。なお，保証金1,000円を預かっており，これ以外に回収の見込みはない。

　これ以外の金銭債権はすべて一般債権であり，期末残高に対して，３％の貸倒引当金を差額補充法にて設定する。

4．買掛金について

　買掛金のうち，390円はG社に対する３ドルであり，期末の為替相場は１ドル126円である。

5．商品について

　商品の期末有高は14,000円であった。

6．自己株式について

　保有していた自己株式の一部（取得原価：3,700円）を期中に1,200円で売却したが，当該代金を仮受金として計上したのみであるので，その整理を行う。なお，会計期間末においてその他資本剰余金の値が負になっていれば，そのために必要な処理を行う。

7．建物について

　建物は，耐用年数20年，残存価額（見積売却価額）ゼロ，定額法で償却してきたが，期末に減損の兆候が見られ，その回収可能価額は210,000円であった。

8．備品について
(1) 備品2,600円のうちの1,200円分は，当期首に，3年使用するために1,200円で購入し，使用にあたり改良費100円を改修専門業者に支払ったものであるが，残高試算表のように計上している。これを適正に処理するとともに，この備品の将来の資産除去費用340円について，当該取引の処理がまだ行われていなかったので処理を行う。さらに決算にあたり，定額法，残存価額ゼロで減価償却する。なお，除去債務の割引率を5％とし，1.05³≒1.158で計算し，計算の都度，円未満を切り捨てて円単位で計上する。

(2) 備品のうち残りの1,400円分は，20×0年4月1日に，取得原価1,400円で取得し，耐用年数6年，残存価額10％で定額法により減価償却してきたものである。これについて，残存価額をゼロとする「会計上の見積りの変更」を行い，減価償却を行う。

9．社債について
社債は，20×2年4月1日に額面総額60,000円を，発行価額55,209円，約定利子率年6％，実効利子率年8％，利払日年1回（3月末日），満期20×7年3月31日の条件で発行したものである。社債発行差額は社債発行差金勘定にて処理する方法による。

10．ストック・オプションについて
20×2年9月1日，従業員30名に対し1個ずつストック・オプションを付与することとした。行使時の払込金額は1株当たり20円，ストック・オプション1個につき発行する株式は1株，権利確定日は20×4年8月31日，行使期間は20×4年9月1日から20×5年8月31日まで，付与日における公正な評価単価は1個当たり5円であり，権利不確定による失効は6個と見積られた。当該取引についての処理が，まだ行われていない。

11．費用及び収益の見越と繰延について
費用及び収益の見越と繰延を次のとおり行う。
(1) 未払給料が340円ある。
(2) 短期借入金は，最終利払日が20×2年10月31日であり，約定利子率は年6％である。
(3) 長期貸付金は，最終利払日が20×2年12月31日であり，約定利子率は年4％である。
(4) 広告宣伝費は全額，20×3年7月31日までの1年分を前払いしたものである。

12．税金について
法人税等が，3,810円と算定された。

問題2
次の一連の取引を，約定日基準と修正受渡日基準で仕訳しなさい。なお勘定科目は，下記の【勘定科目群】から選ぶこと。

3/30　売買目的で，A社株式を200,000円で買い付ける契約を締結した。

3/31　決算にあたり，整理仕訳を行う。A社株式の時価は170,000円であった。評価差額の処理は洗替方式による。

4/1　振戻仕訳を行う。

4/2　購入代金を小切手を振り出して支払い，A社の株式を受領した。

【勘定科目群】

現金	当座預金	買掛金
未払金	売買目的有価証券	その他有価証券
売買目的有価証券評価益	売買目的有価証券評価損	その他有価証券評価差額金

問題3

　以下の〈資料〉に示された一期間（1月1日～12月31日）に生じた取引について，三分法を用いた場合と売上原価対立法を用いた場合のそれぞれにもとづいて，次の問に答えなさい。なお，勘定科目は，下記の【勘定科目群】から選ぶこと。

(1)　7/14，8/10，10/3の仕訳と決算整理仕訳（ただし次の(2)に関するものを除く）を示しなさい。なお，商品売買は掛取引とし，払出原価の決定にあたっては先入先出法を適用すること。

(2)　この商品について，実地棚卸による期末の実際棚卸数量は35個であった。これに係る決算整理仕訳を示しなさい。ただし，減少分については売上原価に含めない方法で処理すること。

〈資料〉商品有高の推移

1/1	期首有高	25個	@ 50円
3/25	売上	20個	@100円
5/7	仕入	30個	@ 60円
7/14	売上	20個	@100円
8/10	7/14売上分の数量違いによる返品	2個	返品分は良品であった。
10/3	仕入	20個	@ 55円

【勘定科目群】

現金	売掛金	商品
繰越商品	買掛金	売上
仕入	売上原価	商品売買益
棚卸減耗費	商品評価損	

会 計 学

問題1 改

　次の文章のうち，一般に公正妥当と認められる会計諸基準（企業会計原則・同注解をはじめとする各種会計基準，意見書等は令和6年4月1日現在のものを有効とする。）に照らして，正しいものには○を，誤っているものには×を正誤欄に記入し，×を記入した場合にはその理由を理由欄に述べなさい。なお，重要性の原則の適用はないものとする。

1．「企業会計原則注解」によれば，企業会計は，予測される将来の危険に備えて，慎重な判断に基づく会計処理を行うことができる。

2．「企業会計原則注解」によれば，内部利益とは，会計単位内部における原材料，半製品等の振替から生ずる未実現の利益を言う。

3．「金融商品に関する会計基準」によれば，債務者から契約上の利払日を相当期間経過しても利息の支払を受けていない債権及び破産更生債権等については，すでに計上されている未収利息を当期の損失として処理するとともに，それ以後の期間に係る利息を計上してはならない。

4．「金融商品に関する会計基準」によれば，その他有価証券は，「時価の算定に関する会計基準」に従い算定された時価をもって貸借対照表価額とするが，継続適用を条件として，期末前1ヵ月間の市場価格の平均にもとづいて算定された価額を用いることもできる。

5．「リース取引に関する会計基準」によれば，所有権移転ファイナンスリースでは，貸手はリース料と割安購入選択権の行使価額で回収するので，取引で生じる資産はリース投資資産に計上するが，所有権移転外ファイナンスリースでは，リース料と見積残存価額の価値により回収するので，取引で生じる資産はリース債権に計上する。

6．「連結財務諸表に関する会計基準」によれば，連結会社相互間の取引によって取得した棚卸資産，固定資産その他の資産に含まれる未実現損益は，その全額を消去するが，売手側の子会社に非支配株主が存在する場合には，親会社と非支配株主の持分比率に応じて，親会社の持分と非支配株主持分に配分する。

7．「ストック・オプション等に関する会計基準」によれば，ストック・オプションを付与し，これに応じて企業が従業員等から取得するサービスは，その取得に応じて費用として計上し，対応する金額を，ストック・オプションの権利の行使又は失効が確定するまでの間，貸借対照表の純資産の部に新株予約権として計上する。

8．「自己株式及び準備金の額の減少等に関する会計基準」によれば，自己株式を消却した場合には，消却手続が完了したときに，消却の対象となった自己株式の帳簿価額をその他資本剰余金から減額する。

9．「会計方針の開示，会計上の変更及び誤謬の訂正に関する会計基準」によれば，有形固定資産等の減価償却方法は，会計方針に該当するが，その変更については会計上の見積りの変更と区別することが困難な場合に該当するので，遡及適用は行わず，期首の残高を適正に修正したうえで差額を当期の費用として計上する。

10．「外貨建取引等会計処理基準」によれば，外貨建有価証券の時価の著しい下落又は実質価額の著しい低下により，決算時の為替相場による換算を行ったことによって生じた換算差額は，当期の有価証券の評価損として処理する。

問題2

「資産除去債務に関する会計基準」にもとづき，下記の問に答えなさい。
なお，計算に使用する現価係数は次のとおりである。

	1年から5年	6年	7年	8年	9年	10年
5%	省略	0.746	0.711	0.677	0.645	0.614
4%	省略	0.790	0.760	0.731	0.703	0.676

Q社は，×01年4月1日に借地に建設した事業用の建物の引き渡しを受け，200,000円を小切手で支払い，直ちに使用を始めた。この土地は，契約にもとづき×11年3月31日に更地にして地主に返却する予定である。

問1 ×01年4月1日に，土地返却に際して発生する除去費用を見積ったところ，次のとおりであった。

キャッシュ・フロー	発生確率
10,000円	30%
15,000円	60%
20,000円	10%

同日における除去費用の期待値を計算過程とともに示しなさい。

問2 ×01年4月1日の割引率（無リスク資産の税引前の利率，以下同じ。）は5%であった。
同日に計上すべき期待値法による資産除去債務の額を計算過程とともに示しなさい。

問3 資産除去債務を計上する際に，引当金処理を行わずに資産負債の両建処理を行う理由を述べなさい。

問4 ×04年4月1日に改めて除去費用の見積りを行ったところ，次のとおり発生確率に重要な変更が生じており，割引率は4%であった。同日の資産除去債務の額を計算過程とともに示しなさい。

キャッシュ・フロー	発生確率
10,000円	20%
15,000円	40%
20,000円	40%

問5 問4の計算で変動額に適用した割引率は，どのような仮定にもとづき採用したのか，簡潔に説明しなさい。

問題3

「収益認識に関する会計基準」によれば，契約変更に際して売手が採用すべき処理方法は，以下の3とおりであり，契約変更にかかる要件により選択される。

Ⅰ　契約変更分を独立した契約として処理する。

Ⅱ　既存の契約を解約し新しい契約を締結したものと仮定して処理する。

Ⅲ　契約変更を既存の契約の一部と仮定して処理する。

問1　これらⅠⅡⅢの処理方法がどの要件を満たした場合に選択されるか，下記〈要件〉から選び解答欄の記号を○で囲むとともに，それぞれの要件に該当する〈ケース〉の番号を○で囲みなさい。ただし，1つのマスに2つ以上○をつけた場合は採点しない。

〈要件〉

イ　未だ移転していない財が契約変更日以前に移転した財と別個のものではなく，契約変更日において部分的に充足されている単一の履行義務の一部を構成する。

ロ　別個の財の追加により，契約の範囲が拡大され，かつ，変更される契約の価額が，追加的に約束した財に対する独立販売価額に特定の契約の状況にもとづく適切な調整を加えた金額分だけ増額された。

ハ　独立した契約とは言えないが，未だ移転していない財が契約変更日以前に移転した財と別個のものである。

〈前提条件〉

A社（決算日は3月31日）はB社に1個2,000円の商品P100個を掛で販売する契約を結び40個を納めたが納期遅れが生じていた。残りについてもあらかじめ設定した納期を遵守できる見通しが立たないので，B社と交渉し，3月20日付で契約条件の変更を行った。

〈ケース〉

1　A社の3月20日付の契約変更が，未納入の商品P60個の納期を遵守できる期日（5月10日）とし，今後納入する分については，納期遅延の代償として1個1,800円とするものであった。

2　A社の3月20日付の契約変更が，未納入の60個について，A社が4月1日に発売する商品P'に変更し，5月10日を納期とする掛売に変更するものであった。なお，契約額に変更はなく，商品P'の独立販売価格も2,000円であった。

3　A社の3月20日付の契約変更が，商品Pを50個追加し，追加分について価格を1個1,950円とし，納期を未納入分とともに5月10日とする掛売に変更するものであった。なお，2,000円との差額50円は，独立販売価格に対する適切な調整額と判断される。

　　なお，いずれのケースも複数の要件を含む契約変更には該当しない。

問2　問1のケース1において，A社が行なうべき，3月20日の契約変更に伴なう仕訳と，5月10日に商品P60個を納入した取引に関する仕訳を示しなさい。

使用可能勘定科目：当座預金，売掛金，売上，売上原価

第209回 問題

制限時間 90分　解答 275　解答用紙 52

工 業 簿 記

問題1

　当社では，2つの製造部門と2つの補助部門を有しており，実際原価計算を実施している。また，部門別計算において補助部門費および製造部門費について予定配賦している。以下の〈資料〉にもとづいて，下記の問1から問5に答えなさい。なお，指示がない限り，割り切れない場合には最終的な解答の小数点以下第1位を四捨五入しなさい。

〈資料〉

1. 当月における各部門の部門費予算

	A製造部門	B製造部門	X補助部門	Y補助部門
部門変動費（単位：円）	168,000	283,000	7,000	12,400
部門固定費（単位：円）	282,150	459,050	18,000	15,000
部　門　費（単位：円）	450,150	742,050	25,000	27,400
作　業　時　間（単位：時間）	20,000	25,000	—	—
用役提供量：				
X補助部門（単位）	1,000	800	—	200
Y補助部門（単位）	500	500	—	—

2. 当月における各部門の部門費の実績

	A製造部門	B製造部門	X補助部門	Y補助部門
部門変動費（単位：円）	172,000	278,000	7,200	12,500
部門固定費（単位：円）	282,000	465,500	18,000	15,500
部　門　費（単位：円）	454,000	743,500	25,200	28,000
作　業　時　間（単位：時間）	22,000	24,000	—	—
用役提供量：				
X補助部門（単位）	980	840	—	180
Y補助部門（単位）	600	500	—	—

問1　各補助部門費の予定配賦率および配賦差異総額を計算しなさい。部門別計算において，補助部門費は階梯式配賦法にもとづいて予定配賦する。なお，予定配賦率が割り切れない場合には，小数点以下第3位を四捨五入すること。

問2　各製造部門費の予算額および予定配賦率を計算しなさい。なお，予定配賦率が割り切れない場合には，小数点以下第3位を四捨五入すること。

問3　A製造部門費について，配賦差異総額，予算差異，操業度差異を計算しなさい。なお，当社は，公式法変動予算を採用している。また，配賦先の製造部門において，補助部門からの配賦額は，すべて変動費とみなしている。

問4 B製造部門費について，仕掛品勘定に振り替える仕訳を示しなさい。

問5 これまでの問いにおいて行ってきた補助部門費の配賦方法を，原価管理の観点から改善するには，どのような方法で配賦するのが望ましいか。簡潔に説明しなさい。

問題2

標準原価計算制度を採用する当社に関する以下の〈資料〉にもとづいて，下記の問1から問3に答えなさい。なお，当社では原価差異に関する勘定として，受入価格差異勘定，直接材料費差異勘定，直接労務費差異勘定，製造間接費差異勘定を使用している。また，割り切れない場合には最終的な解答の小数点以下第1位を四捨五入しなさい。

〈資料〉

1．当会計期間の標準原価カード

	標準数量	標準価格等	原価標準
直 接 材 料 費	10kg	360円/kg	3,600円
直 接 労 務 費	4時間	520円/時間	2,080円
製 造 間 接 費	4時間	420円/時間	1,680円
			7,360円

2．当会計期間の原価差異

材料受入価格差異　52,480円（不利差異）

直接材料費差異：材料消費価格差異　？円　材料消費量差異　？円

直接労務費差異：賃率差異　19,680円（不利差異）　作業時間差異　76,920円（不利差異）

製造間接費差異：予算差異　32,000円（有利差異）　能率差異　63,000円（不利差異）

　　　　　　操業度差異　36,000円（有利差異）

3．当会計期間の材料受け払い（単位：kg）

	数量
期 首 材 料	260
当 期 払 出	26,200
期 末 材 料	300

期首材料は標準価格で評価されている。

4．当会計期間の生産および販売データ（単位：個）

	数量	加工進捗度
期 首 仕 掛 品	260	50%
期 末 仕 掛 品	300	40%
当 期 完 成 品	2,560	
当 期 首 製 品	500	
当 期 販 売 品	2,700	

材料は工程始点で投入され，期首棚卸資産原価には，標準原価差異は含まれていない。

問1 決算において，原価計算基準に従って材料受入価格差異を会計処理した後の材料期末有高を計算しなさい。

問2 当会計期間の標準原価差異が少額であるとする場合，当会計期間末において必要となる標準原価差異の会計処理について仕訳を示しなさい。

問3　当会計期間の標準原価差異のうち，作業時間差異および能率差異は比較的多額であり，材料消費数量差異は異常な原因にもとづく差異であり，その他の差異は少額の差異であるとする。このとき，当会計期間における売上原価，期末仕掛品原価，期末製品原価を計算しなさい。なお，標準原価差異を追加配賦する際には，期首棚卸資産を含めて，売上原価と期末棚卸資産に配賦する。また，比較的多額の差異である作業時間差異と能率差異の追加配賦は加工進捗度を反映すること。

問題3

　原価計算基準は，原価計算制度上の原価の本質を4つの点から説明している。解答欄に示すもの以外の3つの点を簡潔に説明しなさい。

原 価 計 算

問題1

　全経化工株式会社は，製品A，製品B，製品Cを50％，30％，20％の売上高割合で製造・販売している。現在，×1年度の利益計画につき，従来の原価データを基礎とする計画（シナリオα）と新たな原価データを基礎とする計画（シナリオβ）を検討中である。次の〈資料〉にもとづき問1から問8に答えなさい。なお，問1から問6において割り切れない場合，金額は最終的な解答の小数点以下第1位を四捨五入し，安全余裕率と経営レバレッジ係数（DOL）は最終的な解答の小数点以下第2位を四捨五入すること。

〈資料〉

1．二つのシナリオに共通する条件

(1) 単位当たりの販売価格は，製品Aが20,000円，製品Bが15,000円，製品Cが10,000円である。

(2) ×1年度に使用する総資本は，期首が116,520,000円，期末が116,580,000円である。

(3) 実効税率は30％である。

(4) 同社の年間の目標利益率（税引後営業利益を×1年度に使用する平均の総資本で除したもの）は，8％である。

2．シナリオαにおける×1年度の原価データ（単位：円）

	製品A	製品B	製品C
単位当たり直接材料費	8,000	6,000	5,000
単位当たり変動加工費	3,000	2,500	2,000
単位当たり変動販売費	2,200	2,000	1,000
年間固定加工費	28,008,000		
年間固定販売費及び一般管理費	18,672,000		

3．シナリオβにおける×1年度の原価データ

(1) 単位当たりの変動加工費は，シナリオαと比べて，製品Aで490円，製品Bで200円，製品Cで25円上昇する。

(2) 単位当たりの変動販売費は，シナリオαと比べて，製品A，製品B，製品Cのすべてで5％上昇する。

(3) 年間の固定費の合計は，シナリオαと比べて，4,500,000円低下する。

問1 〈資料〉1と2をもとに，シナリオαにおける，×1年度での製品A，製品B，製品Cの単位当たりの貢献利益を計算しなさい。

問2 〈資料〉1と2をもとに，シナリオαにおける，×1年度での製品A，製品B，製品Cの損益分岐点の売上高を計算しなさい。

問3 〈資料〉1と2をもとに，シナリオαにおける，目標利益率達成時での×1年度の同社の売上高，安全余裕率，経営レバレッジ係数（DOL）を計算しなさい。

問4 〈資料〉1から3をもとに，シナリオβにおける，×1年度での製品A，製品B，製品Cの単位当たりの貢献利益を計算しなさい。

問5 〈資料〉1から3をもとに，シナリオβにおける，×1年度での製品A，製品B，製品Cの損益分岐点の売上高を計算しなさい。

問6　〈資料〉１から３をもとに，シナリオβにおける，目標利益率達成時での×1年度の安全余裕率と経営レバレッジ係数（DOL）を計算しなさい。

問7　〈資料〉１から３をもとに，①シナリオαでの目標利益率達成時の売上高と②シナリオβでの目標利益率達成時の売上高とを起点とし，それぞれの売上高が５％変動した場合での，①と②における税引後営業利益の変動率（税引後営業利益の増減額を目標利益率達成時の税引後営業利益で除したもの，プラス・マイナスは不要）を答えなさい。なお，割り切れない場合，最終的な解答の小数点以下第１位を四捨五入すること。

問8　問7の結果をもとにシナリオαとシナリオβを比較し，それぞれの特徴について簡潔に述べなさい。

問題2

全経電子株式会社では月間の生産能力に1,000時間の余裕が見込まれたため，これまで外部から購入していた部品Aを自製すべきかどうかについて検討している。次の〈資料〉にもとづき問１と問２に答えなさい。なお，割り切れない場合，最終的な解答の小数点以下第１位を四捨五入すること。

〈資料〉

１．部品Aの購入

単位当たりの部品Aの購入価格は5,400円である。

２．部品Aの自製

（1）部品Aを１個製造するため，材料aを２kg利用する。材料aの単位当たりの当初の購入価格は1,500円/kgである。しかし，材料aの供給が不足していることから，2,500kgを超える分に対して2,500円/kgの購入価格が適用されることとなっている。

（2）部品Aを１個製造するため，0.5時間の加工を必要とする。１時間当たりの変動加工費は1,900円/時間であり，そのうち1,000円/時間は直接労務費に関わるものである。なお，直接労務費は，部品の自製に際し，時間外労働が必要となるため，40％上昇することとなっている。

（3）部品Aを製造するため，特殊な検査装置を外部からリースする。月間のリース料は1,225,000円である。

問1　〈資料〉１と２をもとに，（ア）部品Aの数量が500個の場合に自製すべきか購入すべきか，および（イ）部品Aの数量が1,500個の場合に自製すべきか購入すべきかを，論拠となる数値を示しながら答えなさい。

問2　〈資料〉１と２をもとに，自製する方が購入するよりも有利となる部品Aの数量の範囲を答えなさい。

問題3

次の文章の空欄に当てはまる最も適切な語句を記入しなさい。

伝統的な原価計算において，（　ア　）は，生産量や操業度に応じて比例的に発生することを前提として各製品に配賦してきた。しかし，現代の経営環境では，こうした前提が当てはまりにくくなっている。こうした中，注目されている原価計算の方法がＡＢＣである。ＡＢＣでは，（　イ　）から（　ウ　）に原価を集計し，次いで（　ウ　）の利用程度に応じて（　エ　）に原価を割り当てるという手順を採る。

商 業 簿 記

（注意事項）
　⑴　計算を容易にするために，数値を小さくしている。
　⑵　計算の過程で端数が生じた場合には，特に指定がない限り，解答の最終段階で円未満を四捨五入する。

問題1

　全経テックグループは，親会社である㈱全経テックが研究開発と，製品の製造をおこない，本州では議決権株式の80％を所有する子会社の㈱全経販売が，九州では議決権株式の40％を所有する関連会社の㈱全経九州セールスが当該製品の販売を行っている。以下の資料にもとづいて，当期の連結財務諸表を作成するにあたって必要な棚卸資産に含まれる未実現利益の消去に係る修正を，⑴全経販売分，及び⑵全経九州セールス分にわけて解答用紙の指示にしたがって仕訳の形式で示しなさい。なお，消費税については，考慮しなくてよい。

〈資料〉
　①　全経テックは，製品Ｚの製造原価に対して45％の利益を加算した価格で全経販売と全経九州セールスに販売している。
　②　全経販売の製品Ｚの当期の仕入高は1,740,000円，期首棚卸高は356,700円，期末棚卸高は414,700円である。
　③　全経九州セールスの製品Ｚの当期の仕入高は696,000円，期首棚卸高は107,010円，期末棚卸高は82,940円である。
　④　実効税率30％として税効果会計を適用し，繰延税金資産は全額回収可能であると判断された。

問題2

　以下の取引の仕訳を示しなさい。なお，仕訳では，それぞれに示された使用可能な勘定科目を用い，仕訳が不要な場合は解答欄に「仕訳なし」と記入すること。

⑴　2×02年度の決算にあたり，無形固定資産に計上している市場販売目的のソフトウェアの償却を，見込販売数量にもとづく方法によって行う。当該ソフトウェアの取得原価は480,000円で，2×01年度期首に無形固定資産に計上したものである。2×02年度期首時点の見込販売数量は3,000個，2×02年度の販売実績は1,200個である。なお，2×01年度期首時点の見込販売数量は6,000個，見込有効期間は3年であったが，2×01年度の販売実績が1,800個であったため，2×02年度期首に見込販売数量を見直した。ただし，各期首時点での見込販売数量は合理的な見積りにもとづくものであった。

使用可能な勘定科目	研究開発費　仕掛品　ソフトウェア仮勘定　製品　ソフトウェア　特許権　ソフトウェア償却　特許権償却　売上　売上原価

⑵　2×02年度の決算にあたり，以下の資料の有形固定資産に減損の兆候が認められたため，必要な手続を行う。

〈資料〉

・各資産の取得原価等のデータは以下のとおりである。なお，減価償却は適正に行われている。

(単位：円)

	資産グループA	資産グループB	資産グループC	共用資産
取得原価	6,000	8,000	10,000	4,000
減価償却累計額	2,000	2,400	3,000	1,600
割引前将来キャッシュ・フロー	4,300	5,000	6,400	－
回収可能価額	4,100	4,000	5,600	1,800

・共用資産についての減損損失の認識の判定は，共用資産が関連する資産グループに共用資産を加えたより大きな単位で行う。

・これらの資産グループと共用資産を含むより大きな単位での割引前将来キャッシュ・フローの金額は17,500円である。

使用可能な勘定科目	資産グループA　資産グループB　資産グループC　共用資産　のれん 減価償却費　のれん償却　減損損失

問題3

当社（会計期間は4月1日から3月31日までの1年間）の2×03年3月期に関する以下の〈資料1〉及び〈資料2〉にもとづいて，解答用紙に示した損益勘定と閉鎖残高勘定を完成させなさい。なお，解答用紙の空欄をすべて使用するとは限らない。

（注意事項）
(1)　税効果会計は適用しない。
(2)　利息や減価償却費などの時の経過に伴い発生する収益及び費用は，月割計算を行う。
(3)　特に指示のない限り，原則的な処理方法によること。

〈資料1〉　決算整理前残高試算表

決算整理前残高試算表

2×03年3月31日　　　　　　　　　　（単位：円）

借　方　科　目	金　額	貸　方　科　目	金　額
現　　　　　　金	100,350	買　　掛　　金	72,500
当　座　預　金	223,000	電 子 記 録 債 務	8,800
売　　掛　　金	146,000	仮 受 消 費 税 等	58,640
電 子 記 録 債 権	28,000	商 品 低 価 切 下 額	4,000
仮　　払　　金	4,200	貸 倒 引 当 金	1,392
仮 払 消 費 税 等	34,560	長 期 借 入 金	30,000
仮 払 法 人 税 等	100,000	退 職 給 付 引 当 金	43,000
繰 越 商 品	124,000	建物減価償却累計額	25,000
建　　　　　物	150,000	資　　本　　金	300,000
土　　　　　地	230,000	資 本 準 備 金	130,000
満 期 保 有 目 的 債 券	133,000	利 益 準 備 金	19,000
関 連 会 社 株 式	100,000	繰 越 利 益 剰 余 金	213,460
そ の 他 有 価 証 券	50,000	売　　　　　上	2,081,868
仕　　　　　入	1,176,500	受 取 手 数 料	12,340
給　料　手　当	332,000		
広 告 宣 伝 費	18,700		
支　払　地　代	48,000		
雑　　　　　費	1,690		
	3,000,000		3,000,000

〈資料2〉　決算整理事項等
1．商品について

期末商品帳簿棚卸高は222,000円であり，当期末の正味売却価額は215,000円である（棚卸減耗は生じていない）。前期末及び当期末の収益性の低下の原因は市場の需給変化によるものであり，洗替え法で処理している。なお，期首の切下額の戻入は未処理であり，当期末の評価損とは相殺せずに，売上原価とは別建てで示すこと。

2．金銭債権について

当期末に，売掛金残高のうち52,000円について，得意先が電子記録債権機関に発生記録した旨の連絡を受けたが，未処理である。

また，売上債権の期末残高に対して，差額補充法により2％の貸倒引当金を設定する。

3．建物について

建物は，耐用年数30年，残存価額はゼロ，定額法で減価償却を行ってきたが，残存耐用年数を，当期首に当期を含めて20年に変更した。なお，耐用年数の見積りは，各見積り時点において合理的に行われたものであり，過年度の減価償却はすべて適正に行われている。

4．有価証券について

(1) 満期保有目的債券

満期保有目的債券は，当期首に5年満期の額面1,000ドルの外国債（ゼロクーポン債）の新発債を950ドルで購入したものである。取得原価と額面金額との差額は金利の調整と認められるため，償却原価法（定額法）によって処理する。なお，取得時の為替レートは1ドル＝140円，当期中の平均レートは1ドル＝138円，決算日の為替レートは1ドル＝137円である。

(2) 関連会社株式

甲社の発行済株式総数の20％である100株を保有している。期末の時価は1株当り300円であり，株価が今後上昇する見込はないと判断された。

(3) その他有価証券

市場価格のない乙社の株式である。当社は200株を保有しており直近の乙社の財政状態から，1株当りの実質価額は270円であると評価された。

5．従業員賞与について

2×03年7月10日に支給予定の従業員賞与（計算期間は1月1日から6月30日）の支給見込額を80,000円と見積り，その50％を当期負担額として見積り計上した。また，会社設立10周年の特別賞与5,000円を2×03年5月1日に支給することを決定しているが，未処理である。

6．退職給付について

当社は従業員非拠出の確定給付型の退職年金制度を採用している。当期の退職給付に関する事項は以下のとおりである。

・当期の勤務費用は3,021円，利息費用は1,411円，年金資産の期待運用収益は270円である。

・期中の年金基金への拠出額は2,700円であり，仮払金で処理している。

・当期中の年金資産から支払われた退職年金給付額は4,400円である。

・過去勤務費用は生じていない。

・未認識数理計算上の差異の残高が342円（借方差異）ある。これは，2×01年3月期末に生じたものであり，発生の翌期から平均残存勤務期間10年にわたって定額法にて費用処理を行っている。

7．中間配当について

2×02年11月に繰越利益剰余金を財源として1,500円の中間配当を実施した。配当支払額を仮払金に計上したままとなっている。利益準備金については会社法の定める最低額を積み立てるものとする。

8．収益及び費用の見越し・繰延べについて

(1) 支払地代は毎年8月1日に1年分を前払いしたものである。

(2) 長期借入金は，2×02年12月1日に借入期間3年，利息は年3％で元金返済時に一括して支払うという条件で借り入れたものである。

9．消費税等に関する期末の処理を行う。

10．当期の法人税等175,000円を計上する。

会 計 学

問題1 改

　次の文章のうち，一般に公正妥当と認められる会計諸基準（企業会計原則・同注解をはじめとする各種会計基準，意見書等は令和6年4月1日現在のものを有効とする。）に照らして，正しいものには○を，誤っているものには×を正誤欄に記入し，×を記入した場合にはその理由を理由欄に述べなさい。なお，重要性の原則の適用はない。

1. 「企業会計原則」によれば，損益計算書は，企業の経営成績を明らかにするため，一会計期間に属するすべての収益とこれに対応するすべての費用とを記載して経常利益を表示し，これに特別損益に属する項目を加減して当期純利益を記載しなければならない。

2. 「企業会計原則注解」によれば，企業単位内部における原材料，半製品等の振替から生ずる内部利益は，売上高から内部売上高を控除し，仕入高（又は売上原価）から内部仕入高（又は内部売上原価）を控除するとともに，期末たな卸高から内部利益の額を控除する方法により除去する。

3. 「連結キャッシュ・フロー計算書等の作成基準」によれば，法人税等（住民税及び利益に関連する金額を課税標準とする事業税を含む。）に係るキャッシュ・フローは，「財務活動によるキャッシュ・フロー」の区分に記載する。

4. 「固定資産の減損に係る会計基準」によれば，正味売却価額（資産又は資産グループの時価から処分費用見込額を控除して算定される金額）と使用価値（資産又は資産グループの継続的使用と使用後の処分によって生ずると見込まれる将来キャッシュ・フローの現在価値）のいずれか高い方の金額が固定資産の回収可能価額になる。

5. 「研究開発費等に係る会計基準」によれば，社内利用のソフトウェアについて，その利用により将来の収益獲得又は費用削減が確実であると認められる場合には，当該ソフトウェアの取得に要した費用を資産として計上することができる。

6. 「退職給付に関する会計基準」によれば，年金資産の期待運用収益は，期末の年金資産の額に合理的に期待される収益率（長期期待運用収益率）を乗じて計算する。

7. 「リース取引に関する会計基準」によれば，所有権移転外ファイナンス・リース取引については，リース資産を償却するにあたって，企業の実態に応じ，自己所有の固定資産と異なる償却方法を選択することができる。

8. 「連結財務諸表に関する会計基準」によれば，子会社の欠損のうち，当該子会社に係る非支配株主持分に割り当てられる額が当該非支配株主の負担すべき額を超える場合には，当該超過額は，親会社の持分に負担させる。

9. 「会計方針の開示，会計上の変更及び誤謬の訂正に関する会計基準」によれば，有形固定資産等の減価償却方法及び無形固定資産の償却方法の変更は，会計方針の変更であるため，新たな会計方針を過去の期間のすべてに遡及適用する。

10. 「収益認識に関する会計基準」によれば，企業は約束した財又はサービス（資産）を顧客に移転することにより履行義務を充足した時に又は充足するにつれて収益を認識するが，資産が移転するのは，顧客が当該資産に対する所有権を獲得した時又は獲得するにつれてである。

問題2

次の「自己株式及び準備金の額の減少等に関する会計基準」からの抜粋について，以下の問に答えなさい。

7．取得した自己株式は，取得原価をもって純資産の部の株主資本から控除する（ア）。

（略）

9．自己株式処分差益は，その他資本剰余金に計上する（イ）。

10．自己株式処分差損は，その他資本剰余金から減額する。

11．自己株式を消却した場合には，消却手続が完了したときに，消却の対象となった自己株式の帳簿価額をその他資本剰余金から減額する。

12．第10項及び第11項の会計処理の結果，その他資本剰余金の残高が負の値となった場合には，会計期間末において，その他資本剰余金を零とし，当該負の値をその他利益剰余金（繰越利益剰余金）から減額する（ウ）。

問1　下線部（ア）に関して，自己株式については資産として扱う考え（資産説）と資本の控除として扱う考え（資本控除説）があるが，それぞれの論拠を簡潔に答えなさい。

問2　下線部（イ）に関して，自己株式処分差益を損益計算書に計上するのではなく，その他資本剰余金に計上する論拠を簡潔に答えなさい。

問3　下線部（ウ）に関して，当該処理に対しては資本剰余金と利益剰余金の区別の観点から好ましくないとの異論があるにもかかわらず，本基準が当該処理を要求する論拠を答えなさい。

問題3
　財務諸表分析に関する次の文章を読んで，問1及び問2に答えなさい。

　　　　1　　　の収益性をみる指標の代表的なものとしてROAとROEをあげることができる。このうちROAは，ROA＝$\dfrac{当期純利益}{（期首　2　＋期末　2　）÷2}$×100で算出することがある。しかし，分子に当期純利益を用いるこの計算は，財務諸表上に示された数値を用いることを優先した簡便法である。分母の　　2　　に理論的に対応するのは，営業利益に金融収益（営業外収益）を加えた（あるいは，経常利益に金融費用（営業外費用）を足し戻した）事業利益である。当期純利益では，債権者に対する　　3　　としての金融費用が控除されているのに対して，　　4　　に対する　　3　　である　　5　　は控除されておらず，債権者と　　4　　は　　1　　に対する資金提供者という意味では同じであるにもかかわらず，両者に対する　　3　　が同等に扱われていないという問題をはらんでいるのである。

　　このようにROAは　　1　　の立場からみた投資の効率性を示すものであるが，これに対して　　4　　の立場からみた投資の効率性を示すものがROEである。

問1　文中の空欄　　1　　から　　5　　に入る適当な語句を次のなかから選び記号で答えなさい。
　　a．総資産　　　　b．純資産　　　c．自己資本　　　d．企業
　　e．株主　　　　　f．債権者　　　g．配当　　　　　h．利息
　　i．資本コスト

問2　以下のデータに基づき，当期のROEを計算しなさい。なお，計算式の中に貸借対照表の数値（ストック）と損益計算書の数値（フロー）が混在する場合には，上記文中のROAの計算式のように，貸借対照表の数値について期首と期末の平均を用いること。また，割り切れない場合には，小数点以下を四捨五入すること。

【資料】

	期首	期末
総　資　産	200	200
負　　　債	80	70
株　主　資　本	120	130
営　業　利　益	12	
事　業　利　益	13	
経　常　利　益	14	
当　期　純　利　益	15	

第**211**回 問題

制限時間 90分

| 解　答 | 305 |
| 解答用紙 | 61 |

工 業 簿 記

問題1

　東大塚醸造所では，共通の材料と共通の工程を使って，等級の異なる等級製品Xと等級製品Yを製造している。月末仕掛品原価は等級製品ごとに認識しており，月末仕掛品原価の評価は平均法を採用している。また，計算に当たっては，月初仕掛品原価と当月製造費用の合計額を，各等級製品の完成品原価と月末仕掛品原価に一括して配分している。正常減損については，非度外視法で処理する。必要があれば正常減損費は異常減損にも負担させる。次の〈資料〉に基づき，問1から問5に答えなさい。なお，割り切れない場合は最終的な解答の小数点以下第1位を四捨五入すること。

〈資料〉

1．等級製品Xおよび等級製品Yの当月の生産状況，等価係数は次のとおりである。

生産の状況

	等級製品X	等級製品Y
月初仕掛品（ℓ）	100	250
加工進捗度	30%	40%
当月完成品（ℓ）	3,700	4,800
月末仕掛品（ℓ）	200	200
加工進捗度	60%	80%
正常減損（ℓ）	50	100
減損発生点	40%	50%
異常減損（ℓ）	100	－
減損発生点	50%	－

等価係数

	等級製品X	等級製品Y
直接材料費	1.0	0.8
加工費	1.0	0.6

2．当月の原価に関する情報は次のとおりである。

月初仕掛品原価

	等級製品X	等級製品Y
直接材料費	29,500円	58,000円
加工費	8,850円	10,500円

当月製造費用

| 直接材料費 | 2,351,500円 |
| 加工費 | 1,221,930円 |

直接材料はすべて工程の始点で投入されている。

問1 各等級製品の正常減損費を計算しなさい。

問2 各等級製品の正常減損費を追加配賦した完成品原価と月末仕掛品原価を計算しなさい。

問3 等級製品Ⅹおよび等級製品Ⅹの直接材料費と加工費の当月製造費用を計算しなさい。

問4 等級製品Ⅹの異常減損費について，仕掛品勘定から異常減損費勘定への振り替える仕訳を答えなさい。なお，勘定科目は異常減損費および仕掛品を用いること。

問5 正常減損費が良品の製造原価に含められる理由を述べなさい。

問題2

東大塚製作所では，受注生産で製品を製造・販売しており，製品原価計算は製造指図書別の個別原価計算で行っている。製造間接費の配賦にあたっては，公式法変動予算を用いて予定配賦をしている。配賦基準は直接作業時間であり，基準操業度は過去5年間の平均操業度を用いている。間接労務費の固定費と変動費への分解は，高低点法によって行っている。月初に仕掛品はない。

当月は，新たに3つの注文を受け入れ，すべて完成した。ただし，製造指図書No.1の製品には正常な仕損が発生し，補修指図書No.1-Rを発行した。また，製造指図書No.2の製品にも正常な仕損が生じたが，仕損の程度が著しく，代品を製造することにし，代品指図書No.2-2を発行した。No.2の仕損品については，145,000円で外部に売却することができた。製造指図書No.3の製品からは作業屑が発生し，25,000円で外部に売却することができた。

次の〈資料〉に基づき，問1から問6に答えなさい。

〈資料〉

1．過去5年間の年間実際操業度（直接作業時間）

	×1年	×2年	×3年	×4年	×5年
直接作業時間	62,600	62,480	62,200	62,350	62,370

2．過去6ヶ月間の直接作業時間と間接労務費の実績

	1月	2月	3月	4月	5月	6月
直接作業時間	4,230	4,100	4,650	4,490	3,980	4,180
間接労務費（円）	1,513,560	1,478,690	1,548,500	1,535,940	1,474,800	1,508,950

＊過去の実績はすべて正常操業圏内である。

3．間接材料費と間接経費の月次予算

	変動費率（円/時間）	固定費（円）
間接材料費	70	158,000
間接経費	−	989,000

4．直接材料費の消費単位原価は1,200円/kg，直接労務費の消費賃率は1,080円/時間である。

5．当月の製造実績

	No.1	No.2	No.3	No.1-R	No.2-2
直接材料費消費量（kg）	1,500	300	1,380	80	700
直接作業時間	1,350	400	1,180	120	1,650

6．当月の製造間接費の実際発生額は3,280,000円であった。

問1　〈資料〉1から，年間の基準操業度を計算しなさい。

問2　〈資料〉2から，間接労務費の変動費率と月間固定費を計算しなさい。

問3　製造間接費の予定配賦率を計算しなさい。

問4　問3の結果および〈資料〉4と5から，製造指図書別に原価を集計し，解答用紙の原価計算表を完成させなさい。

問5　問4の結果と〈資料〉6から，製造間接費の差異分析を行い，解答用紙の該当箇所に記入しなさい。なお，解答する必要のない欄には－を記入すること。

問6　予定配賦率決定の際の基準操業度が平均操業度の場合の操業度差異と，実際的生産能力の場合の操業度差異について，それぞれの意味を説明しなさい。

原 価 計 算

問題1

当社は，A製品を生産・販売しており，直接原価計算方式の損益計算書を利用して予算管理を実施している。〈資料〉にもとづいて下記の問1から問3に答えなさい。なお，解答にあたって不利差異には△を付すこと。

〈資料〉

1．20×3年11月の予算関連の資料
 (1) A製品の製造費用と販売費及び一般管理費について
 ・製造費用

製品単位当たり原料費	3,000円 ＝ 300円/kg×10kg
製品単位当たり変動加工費	5,000円 ＝ 2,500円/時間× 2 時間
固定加工費予算	3,850,000円

 ・販売費及び一般管理費

製品単位当たり変動販売費	1,200円
固定販売費及び一般管理費	1,800,000円

 (2) A製品の販売単価は25,000円/個である。
 (3) 在庫は存在せず，11月の計画生産・販売量は480個であり，予定作業時間は960時間である。

2．20×3年11月の実績データ
 (1) 実際発生額
 ・製造費用

原料費	1,705,000円
変動加工費	2,640,000円
固定加工費	3,780,000円

 ・販売費及び一般管理費

変動販売費	625,000円
固定販売費及び一般管理費	1,860,000円

 (2) A製品の販売単価は24,700円/個である。
 (3) 在庫は存在せず，11月の実際の生産・販売量は500個，実際原料消費量は5,500kg，実際作業時間は1,100時間である。

問1 解答用紙に示す20×3年11月の予算・実績差異分析総括表を完成しなさい。
問2 変動売上原価差異のうち，予算上の作業効率よりも実際の作業効率が悪かったことに起因して生じた差異はいくらか。
問3 売上高における販売数量差異について，下記の〈追加資料〉を考慮して，以下の値に分解しなさい。
 ① 市場占有率差異
 ② 市場総需要差異

〈追加資料〉 予算上の市場占有率は12%，実際の市場占有率は10%である。

問題2

当社は，現在，新型製品Ｚの投入のために新規設備に関する投資案を検討している。当該投資案に関する以下の〈資料〉にもとづいて，下記の問1から問5に答えなさい。なお，割引計算においては，〈資料〉4の現価係数および年金現価係数を利用すること。

〈資料〉

1．新規設備の法定耐用年数は5年間であり，残存価額ゼロとして定額法で減価償却を行う。また，当該設備は法定耐用年数経過後に1,200,000円で現金で売却できるが，解体等に100,000円の支出を要すると予測している。

2．初期投資額について
　　購入代価　31,500,000円　　　設置や試運転などのための支出　500,000円

3．製品Ｚに関する毎年の損益予想等について
　　製品Ｚの販売価格は5,000円で，年間3,000個の販売が見込まれている。その生産販売のために，材料費2,000,000円，人件費3,000,000円，その他の費用7,200,000円（減価償却費を含む）がかかる。なお，在庫等の運転資本は少額であるため無視し，利益に対する税率は30％であると予想する。

4．資本コストおよび（年金）現価係数表について
　　当社において，設備投資の経済性評価において利用する資本コストは8％である。また，利子率8％のもとでの現価係数および年金現価係数は以下のとおりである。

	1年	2年	3年	4年	5年
現価係数	0.926	0.857	0.794	0.735	0.681
年金現価係数	0.926	1.783	2.577	3.312	3.993

問1　製品Ｚの製造販売によって追加的に獲得できる年間の税引後利益を計算しなさい。

問2　初期投資額，年々のキャッシュ・フロー（売却によるキャッシュ・フローは含まない），売却におけるキャッシュ・フローを計算しなさい。なお，当社は将来にわたって十分な利益が得ることができると予想している。

問3　〈資料〉を前提にして，正味現在価値を計算し，採用すべきか否かを示しなさい。なお，初期投資以外のキャッシュフローは各年末に生じるものとする。

問4　〈資料〉に加えて，新型製品Ｚを市場に投入すると，旧型製品Ｙの需要の一部が製品Ｚに移ると予測されるとする。新型製品Ｚの市場投入による製品Ｙにおけるキャッシュ・フローの減少額（年間）がいくら以上のときにこの投資案は採択すべきでなくなるか（円単位で解答すること）。

問5　〈資料〉に加えて，当社は1年目において業績が悪いことが予測されており，製品Ｚ3,000個を製造販売するとしても全社的には利益を生み出せない（すなわち，課税される所得がない）とする。このとき，製品Ｚの製造販売による1年目のキャッシュ・フロー（初期投資額を含まない）はいくらか。

問題3

カッコ内に適切な用語を補充することによって，以下の文章を完成させなさい。

企業における組織単位は，管理者がどの範囲までの会計数値に責任を持つかによって，（　A　），（　B　），（　C　）に分けられる。生産と販売の機能について権限および責任を有するが，投資に関する権限と責任がない組織単位は（　B　）であり，生産機能だけを有する工場のような組織は（　A　）である。

日本企業の中に，製造部門を工程単位などの10人から50人ほどの小集団に分割し，それぞれの小集団に利益責任を持たせる管理システムを採用している企業がある。このような管理システムを（　D　）制と呼ぶ。そこでは，各小集団に比較的大きな（　E　）を委譲したうえで，社内の小集団間で，（　F　）に基づいて，財・サービスの（　G　）が行われる。このような管理システムを導入することによって，（　H　）の変化にすばやく対応でき，現場が活性化することが期待されている。

第213回　問題

制限時間 90分	解　答	323
	解答用紙	65

商 業 簿 記

問題1

　当社は，次の3社に対し，2×01年1月から6月までに商品X（売価10,000円／個・消費税抜・消費税の税率は10%）を100個以上購入した場合に，1個当たり15%の値引を行い，6月30日の売掛金残高と相殺する旨通知をした。2×01年3月31日（当社決算日）までの販売実績と，3月31日に合理的に予想した6月30日までの販売見積りは次のとおりである。

	3月31日までの販売実績	4月1日から6月30日までの販売予想
A社	70個	80個
B社	40個	80個
C社	30個	50個

　なお，当社は期中には売価により税抜方式で仕訳を行い，販売予想に基づいて3月31日に変動対価分を売上勘定から契約負債勘定に振り替え，翌期首に戻し入れている。

　2×01年6月30日に販売実績を確認したところ，次のとおりであった。

	4月1日から6月30日までの販売実績
A社	100個
B社	50個
C社	80個

問1　　3月31日と4月1日の仕訳を示しなさい。
問2　　6月30日の仕訳を示しなさい。

使用勘定科目：【A】売上　【B】売上原価　【C】売掛金　【D】契約資産　【E】契約負債
　　　　　　　【F】仮受消費税等

解答用紙には記号のみ記入すること。

問題2

　P社はS社株式を次のとおり取得し，子会社とした。2×02年3月期（2×01年4月1日から2×02年3月31日まで）の連結財務諸表の作成に必要な修正を仕訳の形式で示しなさい。なお，のれんの償却期間は20年とし，2×01年3月期より償却している。また，P社とS社の間には配当金の授受以外の取引はない。

　取得日：2×00年3月31日

　取得株式の割合：70%（2×02年3月31日まで変更はない）

　取得原価：3,700,000円

　取得日のS社の純資産：資本金4,000,000円，利益剰余金1,000,000円

　　　　　　　　　なお，S社の資産及び負債の時価は帳簿価額と同じであった。

　2×02年3月期のP社とS社の個別財務諸表は次のとおりである。

貸 借 対 照 表

2×02年3月31日

借方	P社	S社	貸方	P社	S社
諸 資 産	14,000,000	8,000,000	諸 負 債	6,700,000	1,200,000
S 社 株 式	3,700,000		資 本 金	5,000,000	4,000,000
			利 益 剰 余 金	6,000,000	2,800,000
	17,700,000	8,000,000		17,700,000	8,000,000

損 益 計 算 書

自2×01年4月1日至2×02年3月31日

借方	P社	S社	貸方	P社	S社
諸 費 用	14,400,000	7,100,000	諸 収 益	18,000,000	9,600,000
当 期 純 利 益	4,440,000	2,500,000	受 取 配 当 金	840,000	
	18,840,000	9,600,000		18,840,000	9,600,000

2×02年3月期の配当金の支払額は，P社3,000,000円，S社1,200,000円である。

使用科目：【A】S社株式 【B】資本金 【C】利益剰余金 【D】非支配株主持分 【E】のれん

【F】のれん償却 【G】非支配株主に帰属する当期純利益 【H】受取配当金

解答用紙には記号のみ記入すること。

問題

第213回

87

問題3

　株式会社全経（会計期間は4月1日から3月31日までの1年間）の2×22年度（2×23年3月期）に関する以下の〈資料1〉及び〈資料2〉に基づき，解答用紙の〔　　　　　〕欄に金額を入れ，決算整理後残高試算表を完成させなさい。なお，金額は意図的に小さくしてある。

〈注意事項〉
(1) 税効果会計は適用しない。
(2) 消費税の税率は10％であり，税抜方式で処理している。
(3) 円未満の端数が生じた場合には，計算の最終段階で円未満を四捨五入する。
(4) 減価償却費などの時の経過に伴い発生する収益及び費用は，月割計算を行う。
(5) 特に指示のない限り，原則的な処理方法によること。

〈資料1〉決算整理前残高試算表

決算整理前残高試算表　　　　　　　　単位：円

借　方　科　目	金　　額	貸　方　科　目	金　　額
現　　　　　金	100	買　　掛　　金	145,000
当　座　預　金	11,000	仮 受 消 費 税 等	150,000
クレジット売掛金	78,100	貸 倒 引 当 金	2,000
売　　掛　　金	125,000	建物減価償却累計額	391,500
売買目的有価証券	474,000	備品減価償却累計額	3,500
買建オプション	1,500	車両減価償却累計額	6,500
仮　　払　　金	10,120	社　　　　　債	198,724
仮 払 法 人 税 等	25,000	資　　本　　金	800,000
仮 払 消 費 税 等	138,000	利 益 準 備 金	196,000
商　　　　　品	180,000	繰 越 利 益 剰 余 金	313,210
建　　　　　物	800,000	売　　　　　上	1,600,000
備　　　　　品	8,000		
車　　　　　両	12,500		
借　　地　　権	500,000		
売　上　原　価	1,020,000		
給　与　手　当	250,000		
支　払　地　代	40,000		
支　払　手　数　料	8,000		
社　債　利　息	5,114		
その他の営業費用	120,000		
	3,806,434		3,806,434

〈資料２〉

1．商品取引について

(1)　商品取引の簿記処理には売上原価対立法を採用している。

(2)　クレジットカードによる商品取引については，次のとおり処理している。なお，今期末の３）の処理はまだ行っていない。

　　1）販売の都度消費税込の売上代金をクレジット売掛金勘定に借記する。

　　2）後日売上代金（消費税込）の２％の手数料に消費税等を加算した金額（以下手数料等という）が売上代金から差し引かれた金額をカード会社から受け取るが，その際に手数料等をクレジット売掛金から支払手数料と仮払消費税等に振り替えている。

　　3）期末のクレジット売掛金に含まれる手数料等は，期末にクレジット売掛金から支払手数料と仮払消費税等に振り替え，翌期首には再振替を行っている。

2．売上債権について

(1)　クレジット売掛金のうち1,100円は回収不能との連絡があったので，貸倒処理をすることにした。回収不能のクレジット売掛金にかかる手数料等は考慮しなくてよい。

(2)　売掛金のうち12,000円について長期にわたり回収が滞っており，実質的に営業外債権となっている。債務者との話し合いの結果，2×24年3月31日から毎年3月31日に2,000円ずつ返済してもらうことにした。同売掛金は長期貸付金に振り替え，貸倒懸念債権に分類したうえで，次の情報に基づきキャッシュ・フロー見積法により貸倒引当金を設定することにした。

　　1）当初の約定利子率を1.5％とする。

　　2）年利率1.5％・期間6年の年金現価係数を5.697として計算する。

　　3）当該長期貸付金に係る貸倒引当金繰入額は営業外費用に計上する。

　　4）総勘定元帳では，1年以内に返済される長期貸付金の短期貸付金への振替は行わない。

(3)　その他の売掛金はすべて一般債権である。売掛金とクレジット売掛金（手数料等控除前）の期末残高に対し２％の貸倒引当金を差額補充法により設定する。

3．売買目的有価証券について

(1)　ドル建株式　保有するドル建株式は次の表のとおりである。

	株数	購入年月	前期末または購入時		当期末	
			時価	円ドルレート	時価	円ドルレート
A社株式	10株	2×19年8月	1株 80ドル	1ドル＝110円	1株 95ドル	1ドル＝130円
B社株式	20株	2×22年10月	1株120ドル	1ドル＝120円	1株105ドル	

(2)　円建国債

　　国債は，次の条件で2×20年12月1日に発行された10年国債を，2×22年12月1日に1口100円につき98円で1,000口購入したものである。

　　1）年利率：0.6％

　　2）利払日：毎年5月末と11月末

　　　　今後の市場金利上昇を見込み，2×23年2月に同国債のプットオプションを1口97円で1,000口買い建て，オプション料（1口につき1.5円）を支払った。

　　　　期末において，同国債は1口95円まで値下がりし，オプションの価格は1口3.5円まで上昇していた。

4．期末商品について

　　商品の期末帳簿棚卸高合計は180,000円であったが，一部の商品について次のような状況にあ

った。

1）帳簿棚卸高　商品Ｐ：80個　＠500円

　　　　　　　　商品Ｑ：40個　＠100円

2）実地棚卸高　商品Ｐ：75個　正味売却価額　＠480円

　　　　　　　　商品Ｑ：40個　正味売却価額　＠100円

　商品Ｑのうち，10個については汚れが付着したため，＠30円と評価した。帳簿上減耗損と評価損は売上原価勘定には振り替えない。他の期末在庫品については，減耗や正味売却価額の下落は認められなかった。

5．有形固定資産について

(1) 建物は１棟であり，次のとおりである。

　1）2×00年７月１日に使用を開始し，前期まで耐用年数40年，残存価額が取得原価の10％の定額法で減価償却をしてきた。

　2）2×22年４月に耐用年数と残存価額について誤謬が発見され，使用開始時から耐用年数32年，残存価額ゼロで減価償却すべきであったことが判明した。

　3）期首の減価償却累計額を訂正し，本年度より適切に減価償却を行う。

(2) 備品は事務機器であり，次のデータにより税法で定める200％定率法で償却をしている。なお，過去の減価償却は適正に行われてきた。

　取得原価8,000円，耐用年数８年，期首の減価償却累計額3,500円，保証率0.079

　この事務機器について，処理速度大幅向上のために８月１日に1,980円（消費税込）をかけて改良をし，全額が資本的支出とされた。なお，支払額は仮払金に計上したまま未処理である。また，資本的支出とされた部分は，耐用年数８年の新たな備品を取得したものとして同じ方法で減価償却をする。

(3) 車両について，次のデータにより税法で定める200％定率法で適正に償却してきた。

　取得原価12,500円，耐用年数５年，期首の減価償却累計額6,500円，保証率0.108

　６月30日にこの車両を6,380円（消費税込）で下取りに出し，新しい車両（取得原価14,520円（消費税込），耐用年数５年）を７月１日に取得した。このときに支払った代金は，仮払金に計上したまま未処理である。なお，車両の購入にかかるその他の経費は考慮しなくてよい。

6．社債について

　社債は，2×19年７月１日に１口（額面100円）につき98円で発行した普通社債2,000口（約定利子率年３％，利払日年２回６月30日及び12月31日）であり，償却原価法（利息法）で処理している。2×22年12月31日までの利払と償却原価の処理は適正に済ませている。なお，実効利子率は年3.44％とする。

7．地代について

　地代は，毎年11月30日に12月１日から翌年11月30日まで１年分を前払いし，支払地代勘定に借記している。

8．消費税について

　消費税に関する勘定を整理し，未払消費税等を計上する。

9．法人税等について

　当期の法人税等の申告額の合計は56,000円である。中間納付額との差額を未払法人税等として計上する。

会 計 学

問題1 改

　次の文章のうち，一般に公正妥当と認められる会計諸基準（企業会計原則・同注解をはじめとする各種会計基準，意見書等は令和6年4月1日現在のものを有効とする。）に照らして，正しいものには○を，誤っているものには×を正誤欄に記入し，×を記入した場合にはその理由を理由欄に述べなさい。なお，重要性の原則の適用はない。

1．「企業会計原則」によれば，財務諸表によって，利害関係者に対し必要な会計事実を明瞭に表示し，企業の状況に関する判断を誤らせないようにしなければならないとされているが，この明瞭表示は財務諸表本体における区分表示や総額表示とともに，重要な会計方針の注記，後発事象の開示や附属明細表の作成などによって達成されるものである。

2．「貸借対照表の純資産の部の表示に関する会計基準」によれば，純資産の部は株主資本と株主資本以外の各項目に区分され，株主資本以外の各項目は，個別貸借対照表上，評価・換算差額等，株式引受権及び新株予約権に区分される。

3．「資産除去債務に関する会計基準」によれば，割引前の将来キャッシュ・フローに重要な見積りの変更が生じた場合，その見積りの変更が生じた時点の割引率によって資産除去債務の見積りの変更に伴う調整額を計算する。

4．「連結財務諸表に関する会計基準」によれば，非支配株主が存在する連結子会社が意思決定機関を支配している他の会社に販売した棚卸資産に未実現利益が含まれている場合，その全額を消去し，全額を親会社の持分に配分しなければならない。

5．「税効果会計に係る会計基準」によれば，繰延税金資産または繰延税金負債は，その税効果を生じさせた一時差異等が生じた会計期間に適用される法人税率等によって計算する。

6．「金融商品に関する会計基準」によれば，繰延ヘッジ会計を適用している場合，ヘッジ会計の要件が充たされなくなったならば，ヘッジ会計の要件が充たされていた間のヘッジ手段に係る損益または評価差額の繰り延べが中止され，損益に計上しなければならない。

7．「退職給付に関する会計基準」によれば，確定拠出制度については，当該制度に基づく要拠出額をもって費用処理する。

8．「1株当たり当期純利益に関する会計基準」によれば，優先株式を発行している場合，1株当たり当期純利益は，損益計算書上の当期純利益を普通株式の期中平均株式数で除して算定する。

9．「固定資産の減損に係る会計基準」によれば，資産グループについて認識された減損損失は，資産グループを構成する各資産の帳簿価額に基づく比例的な配分等，合理的であると認められる方法によって配分する。

10．「賃貸等不動産の時価等の開示に関する会計基準」によれば，賃貸等不動産には，貸借対照表において投資不動産として区分されている不動産や，その他の賃貸されている不動産や将来において賃貸等不動産として使用される予定で開発中の不動産などの他に，将来の使用が見込まれていない遊休不動産も含まれる。

問題2

キャッシュ・フロー計算書に関する以下の問1及び問2に答えなさい。

問1　次の文章の　1　～　5　の空欄に入る適切な語句を解答欄に記入しなさい。

　日本の会計基準では、キャッシュ・フロー計算書に記載する資金の範囲は現金及び現金同等物としている。ここにいう現金とは、手許現金と　1　預金であり、現金同等物とは、容易に　2　であり、かつ、　3　について僅少なリスクしか負わない　4　であるとしている。この現金同等物に具体的に含まれるものは経営者の判断に委ねることが適当としつつも、その一例として、取得日から　5　以内に満期日が到来する定期預金などが示されている。

問2　次の資料に基づき、解答用紙のキャッシュ・フロー計算書の営業活動によるキャッシュ・フローの区分を、(1)直接法及び(2)間接法により完成させなさい。なお、受取利息、受取配当金及び支払利息は営業活動によるキャッシュ・フローの区分に計上する方法によること。

〈資料1〉　前期末・当期末貸借対照表及び当期の損益計算書

貸 借 対 照 表

（単位：千円）

勘定科目	前期末	当期末	勘定科目	前期末	当期末
現　金　預　金	180,000	224,900	買　　掛　　金	65,000	72,000
売　　掛　　金	100,000	120,000	未 払 社 債 利 息	0	300
有　価　証　券	23,000	0	未　払　給　料	2,600	4,000
商　　　　　品	82,000	63,500	貸 倒 引 当 金	2,000	2,400
前　払　地　代	4,000	6,500	減価償却累計額	200,000	220,000
未　収　利　息	0	200	未 払 法 人 税 等	34,000	37,800
建　　　　　物	500,000	500,000	社　　　　　債	0	80,000
土　　　　　地	360,000	450,000	資　　本　　金	800,000	800,000
長 期 貸 付 金	0	60,000	資　本　準　備　金	22,000	22,000
			利　益　準　備　金	18,000	20,500
			別　途　積　立　金	8,000	11,000
			繰 越 利 益 剰 余 金	97,400	155,100
	1,249,000	1,425,100		1,249,000	1,425,100

損 益 計 算 書

（単位：千円）

売上高	500,000
売上原価	300,000
売上総利益	200,000
販売費及び一般管理費	
給料	43,000
貸倒引当金繰入	400
減価償却費	20,000
支払地代	12,000
営業利益	124,600
営業外収益	
受取利息	1,500
有価証券売却益	2,000
営業外費用	
社債利息	2,100
経常利益	126,000
税引前当期純利益	126,000
法人税等	37,800
当期純利益	88,200

〈資料2〉 その他の事項

1. 現金預金はすべて現金及び現金同等物に該当する。

2. 当期の定時株主総会において，繰越利益剰余金を原資とする剰余金の配当及び処分が以下のとおり決議された。

株主配当金　25,000千円　利益準備金　2,500千円　別途積立金　3,000千円

3. 有価証券はすべて売買目的で保有する株式であり，切放法によって処理している。

4. 消費税，税効果会計は考慮外とする。

問題3

以下の文章を読んで，下記の問に答えなさい。

資産の貸借対照表価額は，取得原価を原則としながらも，各会計基準によってより具体的な測定方法が定められている。

通常の販売目的で保有する棚卸資産については，正味売却価額が取得原価よりも下落している場合は，当該正味売却価額とする。金銭債権については，取得価額から貸倒引当金を控除した金額，売買目的有価証券は時価が貸借対照表価額となる。なお，この時価については，「時価の算定に関する会計基準」によって定義され，その算定方法が定められている。(ア)

また，有形固定資産のうち償却資産については，取得原価から減価償却累計額を控除した価額となるが，減損損失を認識すべきと判定された資産または資産グループについては，回収可能価額 (イ) をもって貸借対照表価額とする。

問1　下線部（ア）の「時価の算定に関する会計基準」に関して以下の問に答えなさい。

(1) 同基準が定める以下の時価の定義の　1　～　5　の空欄にあてはまる語句を，選択肢の中から選び，その記号を解答欄に記入しなさい。

　「時価」とは，　1　日において市場参加者間で秩序ある取引が行われると想定した場合の，当該取引における資産の　2　によって　3　価格又は負債の　4　のために　5　価格をいう。

ア．購入	イ．算定	ウ．交換	エ．取得	オ．売却
カ．移転	キ．引き受け	ク．預ける	ケ．支払う	コ．受け取る

(2) 時価の算定にあたって用いられる以下の①〜③の評価技法は，(a)インカム・アプローチ，(b)コスト・アプローチ，(c)マーケット・アプローチのいずれに該当するか。該当するアプローチの記号を解答欄に記入しなさい。

①同一の又は類似の資産又は負債に関する市場取引による価格等のインプットを用いる評価技法
②利益やキャッシュ・フロー等の将来の金額に関する現在の市場の期待を割引現在価値で示す評価技法
③資産の用役能力を再調達するために現在必要な金額に基づく評価技法

問2　下線部（イ）の回収可能価額は，使用価値と正味売却価額のいずれか高い方の金額である。ここにいう①使用価値と②正味売却価額について説明しなさい。

第213回 問題

解　答	342
解答用紙	70

制限時間 90分

工　業　簿　記

問題1

　全経産業株式会社は単純総合原価計算を採用している。次の〈資料〉にもとづき，問1から問6に答えなさい。なお，計算上端数が生じる場合，最終的な解答の小数点以下第1位を四捨五入すること。

〈資料〉

1．当月の生産データ（単位：kg）

月初仕掛品	5,000	（	0.4 ）
当月投入	16,000		
計	21,000		
仕損	1,000	（	？ ）
月末仕掛品	5,000	（	0.8 ）
完成品	15,000		

（注1）カッコ内の数値は，仕損の場合は仕損発生点，仕掛品の場合は加工進捗度を表す。仕損発生点や仕損費の処理方法は，各問の指示に従うこと。材料は工程の始点ですべて投入する。

（注2）仕損が正常仕損の場合，正常仕損品は外部に売却でき評価額は1,500円/kgである。仕損が異常仕損の場合，異常仕損品は外部に売却できず評価額はゼロである。

2．当月の原価データ（単位：円）

	直接材料費	加工費
月初仕掛品	13,200,000	5,110,000
当月投入	43,200,000	47,124,000

（注）棚卸資産の評価方法は先入先出法を採用している。仕損は当月投入分から生じたものとする。

問1　仕損が工程の終点で発生し，すべてが正常仕損である場合，仕損品評価額と完成品総合原価を計算しなさい。正常仕損費は非度外視法を用いて完成品に負担させるものとする。

問2　原価計算基準では，原価計算制度で原価に含めない項目が4つあげられている。解答欄に記載した項目を除く残り3つを答えなさい。

問3　仕損が工程の終点で発生し，その60％が正常仕損で残り40％が異常仕損である場合，月末仕掛品原価，異常仕損費，完成品総合原価を計算しなさい。正常仕損費は非度外視法を用いて完成品に負担させるものとする。

問4　仕損が工程の50％で発生し，その60％が正常仕損で残り40％が異常仕損である場合，月末仕掛品原価，異常仕損費，完成品総合原価を計算しなさい。正常仕損費は非度外視法を用いて完成品と月末仕掛品に負担させるものとする。

問5 仕損が工程の60%で発生し，その60%が正常仕損で残り40%が異常仕損である場合，月末仕掛品原価，異常仕損費，完成品総合原価を計算しなさい。正常仕損費は度外視法を用いて完成品と月末仕掛品に負担させるものとする。なお，仕損品評価額は直接材料費の当月投入分から控除すること。

問6 問5において，完成品と月末仕掛品に対する正常仕損費の負担割合がどのように決定されているのかを説明しなさい。

問題2

全経化学株式会社は単純総合原価計算を採用している。次の〈資料〉にもとづき，問1から問3に答えなさい。なお，計算上端数が生じる場合，最終的な解答の小数点以下第1位を四捨五入すること。

〈資料〉

1．当月の生産データ（単位：kg）

月初仕掛品	2,000	（ 0.2 ）
当月投入（A材料）	10,000	
当月投入（B材料）	（ ？ ）	
計	（ ？ ）	
月末仕掛品	（ ？ ）	（ 0.8 ）
完成品	12,000	

（注1）カッコ内の数値は加工進捗度を表す。

（注2）A材料は工程の始点ですべて投入する。B材料は工程の50%で投入する。B材料の単価は20,120円/kgである。

（注3）完成品の重量はA材料とB材料の合計である。完成品における材料の重量比は，A材料：B材料＝2：1である。

2．当月の原価データ（単位：円）

	直接材料費（A材料）	直接材料費（B材料）	加工費
月初仕掛品	43,000,000	？	20,483,200
当月投入	218,000,000	？	672,796,800

（注）棚卸資産の評価方法は平均法を採用している。

問1 B材料は工程の50%時点で必要な量をすべて投入したとする。この場合，月末仕掛品の重量はいくらになるかを答えなさい。

問2 B材料は工程の50%時点から投入を開始し，終点で所定の重量比になるように平均的に投入したとする。この場合，月末仕掛品の重量はいくらになるかを答えなさい。

問3 問2を前提に，A材料の重量に加工進捗度を乗じた値を加工に要した労力とし，これを基礎に加工費の計算を行ったとする。この場合，解答用紙の仕掛品勘定の空欄を記入しなさい。

問題3

連産品の原価計算の特徴を通常の原価計算との対比で述べるとともに，こうした原価計算が認められる理由について説明しなさい。

原 価 計 算

問題1

　全経製作所では，2つの連続したプロセスAとプロセスBによって製品Pと製品Qを製造している。

　〈資料〉にもとづき，問1から問5に答えなさい。

〈資料〉

　1．製品Pと製品Qの販売価格，変動費，プロセスAとプロセスBの月間の製造固定費のデータは以下のとおりである。

	製品P	製品Q
販売価格（円/個）	5,000	6,000
変 動 費（円/個）	2,900	3,000

製造固定費	
プロセスA（円）	3,680,000
プロセスB（円）	2,850,000

　2．共通の販売費及び一般管理費は，月間1,800,000円で，いずれも固定費である。

　3．製品Pの月間の需要は6,000個，製品Qの月間の需要は2,000個である。

　4．製品Pと製品QのプロセスAとプロセスBの製品単位当たり機械作業時間は以下のとおりである。

	製品P	製品Q
プロセスA（時間/個）	2	4
プロセスB（時間/個）	3	3

　5．プロセスAの機械作業時間の上限は月間で13,000時間，プロセスBの機械作業時間の上限は月間で21,000時間である。

　6．月初と月末において製品および仕掛品の在庫はない。

問1　〈資料〉にもとづき，製品Pおよび製品Qの単位当たり貢献利益を計算しなさい。

問2　〈資料〉にもとづき，営業利益を最大化する製品ミックスを求め，その際の営業利益を計算しなさい。

問3　製品Qの設計を見直したところ，プロセスAの製品単位当たり機械作業時間が2時間となった。この場合の営業利益を最大化する製品ミックスを求め，その際の営業利益を計算しなさい。

問4　問3の設計見直しに加え，プロセスAに月間のリース料460,000円/台の機械を2台導入した。その結果，プロセスAの機械作業時間が月間10,000時間増加した。この場合の営業利益を最大化する製品ミックスを求め，その際の営業利益を計算しなさい。

問5　問4のリースに関する意思決定について，生産能力の有効利用の観点から根拠となる数値（金額）を用いてその良否を論じなさい。

問題2

　全経電機の財務状態について，〈資料〉にもとづき問1から問6に答えなさい。

　なお，計算にあたって割り切れない場合，金額については千円未満を，安全余裕率については％表示の小数点以下第1位を，経営レバレッジ係数については小数点以下第1位をそれぞれ四捨五入すること。

〈資料〉

　全経電機の直接原価計算方式による第×1期の損益計算書は以下のとおりである。

第×1期　　　損益計算書　（単位：千円）	
売上高	4,000,000
変動売上原価	1,400,000
（　　　　　）	2,600,000
変動販売費	200,000
貢献利益	2,400,000
固定製造原価	1,260,000
固定販売費・一般管理費	540,000
営業利益	600,000

問1　第×1期の損益計算書の（　　　　　　）の中に入る適切な用語を記入しなさい。

問2　第×1期の損益分岐点売上高および安全余裕率を計算しなさい。

問3　経常利益段階での損益分岐点を算定する場合，営業外費用と営業外収益はどう扱うべきかを，理由とともに述べなさい。

問4　第×1期の経営レバレッジ（オペレーティング・レバレッジ）係数を計算しなさい。

問5　第×2期の売上高が第×1期の売上高に比べて10％増加すると想定した場合，問4の結果（経営レバレッジ係数）を利用して，営業利益の増加額を計算しなさい（計算過程も示すこと）。ただし，第×1期と第×2期で変動費率および固定費額に変化はないものとする。

問6　下記の〈追加資料〉にもとづいて第×1期から第×2期にかけて全経電機の安全性は「改善した・悪化した・不変である」のいずれであるかを○で囲み，その理由を述べなさい。

〈追加資料〉

　第×2期では，売上高が4,200,000千円，変動費合計が1,890,000千円，固定費合計が1,595,000千円であった。

第2部

解答・解答への道編

第199回 解答

商 業 簿 記

問題1

（単位：円）

問題番号		借 方 科 目	金 額	貸 方 科 目	金 額	
(1)	①	減 価 償 却 累 計 額	140,000	備　　　　品	420,000	❹
		現　　　　金	334,540	長 期 前 受 収 益	54,540	
	②	リ ー ス 資 産	334,540	リ ー ス 債 務	334,540	❹
(2)		リ ー ス 債 務	79,966	現　　　　金	90,000	❹
		支 払 利 息	10,034			
(3)		減 価 償 却 費	83,635	減 価 償 却 累 計 額	83,635	❹
		長 期 前 受 収 益	13,635	減 価 償 却 費	13,635	

別解　「リース資産」は「備品」でもよい。

問題3

損　益　　　　　　　　（単位：円）

借 方 科 目	金 額	貸 方 科 目	金 額
仕入	〔 ❸ 2,264,440 〕	売上	3,210,000
給料手当	107,500	受取配当金	1,600
広告宣伝費	14,500	償却債権取立益	〔 ❸ 1,300 〕
雑費	1,869	受取利息	〔 2,000 〕
貸倒引当金繰入	〔 ❸ 2,280 〕		
減価償却費	〔 ❸ 45,540 〕		
商標権償却	〔 4,800 〕		
社債利息	〔 ❸ 40,511 〕		
有価証券運用損益	〔 ❸ 7,000 〕		
為替差損益	〔 ❸ 800 〕		
その他有価証券評価損	〔 ❸ 65,000 〕		
法人税等	〔 180,000 〕		
繰越利益剰余金	〔 480,660 〕		
	〔 3,214,900 〕		〔 3,214,900 〕

問題2

(単位：円)

①	2,251,000	❸
②	△3,000	❸
③	0	❸
④	△130,000	❸
⑤	△25,000	❸
⑥	△7,000	❸
⑦	△100,000	❸
⑧	△2,000	❸

問題3

閉鎖残高 (単位：円)

借 方 科 目	金 額	貸 方 科 目	金 額
現金	163,051	買掛金	〔 ❸ 107,550 〕
当座預金	〔 ❸ 411,400 〕	電子記録債務	21,450
売掛金	〔 ❸ 364,000 〕	仮受消費税等	0
電子記録債権	21,000	未払金	〔 ❸ 1,800 〕
売買目的有価証券	〔 103,000 〕	未払消費税等	〔 ❸ 24,000 〕
繰越商品	〔 ❸ 72,560 〕	未払法人税等	〔 ❸ 100,000 〕
仮払消費税等	0	社債	1,000,000
仮払法人税等	0	社債発行差金	〔 10,911 〕
前払費用	〔 ❸ 200 〕	貸倒引当金	〔 7,700 〕
未収収益	〔 ❸ 2,000 〕	建物減価償却累計額	〔 292,500 〕
建物	675,000	備品減価償却累計額	〔 125,440 〕
備品	160,000	資本金	2,000,000
土地	1,800,000	資本準備金	120,000
商標権	〔 ❸ 36,800 〕	利益準備金	34,000
その他有価証券	〔 125,000 〕	繰越利益剰余金	〔 ❸ 608,660 〕
子会社株式	〔 340,000 〕	その他有価証券評価差額金	〔 ❸ 20,000 〕
長期性預金	200,000		
	〔 4,474,011 〕		〔 4,474,011 〕

●数字…予想配点

103

会 計 学

問題1

	正誤	理　　　　　　　　　由	
1.	×	未払費用及び未収収益は，当期の損益計算に計上し，前払費用及び前受収益は，当期の損益計算から除去しなければならない。	❸
2.	×	その発生が当期の事象に起因する場合だけではなく，その発生が当期以前の事象に起因する場合である。	❸
3.	×	現金同等物とは，容易に換金可能であり，かつ，価値の変動について僅少なリスクしか負わない短期投資をいう。	❸
4.	×	資産又は資産グループから得られる割引前将来キャッシュ・フローの総額が帳簿価額を下回る場合に，減損損失を認識する。	❸
5.	○		❸
6.	○		❸
7.	○		❸
8.	×	有形固定資産等の減価償却方法の変更は，会計方針の変更に該当するが，会計上の見積りの変更と同様に取り扱い，遡及適用は行わない。	❸
9.	○		❸
10.	○		❸

問題2

問1

(a)	サービス		(d)	払込金額	
(b)	払込資本		(e)	自己株式処分差額	各❸
(c)	自己株式		(f)	利益	

問2

従業員等は，ストック・オプションを対価として，これと引換えに企業にサービスを提供し，企業はこれを消費しているため，費用として認識することが適当である。　❽

問3

新株予約権は，返済義務のある負債ではないことから，負債の部に表示することは適当ではなく，純資産の部に表示する。　❽

問4

新株予約権は，権利行使され払込資本になる可能性がある一方，失効して払込資本にならない可能性もあり，その性格が確定しないため，権利確定日以前から払込資本として計上する処理には問題がある。	❽

問題3

問1

ＲＯＡは，企業の立場で総資産に対する収益性を分析する指標であり，ＲＯＥは，株主の立場で株主資本に対する収益性を分析する指標である。	❽

問2

純資産負債比率は，純資産とくに株主資本が負債に対する担保となるものであるから，負債の返済に対する余裕度を示すものであり，株主資本に対する負債の割合で計算するため比率は低い方が安全である。	❽

問3

(1)	流動資産の中には，前払費用や企業活動上必要な資産が含まれ，負債の返済に応じられないものがあるため，十分な余裕が求められている。	❽
(2)	（当　　　座）比率　❹	

●数字…予想配点

105

第199回 解答への道 問題 ▶ 2

商 業 簿 記 解 説

◾問題1 ●仕訳問題（以下，単位：円）

▮ セール・アンド・リースバック取引

セール・アンド・リースバック取引とは，物件の所有者が，その所有する物件をリース会社等に売却し，その物件の新所有者であるリース会社等を貸手，その物件の旧所有者を借手として，リース契約を締結する取引をいう。したがって，セール・アンド・リースバック取引は，借手から見れば，物件の売却とその物件のリースとが一体化した取引である。

(1) セール・アンド・リースバック取引時

① 物件の売却

物件の売却に伴う売却益は，長期前受収益として繰延処理する。

（減価償却累計額）（＊1）	140,000	（備　　　　　品）	420,000
（現　　　　　　金）	334,540	（長 期 前 受 収 益）（＊2）	54,540

（＊1）420,000÷6年×2年＝140,000〈過年度の減価償却累計額〉

（＊2）貸借差額

② リース取引

（リ ー ス 資 産）（＊）	334,540	（リ ー ス 債 務）	334,540

（＊）売却価額（所有権移転ファイナンス・リースに該当し，貸手の購入価額が明らか）

(2) リース料支払時

（リ ー ス 債 務）（＊1）	79,966	（現　　　　　　金）	90,000
（支 払 利 息）（＊2）	10,034		

（＊1）90,000×2.8286＝254,574〈期末のリース債務残高〉

　　　　334,540－254,574＝79,966〈債務返済額〉

（＊2）貸借差額

(3) 決算時

セール・アンド・リースバック取引時に計上した長期前受収益をリース資産の減価償却費の割合に応じ減価償却費から減算する。

（減 価 償 却 費）（＊1）	83,635	（減価償却累計額）	83,635
（長 期 前 受 収 益）（＊2）	13,635	（減 価 償 却 費）	13,635

（＊1）334,540÷4年＝83,635

（＊2）54,540÷4年＝13,635

問題2 ● 特定項目の金額算定（以下，単位：円）

株主資本等変動計算書

　株主資本等変動計算書とは，株主資本等（純資産）の変動を表す財務諸表であり，貸借対照表の純資産の部の表示区分にしたがい，各項目ごとにその当期首残高，当期変動額および当期末残高を記載する。なお，株主資本の各項目に対する当期変動額は，その変動事由ごとに記載し，株主資本以外の各項目に対する当期変動額は原則として純額で記載する。

(1)　新株予約権の行使と新株の発行

　　行使された新株予約権の払込金額と権利行使にともなう払込金額（権利行使価額）の合計を，発行した株式に対する払込金額とする。

| （現　金　預　金） | 500,000 | （資　　本　　金）（＊） | 251,000 |
| （新　株　予　約　権） | 2,000 | （資　本　準　備　金）（＊） | 251,000 |

（＊）$(500,000 + 2,000) \times \dfrac{1}{2} = 251,000$

∴　①　**資本金**：$2,000,000 \langle 当期首残高 \rangle + 251,000 = \mathbf{2,251,000}$

∴　⑧　**新株予約権**：**△2,000**

(2)　剰余金の配当など

| （繰 越 利 益 剰 余 金）（＊） | 130,000 | （未　払　配　当　金） | 100,000 |
| | | （別　途　積　立　金） | 30,000 |

（＊）$100,000 + 30,000 = 130,000$

（注）$2,251,000 \langle 資本金 \rangle \times \dfrac{1}{4} = 562,750 < 551,000 \langle 資本準備金 \rangle + 100,000 \langle 利益準備金 \rangle = 651,000$ のため，

　　　利益準備金の積み立ては必要ない。

∴　③　**利益準備金**：**0**

∴　④　**繰越利益剰余金**：**△130,000**

∴　⑦　**株主資本合計**：$0 + 30,000 - 130,000 = \mathbf{△100,000}$

(3)　自己株式の消却

　　会社は，取締役会等の決議により，所有する自己株式を消却することができる。この場合には，自己株式の帳簿価額をその他資本剰余金から減額する。

| （そ の 他 資 本 剰 余 金） | 3,000 | （自　　己　　株　　式） | 3,000 |

∴　②　**その他資本剰余金**：**△3,000**

∴　⑥　**自己株式**：$△10,000 \langle 当期首残高 \rangle + 3,000 = \mathbf{△7,000}$

(4)　当期純損失

| （繰 越 利 益 剰 余 金） | 25,000 | （損　　　　　　益） | 25,000 |

∴　⑤　**繰越利益剰余金**：**△25,000**

問題3 ● 損益勘定と閉鎖残高勘定の作成（以下，単位：円）

全経Point

大陸式決算法では，帳簿の締切にあたって，資産・負債・純資産の各科目の残高を決算振替仕訳を行い閉鎖残高（または残高，決算残高）勘定へ振り替える。この結果，資産・負債・純資産の各科目の残高が，閉鎖残高（または残高，決算残高）勘定に記入されるために，繰越試算表を作成する必要がない。（第203回問題3／第205回問題3／第209回問題1／第211回問題3）

---

1 当座預金の修正

(1) 振込未達

過年度に債権の貸倒処理を行ったが，何らかの理由により，当期にその全部または一部が回収された場合，回収額は償却債権取立益勘定で処理する。

（当 座 預 金）	1,300	（償 却 債 権 取 立 益）	1,300

(2) 誤記入

(a) 正しい仕訳

（当 座 預 金）	6,000	（売 掛 金）	6,000

(b) 期中仕訳

（当 座 預 金）	8,000	（売 掛 金）	8,000

(c) 修正仕訳（(a)−(b)）

（売 掛 金）	2,000	（当 座 預 金）	2,000

∴ 閉鎖残高 売掛金：$362,000〈前T/B〉+2,000=\textbf{364,000}$

(3) 未渡小切手

（当 座 預 金）	1,800	（未 払 金）	1,800

(4) 引落未達

（社 債 利 息）	21,500	（当 座 預 金）	21,500

∴ 閉鎖残高 当座預金：$431,800〈前T/B〉+1,300-2,000+1,800-21,500=\textbf{411,400}$

---

2 貸倒引当金（差額補充法）

電子記録債権は売上債権に該当するので，計上漏れに注意すること。

（貸 倒 引 当 金 繰 入）（＊）	2,280	（貸 倒 引 当 金）	2,280

（＊）$（364,000〈売掛金〉+21,000〈電子記録債権〉）×2\%=\textbf{7,700}〈設定額＝閉鎖残高 貸倒引当金〉$

　　　$7,700-5,420〈前T/B〉=2,280〈繰入額〉$

3 有価証券

(1) 売買目的有価証券（A社・B社）〜時価

（有価証券運用損益）（＊）	7,000	（売買目的有価証券）	7,000

（＊）55,000〈A社株式時価〉＋48,000〈B社株式時価〉＝103,000〈閉鎖残高　売買目的有価証券〉

103,000－110,000〈前T／B〉＝△7,000〈運用損〉

(2) その他有価証券（C社）〜時価（全部純資産直入法）

① 期首の振戻し（未処理）

（その他有価証券評価差額金）（＊）	30,000	（そ の 他 有 価 証 券）	30,000

（＊）前T／B

② 期末評価

（そ の 他 有 価 証 券）（＊）	20,000	（その他有価証券評価差額金）	20,000

（＊）90,000〈時価〉－70,000〈取得原価〉＝20,000

(3) その他有価証券（D社）〜減損処理

（その他有価証券評価損）（＊）	65,000	（そ の 他 有 価 証 券）	65,000

（＊）350,000×10％＝35,000〈実質価額〉

35,000－100,000〈取得原価〉＝△65,000〈評価損〉

∴ 閉鎖残高　その他有価証券：90,000〈C社株式〉＋35,000〈D社株式〉＝125,000

(4) 子会社株式（E社）〜取得原価

∴ 閉鎖残高　子会社株式：340,000〈前T／B〉

4 商品売買（売上原価の計算と期末商品の評価）

（仕　　　　　入）	92,000	（繰 越 商 品）	92,000
（繰 越 商 品）（＊1）	80,000	（仕　　　　　入）	80,000
（棚 卸 減 耗 損）（＊2）	3,500	（繰 越 商 品）（＊4）	7,440
（商 品 評 価 損）（＊3）	3,940		
（仕　　　　　入）	7,440	（棚 卸 減 耗 損）	3,500
		（商 品 評 価 損）	3,940

・A商品

・B商品

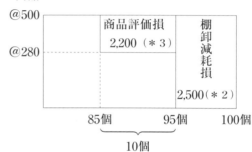

（＊1） @100×300個〈A商品〉＋@500×100個〈B商品〉＝80,000〈期末商品棚卸高〉

（＊2） @100×（300個－290個）〈A商品〉＋@500×（100個－95個）〈B商品〉＝3,500

（＊3） （@100－@94）×290個〈A商品〉＋（@500－@280）×10個〈B商品〉＝3,940

（＊4） 3,500＋3,940＝7,440

∴ 損益 仕入：2,245,000〈前T／B〉＋92,000－80,000＋7,440＝**2,264,440**

∴ 閉鎖残高 繰越商品：80,000〈期末商品棚卸高〉－7,440＝**72,560**

5 固定資産（減価償却）

(1) 建物

（減 価 償 却 費）（＊）	22,500	（建物減価償却累計額）	22,500

（＊） 675,000÷30年＝22,500

∴ 閉鎖残高 建物減価償却累計額：270,000〈前T／B〉＋22,500＝**292,500**

(2) 備品

（減 価 償 却 費）（＊）	23,040	（備品減価償却累計額）	23,040

（＊） （160,000－102,400）×40％＝23,040

∴ 損益 減価償却費：22,500＋23,040＝**45,540**

∴ 閉鎖残高 備品減価償却累計額：102,400〈前T／B〉＋23,040＝**125,440**

6 為替予約〜振当処理

(1) 予約時

　　買掛金を予約した先物為替相場で換算替えする。その際生じる換算差額は直直差額（輸入時の直物為替相場と予約時の直物為替相場との差額）と直先差額（予約時の直物為替相場と予約した先物為替相場との差額）とに区別して処理する。

　　直直差額は，為替予約締結日までに生じている為替相場の変動による差額であるため，為替差損益として処理し，直先差額は，通貨の金利差から生じるものであり，利息の性格を有する差額であるため，月数による期間を基準として各期へ配分する。

（為 替 差 損 益）（＊1）	600	（買 掛 金）（＊3）	1,000
（前 払 費 用）（＊2）	400		

（＊1） 200ドル×@113－22,000＝600〈直直差額＝買掛金の増加＝為替差損〉

（＊2） 200ドル×（@115－@113）＝400〈直先差額＝買掛金の増加＝前払費用〉

（＊3） 600＋400＝1,000

∴ 閉鎖残高 買掛金：106,550〈前T／B〉＋1,000＝**107,550**

(2) 決算時

　　直先差額のうち当期の負担に属する金額を為替差損益として処理する。

（為 替 差 損 益）（＊）	200	（前 払 費 用）	200

（＊） $400\langle直先差額\rangle×\dfrac{1カ月}{2カ月}=200$

∴ 損益 為替差損益：600＋200＝800（為替差損＝借方）

∴ 閉鎖残高 前払費用：400－200＝200

7 社債（償却原価〈利息法〉）

額面総額と発行価額との差額を金利調整差額の償却として処理するが，「社債発行差金」という評価勘定を用いることに注意すること。

（社 債 発 行 差 金）（＊）	1,257	（社 債 利 息）	1,257

（＊）$(1,000,000 + 12,168) \times 4\% \times \dfrac{6\,カ月}{12\,カ月} ≒ 20,243$

$1,000,000 \times 4.3\% \times \dfrac{6\,カ月}{12\,カ月} = 21,500$

$20,243 - 21,500 = \triangle 1,257$

∴ 損益　社債利息：$20,268〈前T/B〉+ 21,500〈引落未達〉- 1,257 = \textbf{40,511}$

∴ 閉鎖残高　社債発行差金：$12,168〈前T/B〉- 1,257 = \textbf{10,911}$

全経Point

全経では，社債の償却原価法の適用の際に，社債発行差金という評価勘定を用いて処理する場合があるので注意しよう。（第203回問題3／第209回問題1）

8 商標権の償却

（商 標 権 償 却）（＊）	4,800	（商 標 権）	4,800

（＊）$41,600 \times \dfrac{12\,カ月}{12\,カ月 \times 10年 - 16\,カ月} = 4,800$

∴ 閉鎖残高　商標権：$41,600〈前T/B〉- 4,800 = \textbf{36,800}$

9 長期性預金

（未 収 収 益）（＊）	2,000	（受 取 利 息）	2,000

（＊）$200,000 \times 2.4\% \times \dfrac{5\,カ月}{12\,カ月} = 2,000$

10 消費税等〜税抜方式

（仮 受 消 費 税 等）	80,000	（仮 払 消 費 税 等）	56,000
		（未 払 消 費 税 等）（＊）	24,000

（＊）貸借差額

11 法人税等

（法 人 税 等）	180,000	（仮 払 法 人 税 等）	80,000
		（未 払 法 人 税 等）（＊）	100,000

（＊）貸借差額

12 当期純利益の振替

（損 益）（＊）	480,660	（繰 越 利 益 剰 余 金）	480,660

（＊）損益勘定の貸借差額

∴ 閉鎖残高　繰越利益剰余金：$128,000〈前T/B〉+ 480,660 = \textbf{608,660}$

会 計 学 解 説

●問題1 ●正誤問題

1．経過勘定項目：×　　　　　　　　　　　　　　　　　　　　　　「企業会計原則　第二・一・A」

　　未払費用及び未収収益は，当期の損益計算に計上し，前払費用及び前受収益は，当期の損益計算から除去しなければならない。

2．引当金：×　　　　　　　　　　　　　　　　　　　　　　　　　「企業会計原則注解　【注18】」

　　将来の特定の費用又は損失であって，その発生が当期以前の事象に起因し，発生の可能性が高く，かつ，その金額を合理的に見積もることができる場合には，当期の負担に属する金額を当期の費用又は損失として引当金に繰入れ，当該引当金の残高を貸借対照表の負債の部又は資産の部に記載するものとする。

3．現金同等物：×　　　　　　　　　　　　「連結キャッシュ・フロー計算書等の作成基準　第二・一・2」

　　キャッシュ・フロー計算書が対象とする資金（キャッシュ）の範囲は，現金及び現金同等物である。

　　現金とは，手許現金，要求払預金および特定の電子決済手段をいう。要求払預金とは預入期間の定めのない預金であり，普通預金，当座預金，通知預金が含まれる。

　　現金同等物とは，容易に換金が可能で，かつ，価値変動のリスクが僅少な短期の投資をいい，具体的には，取得日から満期日までの期間が3ヵ月以内の定期預金，譲渡性預金，コマーシャル・ペーパー，公社債投資信託，売戻し条件付現先が含まれる。

		手許現金	
資　金（キャッシュ）	現　金	特定の電子決済手段	
		要求払預金	普通預金
			当座預金
			通知預金
	現金同等物	容易に換金が可能で，かつ，価値変動のリスクが僅少な短期の投資	定期預金
			譲渡性預金
			コマーシャル・ペーパー
			公社債投資信託
			売戻し条件付現先

4．減損損失の認識：×　　　　　　　　　　　　　　　「固定資産の減損に係る会計基準　二・2(1)」

　　減損の兆候があると把握された資産または資産グループについては，さらに，減損損失を認識するかどうかを判定する。減損損失を認識するかどうかの判定は，資産または資産グループから得られる割引前将来キャッシュ・フローの総額と帳簿価額を比較し，割引前将来キャッシュ・フローの総額が帳簿価額を下回る場合には，減損損失を認識する。

5．自己株式の処分：○　　　　　　　　　　「自己株式及び準備金の減少等に関する会計基準　9」

　　会社は，保有する自己株式を新株発行の手続きを準用して処分することができる。この場合には，処分した自己株式の帳簿価額と自己株式の処分の対価との差額を自己株式処分差益または自己株式処分差損として処理する。自己株式処分差益はその他資本剰余金に計上し，自己株式処分差損はその他資本剰余金から減額する。

6．通常の販売目的で保有する棚卸資産の評価：○　　「棚卸資産の評価に関する会計基準　7，10」

　　通常の販売目的で保有する棚卸資産は，取得原価をもって貸借対照表価額とするが，正味売却価額が取得原価を下回っている場合には正味売却価額をもって貸借対照表価額とする。ただし，製造

業における原材料等のように再調達原価の方が把握しやすく，正味売却価額が当該再調達原価に歩調を合わせて動くと想定される場合には，継続適用を条件として，再調達原価（最終仕入原価を含む。）によることができる。

7．資産除去債務に対応する除去費用の資産計上と費用配分：○

「資産除去債務に関する会計基準　7」

資産計上された資産除去債務に対応する除去費用は，関連する有形固定資産の残存耐用年数にわたり，各期に費用配分する（減価償却と同様に処理する）。

8．減価償却方法の変更：×　　「会計上の変更及び誤謬の訂正に関する会計基準　17，19，20」

有形固定資産等の減価償却について，前期まで定率法で償却してきたものを当期から定額法に変更したり，あるいはその逆が行われることがある。このような有形固定資産等の減価償却方法の変更は，本来は会計方針の変更に該当するものであるが，耐用年数の変更と同様に見積りの変更として扱い，変更した期の期首の帳簿価額（未償却残高）を変更後の方法にしたがって償却する（変更後の方法を過去の期間のすべてに遡及適用しない）。

9．包括利益計算書：○　　　　　　　　　　　　「包括利益の表示に関する会計基準　11」

財務諸表において包括利益を計算し，表示するための方法には，当期純利益を表示する損益計算書と包括利益を表示する包括利益計算書からなる2計算書方式と，当期純利益の表示と包括利益の表示を1つの計算書で行う1計算書方式の2つがある。

10．年金資産：○　　　　　　　　　　　　　　　「退職給付に関する会計基準　22」

年金資産とは，企業年金制度を採用している企業が，退職給付に充てるために外部の厚生年金基金などに積み立てている資産である。この年金資産の額は，期末における時価（公正な評価額）により計算する。

問題2 ● ストック・オプション

ストック・オプションとは，企業がその従業員等に，自社の新株予約権を報酬として無償で付与するものをいう。

ストック・オプションを付与された従業員等は，一定期間の勤務や業務執行に基づく条件等を満たした日を権利確定日として，権利行使期間においてストック・オプションの権利行使を行うことができる。

また，ストック・オプションを付与された従業員等は，株価上昇のために会社業績の向上に努めるというインセンティブとしての効果が生じ，その結果，企業は追加して従業員等からサービスを受けることができる。

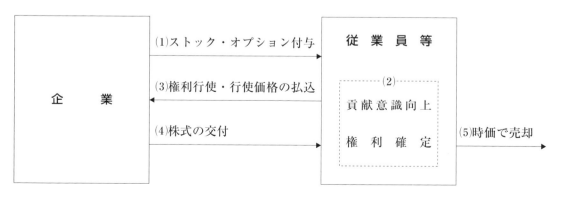

問1 ストック・オプションの会計処理（空欄記入）

「ストック・オプション等に関する会計基準　4，8，9」

1．権利確定日以前の会計処理

　　ストック・オプションを付与し，これに応じて企業が従業員等から取得する(a)**サービス**は，その取得に応じて費用として計上し，対応する金額を，ストック・オプションの権利の行使又は失効が確定するまでの間，貸借対照表の純資産の部に新株予約権として計上する。

2．権利確定日後の会計処理

　　権利確定日後の会計処理については，通常の新株予約権の会計処理と同様に行う。

　①　新株を発行する場合

　　　ストック・オプションが権利行使され，新株を発行する場合には，新株予約権として計上した額のうち，当該権利行使に対応する部分を(b)**払込資本**に振り替える。

　②　自己株式を処分する場合

　　　新株予約権の行使に伴い，(c)**自己株式**を処分した場合には，自己株式の取得原価と，新株予約権の帳簿価額及び権利行使に伴う(d)**払込金額**の合計額との差額は，(e)**自己株式処分差額**であり，自己株式を募集株式の発行等の手続きにより処分する場合に準じて取り扱う。

3．権利不行使による失効が生じた場合の会計処理

　　権利不行使による失効が生じた場合には，新株予約権として計上した額のうち，当該失効に対応する部分を(f)**利益**として計上する。

問2 費用認識の根拠（記述問題）

　従業員等に付与されたストック・オプションを対価として，これと引換えに企業に追加的にサービスが提供され，企業に帰属することとなったサービスを消費したと考えられるため，費用認識を行うべきである。

問3 新株予約権の表示（記述問題）

　新株予約権は，返済義務のある負債ではないことから，負債の部に表示することは適当ではなく，純資産の部に表示する。

問4 新株予約権を権利確定日以前から払込資本として計上する処理の問題点（記述問題）

　新株予約権は，権利行使され払込資本になる可能性がある一方，失効して払込資本にならない可能性もあり，その性格が確定しないため，権利確定日以前から払込資本として計上する処理には問題がある。

● 問題3 ● 財務指標の説明問題

問1 ROAとROE（記述問題）

　ROA（総資産利益率）とは，会社がもっている資産を利用して，どの程度利益をあげているのかを示す指標であり，具体的な計算式は次のようになる。

$$\frac{当期純利益}{総資産^{(注)}} \times 100$$

（注）分母は（期首総資産＋期末総資産）÷2でもよい。

　ROE（株主資本利益率）とは，株主が拠出した資本（自己資本）を利用して，どの程度利益をあ

114

げているのかを示す指標であり，具体的な計算式は次のようになる。

$$\frac{当 期 純 利 益}{株 主 資 本^{(注)}} \times 100$$

（注）分母は（期首株主資本＋期末株主資本）÷2でもよい。

ＲＯＡとＲＯＥはよく似ているが，計算式の分母に違いがある。分母に総資産を用いたものがＲＯＡで，分母に株主資本（自己資本）を用いたものがＲＯＥである。

ＲＯＡは，資金の調達先（自己資本か他人資本かの違い）は問わず，会社が保有している資産をどれだけ効率的に運用できているかを示す財務指標であるのに対して，ＲＯＥは，株主という立場で預けた資金をどれだけ効率的に活用しているのかを示す財務指標である。

問2 純資産負債比率（記述問題）

純資産負債比率とは，他人資本と自己資本のバランスを評価するための指標であり，具体的な計算式は次のようになる。

$$\frac{負 \qquad 債}{純 \quad 資 \quad 産} \times 100$$

この純資産負債比率は，純資産とくに株主資本が負債に対する担保となるものであるから，負債の返済に対する余裕度を示すものであり，株主資本に対する負債の割合で計算するため比率は低い方が安全である。

問3 流動比率と当座比率（記述問題）

流動比率は，短期的な支払義務，つまり1年以内に支払義務がある流動負債に対して，短期的な支払手段，つまり1年以内に現金化できる流動資産がどの程度確保されているかを示す指標であり，具体的な計算式は次のようになる。

$$\frac{流 \quad 動 \quad 資 \quad 産}{流 \quad 動 \quad 負 \quad 債} \times 100$$

流動比率は，アメリカで銀行が融資の際に重視したことから，銀行家比率ともよばれ，アメリカの慣行では，200％以上であることが望ましいとされていた。

なぜ200％以上の流動比率が求められたのか考えてみると，流動資産の中には，前払費用など期間損益計算上，資産として計上されるものが含まれ，これらは負債の返済に対応することができない。また，流動資産の中には，商品のように企業活動上，必要な資産が含まれ，これを流動負債の返済に充てることは企業活動の継続を否定することになる。したがって，流動資産のすべてを流動負債の返済に充てることができないため，流動比率は200％以上が求められた。

そこで，考案されたのが当座比率である。当座比率は，流動比率の分子の流動資産を，より回収可能性の高い当座資産に置き換えたもので，企業の支払能力をより厳格に評価するための指標であり，具体的な計算式は次のようになる。

$$\frac{当 \quad 座 \quad 資 \quad 産}{流 \quad 動 \quad 負 \quad 債} \times 100$$

第199回 解答

工　業　簿　記

問題1

問1

（単位：kg）

	等 級 製 品 A		等 級 製 品 B		等 級 製 品 C	
直 接 材 料 費	❷	4,000	❷	4,320	❷	2,340
加　工　費	❷	3,930	❷	3,514	❷	1,840

問2

（単位：円）

	等 級 製 品 A		等 級 製 品 B		等 級 製 品 C	
直 接 材 料 費	❷	1,000,000	❷	1,080,000	❷	585,000
加　工　費	❷	589,500	❷	527,100	❷	276,000

問3

等級製品Cの異常減損費　　〔 ❻　　19,600 〕円

問4

等級製品A　完成品総合原価　〔 ❺　1,615,551 〕円

　　　　　　月末仕掛品原価　〔 ❺　　72,869 〕円

等級製品B　完成品総合原価　〔 ❺　1,559,216 〕円

　　　　　　月末仕掛品原価　〔 ❺　223,584 〕円

等級製品C　完成品総合原価　〔 ❺　936,000 〕円

　　　　　　月末仕掛品原価　〔 ❺　84,800 〕円

問題2

(1)

借　　　方	金　　額	貸　　　方	金　　額	
材　　　　　料	320,000	本　　　　　社	320,000	❹

(2)

借　　　方	金　　額	貸　　　方	金　　額	
仕　　掛　　品	250,000	材　　　　　料	320,000	❹
製　造　間　接　費	70,000			

(3)

借　　　方	金　　額	貸　　　方	金　　額	
賃　金　給　料	500,000	本　　　　　社	500,000	❹

(4)

借　　　方	金　　額	貸　　　方	金　　額	
本　　　　　社	1,344,000	内　部　売　上	1,344,000	❹
内　部　売　上　原　価	1,200,000	製　　　　　品	1,200,000	

(5)

借　　　方	金　　額	貸　　　方	金　　額	
	仕　訳　な　し			❹

問題3

原料配合差異

原　料　X	188,400 円	不利・(有利)
原　料　Y	94,200 円	(不利)・有利

原料歩留差異

原　料　X	19,200 円	(不利)・有利
原　料　Y	2,400 円	(不利)・有利

金額と「不利・有利」の選択が両方正解で各❺

●数字…予想配点

117

原　価　計　算

問題1

問1

自己資本コスト　　〔 ❿　　　10.5 〕 ％

問2

年間フリーキャッシュフロー　　〔 ❿　　　12,900 〕 千円

問3

① 〔 ❺　　　104,226 〕 千円　　② 〔 ❺　　　184,286 〕 千円

問4

年間キャッシュフローの増減額　〔 ❿　　　26,200 〕 千円（減少額の場合は△を付すこと）

問5

買収額は〔　　　　　176,130 〕 千円以下にするべきである。

> 計算過程
> 26,200×3.993＋13,100÷8％×0.681＝216,130.35
> 216,130.35－40,000＝176,130.35　→　176,130

❿

問題2

問1

ア（ ❿　貢 献 利 益 ）

問2

全社的損益分岐点売上高　　〔 ❹　　　1,030,304 〕 千円

A事業部〔 ❷　206,061〕千円　　B事業部〔 ❷　309,091〕千円　　C事業部〔 ❷　515,152〕千円

問3

〔 ❿　　　216,667 〕 千円

問4

〔　　　　　420,000 〕 千円

> 計算過程
> Ｂ事業部の売上をＢ（千円）とおく。
> 0.5Ｂ＋0.45Ｂ＝510,000－111,000
> 　　∴　Ｂ＝420,000

❿

問題 3

機	会	原	価	と	は	，	あ	る	特	定	の	代	替	案	を	選	択	す	る
こ	と	に	よ	っ	て	逸	失	し	た	利	益	の	う	ち	，		最	大	の	も
の	を	い	う	。															❿

●数字…予想配点

第199回　解答への道　

工　業　簿　記　解　説

■ 問題1 ● 実際等級別総合原価計算（組別総合原価計算に近い方法）

　問題文に「当月製造費用については，原価材の投入量の積数の比で各等級製品に按分する」とあるため，組別総合原価計算に近い等級別総合原価計算により計算を行う。

問1 各等級製品の当月の投入量の積数

1．生産データの整理

仕掛品－等級製品A

月初	100kg	完成	3,800kg
	(30kg)		(3,800kg)
投入	4,000kg		
	(3,930kg)	正常減損100kg	
	(貸借差引)		(40kg)
		月末	200kg
			(120kg)

仕掛品－等級製品B

月初	200kg	完成	4,600kg
	(80kg)		(4,600kg)
投入	5,400kg		
	(5,020kg)	正常減損200kg	
	(貸借差引)		(100kg)
		月末	800kg
			(400kg)

仕掛品－等級製品C

月初	200kg	完成	3,600kg
	(100kg)		(3,600kg)
投入	3,900kg		
	(3,680kg)	異常減損100kg	
	(貸借差引)		(20kg)
		月末	400kg
			(160kg)

2．当月投入量の積数

(1) 直接材料費

等級製品A：4,000kg × 1 = **4,000kg**

等級製品B：5,400kg × 0.8 = **4,320kg**

等級製品C：3,900kg × 0.6 = **2,340kg**

(2) 加工費

等級製品A：3,930kg × 1 = **3,930kg**

等級製品B：5,020kg × 0.7 = **3,514kg**

等級製品C：3,680kg × 0.5 = **1,840kg**

問2 各等級製品に按分される当月製造費用

　問1で求めた各等級製品の当月の投入量の積数に基づいて当月製造費用を按分する。

1．直接材料費

等級製品A：$\dfrac{2,665,000円}{4,000kg + 4,320kg + 2,340kg} \times 4,000kg = $ **1,000,000円**

等級製品B：〃　　　　× 4,320kg = **1,080,000円**

等級製品C：〃　　　　× 2,340kg = **585,000円**

2．加工費

等級製品A：$\dfrac{1,392,600円}{3,930kg + 3,514kg + 1,840kg} \times 3,930kg = $ **589,500円**

等級製品B：〃　　　　× 3,514kg = **527,100円**

等級製品C：〃　　　　× 1,840kg = **276,000円**

問3・4 各等級製品の計算（非度外視法・平均法）

1. 等級製品A

（1）直接材料費

仕掛品－等級製品A（直接材料費）

月初	100kg	完成	3,800kg
	86,500円		
投入			1,007,000円
	4,000kg		
（貸借差引）		正常減損	100kg
			26,500円
	1,000,000円	月末	200kg
			53,000円

正常減損費：$\dfrac{86,500円 + 1,000,000円}{3,800kg + 100kg + 200kg} \times 100kg$
$= 26,500円$

月末仕掛品原価：$\dfrac{86,500円 + 1,000,000円}{3,800kg + 100kg + 200kg} \times 200kg$
$= 53,000円$

完成品原価：$86,500円 + 1,000,000円 - 26,500円 - 53,000円$
$= 1,007,000円$

（2）加工費

仕掛品－等級製品A（加工費）

月初	30kg	完成	3,800kg
	12,420円		
投入			577,600円
	3,930kg		
（貸借差引）		正常減損	40kg
			6,080円
	589,500円	月末	120kg
			18,240円

正常減損費：$\dfrac{12,420円 + 589,500円}{3,800kg + 40kg + 120kg} \times 40kg$
$= 6,080円$

月末仕掛品原価：$\dfrac{12,420円 + 589,500円}{3,800kg + 40kg + 120kg} \times 120kg$
$= 18,240円$

完成品原価：$12,420円 + 589,500円 - 6,080円 - 18,240円$
$= 577,600円$

（3）正常減損費の追加配賦

① 正常減損費

$26,500円 + 6,080円 = 32,580円$

② 正常減損費の負担関係の把握

なお，正常減損は定点発生であり，発生点を完成品，月末仕掛品ともに通過しているため，正常減損費は完成品と月末仕掛品とで数量比で負担する。

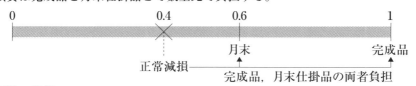

③ 追加配賦の計算

完成品へ：$\dfrac{32,580円}{3,800kg + 200kg} \times 3,800kg = 30,951円$

月末仕掛品へ：　　〃　　$\times$　200kg = 1,629円

④ 合計

完成品総合原価：$1,007,000円 + 577,600円 + 30,951円 = $ **1,615,551円** （問4）

月末仕掛品原価：$53,000円 + 18,240円 + 1,629円 = $ **72,869円** （問4）

2．等級製品B

(1) 直接材料費

仕掛品－等級製品B（直接材料費）

月初	200kg	完成	4,600kg
	152,000円		
投入			1,012,000円
	5,400kg		
（貸借差引）		正常減損	200kg
			44,000円
	1,080,000円	月末	800kg
			176,000円

正常減損費：$\dfrac{152,000円 + 1,080,000円}{4,600kg + 200kg + 800kg} \times 200kg$
$= 44,000円$

月末仕掛品原価：$\dfrac{152,000円 + 1,080,000円}{4,600kg + 200kg + 800kg} \times 800kg$
$= 176,000円$

完成品原価：$152,000円 + 1,080,000円 - 44,000円 - 176,000円$
$= 1,012,000円$

(2) 加工費

仕掛品－等級製品B（加工費）

月初	80kg	完成	4,600kg
	23,700円		
投入			496,800円
	5,020kg		
（貸借差引）		正常減損	100kg
			10,800円
	527,100円	月末	400kg
			43,200円

正常減損費：$\dfrac{23,700円 + 527,100円}{4,600kg + 100kg + 400kg} \times 100kg$
$= 10,800円$

月末仕掛品原価：$\dfrac{23,700円 + 527,100円}{4,600kg + 100kg + 400kg} \times 400kg$
$= 43,200円$

完成品原価：$23,700円 + 527,100円 - 10,800円 - 43,200円$
$= 496,800円$

(3) 正常減損費の追加配賦

① 正常減損費

44,000円 + 10,800円 = 54,800円

② 正常減損費の負担関係の把握

なお，正常減損は工程を通じて平均的に発生しているため，正常減損費は完成品と月末仕掛品とで加工進捗度を加味した完成品換算量比で負担する。

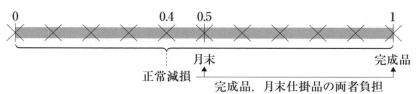

③ 追加配賦の計算

完　成　品　へ：$\dfrac{54,800円}{4,600kg + 400kg} \times 4,600kg = 50,416円$

月末仕掛品へ：　　　〃　　　× 400kg ＝ 4,384円

④ 合　計

完成品総合原価：1,012,000円 + 496,800円 + 50,416円 ＝ **1,559,216円** 問4

月末仕掛品原価：176,000円 + 43,200円 + 4,384円 ＝ **223,584円** 問4

3．等級製品C

(1) 直接材料費

仕掛品－等級製品C（直接材料費）

月初	200kg	完成	3,600kg
	153,000円		
投入			648,000円
	3,900kg		
（貸借差引）		異常減損	100kg
			18,000円
	585,000円	月末	400kg
			72,000円

異常減損費：$\dfrac{153,000円 + 585,000円}{3,600kg + 100kg + 400kg} \times 100kg$
$= 18,000円$

月末仕掛品原価：$\dfrac{153,000円 + 585,000円}{3,600kg + 100kg + 400kg} \times 400kg$
$= 72,000円$

完成品原価：$153,000円 + 585,000円 - 18,000円 - 72,000円$
$= 648,000円$

(2) 加工費

仕掛品－等級製品C（加工費）

月初	100kg	完成	3,600kg
	26,400円		
投入			288,000円
	3,680kg		
（貸借差引）		異常減損	20kg
			1,600円
	276,000円	月末	160kg
			12,800円

異常減損費：$\dfrac{26,400円 + 276,000円}{3,600kg + 20kg + 160kg} \times 20kg$
$= 1,600円$

月末仕掛品原価：$\dfrac{26,400円 + 276,000円}{3,600kg + 20kg + 160kg} \times 160kg$
$= 12,800円$

完成品原価：$26,400円 + 276,000円 - 1,600円 - 12,800円$
$= 288,000円$

(3) 合計

異常減損費：18,000円 + 1,600円 = **19,600円** （問3）

完成品総合原価：648,000円 + 288,000円 = **936,000円** （問4）

月末仕掛品原価：72,000円 + 12,800円 = **84,800円** （問4）

問題2 ● 本社工場会計（仕訳問題）

本問では，工場における仕訳が問われているが，本社の仕訳もあわせて示すと次のようになる。なお，工場には原価計算関係の勘定科目と本社工場間の取引を処理する勘定科目のみが設定してあるとして仕訳している。

（単位：円）

	本社の仕訳				工場の仕訳			
	借方科目	金額	貸方科目	金額	借方科目	金額	貸方科目	金額
(1)	工 場	320,000	買 掛 金	320,000	材 料	320,000	本 社	320,000
(2)		仕訳なし			仕 掛 品 製造間接費	250,000 70,000	材 料	320,000
(3)	工 場	500,000	預 り 金 現 金 預 金	50,000 450,000	賃 金 給 料	500,000	本 社	500,000
(4)	内 部 仕 入	1,344,000※	工 場	1,344,000	本 社 内部売上原価	1,344,000 1,200,000	内 部 売 上 製 品	1,344,000 1,200,000
(5)	売 掛 金	2,000,000	売 上	2,000,000		仕訳なし		

123

※　内部振替価格：1,200,000円×112%＝1,344,000円

問題3 ● 標準原価計算（配合差異・歩留差異の計算）

1．標準原価カード

　　正常減損費を特別費として加算する方法により，標準原価カードを作成すると以下のようになる。

原料X：600円/kg×0.8kg^{※1}＝　　480円　　※1　8kg÷10kg＝0.8kg

原料Y：300円/kg×0.2kg^{※2}＝　　 60円　　※2　2kg÷10kg＝0.2kg

　　　　　　正味標準原価　　　540円

正常減損費：540円×1/9^{※3}＝　　 60円　　※3　正常減損率：1kg÷9kg＝1/9

　　　　　　総標準原価　　　　600円

　　なお，標準歩留率は90%（＝9kg÷10kg）である。

2．生産データの整理

	仕掛品－原料費（標準減損）	
当月投入		完成
		2,790kg
	3,100kg	
（＝2,790kg÷90%）	正常減損	
		310kg

×1/9

→ 標準減損量に基づく標準消費量

　　原料X：3,100kg×0.8kg/kg＝2,480kg

　　原料Y：3,100kg×0.2kg/kg＝　620kg

	仕掛品－原料費（実際減損）	
当月投入		完成
X：2,198kg		2,790kg
Y：　942kg		
計：3,140kg	実際減損	
	（差引）350kg	

→ 実際減損量に基づく標準消費量

　　原料X：3,140kg×0.8kg/kg＝2,512kg

　　原料Y：3,140kg×0.2kg/kg＝　628kg

3．原料消費量差異の詳細分析

（1）原料X

実際　？円/kg

標準600円/kg

価格差異　？円	
原料歩留差異	原料配合差異
△19,200円	＋188,400円

標準（標準減損）　　標準（実際減損）　　実際（実際減損）
　2,480kg　　　　　　2,512kg　　　　　　2,198kg

原料配合差異：600円/kg×（2,512kg－2,198kg）＝（＋）188,400円〔有利〕

原料歩留差異：600円/kg×（2,480kg－2,512kg）＝（－）19,200円〔不利〕

（2）原料Y

実際　？円/kg

標準300円/kg

価格差異　？円	
原料歩留差異	原料配合差異
△2,400円	△94,200円

標準（標準減損）　　標準（実際減損）　　実際（実際減損）
　620kg　　　　　　628kg　　　　　　942kg

原料配合差異：300円/kg×（628kg－942kg）＝（－）94,200円〔不利〕

原料歩留差異：300円/kg×（620kg－628kg）＝（－）2,400円〔不利〕

原 価 計 算 解 説

問題1 ● DCF法による企業価値評価

問1　自己資本コストの推定

〈資料〉1より，M社の支払利息2,000千円÷負債40,000千円×100＝5（％）となる。よって，〈資料〉2の負債資本コストは税引前の値であることが判明する。

そこで，自己資本コストをX％として推定すると，以下のようになる。

$$5\% \times (1-0.3) \times \frac{40{,}000千円}{80{,}000千円} + X\% \times \frac{40{,}000千円}{80{,}000千円} = 7\%$$

$$1.75\% + 0.5 \times X\% = 7\%$$

$$0.5 \times X\% = 5.25\%$$

$$\therefore \quad X = \textbf{10.5}（\%）$$

問2　M社の年間フリーキャッシュフロー

年間フリーキャッシュフロー：$\underbrace{2{,}100千円}_{税引後利益} + \underbrace{9{,}400千円}_{減価償却費} + \underbrace{2{,}000千円 \times (1-0.3)}_{支払利息}$

$$= \textbf{12{,}900千円}$$

問3　M社の企業価値

① 問2の年間フリーキャッシュフローが将来5年間継続し，5年後のターミナルバリューが72,000千円の場合

5年後のターミナルバリューとは，6年目以降のフリーキャッシュフローの5年後時点における現在価値を表している。したがって，この場合のM社の企業価値は以下のように計算される（単位：千円）。

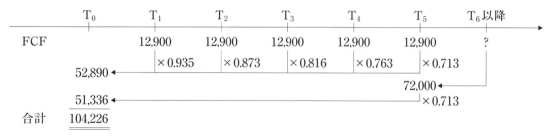

M社の企業価値：12,900千円×（0.935＋0.873＋0.816＋0.763＋0.713）＋72,000千円×0.713

$$= \textbf{104{,}226千円}$$

② 問2で計算した年間フリーキャッシュフローが将来無限に継続する場合

年間フリーキャッシュフローが将来毎期一定である場合のM社の企業価値は以下のように計算される。

M社の企業価値：$\dfrac{年間フリーキャッシュフロー}{加重平均資本コスト}$

$$= \frac{12{,}900千円}{7\%}$$

$$= 184{,}285.71\cdots千円$$

$$\fallingdotseq \textbf{184{,}286千円}（小数点以下第1位四捨五入）$$

問4 M社買収による当社のキャッシュフローの増減額

1．税引前利益の増減額

売上高の増加	＋90,000千円
外注加工費の減少	＋ 3,000千円
人件費の増加	△32,000千円
減価償却費の増加	△15,000千円
その他業務費用の増加	△30,000千円
税引前利益の増減額	＋16,000千円

2．当社のキャッシュフローの増減額

$$\underset{\text{税引後利益の増加額}}{\underline{16{,}000千円 \times (1-0.3)}} + \underset{\text{減価償却費}}{\underline{15{,}000千円}} = \mathbf{26{,}200千円}$$

問5 当社の企業価値を増加させる買収額の上限

1．M社買収による当社の企業価値増加額

　M社買収による企業価値増加額の計算では，当社における投資決定の資本コスト8％を使用する。

(1)　6年目以降の当社の企業価値増加額の5年後のターミナルバリュー

$$\frac{26{,}200千円 \times 1/2}{8\%} = 163{,}750千円$$

(2)　M社買収による当社の企業価値増加額（単位：千円）

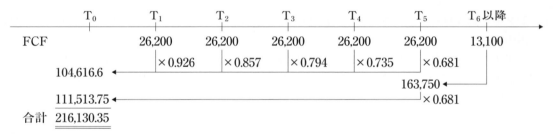

$$26{,}200千円 \times (0.926+0.857+0.794+0.735+0.681) + 163{,}750千円 \times 0.681 = 216{,}130.35千円$$

2．当社の企業価値を増加させる買収額の上限

　買収により，M社の負債も受け入れることとなる。そこで上記企業価値増加額から負債価値（債権者価値）を控除した金額が当社の企業価値を増加させる買収額の上限となる。

　企業価値増加額216,130.35千円 － M社負債40,000千円 ＝ 176,130.35千円

　したがって，この金額を買収額は下回る必要があるため，買収額の上限は**176,130千円**（千円未満切り捨て）となる。

●　参　考　●　ＤＣＦ法のＭ＆Ａの企業価値評価への適用

　　Ｍ＆Ａを行う際には，買収価格を決定するために企業価値を算定する必要が生じる。インカム・アプローチと呼ばれるＤＣＦ法による企業価値評価法では，企業価値を企業の資産が生み出す将来のフリーキャッシュフローの現在価値合計により算定する。

> **企業価値＝資産が生み出す将来フリーキャッシュフローの現在価値合計**

　　また企業価値は，債権者価値と株主価値から構成されるが，Ｍ＆Ａでの買収価格を決定する際に必要となるのは，このうち株主価値である。

> **企業価値＝債権者価値＋株主価値**

　　株主価値を算定する方法としては，①企業価値から債権者価値を控除して算定する方法と②株主価値を株主に帰属するキャッシュフローから直接算定する方法とがあるが，本問では①の方法を使用して買収額の上限を決定している。

　　企業価値を算定する際に使用する将来フリーキャッシュフローは，継続企業であるため無限に発生する。ただし，無限に予測はできないため，詳細に予測できる期間とそれ以降とを分けて考える。

　　詳細に予測できる最終期間（T_n期）の翌期（T_{n+1}期）以降のキャッシュフローについては，簡略化した仮定に基づき予測する。T_{n+1}期以降のキャッシュフローのT_n期末時点の現在価値をターミナルバリューといい，以下のように算定する。

　(1)　T_{n+1}期のキャッシュフローが一定で継続すると仮定する場合

$$\text{ターミナルバリュー} = \frac{T_{n+1}\text{期のキャッシュフロー}}{\text{資本コスト率}}$$

　(2)　T_{n+1}期のキャッシュフローが毎期一定の成長率で成長すると仮定する場合

$$\text{ターミナルバリュー} = \frac{T_{n+1}\text{期のキャッシュフロー}}{\text{資本コスト率} - \text{成長率}}$$

問題2 ● セグメント別のＣＶＰ分析

問1　事業部別損益計算書の空欄補充

　〈資料〉の事業部別損益計算書の売上高から変動費を控除して算定されるので，（ア）は**貢献利益**となる。

問2　全社的損益分岐点売上高の計算

1．ＣＶＰ関係の整理

　〈資料〉の損益計算書より，全社的売上高をＳ（千円）としてＣＶＰ関係を整理すると，次のようになる。

　なお，これに先立ち，必要なデータを整理しておく。

　変 動 費 率：$\dfrac{505,000\text{千円}}{1,000,000\text{千円}} = 0.505$

　貢献利益率：$\dfrac{495,000\text{千円}}{1,000,000\text{千円}} = 0.495$

固　定　費：430,000千円＋80,000千円＝510,000千円

損益計算書 （単位：千円）

売　上　高	S
変　動　費	0.505 S
貢　献　利　益	0.495 S
固　定　費	510,000
営　業　利　益	0.495 S － 510,000

２．全社的損益分岐点売上高

0.495 S － 510,000 ＝ 0

S ＝ 1,030,303.03…　⇒**1,030,304（千円）**（小数点以下切り上げ）

３．事業部別損益分岐点売上高 （小数点以下切り上げ）

A事業部：$1,030,303.03…千円 \times \dfrac{200,000千円}{1,000,000千円} = 206,060.60…千円$　⇒**206,061（千円）**

B事業部：$1,030,303.03…千円 \times \dfrac{300,000千円}{1,000,000千円} = 309,090.90…千円$　⇒**309,091（千円）**

C事業部：$1,030,303.03…千円 \times \dfrac{500,000千円}{1,000,000千円} = 515,151.51…千円$　⇒**515,152（千円）**

問3　A事業部が共通固定費の回収に貢献するための，最低売上高

　A事業部が共通固定費の回収に貢献するためには，当該事業部の個別固定費を最低限回収しなければならない。したがって，A事業部単体の損益分岐点売上高を求めると以下のようになる。

１．A事業部の変動費率と貢献利益率

変動費率：$\dfrac{80,000千円}{200,000千円} = 0.4$

貢献利益率：$\dfrac{120,000千円}{200,000千円} = 0.6$

２．A事業部の売上高をA円とおいた場合の損益分岐点売上高

　A事業部の売上高をA（千円）としてCVP関係を整理すると，次のようになる。

損益計算書 （単位：千円）

売　上　高	A
変　動　費	0.4 A
貢　献　利　益	0.6 A
固　定　費	130,000
セグメント・マージン	0.6 S － 130,000

0.6 A － 130,000 ＝ 0

A ＝ 216,666.666…　⇒**216,667（千円）**（小数点以下切り上げ）

問4　来期の全社的損益分岐点売上高におけるB事業部の売上高

１．来期のA事業部の変動費と貢献利益

A事業部の変動費：185,000千円 × 0.4 ＝ 74,000千円

A事業部の貢献利益：185,000千円 × 0.6 ＝ 111,000千円

２．来期のB事業部とC事業部の変動費率と貢献利益率

(1)　B事業部

$$変動費率：\frac{150,000千円}{300,000千円} = 0.5$$

$$貢献利益率：\frac{150,000千円}{300,000千円} = 0.5$$

(2)　C事業部

$$変動費率：\frac{275,000千円}{500,000千円} = 0.55$$

$$貢献利益率：\frac{225,000千円}{500,000千円} = 0.45$$

３．来期の全社的ＣＶＰ関係の把握

　来期においては，B事業部とC事業部の売上高が１：１となるため，B事業部およびC事業部の売上高をB（円）とおいた場合，ＣＶＰの関係はそれぞれ次のように示される（単位：千円）。

	A事業部	B事業部	C事業部	全社
売上高	185,000	B	B	2B＋185,000
変動費	74,000	0.5B	0.55B	1.05B＋74,000
貢献利益	111,000	0.5B	0.45B	0.95B＋111,000
個別固定費	130,000	120,000	180,000	430,000
セグメント・マージン	△19,000	0.5B－120,000	0.45B－180,000	0.95B－319,000
共通固定費				80,000
営業利益				0.95B－399,000

４．全社的損益分岐点におけるB事業部の売上高

$$0.95B － 399,000 = 0$$
$$B = 420,000（千円）$$

問題3 ● 機会原価の記述問題

　特定の代替案を選択した場合，他の案を選択していれば得られたであろう利益を犠牲にすることになる。その犠牲にした利益額（逸失利益）を機会原価という。なお，犠牲にした案が複数ある場合は，そのうち最大の利益額（最大逸失利益）をいう。

第201回 解答

商 業 簿 記

問題1

連結精算表

(単位：円)

科目	個別財務諸表 P社	個別財務諸表 S社	修正消去 借方	修正消去 貸方	連結財務諸表
貸借対照表					**連結貸借対照表**
現金預金	4,000	1,000			5,000
売掛金	700,000	200,000		20,000	880,000
貸倒引当金	(14,000)	(4,000)	400		(17,600)
商品	450,000	125,000	6,750	6,750	❹ 567,500
				7,500	
土地	1,000,000	500,000	200,000		1,700,000
S社株式	536,000			536,000	
繰延税金資産			2,025	2,025	❹ 2,130
			2,250	120	
その他資産	460,000	299,000			759,000
資産合計	3,136,000	1,121,000	211,425	572,395	3,896,030
買掛金	(500,000)	(150,000)	20,000		(630,000)
繰延税金負債			120	60,000	(❹ 60,000)
				120	
その他負債	(336,000)	(421,000)			(757,000)
資本金	(1,600,000)	(400,000)	400,000		(1,600,000)
利益剰余金	(700,000)	(150,000)	130,000	80,000	(❹ 711,030)
			6,750	2,025	
			173,645	89,400	
評価差額			140,000	140,000	
非支配株主持分			16,000	134,000	(❹ 138,000)
				20,000	
負債・純資産合計	(3,136,000)	(1,121,000)	886,515	525,545	(3,896,030)
損益計算書					**連結損益計算書**
売上高	(3,000,000)	(800,000)	80,000		(❹ 3,720,000)
売上原価	2,200,000	500,000	7,500	80,000	❹ 2,620,750
			6,750		
貸倒引当金繰入	8,000	1,000		400	❹ 8,600
受取配当金	(64,000)		64,000		
その他費用	456,000	199,000			655,000
法人税等調整額			2,025	2,250	(❹ 105)
			120		
当期純利益	(400,000)	(100,000)	153,645	89,400	(435,755)
非支配株主当期純利益			20,000		❹ 20,000
親会社株主当期純利益			173,645	89,400	(415,755)

問題2

決算整理後残高試算表

（単位：円）

借方科目	金額	貸方科目	金額
現金	100	買掛金	154,000
当座預金	5,000	仮受消費税等	0
売掛金	〔 104,900 〕	未払消費税等	〔 ❹ 25,900 〕
売買目的有価証券	〔 102,000 〕	未払法人税等	〔 6,600 〕
買建オプション	〔 ❹ 800 〕	貸倒引当金	〔 2,588 〕
仮払消費税等	0	建物減価償却累計額	〔 358,343 〕
仮払法人税等	0	備品減価償却累計額	〔 69,375 〕
繰越商品	〔 ❹ 147,900 〕	社債	〔 92,381 〕
貯蔵品	〔 1,000 〕	退職給付引当金	〔 ❹ 66,600 〕
前払地代	〔 12,000 〕	資産除去債務	〔 141,304 〕
建物	〔 ❹ 632,770 〕	資本金	500,000
備品	〔 120,000 〕	その他資本剰余金	80,000
保証金	500,000	利益準備金	50,000
長期貸付金	〔 20,000 〕	繰越利益剰余金	60,860
仕入	〔 ❹ 752,000 〕	新株予約権	〔 ❹ 9,430 〕
給与手当	150,000	売上	〔 ❹ 1,159,000 〕
支払地代	〔 ❹ 24,000 〕	受取利息	500
減価償却費	〔 ❹ 65,493 〕	有価証券運用損益	〔 1,000 〕
貸倒引当金繰入（販売費）	〔 ❹ 1,098 〕		
棚卸減耗損	〔 5,500 〕		
商品評価損	〔 ❹ 4,600 〕		
退職給付費用	〔 4,600 〕		
その他の費用	100,000		
社債利息	〔 ❹ 1,811 〕		
オプション差損	〔 700 〕		
貸倒引当金繰入（営業外費用）	〔 ❹ 490 〕		
資産除去債務調整額	〔 ❹ 1,399 〕		
固定資産除却損	〔 6,920 〕		
法人税等	12,800		
	〔 2,777,881 〕		〔 2,777,881 〕

●数字…予想配点

会 計 学

問題1

	正誤	理　　由	
1.	○		❸
2.	×	四半期連結財務諸表の範囲には，四半期連結包括利益計算書も含まれる。	❸
3.	○		❸
4.	×	期間定額基準のみではなく，給付算定式基準も認められている。	❸
5.	○		❸
6.	×	リース債務は，貸借対照表日後1年以内に支払の期限が到来するものは流動負債の部に表示し，貸借対照表日後1年を超えて支払の期限が到来するものは固定負債の部に表示する。	❸
7.	×	受注制作のソフトウェア制作費は，請負工事の会計処理に準じて処理する。	❸
8.	×	繰延税金資産は投資その他の資産の区分に表示し，繰延税金負債は固定負債の区分に表示する。	❸
9.	○		❸
10.	○		❸

問題2

問1

問1	用　語		用　語
(a)	為替差損益	(d)	親会社が換算に用いる
(b)	株式取得時	(e)	為替換算調整勘定
(c)	発生時	各❹	

問2

本店と同様に処理を行うのは，在外支店の財務諸表項目は本店が作成する個別財務諸表の構成要素となるので，本店の外貨建項目の換算基準と整合させるためである。 ❽

問3

原則として期中平均相場による円換算額を付する理由は，在外子会社の独立事業体としての性格が強くなり，現地通貨による測定値そのものを重視するとともに換算を簡便にするためである。 ❽

問題3

問1

(a)	報告単位
(b)	共通支配下
(c)	共同支配企業の形成

各❹

問2

それ以外の企業結合取引については，パーチェス法が採用される。この場合，取得企業が被取得企業の支配を獲得した「買収」ないし「取得」という取引の成立を前提とし，通常の資産売買と同様の処理が要求されるため，取得企業において識別可能資産・負債を取得時の時価で評価する。

❾

問3

(1)	のれんまたは負ののれん	❹

(2)　のれんは，無形固定資産に計上し，20年以内のその効果の及ぶ期間にわたって，定額法その他の合理的な方法により規則的に償却する。負ののれんが生じると見込まれる場合には，取得企業は，すべての識別可能資産及び負債が把握されているか，また，取得原価の配分が適切に行われているかどうかを見直したうえで，この見直しを行っても負ののれんが生じる場合には，当該負ののれんが生じた事業年度の特別利益として処理する。

❾

●数字…予想配点

第201回 解答への道 〈問題〉12

商 業 簿 記 解 説

問題1 ● 連結精算表の作成（以下，単位：円）

1 S社の純資産の推移（タイム・テーブル）

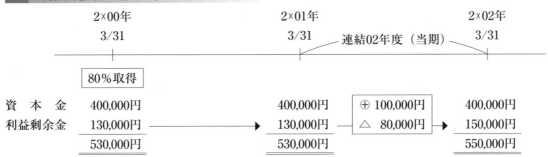

2 S社の土地の評価替え

（土 地）（＊1）	200,000	（繰 延 税 金 負 債）（＊2）	60,000
		（評 価 差 額）（＊3）	140,000

（＊1）700,000〈時価〉－500,000〈簿価〉＝200,000

（＊2）200,000×30％〈実効税率〉＝60,000

（＊3）貸借差額

3 投資と資本の相殺消去

　本問では，連結株主資本等変動計算書は解答要求ではないため，以下の仕訳は，連結貸借対照表の科目で行っている。

（資 本 金）	400,000	（S 社 株 式）	536,000
（利 益 剰 余 金）	130,000	（非 支 配 株 主 持 分）（＊）	134,000
（評 価 差 額）	140,000		

（＊）（400,000＋130,000＋140,000）×20％＝134,000

（注）536,000〈S社株式〉－（400,000＋130,000＋140,000）×80％＝0　∴　のれんは生じない

4 S社当期純利益の非支配株主持分への振替え

（非支配株主当期純利益）（＊）	20,000	（非 支 配 株 主 持 分）	20,000

（＊）100,000〈S社当期純利益〉×20％＝20,000

5　S社配当金の修正

（受　取　配　当　金）（＊1）	64,000	（利　益　剰　余　金）	80,000
（非 支 配 株 主 持 分）（＊2）	16,000		

（＊1）80,000〈S社配当〉×80％＝64,000

（＊2）80,000〈S社配当〉×20％＝16,000

6　売上高（P社）と売上原価（S社）の相殺消去

（売　　上　　高）	80,000	（売　上　原　価）	80,000

7　S社棚卸資産の未実現利益の消去（ダウン・ストリーム）

(1)　期首商品に含まれる未実現利益

①　前期末の未実現利益に対する仕訳（開始仕訳）

前期末の仕訳になるので，損益項目はすべて利益剰余金に置き換える。

（利　益　剰　余　金）（＊1） 売上原価	6,750	（商　　　　　品）	6,750
（繰 延 税 金 資 産）（＊2）	2,025	（利　益　剰　余　金） 法人税等調整額	2,025

（＊1）$18,000×\dfrac{60\%}{160\%}=6,750$

（＊2）6,750×30％〈実効税率〉＝2,025

②　当期実現仕訳

実現仕訳は前期末の科目のまま逆仕訳を行う。

（商　　　　　品）	6,750	（売　上　原　価）	6,750
（法 人 税 等 調 整 額）	2,025	（繰 延 税 金 資 産）	2,025

(2)　期末商品に含まれる未実現利益

（売　上　原　価）（＊1）	7,500	（商　　　　　品）	7,500
（繰 延 税 金 資 産）（＊2）	2,250	（法 人 税 等 調 整 額）	2,250

（＊1）$20,000×\dfrac{60\%}{160\%}=7,500$

（＊2）7,500×30％〈実効税率〉＝2,250

8　売掛金（P社）と買掛金（S社）の相殺

（買　　掛　　金）	20,000	（売　　掛　　金）	20,000

9　貸倒引当金の減額修正

（貸　倒　引　当　金）（＊1）	400	（貸倒引当金繰入額）	400
（法 人 税 等 調 整 額）（＊2）	120	（繰 延 税 金 負 債）	120

（＊1）20,000×2％＝400

（＊2）400×30％〈実効税率〉＝120

10 繰延税金資産・繰延税金負債の相殺消去

（繰 延 税 金 負 債）（＊）	120	（繰 延 税 金 資 産）	120

（＊） P社の繰延税金資産2,250〈商品分〉と繰延税金負債120〈貸倒引当金分〉は相殺消去して純額で表示する。

全経Point

全経では，連結精算表の出題が多いので，精算表の書き方をマスターしておこう!!

また，仕訳を考える際には精算表の科目で処理すること。

▌問題2 ●決算整理後残高試算表の作成（以下，単位：円）

1 収益認識

商品Q，Rについては着荷日が翌期の4月1日であるため売上の取消を行う。

（売 上）（＊2）	41,000	（売 掛 金）（＊1）	45,100
（仮 受 消 費 税 等）（＊3）	4,100		

（＊1） 22,000〈商品Q売上高〉＋23,100〈商品R売上高〉＝45,100〈消費税込売上高〉

（＊2） 45,100÷110％＝41,000〈消費税抜売上高〉

（＊3） 41,000×10％＝4,100

∴ 後T／B 売上：1,200,000〈前T／B〉－41,000＝**1,159,000**

2 売上債権

（1） 貸倒懸念債権

① 長期貸付金への振替え

（長 期 貸 付 金）	20,000	（売 掛 金）	20,000

∴ 後T／B 売掛金：170,000〈前T／B〉－45,100－20,000＝**104,900**

② 貸倒引当金の設定（キャッシュ・フロー見積法）

（貸 倒 引 当 金 繰 入）（＊）	490	（貸 倒 引 当 金）	490

（＊） 20,000－5,000×3.9020＝490〈設定額＝繰入額（営業外費用）〉

（2） 一般債権（その他の売掛金）

貸倒引当金の設定（貸倒実績率法）

（貸 倒 引 当 金 繰 入）（＊）	1,098	（貸 倒 引 当 金）	1,098

（＊） 104,900×2％＝2,098〈設定額〉

2,098－1,000＝1,098〈繰入額（販売費）〉

∴ 後T／B 貸倒引当金：490＋2,098＝**2,588**

3 オプション取引

（1） 売買目的有価証券の時価評価

（売 買 目 的 有 価 証 券）（＊）	1,000	（有価証券運用損益）	1,000

（＊） （＠102－＠101）×1,000口＝1,000

∴ 後 T／B 売買目的有価証券：101,000〈前 T／B〉＋1,000＝**102,000**

(2) プットオプション（買い建て）の時価評価

オプション取引とは，対象となる特定の金融商品（株式，債券，通貨など）を特定の価格（行使価格）で「買い取ることができる権利（コール・オプション）」または「売り渡すことができる権利（プット・オプション）」を売買する取引である。

オプションの価値が@0.8円に値下がりしたことに伴い，保有するプット・オプションの価値も下落する。この下落分を，オプションの価値を表す「買建オプション」で，また評価差損を「オプション差損」を用いて処理する。

| （オ プ シ ョ ン 差 損）（＊） | 700 | （買 建 オ プ シ ョ ン） | 700 |

（＊）（@0.8－@1.5）×1,000口＝△700

∴ 後 T／B 買建オプション：1,500〈前 T／B〉－700＝**800**

4 期末商品

(1) 売上原価の計算

期末帳簿棚卸高120,000円には売上の取消を行った商品Q，商品Rが含まれていないため，原価で加算する。

| （仕 入） | 110,000 | （繰 越 商 品） | 110,000 |
| （繰 越 商 品）（＊） | 158,000 | （仕 入） | 158,000 |

（＊） 120,000＋@500×40個＋@600×30個＝158,000

∴ 後 T／B 仕入：800,000〈前 T／B〉＋110,000－158,000＝752,000

(2) 棚卸減耗損と商品評価損の計算

| （棚 卸 減 耗 損）（＊1） | 5,500 | （繰 越 商 品） | 10,100 |
| （商 品 評 価 損）（＊2） | 4,600 | | |

（＊1） @300×（100個－90個）＋@500×（120個－115個）＝5,500

（＊2）（@500－@460）×115個＝4,600

∴ 後 T／B 繰越商品：158,000－10,100＝**147,900**

〈商品S〉 　　　　　　　　　　　　　〈商品T〉

5 有形固定資産

(1) 建物等

① 資産除去債務の見積りの変更

割引前の将来キャッシュ・フローに重要な見積りの変更が生じた場合の当該見積りの変更による調整額は，資産除去債務の帳簿価額及び関連する有形固定資産の帳簿価額に加減して処理する。なお，当該キャッシュ・フローが増加する場合には，その時点の割引率を適用する。

| （建 物）（＊） | 46,635 | （資 産 除 去 債 務） | 46,635 |

（＊）（150,000－100,000）×0.9327＝46,635

∴　後T／B　建物：586,135〈前T／B〉＋46,635＝**632,770**

② 減価償却費の計上

問題文の指示により，プロスペクティブ方式（残りの金額を残りの年数で費用配分する）により減価償却費を計上する。

| （減 価 償 却 費）（＊） | 45,738 | （建物減価償却累計額） | 45,738 |

（＊）（586,135－312,605＋46,635）÷7年≒45,738

∴　後T／B　**建物減価償却累計額**：312,605〈前T／B〉＋45,738＝**358,343**

③ 資産除去債務調整額の計上

資産除去債務は，発生時に割引計算された現在価値で計上しているため，時の経過によって増加させる必要がある。この増加額を時の経過による資産除去債務調整額（利息費用）という。時の経過による資産除去債務調整額（利息費用）は，期首の資産除去債務の帳簿価額に負債計上時の割引率を乗じて算定し，その発生時の費用として処理する。

| （資産除去債務調整額）（＊） | 1,399 | （資 産 除 去 債 務） | 1,399 |

（＊）（93,270＋46,635）×1％≒1,399

∴　後T／B　**資産除去債務**：93,270〈前T／B〉＋46,635＋1,399＝**141,304**

(2) 備品

① 備品Ａの除却の処理

（備品減価償却累計額）	19,200	（備 品）	30,000
（減 価 償 却 費）（＊1）	2,880		
（貯 蔵 品）	1,000		
（固 定 資 産 除 却 損）（＊2）	6,920		

（＊1）1÷5年×200％＝0.4

$$（30,000－19,200）×0.4×\frac{8カ月}{12カ月}＝2,880$$

（＊2）貸借差額

∴　後T／B　**備品**：150,000〈前T／B〉－30,000＝**120,000**

② 備品Ｂの減価償却費の計上

| （減 価 償 却 費）（＊） | 16,875 | （建物減価償却累計額） | 16,875 |

（＊）1÷8年×200％＝0.25

（120,000－52,500）×0.25＝16,875

∴　後T／B　**減価償却費**：45,738＋2,880＋16,875＝**65,493**

∴　後T／B　**備品減価償却累計額**：71,700〈前T／B〉－19,200＋16,875＝**69,375**

6　退職給付

過去勤務費用とは，退職金規定等の改訂に起因して発生した退職給付債務の増加額または減少額であり，改訂前の退職給付債務と改訂後の退職給付債務の改訂時点における差額を意味する。

なお，本問は退職年金支給額の増額改定を行っていることから，過去勤務費用は，退職給付引当金の不足をもたらす。したがって，退職給付費用を計上して退職給付引当金への繰入処理を行う。

解答への道

第201回

（退 職 給 付 費 用）（＊）	4,600	（退 職 給 付 引 当 金）	4,600

（＊）　$5,000 + 400,000 \times 1\% - 320,000 \times 2\% = 2,600$〈見積りによる計上額〉

　　　$20,000 \div 10年 = 2,000$〈過去勤務費用の償却額〉

　　　$2,600 + 2,000 = 4,600$

∴　後T／B　退職給付引当金：$62,000$〈前T／B〉$+ 4,600 = 66,600$

7　社債

(1)　区分法への修正

①　区分法の仕訳

（現　　　　　　金）	100,000	（社　　　　　　債）（＊1）	90,570
		（新 株 予 約 権）（＊2）	9,430

（＊1）　$100,000 \times 0.9057 = 90,570$〈社債の対価部分〉

（＊2）　$100,000 - 90,570 = 9,430$〈新株予約権の対価部分〉

②　一括法の仕訳

（現　　　　　　金）	100,000	（社　　　　　　債）	100,000

③　修正仕訳（①－②）

（社　　　　　債）	9,430	（新 株 予 約 権）	9,430

(2)　償却原価法による社債利息の計上

（社 債 利 息）（＊）	1,811	（社　　　　　　債）	1,811

（＊）　$(100,000 - 9,430) \times 2\% \fallingdotseq 1,811$〈金利調整差額の償却額〉

∴　後T／B　社債：$100,000$〈前T／B〉$- 9,430 + 1,811 = $**92,381**

8　地代

（前 払 地 代）（＊）	12,000	（支 払 地 代）	12,000

（＊）　$36,000 \times \dfrac{6 \text{カ月}}{18 \text{カ月}} = 12,000$

∴　後T／B　支払地代：$36,000$〈前T／B〉$- 12,000 = $**24,000**

9　消費税

（仮 受 消 費 税 等）（＊1）	115,900	（仮 払 消 費 税 等）（＊2）	90,000
		（未 払 消 費 税 等）（＊3）	25,900

（＊1）　$120,000 - 4,100 = 115,900$

（＊2）　前T／Bの金額

（＊3）　貸借差額

10 法人税等

（法　人　税　等）	12,800	（仮 払 法 人 税 等）	6,200
		（未 払 法 人 税 等）（＊）	6,600

（＊）貸借差額

会 計 学 解 説

問題1 ● 正誤問題

1. 真実性の原則：○　　　　　　　　　　　　　　　　　　　「企業会計原則　第一・一」

　　真実性の原則が要求する真実とは，絶対的真実ではなく，相対的真実であると解釈されている。なぜならば，今日の財務諸表は，記録された事実と会計上の慣習，経営者（または会計担当者）の個人的判断の総合的表現によって作成されているからである。したがって，唯一絶対的な真実を求めることはできず，相対的にならざるをえないのである。

2. 四半期連結財務諸表の範囲：×　　　　　　　　　　「四半期財務諸表に関する会計基準　5」

　　四半期連結財務諸表の範囲には，四半期連結貸借対照表，四半期連結損益計算書，四半期連結キャッシュ・フロー計算書のほかに四半期連結包括利益計算書も含まれる。

3. 株主資本等変動計算書：○　　　　　　　「株主資本等変動計算書に関する会計基準　8」

　　株主資本等変動計算書における当期変動額の表示方法は，株主資本と株主資本以外の項目で異なる。前者の株主資本については，変動事由ごとにその金額を表示するのに対し，後者の株主資本以外の項目については，純額で表示する。ただし，主な変動事由ごとにその金額を表示（注記による開示を含む。）することもできる。

4. 退職給付見込額の期間帰属：×　　　　　　　　　　　　「退職給付に関する会計基準　19」

　　退職給付見込額のうち，期末までに発生したと認められる額は，期間定額基準（退職給付見込額について全勤務期間で除した額を各期の発生額とする方法）または給付算定式基準（退職給付制度の給付算定式に従って各勤務期間に帰属させた給付に基づき見積った額を，退職給付見込額の各期の発生額とする方法）のいずれかの方法により算定する。

5. 転換社債型新株予約権付社債：○　　　　　　　　　　　　「金融商品に関する会計基準　36」

　　償却原価法を適用した場合の償却原価が一括法と区分法で異なるため，権利行使された場合に計上される資本金および資本準備金の合計額が異なる金額になる。

参　考　一括法と区分法の比較

1. 当社は当期首に額面金額100,000円の転換社債型新株予約権付社債を払込金額100,000円（うち社債の対価95,000円，新株予約権の対価5,000円）で発行した。社債の償還期限は5年であり，償却原価法（定額法）を適用する。

2. 当期末に上記の転換社債型新株予約権付社債のすべてについて転換請求があり，新株を発行した。なお，資本金組入額は会社法規定の最低額とする。

1. 発行時

区分法			一括法		
（当座預金）	100,000	（社　　債） 95,000	（当座預金）	100,000	（社　　債） 100,000
		（新株予約権） 5,000			

（注）区分法の場合には，額面金額100,000円の社債に対する払込金額が95,000円であるため，差額の5,000円に対して償却原価法を適用する。また，一括法の場合には，額面金額100,000円の転換社債型新株予約権付社債に対する払込金額が100,000円であるため，償却原価法は適用しない。

---

2. 転換請求時

区分法	一括法
(社債利息)(*1) 1,000 (社 債) 1,000	(社　　債) 100,000 (資 本 金)(*4) 50,000
(社　　債)(*2) 96,000 (資 本 金)(*3) 50,500	(資本準備金)(*4) 50,000
(新株予約権) 5,000 (資本準備金)(*3) 50,500	

（＊1）$(100,000円 - 95,000円) \times \dfrac{12カ月}{60カ月} = 1,000円$〈償却額〉

（＊2）$95,000円 + 1,000円 = 96,000円$〈転換請求時の償却原価〉

（＊3）$(96,000円 + 5,000円) \times \dfrac{1}{2} = 50,500円$〈資本金＝資本準備金〉

（＊4）$100,000円 \times \dfrac{1}{2} = 50,000円$〈資本金＝資本準備金〉

6. ファイナンス・リース取引の表示：×　　　　　　　　「リース取引に関する会計基準　17」

　　ファイナンス・リース取引の借手は，売買処理によるリース資産を固定資産の部に表示し，リース債務については，一年基準により分類し，貸借対照表日後1年以内に支払期限が到来するものは流動負債に表示し，1年を超えて支払期限が到来するものは固定負債に表示する。

7. ソフトウェアの制作費：×　　　　　　　　　　　「研究開発費等に係る会計基準　四」

　　ソフトウェア制作費は，その取得態様別ではなく，制作目的により会計処理が決定される。すなわち，①市場販売目的，②自社利用および③受注制作の3つに区分したうえで，それぞれ会計処理が異なる。

　①市場販売目的

　　　市場販売目的のソフトウェアである製品マスターの制作費は，研究開発費に該当する部分を除き，無形固定資産として計上する。

　②自社利用目的

　　　自社利用のソフトウェアを購入した場合，将来の収益獲得または費用削減が確実と認められる場合は無形固定資産として計上し，認められない場合には費用として処理する。

　③受注制作

　　　受注制作の場合は，受注契約によりあらかじめ請負対象および請負価額が決定されているため，工事契約と同様に処理を行う。

8. 繰延税金資産及び繰延税金負債等の表示方法：×　　　　「税効果に係る会計基準　第三・1」

　　同一の納税主体の繰延税金資産と繰延税金負債は双方を相殺して表示し，繰延税金資産は投資その他の資産の区分に表示し，繰延税金負債は固定負債の区分に表示する。

相　殺　後　の　純　額	繰　延　税　金　資　産	投　資　そ　の　他　の　資　産
	繰　延　税　金　負　債	固　定　負　債

9. 事業税（付加価値割及び資本割）の表示：○

　　　　　　　　　　　　　　「法人税，住民税及び事業税等に関する会計基準　10」

　　事業税とは，法人の行う事業及び個人の行う一定の事業に対して，その事業の事務所または事業所の所在する道府県が課す税金であり，法人の所得金額に対して課税される。

　　なお，資本金1億円超の法人については外形標準課税の適用対象となり，事業税の一部は，資本金等および付加価値など，外観から客観的に判断できる基準を課税標準として税額を算定することとなる。この場合，事業税の総額は，次に示すとおりとなる。

事業税＝所得割額＋付加価値割額＋資本割額

　このうち，所得割額は法人税，住民税とともに利益の控除として処理し，付加価値割額および資本割額は租税公課勘定で処理し，損益計算書の販売費及び一般管理費の区分に表示される。

10．子会社の資産及び負債の評価：〇　　　　　　　　　　「連結財務諸表に関する会計基準　20」

　　連結貸借対照表の作成にあたっては，支配獲得日において，子会社の資産および負債のすべてを支配獲得日の時価により評価する全面時価評価法により評価しなければならない。

問題2 ● 外貨建財務諸表項目 　　　　　　　　　　　　　「外貨建取引等会計処理基準　二，三」

問1　在外支店および在外子会社の換算（空欄記入）

1．在外支店の財務諸表項目の換算

　　在外支店における外貨建取引については，原則として，本店と同様に処理する。ただし，外国通貨で表示されている在外支店の財務諸表に基づき本支店合併財務諸表を作成する場合には，収益及び費用（収益性負債の収益化額及び費用性資産の費用化額を除く。）の換算については，期中平均相場によることができる。なお，本店と異なる方法により換算することによって生じた換算差額は，当期の(a)**為替差損益**として処理する。

項　　　目			適用為替相場
外　国　通　貨			決算時の為替相場（ＣＲ）
外貨建金銭債権債務（外貨預金，未収収益・未払費用を含む）			
貸　倒　引　当　金			
外貨建有価証券	売　買　目　的　有　価　証　券		決算時の為替相場（ＣＲ）
	満　期　保　有　目　的　の　債　券		
	そ　の　他　有　価　証　券		
	子会社株式・関連会社株式		取得時の為替相場（ＨＲ）
費　用　性　資　産（非貨幣性資産）	棚　卸　資　産	取得原価で記録されているもの	取得時の為替相場（ＨＲ）
		時価または実質価額が付されているもの	決算時の為替相場（ＣＲ）
	有形固定資産	取　得　原　価	取得時の為替相場（ＨＲ）
		減価償却累計額	
	そ　の　他		
本　　店　　勘　　定			個々の本支店取引につき，取引発生時の為替相場（ＨＲ）（本店における支店勘定の金額）
前受金・前受収益等の収益性負債の収益化額			負債発生時の為替相場（ＨＲ）
取得原価で記録されている費用性資産の費用化額	減価償却費		資産取得時の為替相場（ＨＲ）
	そ　の　他		
その他の収益および費用	原則		計上時の為替相場（ＨＲ）
	例外		期中平均相場（ＡＲ）
換　算　差　額　の　処　理			換算によって生じた換算差額は，当期の「為替差損益（為替差益または為替差損)」として処理する。

2．在外子会社の財務諸表項目の換算

　　在外子会社の外貨表示財務諸表項目は，次のように行う。

貸借対照表に関し，資産及び負債については決算時の為替相場による円換算額を，親会社による株式の取得時における資本に属する項目については，(b)**株式取得時**の為替相場による円換算額を，親会社による株式の取得後に生じた資本に属する項目については，当該項目の(c)**発生時**の為替相場による円換算額を付する。

損益計算書に関し，収益及び費用については，原則として期中平均相場による円換算額を付する。ただし，決算時の為替相場による円換算額を付することもできる。なお，親会社との取引による収益及び費用の換算については，(d)**親会社が換算に用いる**為替相場による。この場合に生じる差額は当期の為替差損益として処理する。

また，換算によって生じた換算差額については，(e)**為替換算調整勘定**として貸借対照表の純資産の部に記載する。

項　　目		適用為替相場
資　産　お　よ　び　負　債		決算時の為替相場（ＣＲ）
純　　資　　産	親会社による株式の取得時における純資産に属する項目	株式取得時の為替相場（ＨＲ）
	親会社による株式の取得後に生じた純資産に属する項目	当該項目の発生時の為替相場（ＨＲ）
収益および費用	親会社との取引により生じた収益および費用	親会社が換算に用いる為替相場 この場合に生じる差額は当期の損益（為替差損益）として処理する。
	そ　の　他	原　則：期中平均相場（ＡＲ） 容　認：決算時の為替相場（ＣＲ）
当　期　純　利　益		原　則：期中平均相場（ＡＲ） 容　認：決算時の為替相場（ＣＲ）
換　算　差　額　の　処　理		貸借対照表項目の換算によって生じた換算差額は「為替換算調整勘定」として貸借対照表の「純資産の部（その他の包括利益累計額）」に計上する。

問2　本国主義（記述問題）

在外支店の財務諸表項目の換算方法は，基本的には本店における外貨建取引の換算方法と同じである。その理由は，在外支店の財務諸表項目は本店が作成する個別財務諸表の構成要素となるので，本店の外貨建項目の換算基準と整合させることにある。このような考え方を本国主義という。

問3　現地主義（記述問題）

「外貨建取引等会計処理基準」では，在外子会社の財務諸表項目の換算につき，決算日レート法の考え方を採用している。これは，在外子会社の独立事業体としての性格が強くなり，現地通貨による測定値そのものを重視する（現地主義という）とともに換算を簡便にするためである。

問題3 ●企業結合

問1　企業結合の分類（空欄記入）　　「企業結合に関する会計基準　5，11，16，28，31，32，33」

企業結合とは，ある企業またはある企業を構成する事業と他の企業または他の企業を構成する事業とが1つの(a)**報告単位**に統合されることをいう。

企業結合は，その形態により，次の3つに分類される。

(b)共通支配下の取引	共通支配下の取引とは，結合当事企業または事業が，企業結合の前後で同一の株主により最終的に支配され，かつ，その支配が一時的ではない場合の企業結合をいう（子会社同士の合併など）
(c)共同支配企業の形成	共同支配企業とは，複数の独立した企業により共同で支配される企業をいい，共同支配企業の形成とは，複数の独立した企業が契約等にもとづき，共同支配企業を形成する企業結合をいう（合弁会社の設立など）
取　　　　　得	取得とは，ある企業が他の企業または企業を構成する事業に対する支配を獲得することをいう。共通支配下の取引および共同支配企業の形成以外の企業結合は取得となる。 ある企業または企業を構成する事業を取得する企業を取得企業といい，取得される企業を被取得企業という。取得された企業結合では，いずれかの結合当事企業を取得企業として決定しなければならない。

問2　資産・負債の時価評価（記述問題）

　共通支配下の取引および共同支配企業の形成以外の企業結合取引（逆取得を除く取得となる企業結合）については，パーチェス法が採用される。パーチェス法とは，被取得企業から受け入れる識別可能な資産および負債の取得原価を，対価として交付する現金および株式等の時価とする方法である。これは，取得企業が被取得企業の支配を獲得した「買収」ないし「取得」という取引の成立を前提とし，通常の資産売買と同様の処理が要求されるためである。

問3　のれん・負ののれん（記述問題）

　取得企業の支払った企業結合の対価が被取得企業から受け入れた識別可能資産・負債の時価を上回る場合には，その超過額は「のれん」として処理し，下回る場合には，その不足額を「負ののれん」として処理する。

　また，「のれん」および「負ののれん」は，次のように処理する。

の　れ　ん	のれんは，無形固定資産に計上し，20年以内のその効果の及ぶ期間にわたって，定額法その他の合理的な方法により規則的に償却する。ただし，のれんの金額に重要性が乏しい場合には，のれんが生じた事業年度の費用とすることができる。
負ののれん	負ののれんが生じると見込まれる場合には，取得企業は，すべての識別可能資産・負債が把握されているか，また，取得原価の配分が適切に行われているかどうかを見直したうえで，この見直しを行っても負ののれんが生じる場合には，当該負ののれんが生じた事業年度の特別利益として処理する。

工 業 簿 記

問題1

問1

製造間接費の標準配賦率　〔 ❺　　　4,200 〕円/時間

問2

当月完成品原価　〔 ❺　43,120,000 〕円

月末仕掛品原価　〔 ❺　14,460,000 〕円

問3

借 方 科 目	金 　 額	貸 方 科 目	金 　 額
仕 　 掛 　 品	21,350,000	材 　　　　 料	21,350,000

すべて正解で❺

問4

借 方 科 目	金 　 額	貸 方 科 目	金 　 額
仕 　 掛 　 品	6,144,000	賃 　　　　 金	6,144,000

すべて正解で❺

問5

借 方 科 目	金 　 額	貸 方 科 目	金 　 額
材 　　　　 料	68,000	材 料 消 費 価 格 差 異	68,000

すべて正解で❺

問6

原価差異の総額　〔 ❺　　△1,935,000 〕円

材料数量差異

材料Xの材料数量差異　〔 ❸　　△800,000 〕円

材料Yの材料数量差異　〔 ❸　　△150,000 〕円

製造間接費差異

予算差異　〔 ❸　　△187,000 〕円

能率差異　〔 ❸　　△264,000 〕円

操業度差異　〔 ❸　　△270,000 〕円

問7

> 購買活動の管理に役立てるには，材料の価格差異をより早期に分離すればよい。具体的に ❿
> は，購入時に材料受入価格差異99,200円（貸方）を把握する。

問題2

問1

①の方法

仕　掛　品

前月繰越	[❺ 4,738,000]	製品	[❺ 32,300,800]
諸口	[30,853,975]	原価差異	[ ]
原価差異	[190,225]	次月繰越	[3,481,400]

（注）　記入する必要のない空欄はそのままにしておくこと。

②の方法

仕　掛　品

前月繰越	[4,600,000]	製品	[32,300,800]
諸口	[❺ 30,853,975]	原価差異	[ ]
原価差異	[❺ 226,825]	次月繰越	[3,380,000]

（注）　記入する必要のない空欄はそのままにしておくこと。

問2

> ①の方法によると，本来，完成品のみが負担すべき正常仕損費を，月初，月末仕掛品も負担 ❿
> してしまうためである。

問題3

名称	現実的標準原価	❷
意味	現実的標準原価は，良好な能率のもとにおいて，その達成が期待されうる標準原価を いう。	❸

名称	正常的標準原価（正常原価）	❷
意味	正常的標準原価は，正常能率，正常操業度および正常価格に基づいて決定される原価 をいう。	❸

●数字…予想配点

原 価 計 算

問題1

問1

配賦率　〔 ❺　　　320 〕円/時

	製品A	製品B	製品C
単位当たり配賦原価	❷　　1,600　円	❷　　2,560　円	❷　　2,240　円

問2

	製品A	製品B	製品C
単位当たり配賦原価	❷　21,600　円	❷　　416　円	❷　2,528　円

問3

〔 ❺　　76,800 〕分

問4

〔 ❺　　　50 〕円/分

問5

段　取	❷　　2,000　円/回
マテハン	❷　　750　円/回
検　査	❷　　3,000　円/回

問6

	製品A	製品B	製品C	計
段　取	360,000　円	20,000　円	❷　100,000　円	480,000　円
マテハン	1,500,000　円	❷　375,000　円	1,125,000　円	3,000,000　円
検　査	❷　75,000　円	15,000　円	30,000　円	120,000　円
合計	1,935,000　円	410,000　円	1,255,000　円	3,600,000　円

問7

	製品 A	製品 B	製品 C
単位当たり配賦原価	❷ 19,350 円	❷ 410 円	❷ 2,510 円

問8

〔 ❺ 240,000 〕円

問題2
問1

製品の組み合わせ

製品 X	製品 Y	製品 Z	
800 個	2,000 個	400 個	すべて正解で❿

利益額 〔 ❺ 75,600 〕円

問2

加重平均貢献利益率 〔 ❺ 21.6 〕％

損益分岐点売上高 〔 ❺ 2,150,000 〕円

安全余裕率 〔 ❺ 14 〕％

問3

利益が最大となる製品組み合わせは，製品 X が（ 800 ）個，製品 Y が（ 1,600 ）個，製品 Z が（ 1,500 ）個であり，その時の全体の利益は（ 105,600 ）円である。当初の利益より（ 30,000 ）円利益が（増加・減少）*するので，この固定費の追加は（行うべきである・行うべきではない）*。

*は該当するものに○をすること。 **すべて正解で❿**

問4

利益が最大となる製品組み合わせは，製品 X が（ 800 ）個，製品 Y が（ 2,000 ）個，製品 Z が（ 400 ）個であり，その時の全体の利益は（ 55,600 ）円である。当初の利益より（ 20,000 ）円利益が（増加・減少）*するので，この固定費の追加は（行うべきである・行うべきではない）*。

*は該当するものに○をすること。 **すべて正解で❿**

●数字…予想配点

第201回 解答への道　問　題　18

工　業　簿　記　解　説

問題1 ● 標準ロット別原価計算

問1 製造間接費の標準配賦率

1. 製造間接費の標準配賦率

変動費率：6,240,000円÷2,600時間 = 2,400円/時間

固定費率：4,680,000円÷2,600時間 = 1,800円/時間

合計：標準配賦率　**4,200円/時間**

2. 各製品の標準原価カード

上記の結果より，各製品の標準原価カードを作成すると，以下のようになる。なお，製造間接費の配賦基準は直接作業時間である。

製品A			
直接材料費			
材料X	2,000円/kg	× 4 kg	8,000円
材料Y	1,500円/kg	× 4 kg	6,000円
直接労務費	2,400円/時間	× 2 時間	4,800円
製造間接費	4,200円/時間	× 2 時間	8,400円
1 個当たり標準原価			27,200円

製品B			
直接材料費			
材料X	2,000円/kg	× 3 kg	6,000円
材料Y	1,500円/kg	× 5 kg	7,500円
直接労務費	2,400円/時間	×1.5時間	3,600円
製造間接費	4,200円/時間	×1.5時間	6,300円
1 個当たり標準原価			23,400円

製品C			
直接材料費			
材料X	2,000円/kg	× 3 kg	6,000円
材料Y	1,500円/kg	× 7 kg	10,500円
直接労務費	2,400円/時間	× 2 時間	4,800円
製造間接費	4,200円/時間	× 2 時間	8,400円
1 個当たり標準原価			29,700円

製品D			
直接材料費			
材料X	2,000円/kg	× 5 kg	10,000円
材料Y	1,500円/kg	× 5 kg	7,500円
直接労務費	2,400円/時間	×2.5時間	6,000円
製造間接費	4,200円/時間	×2.5時間	10,500円
1 個当たり標準原価			34,000円

問2 当月完成品原価と月末仕掛品原価

当月に全量が完成している製品A・B・Cが当月完成品となり，月末に仕掛中である製品Dが月末仕掛品となる。

当月完成品原価：27,200円/個×500個 + 23,400円/個×500個 + 29,700円/個×600個

　　　　　　　　　　製品A　　　　　　　製品B　　　　　　　製品C

　　　　　= 43,120,000円

月末仕掛品原価：（10,000円 + 7,500円）×600個 + （6,000円 + 10,500円）×600個×40％

　　　　　= 14,460,000円 （製品D）

問3 材料勘定から仕掛品勘定への直接材料費の振替仕訳

〈資料〉3の材料データを整理すると，次のようになる。なお，実際消費単価の計算は平均法による。

材　料　X

月初	1,200kg	消費	5,200kg
	2,413,200円	（貸借差引）	
購入	4,800kg		
	9,676,800円	月末	800kg
	(2,016円/kg)		

実際消費単価：$\dfrac{2,413,200円＋9,676,800円}{1,200kg＋4,800kg}＝2,015円/kg$

材　料　Y

月初	1,000kg	消費	7,300kg
	1,496,000円	（貸借差引）	
購入	8,000kg		
	11,824,000円	月末	1,700kg
	(1,478円/kg)		

実際消費単価：$\dfrac{1,496,000円＋11,824,000円}{1,000kg＋8,000kg}＝1,480円/kg$

本問は修正パーシャル・プランであるため，標準単価に実際消費量を乗じた額を材料勘定から仕掛品勘定へ振り替える。

材料X：2,000円/kg×5,200kg＝ 10,400,000円

材料Y：1,500円/kg×7,300kg＝ 10,950,000円

合　計：　　　　　　　　　21,350,000円

| （仕　　　掛　　　品） | 21,350,000 | （材　　　　　料） | 21,350,000 |

問4 賃金勘定から仕掛品勘定への直接労務費の振替仕訳

本問は修正パーシャル・プランであるため，標準賃率に実際直接作業時間を乗じた額を仕掛品勘定へ振り替える。

2,400円/時間×2,560時間＝6,144,000円

| （仕　　　掛　　　品） | 6,144,000 | （賃　　　　　金） | 6,144,000 |

問5 材料勘定から材料消費価格差異勘定への振替仕訳

材料消費価格差異は，以下のように計算される。

材料X：（標準2,000円/kg－実際2,015円/kg）×実際5,200kg＝（－）78,000円（不利）

材料Y：（標準1,500円/kg－実際1,480円/kg）×実際7,300kg＝（＋）146,000円（有利）

合　計：　　　　　　　　　　　　　　　　　　（＋）68,000円（有利）

| （材　　　　　料） | 68,000 | （材料消費価格差異） | 68,000 |

問6 仕掛品勘定で把握される原価差異の総額，材料数量差異の内訳，製造間接費差異の内訳

本問は修正パーシャル・プランであるため，価格面の差異（材料消費価格差異，賃率差異）以外の差異が仕掛品勘定で把握される。

1．材料数量差異

(1) 標準消費量

材料 X：$\underbrace{600個 \times 3\,\text{kg/個}}_{製品C} + \underbrace{600個 \times 5\,\text{kg/個}}_{製品D} = 4{,}800\text{kg}$

材料 Y：$\underbrace{600個 \times 7\,\text{kg/個}}_{製品C} + \underbrace{600個 \times 5\,\text{kg/個}}_{製品D} = 7{,}200\text{kg}$

(2) 材料数量差異

材料 X：標準2,000円/kg×（標準4,800kg－実際5,200kg）＝ **（－）800,000円（不利）**

材料 Y：標準1,500円/kg×（標準7,200kg－実際7,300kg）＝ **（－）150,000円（不利）**

合　計：　　　　　　　　　　　　　　　　　　　　**（－）950,000円（不利）**

2．直接労務費時間差異

(1) 標準直接作業時間

$\underbrace{500個 \times (100\% - 80\%) \times 2\,時間/個}_{製品A} + \underbrace{500個 \times (100\% - 40\%) \times 1.5\,時間/個}_{製品B} + \underbrace{600個 \times 2\,時間/個}_{製品C} + \underbrace{600個 \times 40\% \times 2.5\,時間/個}_{製品D}$

＝2,450時間

(2) 時間差異

標準2,400円/時間×（標準2,450時間－実際2,560時間）＝（－）264,000円（不利）

3．製造間接費差異の分析

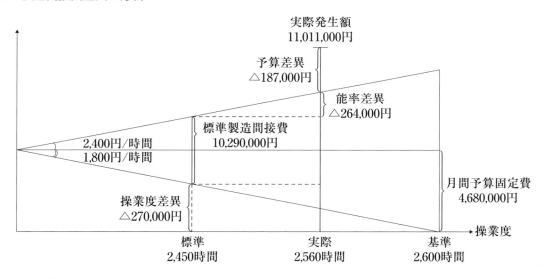

予算差異：2,400円/時間×2,560時間＋4,680,000円－11,011,000円＝ **（－）187,000円（不利）**

能率差異：2,400円/時間×（2,450時間－2,560時間）＝　　　　　**（－）264,000円（不利）**

操業度差異：1,800円/時間×（2,450時間－2,600時間）＝　　　　**（－）270,000円（不利）**

製造間接費配賦差異：　　　　　　　　　　　　　　　　　　　　**（－）721,000円（不利）**

4．仕掛品勘定で把握される原価差異の総額

（－）950,000円＋（－）264,000円＋（－）721,000円＝ **（－）1,935,000円（不利）**

問7 購買活動の管理に役立つ方法への修正（理論問題）

　当社では，現在材料の消費時に材料消費価格差異を把握している。しかし，材料の価格差異は購買部門の責任で生じる差異であるので，購買活動の管理に役立つためには，より早期に価格差異を把握する必要がある。そこで，材料の価格差異を消費時ではなく，購入時に材料受入価格差異として把握することが望ましい。

なお，当月の材料受入価格差異は以下のように計算される。

材料X：（標準2,000円/kg－実際2,016円/kg）×当月購入4,800kg＝（－）76,800円（不利）

材料Y：（標準1,500円/kg－実際1,478円/kg）×当月購入8,000kg＝（＋）176,000円（有利）

合　計：　　　　　　　　　（－）76,800円＋（＋）176,000円＝（＋）99,200円（有利）

問題2 ● 標準原価計算における仕損

問1 ①の方法と②の方法による仕掛品勘定の記入

1．①の方法（原価要素別の標準数量・時間を3％増やして正常仕損費分を原価標準に含める方法）

(1) 標準原価カード

直接材料費：4,400円/kg×2.06kg[※1]＝　　9,064円

加　工　費：3,600円/時×3.09時間[※2]＝11,124円

合　計　：総標準製造原価　　　　20,188円

※1　2kg×（100％＋3％）＝2.06kg

※2　3時間×（100％＋3％）＝3.09時間

(2) 生産データの整理

①の方法では，原価標準に正常仕損の消費余裕分が標準消費量に含まれており，正常仕損費を分離把握できないため，正常仕損を度外視して生産データを整理する。

<table>
<tr><td colspan="4" align="center">仕掛品－直接材料費</td></tr>
<tr><td>月初</td><td>400個</td><td>完成</td><td></td></tr>
<tr><td></td><td></td><td></td><td>1,600個</td></tr>
<tr><td colspan="2">当月投入</td><td></td><td></td></tr>
<tr><td></td><td>1,400個</td><td></td><td></td></tr>
<tr><td colspan="2">（貸借差引）</td><td>月末</td><td>200個</td></tr>
</table>

<table>
<tr><td colspan="4" align="center">仕掛品－加工費</td></tr>
<tr><td>月初</td><td>100個</td><td>完成</td><td></td></tr>
<tr><td></td><td></td><td></td><td>1,600個</td></tr>
<tr><td colspan="2">当月投入</td><td></td><td></td></tr>
<tr><td></td><td>1,650個</td><td></td><td></td></tr>
<tr><td colspan="2">（貸借差引）</td><td>月末</td><td>150個</td></tr>
</table>

(3) 標準原価の計算

〈資料〉4に「原価差異は，仕掛品勘定においてまとめて把握する」旨の指示があるため，本問はパーシャル・プランであることがわかる。

〈前月繰越（月初仕掛品原価）〉

直接材料費：　9,064円/個×400個＝3,625,600円

加　工　費：11,124円/個×100個＝1,112,400円

合　計　：　　　　　　　4,738,000円

〈諸口（当月製造費用）〉

パーシャル・プランであるため，〈資料〉2の実際原価を合計して記入する。

直接材料費：12,544,000円

加　工　費：18,309,975円

合　計　：30,853,975円

〈製品（完成品原価）〉

20,188円/個×1,600個＝32,300,800円

〈次月繰越（月末仕掛品原価）〉

直接材料費：　9,064円/個×200個＝1,812,800円

加　工　費：11,124円/個×150個＝1,668,600円

合　計　：　　　　　　　3,481,400円

〈原価差異〉

　　　貸借差額より，**190,225円**（貸方差異につき，仕掛品勘定借方に記入）

２．②の方法（正常仕損費分を含まない正味標準製造原価に特別費として３％を加える方法）

(1)　標準原価カード

　　　直接材料費：4,400円/kg×２kg＝　　8,800円

　　　加　工　費：3,600円/時×３時間＝10,800円

　　　小　　計　：正味標準製造原価　　19,600円

　　　正常仕損費：19,600円/個×３％＝　　588円

　　　合　　計　：総標準製造原価　　　20,188円

(2)　生産データの整理

　　　②の方法では，正常仕損費分を含まない正味標準製造原価が判明するため，正常仕損を分離把握して生産データを整理する。

<table>
<tr><th colspan="2" align="center">仕掛品－直接材料費</th><th></th><th colspan="2" align="center">仕掛品－加工費</th><th></th></tr>
<tr><td>月初　　400個</td><td>完成</td><td></td><td>月初　　100個</td><td>完成</td><td></td></tr>
<tr><td></td><td>　　　1,600個</td><td>×良品に対する</td><td></td><td>　　　1,600個</td><td></td></tr>
<tr><td>当月投入</td><td></td><td>正常仕損率３％</td><td>当月投入</td><td></td><td></td></tr>
<tr><td>　　　1,448個</td><td>正常仕損 48個</td><td>←</td><td>　　　1,698個</td><td>正常仕損 48個</td><td>←終点発生</td></tr>
<tr><td>（貸借差引）</td><td>月末　　200個</td><td></td><td>（貸借差引）</td><td>月末　　150個</td><td></td></tr>
</table>

(3)　標準原価の計算

　　　〈前月繰越（月初仕掛品原価）〉

　　　　直接材料費：　8,800円/個×400個＝3,520,000円

　　　　加　工　費：10,800円/個×100個＝1,080,000円

　　　　合　　計　：　　　　　　　　　**4,600,000円**

　　　〈諸口（当月製造費用）〉

　　　　①の方法と同様，**30,853,975円**

　　　〈製品（完成品原価）〉

　　　　20,188円/個×1,600個＝**32,300,800円**

　　　〈次月繰越（月末仕掛品原価）〉

　　　　直接材料費：　8,800円/個×200個＝1,760,000円

　　　　加　工　費：10,800円/個×150個＝1,620,000円

　　　　合　　計　：　　　　　　　　　**3,380,000円**

　　　〈原価差異〉

　　　　貸借差額より，**226,825円**（貸方差異につき，仕掛品勘定借方に記入）

問2　①の方法の計算結果が②の方法に比べて不正確な理由

　②の方法では，正常仕損分を含まない正味原価標準とそれに加算する正常仕損費に区別されているため，正常仕損費を分離把握して正常仕損の発生点に応じた負担計算を行うことができる。

　一方，①の方法では，各原価要素別標準消費量の中に，あらかじめ正常仕損の消費余裕分が含まれているので，正常仕損費は分離把握できない。そのため正常仕損の発生点に応じた正常仕損費の負担計算を行うことが難しく，完成品原価のみならず，月初・月末仕掛品原価の中にも，自動的に正常仕損費が算入されてしまい，不正確な金額となってしまうのである。

問題3 ● 標準原価計算制度において用いられる2つの標準原価

『原価計算基準』4「原価の諸概念」で，標準原価計算制度において用いられる標準原価は，**現実的標準原価**または**正常的標準原価（正常原価）**であると規定されている。

その構成要素の前提となる価格・能率・操業度をどの程度の厳格度で仮定するかについてをまとめると，以下のようになる。

	現実的標準原価	正常的標準原価（正常原価）
価格水準	当座価格 （次期に予想される価格）	正常価格 （将来の数年間に予想される価格）
能率水準	達成可能高能率 （通常生じると認められる程度の仕損・減損等による余裕分を含む能率）	正常能率 （将来の数年間に予想される能率）
操業水準	期待実際操業度	正常操業度
主たる用途	◎原価管理 ・棚卸資産評価 ・予算編成	・原価管理 ◎棚卸資産評価

第201回

原 価 計 算 解 説

● 問題 1 ● 活動基準原価計算

問 1　直接作業時間基準による各製品への配賦率と単位当たり配賦原価

1．各製品の直接作業時間

製品Ａ：　 100個 × 5 時間/個 ＝　　 500時間
製品Ｂ：1,000個 × 8 時間/個 ＝　8,000時間
製品Ｃ：　 500個 × 7 時間/個 ＝　3,500時間
　　　　　　　　　　　　　　　　12,000時間

2．間接労務費の配賦率

3,840,000円 ÷ 12,000時間 ＝ **320円/時**

3．各製品の単位当たり配賦原価

製品Ａ：320円/時 × 500時間 ÷ 100個 ＝　　**1,600円/個**
製品Ｂ：320円/時 × 8,000時間 ÷ 1,000個 ＝ **2,560円/個**
製品Ｃ：320円/時 × 3,500時間 ÷ 500個 ＝　**2,240円/個**

問 2　活動基準原価計算（ＡＢＣ）による各製品の単位当たり配賦原価

1．間接労務費の各活動への割当額

段 取 活 動：3,840,000円 × 20％ ＝　 768,000円
マテハン活動：3,840,000円 × 70％ ＝ 2,688,000円
検 査 活 動：3,840,000円 × 10％ ＝　 384,000円

2．各製品の単位当たり配賦原価

（1）　段取活動費の製品への配賦額

配賦率：768,000円 ÷ 240回 ＝ 3,200円/回

製品Ａへ：3,200円/回 × 180回 ＝ 576,000円

製品Ｂへ：3,200円/回 × 　10回 ＝ 　32,000円

製品Ｃへ：3,200円/回 × 　50回 ＝ 160,000円

（2）　マテハン活動費の製品への配賦額

配賦率：2,688,000円 ÷ 4,000回 ＝ 672円/回

製品Ａへ：672円/回 × 2,000回 ＝ 1,344,000円

製品Ｂへ：672円/回 × 　500回 ＝ 　336,000円

製品Ｃへ：672円/回 × 1,500回 ＝ 1,008,000円

（3）　検査活動費の製品への配賦額

配賦率：384,000円 ÷ 40回 ＝ 9,600円/回

製品Ａへ：9,600円/回 × 25回 ＝ 240,000円

製品Ｂへ：9,600円/回 × 5 回 ＝ 　48,000円

製品Ｃへ：9,600円/回 × 10回 ＝ 　96,000円

（4）　各製品の単位当たり配賦原価

製品Ａ：（576,000円 ＋ 1,344,000円 ＋ 240,000円）÷ 100個 ＝ **21,600円/個**

製品Ｂ：（32,000円 ＋ 336,000円 ＋ 48,000円）÷ 1,000個 ＝　　 **416円/個**

製品Ｃ：（160,000円 ＋ 1,008,000円 ＋ 96,000円）÷ 500個 ＝ **2,528円/個**

問3　時間基準の活動基準原価計算（ＴＤＡＢＣ）の月間の実際的生産能力（分）

（10人×8時間/日×20日）×80％×60分/時間=**76,800分**

問4　時間基準の活動基準原価計算（ＴＤＡＢＣ）による1分当たりの配賦率

3,840,000円÷76,800分=**50円/分**

問5　時間基準の活動基準原価計算（ＴＤＡＢＣ）による各活動1回当たりの原価

段 取 活 動：50円/分×40分/回=**2,000円/回**

マテハン活動：50円/分×15分/回=**750円/回**

検 査 活 動：50円/分×60分/回=**3,000円/回**

問6　時間基準の活動基準原価計算（ＴＤＡＢＣ）による製品ごとの活動原価

1．段取活動

製品Ａ：2,000円/回×180回=**360,000円**

製品Ｂ：2,000円/回× 10回=**20,000円**

製品Ｃ：2,000円/回× 50回=**100,000円**

480,000円

2．マテハン活動

製品Ａ：750円/回×2,000回=**1,500,000円**

製品Ｂ：750円/回× 500回=**375,000円**

製品Ｃ：750円/回×1,500回=**1,125,000円**

3,000,000円

3．検査活動

製品Ａ：3,000円/回×25回=**75,000円**

製品Ｂ：3,000円/回× 5回=**15,000円**

製品Ｃ：3,000円/回×10回=**30,000円**

120,000円

4．製品ごとの活動原価

製品Ａ：360,000円+1,500,000円+75,000円=**1,935,000円**

製品Ｂ： 20,000円+ 375,000円+15,000円=**410,000円**

製品Ｃ：100,000円+1,125,000円+30,000円=**1,255,000円**

3,600,000円

問7　時間基準の活動基準原価計算（ＴＤＡＢＣ）による各製品の単位当たり配賦原価

製品Ａ：1,935,000円÷100個=**19,350円/個**

製品Ｂ：410,000円÷1,000個=**410円/個**

製品Ｃ：1,255,000円÷500個=**2,510円/個**

問8　月間の未利用キャパシティ・コスト

月間間接労務費（〈資料〉 3 ）3,840,000円−活動原価配賦額（ 問6 の解説）3,600,000円=**240,000円**

┌───┐

◆ **参　考** ◆　時間基準のＡＢＣ（ＴＤＡＢＣ）とは

　　従来のＡＢＣには多くの効用が認められるものの，その実施には手数と時間がかかりすぎるという欠点が指摘されてきた。そこで，従来のＡＢＣで生じる活動集計段階での実施の困難さに対応するため，時間基準のＡＢＣ（Time-Driven Activity-Based Costing, ＴＤＡＢＣ）が，提唱されたのである。

　　ＴＤＡＢＣでは，活動ごとに原価を分けるのではなく，部門またはプロセスごとに経営資源の原価を計算する。また，実際に時間をいかに消費したかではなく，理論的生産能力の一定比率として実際的生産能力を見積もる（問3）。そして，配賦すべき原価を実際的生産能力で除して配賦率（これを，キャパシティ・コスト・レートという。問4）を算定し，これに活動ごとの単位当たり所要時間（〈資料〉8）を乗じて活動1回当たりの原価を求める（問5）。次に活動1回当たりの原価に活動消費量を乗じて製品ごとの活動原価を計算する（問6）。

　　以上の計算を行った結果，実際的生産能力と実際に行われた活動での消費時間との差異によって，未利用のキャパシティを把握することができ，資源の有効利用に役立てることもできるようになる。

└───┘

■ 問題2 ● 最適プロダクト・ミックスの決定

問1　最適プロダクト・ミックスと全体の利益

1．各製品の1個当たり貢献利益

	製品X	製品Y	製品Z
売　　　価	375円/個	1,000円/個	500円/個
変　動　費	125円/個	850円/個	400円/個
貢 献 利 益	250円/個	150円/個	100円/個

2．各プロセスの作業時間当たり貢献利益

(1)　プロセス1

　　　製品X：250円/個÷2時間/個＝125円/時間（第2位）

　　　製品Y：150円/個÷1時間/個＝150円/時間（第1位）

　　　製品Z：100円/個÷1時間/個＝100円/時間（第3位）

(2)　プロセス2

　　　製品X：250円/個÷1時間/個＝250円/時間（第1位）

　　　製品Y：150円/個÷2時間/個＝ 75円/時間（第3位）

　　　製品Z：100円/個÷1時間/個＝100円/時間（第2位）

3．最適プロダクト・ミックスの決定

　　上記の結果より，優先順位が各プロセスで異なり，かつ製品が3種類あるため，プロセス1の順位を優先する案とプロセス2の順位を優先する案で，それぞれプロセス1の製造量を決定した後，プロセス2での順位によりプロセス2の製造量を算定していく。

(1)　プロセス1の順位（製品Y→製品X→製品Z）を優先する案

　①　プロセス1（最大能力4,000時間）

　　　製品Y：2,000個製造（需要限度）→2,000時間（＝1時間/個×2,000個）使用…残り2,000時間

製品X：　800個製造（需要限度）→1,600時間（＝2時間/個×800個）使用…残り400時間

製品Z：　400個（＝400時間÷1時間/個）製造…残り0時間

② プロセス2（最大能力5,500時間）

製品X：　800個製造→　800時間（＝1時間/個×800個）使用…残り4,700時間

製品Z：　400個製造→　400時間（＝1時間/個×400個）使用…残り4,300時間

製品Y：2,000個製造→4,000時間（＝2時間/個×2,000個）使用…残り300時間

なお，プロセス1の製造量をすべてプロセス2で加工し終わった結果，300時間の遊休時間が生じたが，プロセス1の生産能力は使い切っているため，この場合の製造・販売量は次の通りとなる。

製品X：800個　　　　製品Y：2,000個　　　　製品Z：400個

(2) プロセス2の順位（製品X→製品Z→製品Y）を優先する案

① プロセス1（最大能力4,000時間）

製品X：　800個製造（需要限度）→1,600時間（＝2時間/個×800個）使用…残り2,400時間

製品Z：1,500個製造（需要限度）→1,500時間（＝1時間/個×1,500個）使用…残り900時間

製品Y：　900個（＝900時間÷1時間/個）製造…残り0時間

② プロセス2（最大能力5,500時間）

製品X：　800個製造→　800時間（＝1時間/個×800個）使用…残り4,700時間

製品Z：1,500個製造→1,500時間（＝1時間/個×1,500個）使用…残り3,200時間

製品Y：　900個製造→1,800時間（＝2時間/個×900個）使用…残り1,400時間

なお，プロセス1の製造量をすべてプロセス2で加工し終わった結果，1,400時間の遊休時間が生じたが，プロセス1の生産能力は使い切っているため，この場合の製造・販売量は次の通りとなる。

製品X：800個　　　　製品Y：900個　　　　製品Z：1,500個

(3) 最適プロダクト・ミックス（リニア・プログラミング）

(2)の結果より，いずれも製品Xを800個製造・販売することとなることが判明するため，製品X800個を製造・販売した後の資源を製品Yと製品Zに割り当てるとして，リニア・プログラミングを行って，最適プロダクト・ミックスを決定する。

① 製品X800個製造後の各プロセスの最大能力

プロセス1：4,000時間－1,600時間＝2,400時間

プロセス2：5,500時間－800時間＝4,700時間

② 目的関数，制約条件式，非負条件の整理

製品Yの製造・販売量をy個，製品Zの製造・販売量をz個として整理すると，以下のようになる。

目的関数：150円/個×y個＋100円/個×z個の最大化（貢献利益の最大化）

制約条件式：

プロセス1の制約；$y + z \leq 2,400$（時間）……①

プロセス2の制約；$2y + z \leq 4,700$（時間）…②

需　要　の　制　約；$y \leq 2,000$（個）…………③

$z \leq 1,500$（個）…………④

非負条件：$y \geq 0$（個），$z \geq 0$（個）

③ 最適プロダクト・ミックスの算定（リニア・プログラミング）
　制約条件式と非負条件から，生産販売可能領域を求めると，以下のようになる。

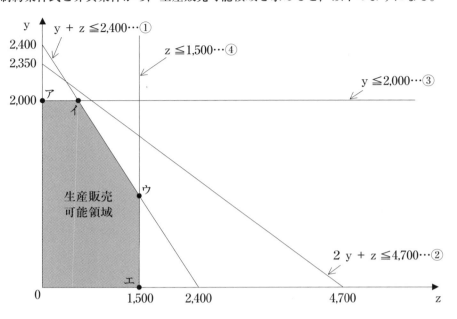

次に，端点ア～エの製品Ｙと製品Ｚの生産・販売量を求めると次のようになる。

（製品Ｙ，　製品Ｚ）

点ア（ｙ軸と③式の交点）：（2,000個，　　　0個）
点イ（①式と③式の交点）：（2,000個，　　400個）
点ウ（①式と④式の交点）：（　900個，1,500個）
点エ（ｚ軸と④式の交点）：（　　0個，1,500個）

そして，端点ア～エの目的関数の値（貢献利益額）を計算すると，次のようになる。

点ア（2,000個，　　　0個）：150円／個×2,000個＋100円／個×　　　0個＝300,000円
点イ（2,000個，　　400個）：150円／個×2,000個＋100円／個×　　400個＝340,000円
点ウ（　900個，1,500個）：150円／個×　900個＋100円／個×1,500個＝285,000円
点エ（　　0個，1,500個）：150円／個×　　0個＋100円／個×1,500個＝150,000円

　したがって，目的関数の値が最大となるのは端点イとなり，最適プロダクト・ミックスは，製品Ｘを800個，製品Ｙを2,000個，製品Ｚを400個を製造・販売するときに利益が最大になる。

　そのときの全体の利益は，以下のようになる。

全体の利益：250円／個×800個＋150円／個×2,000個＋100円／個×400個－464,400円
　　　　　　　製品Ｘの貢献利益　　　製品Ｙの貢献利益　　　製品Ｚの貢献利益　　共通固定費

　　　　　　＝75,600円

　よって，プロセス１の順位を優先して製造・販売する案が最適プロダクト・ミックスとなる。

問2　問１の場合の加重平均貢献利率とこのときの損益分岐点売上高と安全余裕率

1．問１の場合の損益計算書

　問1 のプロダクト・ミックスで製造・販売した場合の損益計算書を作成すると，以下のようになる。

	製品 X	製品 Y	製品 Z	全　体
売上高	375円/個×800個＝300,000円	1,000円/個×2,000個＝2,000,000円	500円/個×400個＝200,000円	2,500,000円
変動費	125円/個×800個＝100,000円	850円/個×2,000個＝1,700,000円	400円/個×400個＝160,000円	1,960,000円
貢献利益	200,000円	300,000円	40,000円	540,000円
共通固定費				464,400円
全体の利益				75,600円

２．加重平均貢献利益率

加重平均貢献利益率：$\dfrac{540,000円}{2,500,000円} \times 100 = $ **21.6**（％）

３．損益分岐点売上高

損益分岐点売上高を S 円とすると，以下の式が成り立つ。

$0.216\,S - 464,400円 = 0$

これを解くと，

$S = $ **2,150,000**（円）

４．安全余裕率

安全余裕率：$\dfrac{2,500,000円 - 2,150,000円}{2,500,000円} \times 100 = $ **14**（％）

問3 固定費20,000円を追加し，プロセス１の最大能力が6,000時間になる場合の最適プロダクト・ミックス

１．プロセス１（最大能力6,000時間）

製品 Y：2,000個製造（需要限度）→2,000時間（＝１時間/個×2,000個）使用…残り4,000時間

製品 X：　800個製造（需要限度）→1,600時間（＝２時間/個×800個）使用…残り2,400時間

製品 Z：1,500個製造（需要限度）→1,500時間（＝１時間/個×1,500個）使用…残り900時間

このように，プロセス１ではすべての製品を需要上限まで生産できる。そのため，プロセス１の生産能力は制約とはならず，プロセス２の生産能力のみ共通制約条件となる。

そこで，プロセス２における各製品の優先順位にしたがって各製品を生産すればよい。

２．プロセス２（最大能力5,500時間）

製品 X：　800個製造→　800時間（＝１時間/個×800個）使用…残り4,700時間

製品 Z：1,500個製造→1,500時間（＝１時間/個×1,500個）使用…残り3,200時間

製品 Y：1,600個製造→（＝3,200時間÷２時間/個）製造…残り０時間

したがって，この場合の製造・販売量は次の通りとなる。

　　　製品 X：**800個**　　　製品 Y：**1,600個**　　　製品 Z：**1,500個**

３．最適プロダクト・ミックスのときの全体の利益とこの案の判定

この最適プロダクト・ミックスのときの全体の利益は以下のようになる。

全体の利益：$\underbrace{250円/個×800個}_{製品Xの貢献利益} + \underbrace{150円/個×1,600個}_{製品Yの貢献利益} + \underbrace{100円/個×1,500個}_{製品Zの貢献利益} - \underbrace{464,400円}_{共通固定費} - \underbrace{20,000円}_{追加固定費}$

　　　＝**105,600円**

したがって，当初の利益より**30,000円**（＝105,600円－75,600円）利益が増加するので，固定費の追加を**行うべきである。**

問4 固定費20,000円を追加し，プロセス2の最大能力が6,000時間になる場合の最適プロダクト・ミックス

　後工程たるプロセス2の生産能力を増強しても前工程たるプロセス1の生産能力が変わらないため，生産量は増加できない。

　したがって，当初の利益より追加した固定費の分だけ利益が**20,000円減少**するので，固定費の追加を**行うべきではない**。

　以下，検証する。

　問1 の計算結果から，プロセス1の順位（製品Y→製品X→製品Z）を優先し，プロセス1の製造量を決定した後，プロセス2の順位（製品X→製品Z→製品Y）でプロセス2の製造量を決定する。

1．プロセス1（最大能力4,000時間）

　製品Y：2,000個製造（需要限度）→2,000時間（＝1時間/個×2,000個）使用…残り2,000時間

　製品X：　800個製造（需要限度）→1,600時間（＝2時間/個×800個）使用…残り400時間

　製品Z：　400個（＝400時間÷1時間/個）製造…残り0時間

2．プロセス2（最大能力6,000時間）

　製品X：　800個製造→　800時間（＝1時間/個×800個）使用…残り5,200時間

　製品Z：　400個製造→　400時間（＝1時間/個×400個）使用…残り4,800時間

　製品Y：2,000個製造→4,000時間（＝2時間/個×2,000個）使用…残り800時間

　なお，プロセス1の製造量をすべてプロセス2で加工し終わった結果，800時間の遊休時間が生じたものであるが，プロセス1の生産能力は使い切っているため，この場合の製造・販売量は次の通りとなる。

　　　　　製品X：**800個**　　　製品Y：**2,000個**　　　製品Z：**400個**

3．最適プロダクト・ミックスのときの全体の利益とこの案の判定

　この最適プロダクト・ミックスのときの全体の利益は以下のようになる。

　全体の利益：250円/個×800個＋150円/個×2,000個＋100円/個×400個－464,400円－20,000円
　　　　　　　　製品Xの貢献利益　　　製品Yの貢献利益　　　製品Zの貢献利益　　　共通固定費　　　追加固定費

　　　　　　＝**55,600円**

　したがって，当初の利益より**20,000円**（＝75,600円－55,600円）利益が**減少**するので，固定費の追加を**行うべきではない**。

第**203**回 解答

商 業 簿 記

問題1

（単位：円）

問題番号		借　方　科　目	金　　額	貸　方　科　目	金　　額	
(1)		減 価 償 却 費	320,000	備品減価償却累計額	320,000	❹
(2)	①	構　　築　　物	20,000,000	現　　　　　　金	20,000,000	❹
	②	減 価 償 却 費	4,000,000	構築物減価償却累計額	4,000,000	❹
	③	取　　替　　費	300,000	当 座 預 金	300,000	❹
	④	減 価 償 却 費	2,000,000	構築物減価償却累計額	2,000,000	❹
(3)		構築物減価償却累計額 固 定 資 産 廃 棄 損	56,000 224,000	構　　築　　物	280,000	❹
		構　　築　　物	300,000	当 座 預 金	300,000	❹

問題2

（単位：円）

	借　方　科　目	金　　額	貸　方　科　目	金　　額	
(1)	現　　　　　　金	320	自 己 株 式 その他資本剰余金	300 20	❹
(2)	現　　　　　　金 その他資本剰余金	290 10	自 己 株 式	300	❹
(3)		270 ❹			

問題3

閉鎖残高

（単位：円）

借　方　科　目		金　　額	貸　方　科　目		金　　額
現金	〔	1,241 〕	支払手形		1,200
当座預金		62,800	買掛金		1,480
受取手形		20,300	短期借入金		4,800
売掛金	〔	4,800 〕	退職給付引当金	〔 ❸	7,565 〕
売買目的有価証券	〔 ❸	5,300 〕	社債	〔	40,000 〕
繰越商品	〔	39,775 〕	貸倒引当金	〔	562 〕
建物	〔 ❸	58,400 〕	建物減価償却累計額	〔	48,000 〕
備品		3,500	備品減価償却累計額	〔	3,122 〕
土地		132,800	資本金		100,000
長期貸付金	〔	1,700 〕	資本準備金		22,000
関連会社株式	〔	1,260 〕	利益準備金		11,500
その他有価証券	〔	3,800 〕	繰越利益剰余金	〔	93,603 〕
社債発行差金	〔 ❸	1,150 〕	その他有価証券評価差額金	〔 ❸	300 〕
未収利息	〔 ❸	5 〕	未払社債利息	〔	500 〕
前払広告宣伝費	〔 ❸	500 〕	未払法人税等	〔 ❸	490 〕
消耗品	〔 ❸	3 〕	**未払給料**	〔 ❸	2,100 〕
	〔	〕	**未払利息**	〔 ❸	112 〕
	〔	〕		〔	〕
	〔	〕		〔	〕
	〔	337,334 〕		〔	337,334 〕

損　益　　　　　　　　　　（単位：円）

借 方 科 目	金　額	貸 方 科 目	金　額
仕入	〔 ❸ 153,000 〕	売上	280,000
広告宣伝費	〔 700 〕	受取利息	〔 30 〕
給料	〔 38,100 〕	受取配当金	56
消耗品費	〔 55 〕	雑益	〔 ❸ 15 〕
支払利息	〔 336 〕		〔 〕
社債発行費	720		〔 〕
旅費交通費	〔 317 〕		〔 〕
貸倒引当金繰入	〔 ❸ 292 〕		〔 〕
有価証券評価損	〔 100 〕		〔 〕
投資有価証券評価損	〔 ❸ 100 〕		〔 〕
棚卸減耗損	〔 600 〕		〔 〕
商品評価損	〔 ❸ 1,625 〕		〔 〕
減価償却費	〔 ❸ 6,378 〕		〔 〕
減損損失	〔 1,600 〕		〔 〕
社債利息	〔 ❸ 550 〕		〔 〕
退職給付費用	〔 1,265 〕		〔 〕
法人税等	〔 900 〕		〔 〕
関連会社株式評価損	〔 ❸ 1,340 〕		〔 〕
繰越利益剰余金	〔 ❸ 72,123 〕		〔 〕
	〔 〕		〔 〕
	〔 〕		〔 〕
	〔 280,101 〕		〔 280,101 〕

●数字…予想配点

第**203**回

165

会 計 学

問題1

	正誤	理　　　　　由	
1.	○		❸
2.	×	減価償却累計額は，その有形固定資産が属する科目ごとに控除する形式で表示することを，原則とする。	❸
3.	×	見積り誤りに起因する場合には，過去の誤謬に該当するため，修正再表示を行う。	❸
4.	○		❸
5.	×	当期に費用処理された部分については，そのままその他の包括利益累計額に含めたままとはせずに，組替調整を行う。	❸
6.	○		❸
7.	○		❸
8.	×	費用処理ではなく，資産計上しなければならない。	❸
9.	×	その他有価証券について，減損処理を行う場合には，洗い替え方式ではなく，切り放し方式による。	❸
10.	○		❸

問題2

問1	適正な期間損益計算を行うために，性格が異なる資本取引と損益取引を区別している。	❻
問2	(1)　　　資本準備金　　　　　　　　　その他資本剰余金	❻
	(2)　　　利益準備金　　　　　　　　　その他利益剰余金	❻
問3	資本剰余金による欠損てん補	❻
問4	利益剰余金の資本金への組入れ	❻
問5	①　資本剰余金による配当を行う場合における利益準備金の積立て	❻
	②　利益剰余金による配当を行う場合における資本準備金の積立て	❻

問題3

問1

		営業活動による キャッシュ・フロー	投資活動による キャッシュ・フロー	財務活動による キャッシュ・フロー	
方法①	利息の受取額	○			
	配当金の受取額	○			❸
	利息の支払額	○			❸
	配当金の支払額			○	❸
方法②	利息の受取額		○		
	配当金の受取額		○		❸
	利息の支払額			○	❸
	配当金の支払額			○	❸

問2	損益計算に関連する受取配当金・受取利息・支払利息の3者と，損益計算と関係しない（利益処分となる）支払配当金とを区別するという考え方によるものである。	❺
問3	投資活動の成果（受取）と財務活動上のコスト（支払）とを区別するという考え方によるものである。	❺

●数字…予想配点

167

第203回　解答への道　問題　24

商業簿記解説

問題1 ● 仕訳問題（以下，単位：円）

(1) 級数法による減価償却

級数法とは，有形固定資産の耐用期間中，毎期一定の額を算術級数的に逓減した減価償却費を計上する方法である。

$$(取得原価 - 残存価額) \times \frac{当期項数（期首残存耐用年数）}{総項数} = 1年間の減価償却費$$

(注) 各期の当期項数には，各期の期首における残存耐用年数を使用し，各期の当期項数を合計した値が総項数となる。

（減 価 償 却 費）（＊）	320,000	（備品減価償却累計額）	320,000

$$（＊）1,200,000 \times \frac{4}{5 + 4 + 3 + 2 + 1} = 320,000$$

(2) 取替法

① レールの購入（×1年4月1日）

（構　　築　　物）	20,000,000	（現　　　　　金）	20,000,000

② 減価償却〜半額償却法による定額法（×2年3月31日）

半額償却法とは，減価償却累計額が，取得原価の半額に達するまでは，通常の定額法と同様に処理する方法である。

（減 価 償 却 費）（＊）	4,000,000	（構築物減価償却累計額）	4,000,000

（＊）20,000,000 ÷ 5 年 ＝ 4,000,000

③ レールの取替え

取替法とは，取替資産の部分的取替え（新資産の取得）に要する費用を収益的支出（その期の費用）として処理する方法である。取替法は，減価償却とは異なる費用配分方法であり，減価償却の代用法として認められる。取替法の適用が認められる有形固定資産は取替資産とよばれ，鉄道業におけるレール，枕木，信号機などのように，同種の物品が多数集まって一つの全体を構成し，老朽品の部分的取替えを繰り返すことによって全体が維持されるような有形固定資産に限られる。

取替資産に対して取替法の適用した場合の貸借対照表価額は，原資取得原価がそのまま維持される。

（取　　替　　費）	300,000	（当　座　預　金）	300,000

④ 減価償却〜半額償却法による定額法（×4年3月31日）

（減 価 償 却 費）（＊）	2,000,000	（構築物減価償却累計額）	2,000,000

（＊）20,000,000 ÷ 5 年 × 2 年 ＝ 8,000,000〈×3年3月31日までの減価償却累計額〉

10,000,000〈取得原価の半額〉 － 8,000,000 ＝ 2,000,000

(3) 通常の定額法を適用していた場合

① レールの購入

(構 築 物)	20,000,000	(現 金)	20,000,000

② 減価償却～定額法（×2年3月31日）

(減 価 償 却 費)（＊）	4,000,000	(構築物減価償却累計額)	4,000,000

（＊）20,000,000÷5年＝4,000,000

③ レールの一部廃棄と購入（×2年4月1日）

(構築物減価償却累計額)（＊1）	56,000	(構 築 物)	280,000
(固 定 資 産 廃 棄 損)（＊2）	224,000		
(構 築 物)	300,000	(当 座 預 金)	300,000

（＊1）280,000÷5年＝56,000

（＊2）貸借差額

問題2 ● 仕訳問題・特定項目の金額の算定（以下，単位：円）

(1) 自己株式の取得および第1回処分の仕訳

① 自己株式の取得

(自 己 株 式)	700	(現 金)	700

② 自己株式の第1回処分

(現 金)	320	(自 己 株 式)	300
		(その他資本剰余金)（＊）	20

（＊）貸借差額

(2) 自己株式の第2回処分の仕訳

(現 金)	290	(自 己 株 式)	300
(その他資本剰余金)（＊）	10		

（＊）貸借差額

(3) 自己株式処分後の分配可能額の計算

会社法では，債権者の保護など利害関係者の利害を調整するために，自己株式の取得および剰余金の配当を行える金額に制限を設けている。この限度額を「分配可能額」という。「分配可能額」は，会社法および会社計算規則の定めに従い算定された「剰余金」の額から，さらに必要な調整項目を加減して算定する。

① 剰余金

「剰余金」の額は，資産の額と自己株式の帳簿価額の合計額から負債の額，資本金，準備金（資本準備金と利益準備金）および株主資本以外のその他の純資産の項目（評価・換算差額等，新株予約権）の合計額を控除した額と規定されている。したがって，「剰余金」の額は，実質的に「その他資本剰余金」と「その他利益剰余金」の合計額となる。

(i) 自己株式の取得および処分後の株主資本の金額

資本金	6,000
資本準備金	700
その他資本剰余金	10
利益準備金	450
繰越利益剰余金	970
自己株式	△　100

(ii) 剰余金の算定

10〈その他資本剰余金〉＋970〈繰越利益剰余金〉＝980

② 分配可能額

「分配可能額」は，「剰余金」の額から自己株式の帳簿価額，自己株式を処分している場合にはその対価の額，のれん等調整額の超過額，その他有価証券評価差額金（借方残高の場合），土地再評価差額金（借方残高の場合）を控除した額とする。

自己株式の帳簿価額を差し引くのは，自己株式の取得は，株主への資本の払戻しの性格を持っており，自己株式を株主から取得したその時点で株主へ配当したものと同様の効果があるためであり，自己株式を処分した場合の対価を控除するのは，自己株式の処分によって分配可能額が増加してしまうからである。

980〈剰余金〉－100〈自己株式〉－（320＋290）〈自己株式の処分の対価〉＝**270**

問題3 ● 損益勘定と閉鎖残高勘定の作成（以下，単位：円）

全経Point

大陸式決算法では，帳簿の締切にあたって，資産・負債・純資産の各科目の残高を決算振替仕訳を行い閉鎖残高（または残高，決算残高）勘定へ振り替える。この結果，資産・負債・純資産の各科目の残高が，閉鎖残高（または残高，決算残高）勘定に記入されるために，繰越試算表を作成する必要がない。（第199回問題3／第205回問題3／第209回問題1／第211回問題3）

1　現金

（旅　費　交　通　費）	57	（現　　　　　金）（＊1）	42
		（雑　　　　　益）（＊2）	15

（＊1）1,241〈実際有高＝閉鎖残高　現金〉－1,283〈前T／B〉＝△42

（＊2）貸借差額

2　売上債権

(1) 貸倒懸念債権

① 長期貸付金への振替え

（長　期　貸　付　金）	1,100	（売　　掛　　金）	1,100

∴　閉鎖残高　売掛金：5,900〈前T／B〉－1,100＝**4,800**

∴　閉鎖残高　長期貸付金：600〈前T／B〉＋1,100＝**1,700**

② 貸倒引当金の設定（財務内容評価法）

（貸倒引当金繰入）（＊）	60	（貸 倒 引 当 金）	60

（＊）（1,100－900〈担保提供額〉）×30％＝60〈設定額＝繰入額〉

(2) 一般債権

　　貸倒引当金の設定（貸倒実績率法）

（貸 倒 引 当 金 繰 入）（＊）	232	（貸 倒 引 当 金）	232

（＊）（4,800〈売掛金〉＋20,300〈受取手形〉）× 2 ％＝502〈設定額〉

　　　502－270〈前 T／B〉＝232〈繰入額〉

∴　**閉鎖残高　貸倒引当金**：60〈貸倒懸念債権〉＋502〈一般債権〉＝**562**

∴　**損益　貸倒引当金繰入**：60〈貸倒懸念債権〉＋232〈一般債権〉＝**292**

3　有価証券

(1) 売買目的有価証券（A社・B社）～時価

（有 価 証 券 評 価 損）（＊）	100	（売 買 目 的 有 価 証 券）	100

（＊）2,200〈A社株式時価〉＋3,100〈B社株式時価〉＝**5,300**〈閉鎖残高　売買目的有価証券〉

　　　5,300－5,400〈前 T／B〉＝△100〈評価損〉

(2) その他有価証券（C社・D社）～時価（部分純資産直入法）

① 期首の振戻し（未処理）

（そ の 他 有 価 証 券）（＊1）	300	（投資有価証券評価損）	300
（その他有価証券評価差額金）（＊2）	200	（そ の 他 有 価 証 券）	200

（＊1）1,800〈帳簿価額＝前期末時価〉－2,100〈取得原価〉＝△300〈評価損の振戻し〉

（＊2）2,000〈帳簿価額＝前期末時価〉－1,800〈取得原価〉＝＋200〈評価益（評価差額）の振戻し〉

② 期末評価

（投 資 有 価 証 券 評 価 損）（＊1）	400	（そ の 他 有 価 証 券）	400
（そ の 他 有 価 証 券）（＊2）	300	（その他有価証券評価差額金）	300

（＊1）　1,700〈時価〉－2,100〈取得原価〉＝△400〈評価損〉

（＊2）　2,100〈時価〉－1,800〈取得原価〉＝＋300〈評価益（評価差額）〉

∴　**閉鎖残高　その他有価証券**：1,700〈C社株式〉＋2,100〈D社株式〉＝**3,800**

∴　**損益　投資有価証券評価損**：△300〈期首の振戻し〉＋400＝**100**

(3) 関連会社株式（E社株式）～減損処理

（関 連 会 社 株 式 評 価 損）（＊）	1,340	（関 連 会 社 株 式）	1,340

（＊）3,600×35％＝**1,260**〈実質価額＝閉鎖残高　関連会社株式〉

　　　1,260－2,600〈帳簿価額〉＝△1,340〈評価損〉

4　期末商品

(1) 売上原価の計算

（仕　　　　　　　入）	39,000	（繰 越 商 品）	39,000
（繰 越 商 品）（＊）	42,000	（仕　　　　　　　入）	42,000

（＊）＠120×350個＝42,000〈期末商品棚卸高〉

171

(2) 棚卸減耗損と商品評価損の計算

（棚 卸 減 耗 損）（＊1）	600	（繰 越 商 品）	2,225
（商 品 評 価 損）（＊2）	1,625		

（＊1） @120×（350個－345個）＝600

（＊2） （@120－@55）×25個〈品質低下商品〉＝1,625

∴ **閉鎖残高 繰越商品**：42,000〈期末商品棚卸高〉－2,225＝**39,775**

∴ **損益 仕入**：156,000〈前Ｔ／Ｂ〉＋39,000－42,000＝**153,000**

5 仮払金

（旅 費 交 通 費）	260	（仮 払 金）	1,870
（仮 払 法 人 税 等）	410		
（退 職 給 付 引 当 金）	1,200		

∴ **損益 旅費交通費**：57〈追加支払額〉＋260＝**317**

6 固定資産

(1) 建物

① 減価償却

（減 価 償 却 費）（＊）	6,000	（建物減価償却累計額）	6,000

（＊） 60,000÷10年＝6,000

∴ **閉鎖残高 建物減価償却累計額**：42,000〈前Ｔ／Ｂ〉＋6,000＝**48,000**

② 減損損失

減損損失を認識すべきと判定された資産については，帳簿価額を回収可能価額（正味売却価額または使用価値のいずれか高い方）まで減額し，その減少額を減損損失として当期の損失とする。

（減 損 損 失）（＊）	1,600	（建 物）	1,600

（＊） 60,000－48,000〈累計額〉＝12,000〈当期末簿価〉

5,616÷1.04＋5,408÷1.04^2＝10,400〈使用価値〉＞10,000〈正味売却価額〉

∴ 10,400〈回収可能価額〉

12,000－10,400＝1,600

∴ **閉鎖残高 建物**：60,000〈前Ｔ／Ｂ〉－1,600＝**58,400**

(2) 備品

（減 価 償 却 費）（＊）	378	（備品減価償却累計額）	378

（＊） 3,500×0.10800＝378〈償却保証額〉

1÷5年×200％＝0.4〈償却率〉

（3,500－2,744〈前Ｔ／Ｂ累計額〉）×0.4＝302.4＜378〈償却保証額〉 ∴ 改定する

（3,500－2,744〈前Ｔ／Ｂ累計額〉）×0.5〈改定償却率〉＝378

∴ **閉鎖残高 備品減価償却累計額**：2,744〈前Ｔ／Ｂ〉＋378＝**3,122**

∴ **損益 減価償却費**：6,000〈建物〉＋378〈備品〉＝**6,378**

解答への道

7　社債～償却原価法（定額法）

(1)　社債発行時（処理済み）

　　問題文の指示にあるように，社債を発行した時点では，額面金額で「社債」勘定に貸方記入し，額面金額と発行価額の差額は，評価勘定としての「社債発行差金」勘定を用いること注意すること。また，前T/Bに「社債発行費」が720円計上されているが，そのまま解答用紙の「損益」勘定に720円計上されているため，原則としての費用処理であり，繰延資産処理ではない。

（現　金　預　金　等）（＊1）	38,800	（社　　　　　　債）	40,000
（社　債　発　行　差　金）（＊2）	1,200		
（社　債　発　行　費）	720	（現　金　預　金　等）	720

（＊1）$40,000〈額面金額〉 \times \dfrac{@97}{@100} = 38,800〈発行価額〉$

（＊2）$40,000 - 38,800 = 1,200〈金利調整差額〉$

(2)　決算時

①　償却原価法（定額法）

　　評価勘定としての「社債発行差金」勘定を用いているため，償却額は「社債」勘定を増額するのではなく，評価勘定としての「社債発行差金」勘定を減額する。

（社　債　利　息）（＊）	50	（社　債　発　行　差　金）	50

（＊）$1,200 \times \dfrac{5カ月}{120カ月} = 50〈償却額〉$

∴　**閉鎖残高　社債発行差金**：$1,200〈前T/B〉 - 50 = \textbf{1,150}$

∴　**閉鎖残高　社債**：$40,000〈前T/B = 額面総額〉$

②　未払利息の計上

（社　債　利　息）（＊）	500	（未　払　社　債　利　息）	500

（＊）$40,000 \times 3\% \times \dfrac{5カ月}{12カ月} = 500〈償却額〉$

∴　**損益　社債利息**：$50〈償却額〉 + 500 = \textbf{550}$

> **全経Point**
>
> 全経では，社債の償却原価法の適用の際に，社債発行差金という評価勘定を用いて処理する場合があるので注意しよう。（第199回問題3／第209回問題1）

8　退職給付

（退　職　給　付　費　用）（＊）	1,265	（退　職　給　付　引　当　金）	1,265

（＊）$12,000〈期首退職給付債務〉 \times 5\%〈割引率〉 = 600〈利息費用〉$

　　　$4,500〈期首年金資産〉 \times 3\%〈長期期待運用収益率〉 = 135〈期待運用収益〉$

　　　$800〈勤務費用〉 + 600〈利息費用〉 - 135〈期待運用収益〉 = 1,265$

∴　**閉鎖残高　退職給付引当金**：$7,500〈前T/B〉 - 1,200〈支出〉 + 1,265 = \textbf{7,565}$

第203回

9 収益および費用の見越し・繰延べ

（給　　　　　料）	2,100	（未　払　給　料）	2,100
（支　払　利　息）（＊1）	112	（未　払　利　息）	112
（未　収　利　息）（＊2）	5	（受　取　利　息）	5
（前払広告宣伝費）（＊3）	500	（広　告　宣　伝　費）	500
（消　　耗　　品）	3	（消　耗　品　費）	3

（＊1）　$4,800 \times 7\% \times \dfrac{4 \text{カ月}}{12 \text{カ月}} = 112$

（＊2）　$600 \times 5\% \times \dfrac{2 \text{カ月}}{12 \text{カ月}} = 5$

（＊3）　$1,200 \times \dfrac{5 \text{カ月}}{12 \text{カ月}} = 500$

∴　**損益**　給料：36,000〈前 T／B〉＋2,100 ＝ **38,100**

∴　**損益**　支払利息：224〈前 T／B〉＋112 ＝ **336**

∴　**損益**　受取利息：25〈前 T／B〉＋5 ＝ **30**

∴　**損益**　広告宣伝費：1,200〈前 T／B〉－500 ＝ **700**

∴　**損益**　消耗品費：58〈前 T／B〉－3 ＝ **55**

10 法人税等

（法　人　税　等）	900	（仮　払　法　人　税　等）	410
		（未　払　法　人　税　等）（＊）	490

（＊）貸借差額

11 当期純利益の振替え

（損　　　　　益）（＊）	72,123	（繰　越　利　益　剰　余　金）	72,123

（＊）損益勘定の貸借差額

∴　**閉鎖残高**　繰越利益剰余金：21,480〈前 T／B〉＋72,123 ＝ **93,603**

会 計 学 解 説

問題1 ● 正誤問題

1．重要性の原則：○ 「企業会計原則注解【注1】」

　　企業会計は，定められた会計処理の方法に従って正確な計算や表示を行うべきであるが，重要性の原則では，重要性の乏しいものについては，厳密な処理によらないで，簡便な方法や表示を採用することを容認している。

2．減価償却累計額の控除形式：× 「企業会計原則注解【注17】」

　　減価償却累計額の貸借対照表における記載方法には，次のような方法がある。

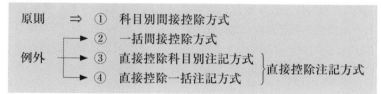

	① 科目別間接控除方式 （原則）		
建　　　　物		2,000	
減価償却累計額		1,300	700
備　　　　品		800	
減価償却累計額		500	300

	② 一括間接控除方式		
建　　　　物		2,000	
備　　　　品		800	
減価償却累計額		1,800	1,000

	③ 直接控除科目別注記方式	
建　　　物(注)		700
備　　　品(注)		300

(注) 減価償却累計額がそれぞれ控除されている。

　　建　　　　物　　　1,300円
　　備　　　　品　　　　500円

	④ 直接控除一括注記方式	
建　　　物(注)		700
機　　　械(注)		300

(注) 減価償却累計額が1,800円控除されている。

(注) 金額は仮のものとする。

3．誤謬の訂正：× 「会計方針の開示，会計上の変更及び誤謬の訂正に関する会計基準　55」

　　会計上の変更および過去の誤謬の訂正があった場合の原則的な取扱いは，次のとおりである。会計上の変更とは，会計方針の変更，表示方法の変更および会計上の見積りの変更をいい，過去の誤謬の訂正とは，誤りを正すことをいう。

			原則的な取扱い
会計上の変更	会 計 方 針 の 変 更	遡及処理する	遡及適用
	表 示 方 法 の 変 更		財務諸表の組替え
	会計上の見積りの変更	遡及処理しない	当期または当期以降の財務諸表に反映させる
過 去 の 誤 謬 の 訂 正		遡及処理する	修正再表示

　　過去の財務諸表作成時において入手可能な情報に基づく最善の見積りを行わなかったために，引当金残高が存在する場合，過去の誤謬の訂正に該当し，修正再表示を行う。一方，入手可能な情報に基づき最善の見積りを行った場合には，当期中における状況の変化により会計上の見積りの変更を行ったときの差額，又は実績が確定したときとの見積金額との差額は，その変更のあった期，又

は実績が確定した期に，その性質により，営業損益又は営業外損益として認識する。

4．企業結合：〇　　　　　　　　　　　　　　　　　　「企業結合に関する会計基準　109」

　株式の交換による企業結合のプロセスにおいて，買収対価（発行株式金額）の過大評価や過払いが生じている可能性がある場合に，のれん等が過大に計上される状況が考えられる。このように取得原価のうち，のれんやのれん以外の無形資産に配分された金額が相対的に多額になるときには，企業結合年度においても「固定資産の減損に係る会計基準」の適用上，減損の兆候が存在すると判定される場合もある。また，被取得企業の時価総額を超えて多額のプレミアムが支払われた場合や，取得時に明らかに識別可能なオークション又は入札プロセスが存在していた場合も同様に取り扱われることがある。

5．退職給付会計と連結会計：×　　　　　　　　　　　「退職給付に関する会計基準　15」

　数理計算上の差異の当期発生額及び過去勤務費用の当期発生額のうち，費用処理されない部分（未認識数理計算上の差異及び未認識過去勤務費用となる。）については，その他の包括利益に含めて計上する。その他の包括利益累計額に計上されている未認識数理計算上の差異及び未認識過去勤務費用のうち，当期に費用処理された部分については，その他の包括利益から当期純利益への組替調整が行われる。

6．棚卸資産の評価：〇　　　　　　　　　　　　　　「棚卸資産の評価に関する会計基準　36」

　収益性が低下した場合における簿価切下げは，取得原価基準の下で回収可能性を反映させるように，過大な帳簿価額を減額し，将来に損失を繰り延べないために行われる会計処理である。棚卸資産の収益性が当初の予想よりも低下した場合において，回収可能な額まで帳簿価額を切り下げることにより，財務諸表利用者に的確な情報を提供することができるものと考える。

7．連結財務諸表：〇　　　　　　「自己株式及び準備金の額の減少等に関する会計基準　55,56」

　連結子会社が保有する親会社株式（持分相当額）は，企業集団で考えた場合，親会社の保有する自己株式と同様の性格であることから，連結財務諸表上では親会社が保有する自己株式と合算して表示する。

　また，連結子会社における親会社株式の処分差額（内部取引によるものを除いた親会社持分相当額）についても，連結財務諸表上では，その性格は親会社における自己株式処分差額と同様であるため，会計処理も親会社における自己株式処分差額と同様にその他資本剰余金に計上する。

8．企業結合：×　　　　　　　　　　　「「研究開発費等に係る会計基準」の一部改正　5,6」

　取得企業が取得対価の一部を研究開発費等（ソフトウェアを含む。）に配分したときは，企業結合により受け入れた他の資産の取扱いとの整合性をより重視して，識別可能性の要件を満たす限り，その企業結合日における時価に基づいて資産計上する。

9．有価証券の減損処理：×　　　　　　　　　　　　「金融商品に関する会計基準　20,21,22」

　満期保有目的の債券，子会社および関連会社株式，ならびにその他有価証券のうち市場価格のない株式等以外のものについて，時価が著しく下落したときは，回復する見込みがあると認められる場合を除き，時価をもって貸借対照表価額とし，切放方式により評価差額は当期の損失として処理しなければならない。

10．事業税の表示：〇　　　　　　　　　「法人税，住民税及び事業税等に関する会計基準　9」

　事業税とは，法人の行う事業及び個人の行う一定の事業に対して，その事業の事務所または事業所の所在する道府県が課す税金であり，法人の所得金額に対して課税される。

　なお，資本金1億円超の法人については外形標準課税の適用対象となり，事業税の一部は，資本金等および付加価値など，外観から客観的に判断できる基準を課税標準として税額を算定することとなる。この場合，事業税の総額は，次に示すとおりとなる。

事業税＝所得割額＋付加価値割額＋資本割額

このうち，所得割額は法人税，住民税とともに損益計算書の税引前当期純利益（又は損失）の次に，法人税，住民税及び事業税などその内容を示す科目をもって表示し，付加価値割額および資本割額は租税公課勘定で処理し，損益計算書の販売費及び一般管理費の区分に表示される。

問題2 ● 資本取引・損益取引区分の原則

問1 資本取引・損益取引区分の原則（記述問題）

資本取引とは期首の自己資本そのものの増減変動に関する取引，すなわち拠出資本と留保利益それ自体を直接増減させる取引をいう。また，損益取引とは自己資本の利用による増減取引，すなわち収益・費用を生ぜしめる取引をいう。ところで，会計にとって適正な期間利益を算定することは非常に重要な意味を持つが，この期間利益は，期間収益と期間費用の差額として算定される。言い換えるならば，期中の損益取引を記録した結果，期間利益が算定されるのである。つまり，資本取引と損益取引を区別しなければならないのは，もしそれがなされないと，企業の期間利益が過大または過小に算定されることになり，そのような会計情報は利害関係者の意思決定を害することになるからである。

問2 会社法上と会計上における資本（記号選択問題）

会社法上と会計上における資本の考え方は，次のように異なる。

・会社法上の分類：資本金，剰余金(法定準備金＋その他剰余金) ⇒ 配当可能かどうかで分類
・会計上の分類：払込資本，留保利益 ⇒ 元手と儲けで分類

会計上の分類にもとづくと，資本剰余金は，払込資本であるため原則として配当不能であるが，例外的にその他資本剰余金は配当可能となる。

また，会計上の分類にもとづくと，利益剰余金は，留保利益であるため原則として配当可能であるが，例外的に利益準備金は配当不能となる。

問3〜問5　株主資本の計数変動（例示列挙問題）

現行の法令等に照らして，計数変動の組み合わせは，次のように整理できる。

減少項目 ＼ 増加項目	払　込　資　本			留　保　利　益	
	資　本　金	資本準備金	その他資本剰余金	利益準備金	その他利益剰余金
払込資本　資本金		○	○	―	―
払込資本　資本準備金	○		○	―　問5	―　問3
払込資本　その他資本剰余金	○	○		―	○ *3
留保利益　利益準備金	○ *1	―	―		○
留保利益　その他利益剰余金	○ *1	―	○ *2	○	○

問4　　問5　　問4

（＊１）利益の資本組入れ
（＊２）その他資本剰余金の残高が負の値になった場合の取扱い
（＊３）その他利益剰余金の残高がマイナスの場合

問題3 ● キャッシュ・フロー計算書　「連結キャッシュ・フロー計算書等の作成基準　第二・二・3」

問1〜問3　利息および配当金に係るキャッシュ・フローの表示区分（記号選択・記述問題）

利息および配当金に係るキャッシュ・フローの表示区分には以下の２つの方法があり，継続適用することを条件に選択適用が認められている。

	方　法　①	方　法　②
利息の受取額	営業活動によるＣＦ	投資活動によるＣＦ
配当金の受取額		
利息の支払額		財務活動によるＣＦ
配当金の支払額	財務活動によるＣＦ	

１．方法①

損益の算定に含まれる受取利息，受取配当金および支払利息は，「営業活動によるキャッシュ・フロー」の区分に記載し，損益の算定に含まれない支払配当金は，「財務活動によるキャッシュ・フロー」の区分に記載する。

２．方法②

投資活動の成果である受取利息および受取配当金は，「投資活動によるキャッシュ・フロー」の区分に記載し，財務活動上のコストである支払利息および支払配当金は，「財務活動によるキャッシュ・フロー」の区分に記載する。

第203回 解答

工 業 簿 記

問題1

問1

外部副費　　　〔 ❸　　635,000 〕円　　　内部副費　　　〔 ❸　　315,000 〕円

問2

予定配賦率　　〔 ❹　　　310 〕円/kg

問3

カッコ内に有利差異あるいは不利差異のいずれか適切なほうを記入しなさい。

材料副費配賦差異　　　　〔　　51,000 〕円　　（ 不 利 差 異 ）

　├─材料副費予算差異　〔 ❺　20,000 〕円　　（ 不 利 差 異 ）

　└─材料購入量差異　　〔 ❺　31,000 〕円　　（ 不 利 差 異 ）

問4

		材		料			（単位：円）
10/ 1	前 月 繰 越	6,240,000	10/ 5	（仕 掛 品）	〔		5,000,000 〕
/10	諸　　口	〔 ❺ 7,665,000 〕	（ /16）	（仕 掛 品）	〔 ❺		6,000,000 〕
/23	諸　　口	〔 7,014,000 〕	（ /31）	（材料消費価格差異）	〔 ❺		350,000 〕
（　）（　　）		〔	（ /31）	（製造間接費）	〔 ❺		204,400 〕
（　）（　　）		〔	（　）（　　）		〔		
（　）（　　）		〔	（ /31）	次 月 繰 越	〔 ❺		9,364,600 〕
		〔 20,919,000 〕			〔		20,919,000 〕

問題2
問1

科　　目	金　　額	科　　目	金　　額
副　産　物	38,000	仕　掛　品	38,000

すべて正解で❺

問2

等価係数　　連産品A：連産品B　＝　1　：　〔❺　　　　1.2　〕

問3

月末仕掛品原価　　　〔❺　　　994,000　〕円

第1工程完成品原価

連産品A　　　　〔❿　　2,946,039　〕円　　連産品B　　　　〔❿　　3,213,861　〕円

問題3

複合費とは	形態別には異なった原価を，特定の目的あるいは機能のために消費されたということによって1つの費目にまとめたものをいう。　❿

類似点：特定の目的あるいは機能のために消費された原価を集計したものである。　❺

相違点：補助部門費は製造部門に配賦された後，製造部門費に含められて製品に配賦されるが，複合費は間接経費として製造間接費に含められて製品に配賦される。　❺

●数字…予想配点

180

原 価 計 算

問題1

問1

売上

第1年度	〔❺ 9,600,000 〕円	第2年度	〔 8,400,000 〕円
第3年度	〔 7,200,000 〕円	第4年度	〔 6,000,000 〕円

利益

第1年度	〔 1,300,000 〕円	第2年度	〔 700,000 〕円
第3年度	〔 100,000 〕円	第4年度	〔❺ 500,000 〕円

問2

第1年度期末	〔❺ 3,410,000 〕円	第2年度期末	〔 2,990,000 〕円
第3年度期末	〔 2,570,000 〕円	第4年度期末	〔❺ 2,850,000 〕円

問3

〔❿ 10,292,730 〕円

問4

第1年度	〔 3,640,000 〕円	第2年度	〔 910,000 〕円
第3年度	〔 180,000 〕円	第4年度	〔❺ 1,450,000 〕円

問5

第1年度期末	〔 4,048,000 〕円	第2年度期末	〔❺ 4,137,000 〕円
第3年度期末	〔❺ 3,626,000 〕円	第4年度期末	〔 4,515,000 〕円

問6

〔❿ 12,120,914 〕円

問7

選択すべき案（いずれかを○で囲むこと）
　①旧機械を利用し続ける案　　　　　　　　❺
　②旧機械を売却し新機械を購入する案

理由：旧機械を売却し新機械を購入する案の方が，旧機械を利用し続ける案よりも，

　　　正味現在価値が1,828,184円大きく有利だから。　　　❺

問8

選択すべき案（いずれかを○で囲むこと）
　①旧機械を利用し続ける案　　　　　　　　❺
　②旧機械を売却し新機械を購入する案

理由：旧機械を利用し続ける案の方が，旧機械を売却し新機械を購入する案よりも，

　　　正味現在価値が1,040,216円大きく有利だから。　　　❺

問題2

問1

意味：内部収益率は複利計算を前提とした利益率のことであり，正味現在価値がゼロにな

　　　る割引率である。　　　❺

問2

内部収益率　　〔　　　　　　6.33　　　〕％

この投資案を行うべきである　・　この投資案を行うべきでない　（いずれかを○で囲むこと）

すべて正解で❺

問3

場合：複数の投資案について横軸に資本コストをとって正味現在価値線を描いてみた時

　　　に，正味現在価値の傾きが異なり正味現在価値線が交わるが，資本コストがその交

　　　点より前にあれば，こうした問題が生じる。　　　❺

問題3

1　（　❷　源　　　流　）　　2　（　❷　許　　　容　）

3　（　❷　成　　　行　）　　4　（　❷　控　　　除　）

5　（　❷　積 み 上 げ　）

●数字…予想配点

第203回 解答への道 問題 30

工 業 簿 記 解 説

問題1 ● 費目別計算（材料費計算）

問1 当月の材料副費の実際発生額

外部副費：$\underset{\text{荷役費}}{335,000円} + \underset{\text{引取運賃}}{300,000円} = \textbf{635,000円}$

内部副費：$\underset{\text{検収費}}{82,000円} + \underset{\text{購入事務費}}{55,000円} + \underset{\text{保管費}}{178,000円} = \textbf{315,000円}$

問2 材料副費予定配賦率

材料副費予算額：$70,000円 + 330,000円 + 300,000円 + 50,000円 + 180,000円 = 930,000円$

材料副費予定配賦率：$930,000円 \div 3,000kg = \textbf{310円/kg}$

問3 材料副費配賦差異の分析（固定予算方式）

当月受け入れ数量：$1,500kg（10/10） + 1,400kg（10/23） = 2,900kg$

当月実際発生額：$635,000円 + 315,000円 = 950,000円$

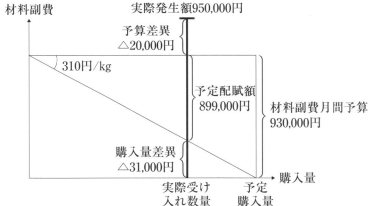

予定配賦額：$310円/kg \times 2,900kg = \textbf{899,000円}$

材料副費配賦差異（総差異）：$899,000円 - 950,000円 = \textbf{（-）51,000円（不利）}$

材料副費予算差異：$930,000円 - 950,000円 = \textbf{（-）20,000円（不利）}$

材料購入量差異：$310円/kg \times（2,900kg - 3,000kg） = \textbf{（-）31,000円（不利）}$

問4 材料勘定の記入（実際消費額の計算は先入先出法）

材　　料

10/1	前月繰越	1,200kg	10/5	払い出し	1,000kg
（実際5,200円/kg）			（予定5,000円/kg）		5,000,000円
		6,240,000円	10/16	払い出し	1,200kg
10/10	受け入れ	1,500kg	（予定5,000円/kg）		6,000,000円
			10/31	材料消費価格差異	
	代価	7,200,000円			350,000円
	副費	465,000円	10/31	棚卸減耗費	40kg
	計	7,665,000円	（実際5,110円/kg）		204,400円
	（実際5,110円/kg）		10/31	次月繰越	
10/23	受け入れ	1,400kg			460kg
			（実際5,110円/kg）		2,350,600円
	代価	6,580,000円			1,400kg
	副費	434,000円	（実際5,010円/kg）		7,014,000円
	計	7,014,000円		計	9,364,600円
	（実際5,010円/kg）				

→仕掛品勘定へ
→仕掛品勘定へ
→製造間接費勘定へ

10/1 前月繰越：実際5,200円/kg×1,200kg＝**6,240,000円**

10/5 払い出し：予定5,000円/kg×1,000kg＝**5,000,000円**

10/10 受け入れ：<u>4,800円/kg×1,500kg</u>＋<u>310円/kg×1,500kg</u>＝**7,665,000円**
　　　　　　　　　購入代価　　　　　　材料副費

10/16 払い出し：予定5,000円/kg×1,200kg＝**6,000,000円**

10/23 受け入れ：<u>4,700円/kg×1,400kg</u>＋<u>310円/kg×1,400kg</u>＝**7,014,000円**
　　　　　　　　　購入代価　　　　　　材料副費

10/31 材料消費価格差異：
　　　予定消費額；5,000,000円＋6,000,000円　　　　　　　　＝　11,000,000円
　　　実際消費額；6,240,000円＋実際5,110円/kg×1,000kg＝　11,350,000円
　　　　差引　材料消費価格差異；　　　　　　　　　　　　　（－）350,000円〔不利〕

10/31 棚卸減耗費：
　　　棚卸減耗数量；<u>（1,200kg＋1,500kg＋1,400kg－1,000kg－1,200kg）</u>－<u>1,860kg</u>＝40kg
　　　　　　　　　　　　　　　　帳簿棚卸数量　　　　　　　　　　実地棚卸数量

　　　棚卸減耗費；実際5,110円/kg×40kg＝**204,400円**

10/31 次月繰越：実際5,110円/kg×460kg＋実際5,010円/kg×1,400kg＝**9,364,600円**

問題2 ● 連産品と副産物の計算

問1 副産物に関する仕訳

評価額を仕掛品勘定から副産物勘定へ振り替える仕訳を行う。

　　　副産物評価額：（400円/kg－20円/kg）×100kg＝**38,000円**

（副　　　産　　　物）	38,000	（仕　　　掛　　　品）	38,000

問2 連産品AとBの等価係数（正常市価基準）

連産品AとBの正常市価の比が等価係数となる。各連産品の正常市価は次のとおりである。

連産品A：1,500円/kg

連産品B：2,100円/kg－300円/kg＝1,800円/kg

等価係数　連産品A：連産品B＝1,500円/kg：1,800円/kg＝ 1 ：**1.2**

問3 第1工程の計算（先入先出法）

仕損品については特に指示がないため，正常仕損として計算を行う。

1．正常仕損費の負担関係の整理

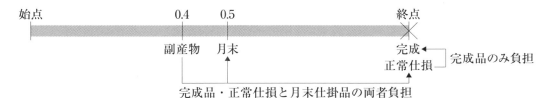

　副産物については，度外視法による正常仕損費と同様に処理すればよい。そして副産物の分離点を月末仕掛品が通過しているため，副産物を度外視して製造原価を完成品・正常仕損と月末仕掛品とに按分すればよい。一方，正常仕損は終点発生のため，完成品のみに負担させるように按分計算を行う。

2．月末仕掛品原価と当月完成品原価の計算（先入先出法・度外視法）

　副産物は追加加工のうえ第1工程投入の材料として利用されるため，副産物の評価額を直接材料費の計算から控除して按分計算を行う。また，正常仕損は終点発生のため，按分計算後に完成品全体から仕損品評価額を控除して連結原価を算定する。

<table>
<tr><td colspan="4" align="center">仕掛品－直接材料費</td><td colspan="4" align="center">仕掛品－加工費</td></tr>
<tr><td>月初</td><td align="right">300kg</td><td>完成</td><td align="right">1,680kg</td><td>月初</td><td align="right">150kg</td><td>完成</td><td align="right">1,680kg</td></tr>
<tr><td></td><td align="right">474,000円</td><td></td><td></td><td></td><td align="right">285,000円</td><td></td><td></td></tr>
<tr><td>投入</td><td align="right">2,000kg</td><td></td><td align="right">2,784,000円</td><td>投入</td><td align="right">1,890kg</td><td></td><td align="right">3,403,500円</td></tr>
<tr><td></td><td align="right">2,964,000円</td><td>正常仕損</td><td align="right">120kg</td><td></td><td align="right">3,496,500円</td><td>正常仕損</td><td align="right">120kg</td></tr>
<tr><td>評価額</td><td align="right">△38,000円</td><td>副産物</td><td align="right">100kg</td><td></td><td></td><td>副産物</td><td align="right">40kg</td></tr>
<tr><td></td><td align="right">2,926,000円</td><td>月末</td><td align="right">400kg</td><td></td><td></td><td>月末</td><td align="right">200kg</td></tr>
<tr><td></td><td></td><td></td><td align="right">616,000円</td><td></td><td></td><td></td><td align="right">378,000円</td></tr>
</table>

(1) 直接材料費の計算

月末仕掛品原価：$\dfrac{2,964,000円－38,000円}{1,680kg－300kg＋120kg＋400kg}×400kg＝616,000円$

当月完成品原価：474,000円＋2,964,000円－38,000円－616,000円＝2,784,000円

(2) 加工費の計算

月末仕掛品原価：$\dfrac{3,496,500円}{1,680kg－150kg＋120kg＋200kg}×200kg＝378,000円$

当月完成品原価：285,000円＋3,496,500円－378,000円＝3,403,500円

(3) 合　計

月末仕掛品原価：616,000円＋378,000円＝**994,000円**

当月完成品原価：2,784,000円＋3,403,500円－（300円/kg－70円/kg）×120kg
（連結原価）　　＝6,159,900円

3．連結原価の按分

連産品A：$\dfrac{6,159,900\text{円}}{880\text{kg}\times 1 + 800\text{kg}\times 1.2}\times 880\text{kg}\times 1 = 2,946,039.13\cdots$円

→**2,946,039円**（円未満四捨五入）

連産品B：　　　　　〃　　　　　×800kg×1.2＝3,213,860.86…円

→**3,213,861円**（円未満四捨五入）

問題3 ● 理論問題（複合費）

　複合費（複合経費）とは，形態的分類では異なる原価要素の消費であっても，その消費する目的が同じであるため，それらをまとめて1つの費目としたものをいう。たとえば次のような例がある。

目的	消費する原価	使用する費目
工場の修繕	修繕のために消費した材料（材料費）	修　繕　費
	修繕工の賃金（労務費）	
	外部業者への支払修繕料（経費）	

　複合費と補助部門費は，特定の目的あるいは機能のために消費された原価を集計したものである点で類似している。しかしながら，以下の点で相違する。

相違点	複合費	補助部門費
集計する範囲	特定の目的あるいは機能のために消費されたことが容易にわかるもののみ集計する。	特定の目的あるいは機能のために消費されたことが容易にわかるもの（部門個別費）のみならず，複数の部門で共通に発生した費目についても適当な配賦基準により割り当てて集計する（部門共通費）。
製品への配賦計算	間接経費として製造間接費に含められ，まとめて各製品に配賦される。	製造部門に配賦された後，それぞれの製造部門から各製品に配賦される。

原　価　計　算　解　説

問題1 ● 取替投資の意思決定

問1　旧機械を利用し続けた場合の各年度における売上と税引前の会計上の利益

1．売　上

第1年度：6,000円/個×1,600個＝**9,600,000円**

第2年度：6,000円/個×1,400個＝**8,400,000円**

第3年度：6,000円/個×1,200個＝**7,200,000円**

第4年度：6,000円/個×1,000個＝**6,000,000円**

2．税引前の会計上の利益

第1年度：(6,000円/個－2,000円/個－1,000円/個)×1,600個－1,000,000円
　　　　　　　販売価格　　直接材料費　　変動加工費　　　　　　固定加工費

　　　　　－2,500,000円[※1]＝**1,300,000円**
　　　　　　　減価償却費

　　　　※1　減価償却費：20,000,000円÷8年＝2,500,000円

第2年度：(6,000円/個－2,000円/個－1,000円/個)×1,400個－1,000,000円－2,500,000円
　　　　　＝**700,000円**

第3年度：(6,000円/個－2,000円/個－1,000円/個)×1,200個－1,000,000円－2,500,000円
　　　　　＝**100,000円**

第4年度：(6,000円/個－2,000円/個－1,000円/個)×1,000個－1,000,000円－2,500,000円
　　　　　＋1,000,000円[※2]＝**500,000円**
　　　　　　　機械売却益

　　　　※2　機械売却益：1,000,000円－0円＝1,000,000円
　　　　　　　　　　　　　　売却収入　　簿価

問2　旧機械を利用し続けた場合の各年度末のネット・キャッシュフロー

第1年度期末：1,300,000円×(100%－30%)＋2,500,000円＝**3,410,000円**
　　　　　　　　税引後の会計上の利益　　　減価償却費

第2年度期末：　700,000円×(100%－30%)＋2,500,000円＝**2,990,000円**

第3年度期末：　100,000円×(100%－30%)＋2,500,000円＝**2,570,000円**

第4年度期末：　500,000円×(100%－30%)＋2,500,000円＝**2,850,000円**

（注）第4年度における旧機械の売却は，売却収入と売却益が同額であり，かつ，売却収入と売却益に対する課税額を計上するタイミングが同じであるため，会計上の利益に含めたまま計算すればよい。仮に第4年度について，売却収入と売却益に対する課税額を別に計算すると以下のようになる。

税引前の営業利益：(6,000円/個－2,000円/個－1,000円/個)×1,000個－1,000,000円
　　　　　　　　　－2,500,000円＝△500,000円

ネット・キャッシュフロー：△500,000円×(100%－30%)＋2,500,000円
　　　　　　　　　　　　　　税引後の営業利益　　　減価償却費

　　　　　　　　　＋1,000,000円－1,000,000円×30%＝2,850,000円
　　　　　　　　　　売却収入　　売却益に対する課税額

問3　旧機械を利用し続けた場合の正味現在価値

$3,410,000$円$\times 0.943 + 2,990,000$円$\times 0.890 + 2,570,000$円$\times 0.840 + 2,850,000$円$\times 0.792$

$= (+) 10,292,730$円

問4　旧機械を売却し新機械を購入した場合の各年度における税引前の会計上の利益

第1年度：$\underset{\text{販売価格}}{(6,000円/個} - \underset{\text{直接材料費}}{1,600円/個^{※3}} - \underset{\text{変動加工費}}{750円/個^{※4})} \times 1,600個 - \underset{\text{固定加工費}}{700,000円^{※5}}$

$\underset{\text{減価償却費}}{- 3,500,000円^{※6}} + \underset{\text{旧機械売却益}}{2,000,000円^{※7}} = 3,640,000円$

※3　直接材料費：$2,000円/個 \times (100\% - 20\%) = 1,600円/個$

※4　変動加工費：$1,000円/個 \times (100\% - 25\%) = 750円/個$

※5　固定加工費：$1,000,000円 \times (100\% - 30\%) = 700,000円$

※6　減価償却費：$14,000,000円 \div 4年 = 3,500,000円$

※7　旧機械売却益：$\underset{\text{売却収入}}{12,000,000円} - \underset{\text{簿価}}{(20,000,000円 - 2,500,000円 \times 4年)} = 2,000,000円$

第2年度：$(6,000円/個 - 1,600円/個 - 750円/個) \times 1,400個 - 700,000円 - 3,500,000円 = 910,000円$

第3年度：$(6,000円/個 - 1,600円/個 - 750円/個) \times 1,200個 - 700,000円 - 3,500,000円 = 180,000円$

第4年度：$(6,000円/個 - 1,600円/個 - 750円/個) \times 1,000個 - 700,000円 - 3,500,000円$

$\underset{\text{新機械売却益}}{+ 2,000,000円^{※8}} = 1,450,000円$

※8　新機械売却益：$\underset{\text{売却収入}}{2,000,000円} - \underset{\text{簿価}}{0円} = 2,000,000円$

問5　旧機械を売却し新機械を購入した場合の各年度末のネット・キャッシュフロー

第1年度期末：$(3,640,000円 - \underset{\text{旧機械売却益}}{2,000,000円}) \times (100\% - 30\%) + \underset{\text{減価償却費}}{3,500,000円} - \underset{\text{売却益に対する課税額}}{600,000円}$

$= 4,048,000円$

（注）旧機械の売却について

旧機械の第1年度期首における売却について仕訳すると，次のようになる（単位：円）。

（減価償却累計額）	10,000,000	（旧　　機　　械）	20,000,000
（現　　　　金）	12,000,000	（機　械　売　却　益）	2,000,000

上記の仕訳から生じるキャッシュフローは，以下の2点である。

・売却収入：12,000,000円（キャッシュ・インフロー＝第1年度期首に計上）

・売却益に対する法人税課税額：$2,000,000円 \times 30\% = 600,000円$

（キャッシュ・アウトフロー＝資料5(c)より，第1年度期末に計上）

上記のように，機械売却にかかる売却収入と売却益が同額でない場合や，売却収入と売却損益に対する税効果をキャッシュフローに計上するタイミングが異なる場合は，会計上の利益から機械売却にかかるキャッシュフローを切り放して計算すべきである。

第2年度期末：　$910,000円 \times (100\% - 30\%) + 3,500,000円 = 4,137,000円$

第3年度期末：　$180,000円 \times (100\% - 30\%) + 3,500,000円 = 3,626,000円$

第4年度期末：$1,450,000円 \times (100\% - 30\%) + 3,500,000円 = 4,515,000円$

（注）　**問2**と同様に，第4年度における新機械の売却は，売却収入と売却益が同額であり，かつ，売却収入と売却益に対する課税額を計上するタイミングが同じであるため，会計上の利益に含めたまま計算すればよい。

問6 旧機械を売却し新機械を購入した場合の正味現在価値

4,048,000円×0.943＋4,137,000円×0.890＋3,626,000円×0.840＋4,515,000円×0.792

＋12,000,000円－14,000,000円＝**（＋）12,120,914円**
　　　旧機械売却収入　　新機械取得原価

問7 代替案の選択

（＋）12,120,914円－（＋）10,292,730円＝**（＋）1,828,184円**
　新機械の正味現在価値　　旧機械の正味現在価値

旧機械を売却し新機械を購入する案のほうが旧機械を利用し続ける案よりも正味現在価値が1,828,184円大きいため，旧機械を売却し新機械を購入すべきである。

問8 旧機械の売却価格を変更した場合の代替案の選択

問題指示より，旧機械の売却価格を8,000,000円に修正すると，仕訳は次のようになる。

（減価償却累計額）	10,000,000	（旧　　機　　械）	20,000,000
（現　　　　　金）	8,000,000		
（機 械 売 却 損）	2,000,000		

この場合，機械売却損から法人税節約額600,000円（キャッシュ・インフロー：2,000,000円×30％）が生じる。したがって，当初の売却収入12,000,000円の場合と比べ，次のような変化が生じる。

・初年度の売却収入：（＋）12,000,000円→（＋）8,000,000円

　　　　　　　　　∴　当初よりキャッシュフローが4,000,000円減少

・第1年度末の税効果：（－）600,000円→（＋）600,000円

　　　　　　　　　∴　当初よりキャッシュフローが1,200,000円増加

以上の変化を現在価値に割り引くと，次のようになる。

（－）4,000,000円＋（＋）1,200,000円×0.943＝（－）2,868,400円

　　　　　　　　　　　　　　　　　　　　→新機械の正味現在価値の減少

したがって，**問7**で求めた正味現在価値の差額は，

（＋）1,828,184円＋（－）2,868,400円＝**（－）1,040,216円**

となり，**旧機械を利用し続ける案の方が正味現在価値が大きくなり，有利となる。**

問題2 ● 新規投資の意思決定

問1 内部収益率の意味（理論）

　内部収益率（内部利益率）とは，複利計算を前提とした利益率のことであり，正味現在価値がゼロになる割引率である。

　この利益率が資本コスト（率）を上回っていれば有利な投資案となり，その投資案の要求利益率を超える率で運用されていることを意味する。

問2 内部収益率の算定

この投資案の正味現在価値がゼロになる割引率を試行錯誤で計算していく。

１．正味現在価値

(1) 割引率６％

10,000,000円×0.943＋8,000,000円×0.890＋7,000,000円×0.840

＋6,000,000円×0.792－27,000,000円＝（＋）182,000円 … 内部収益率＞６％

(2) 割引率７％

10,000,000円×0.935＋8,000,000円×0.873＋7,000,000円×0.816

＋6,000,000円×0.763－27,000,000円＝（－）376,000円 … 内部収益率＜７％

２．内部収益率

この投資案は６％と７％の間で正味現在価値がプラスからマイナスに転じるため，求めたい内部収益率は６％と７％の間に存在する。そこで線形補間法により，内部収益率を計算する。

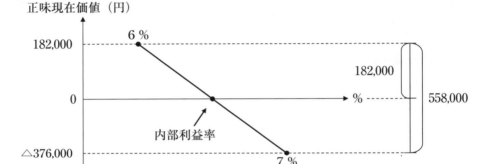

内部収益率：$6\% + \dfrac{182,000円}{182,000円 + 376,000円}\% = 6.3261\cdots\% \rightarrow$ **6.33%**（小数点以下第３位四捨五入）

当該投資案の内部収益率は6.33％であり，当社の資本コスト（率）６％を上回るため，**この投資案を行うべきである。**

問3 内部収益率の問題点（論述）

内部収益率は一種の投下資本利益率と考えられるため，複数の排他的投資案を比較し，内部収益率を基準に採用する案を選択する場合，内部収益率の高い案から採用することになる。

しかしながら，**複数の投資案について横軸に資本コスト（率）をとり正味現在価値線を描いてみた時に，投資案の傾きが異なり正味現在価値線が交わる場合**にこの問題が生じる。この交点をクロスオーバー・ポイントというが，この点を境に投資案の正味現在価値の大小は逆転することになる。

当該企業の資本コスト（率）がこの点よりも低ければ，内部収益率が高い案の正味現在価値が他の案の正味現在価値よりも低くなってしまう問題が生じる。

ここで本問の投資案をX案とし，これと排他的投資案であるY案を比較して採否を検討することになったとする。Y案の機械は第１年度期首に購入し，取得原価は27,000,000円，そして各年度のネット・キャッシュフローはすべて各年度の期末に生じ，第１年度が5,000,000円，第２年度が6,000,000円，第３年度が9,000,000円，第４年度が12,000,000円であるとする。

これらの投資案について計算すると，各案の内部収益率は，X案が6.33％，Y案が6.17％となり，X案の方が有利と判定される。しかしながら，各案の正味現在価値線は5.57％で交差して両案の正味現在価値が逆転する。クロスオーバー・ポイント5.57％より資本コスト（率）が高ければ，X案の正

味現在価値の方が大きくなるため，問題は生じないが，これより低ければ，Ｙ案の正味現在価値の方が大きくなり，問題が生じる。

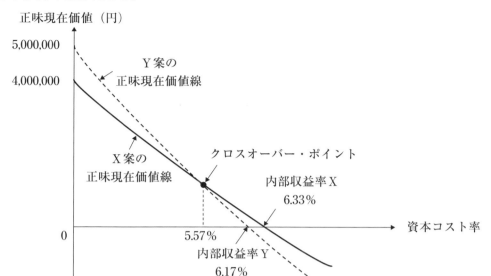

問題3 ● 原価企画の理論（空欄補充）

　原価企画とは，新製品の企画・開発に際して行われる総合的な利益管理活動である。

　製品の企画・開発から製造・販売といった流れの中で，とりわけ初期の企画・開発・設計段階で原価の多くが決定されるため，この段階での原価の作り込みが重要となる。

　ここで作り込まれる目標原価の設定方法には，以下の3つがある。

1．控除法（割付法）

　予定売価から目標利益を控除して算定される許容原価を目標原価とする方法である。

　控除法は，市場で許容される予定売価をもとに目標原価を計算している点で，市場志向（マーケット・イン志向）ならびに利益管理活動という原価企画の基本理念に即した計算方法といえる。ただし，この目標原価は技術者にとっては厳しい目標となることが多い。

2．積み上げ法（加算法）

　現在の技術レベル，生産設備など従来どおりの経営活動で発生すると予想される見積原価である成行原価をもとに目標原価を計算する方法である。

　積み上げ法は，自社の現在の技術水準にもとづいて目標原価を計算するプロダクト・アウト志向に立脚した計算方法である。技術的な裏付けがあることから，技術者の同意を得やすい反面，原価低減に関する抜本的な改善案が生まれにくい側面もある。

3．折衷法（統合法）

　控除法と積み上げ法にはそれぞれ長所と短所が存在するため，許容原価と成行原価をすり合わせて，ＶＥの活用により原価低減活動を行い，より現実的な目標原価を設定する方法が折衷法である。

　上記の内容を踏まえて，問題の原価企画にかかわる文章の空欄に適切な語句を補充すると，以下のようになる。

　原価企画とは，製品の量産体制以前の（ 1 **源流** ）段階，すなわち，企画段階，開発段階，設
計段階で原価を作り込む総合的利益管理活動をいう。ここでは，達成すべき目標原価が設定され
る。目標原価の設定方法としては，①予定売価から目標利益を控除して求められる（ 2 **許容** ）
原価を目標原価とする方法，②現行製品を基準に設定した（ 3 **成行** ）原価を目標原価とする方
法，③（ 2 **許容** ）原価と（ 3 **成行** ）原価をすり合わせて目標原価を設定する方法がある。①
は（ 4 **控除** ）法，②は（ 5 **積み上げ** ）法，③は折衷法とよばれている。

第205回　解答　　問題 ▷ 36

解

答

商　業　簿　記

問題1

（単位：円）

問題番号	借　方　科　目	金　　額	貸　方　科　目	金　　額	
(1)	株　式　報　酬　費　用	111,000	新　株　予　約　権	111,000	❻
(2)	株　式　報　酬　費　用	216,600	新　株　予　約　権	216,600	❻
(3)	株　式　報　酬　費　用	224,400	新　株　予　約　権	224,400	❻

問題2

ケース1　　　　　　　　　　　　　　　　　　　　　　　　　　　　（単位：円）

問題番号	借　方　科　目	金　　額	貸　方　科　目	金　　額	
(1)	半　　成　　工　　事	284,000	材　　　　料　　　　費	92,000	
			労　　　　務　　　　費	121,000	❷
			経　　　　　　　　　費	71,000	
(2)	半　成　工　事　原　価	284,000	半　　成　　工　　事	284,000	❷
(3)	半　成　工　事　売　掛　金	384,000	半　成　工　事　収　益	384,000	❺

ケース2　　　　　　　　　　　　　　　　　　　　　　　　　　　　（単位：円）

問題番号	借　方　科　目	金　　額	貸　方　科　目	金　　額	
(1)	半　　成　　工　　事	284,000	材　　　　料　　　　費	92,000	
			労　　　　務　　　　費	121,000	❷
			経　　　　　　　　　費	71,000	
(2)	半　成　工　事　原　価	284,000	半　　成　　工　　事	284,000	❷
(3)	半　成　工　事　売　掛　金	284,000	半　成　工　事　収　益	284,000	❺

別解　半成工事は未成工事支出金，半成工事原価は完成工事原価，
半成工事売掛金は完成工事未収入金または契約資産，半成工事収益は完成工事高でもよい。

第205回

問題3

損　　　益　　　　　　　　　　　　　（単位：円）

借　方　科　目	金　　額	貸　方　科　目	金　　額
売上原価	〔❹　1,650,950〕	売上	2,454,000
給料手当	221,000	受取配当金	280
退職給付費用	〔　1,600〕	受取利息	〔　10〕
広告宣伝費	〔　4,200〕	有価証券利息	〔❹　2,262〕
支払家賃	〔　3,600〕	償却債権取立益	〔　800〕
雑費	1,526		
貸倒引当金繰入	〔❹　3,000〕		
減価償却費	〔❹　9,212〕		
支払利息	〔　1,264〕		
投資有価証券評価損	〔❹　1,000〕		
法人税等	185,000		
繰越利益剰余金	〔❹　375,000〕		
	〔　2,457,352〕		〔　2,457,352〕

閉　鎖　残　高　　　　　　　　　　（単位：円）

借　方　科　目	金　　額	貸　方　科　目	金　　額
現金	121,079	買掛金	51,000
当座預金	〔❹　379,200〕	電子記録債務	〔　29,200〕
売掛金	〔　125,700〕	未払消費税等	〔❹　25,575〕
電子記録債権	84,000	未払法人税等	〔　85,000〕
商品	〔　192,050〕	未払金	〔❹　400〕
前払家賃	〔❹　1,200〕	未払リース債務	〔❹　3,961〕
未収利息	〔❹　10〕	貸倒引当金	〔　4,194〕
建物	150,000	リース債務	〔❹　13,363〕
備品	〔　21,060〕	退職給付引当金	〔❹　12,100〕
土地	380,000	建物減価償却累計額	〔　40,000〕
満期保有目的債券	〔　96,512〕	備品減価償却累計額	〔　4,212〕
その他有価証券	〔　30,300〕	資本金	〔❹　661,000〕
長期性預金	1,200	資本準備金	100,000
		利益準備金	32,000
		繰越利益剰余金	〔　519,006〕
		その他有価証券評価差額金	〔❹　1,300〕
	〔　1,582,311〕		〔　1,582,311〕

●数字…予想配点

194

会 計 学

問題1

	正誤	理　　　由	
1.	×	「企業会計原則」によれば，資本取引と損益取引とを明瞭に区別し，特に資本剰余金と利益剰余金とを混同してはならない。	❸
2.	○		❸
3.	×	共用資産を加えることによって算定される減損損失の増加額は，原則として，共用資産に配分する。	❸
4.	○		❸
5.	×	1株当たり当期純利益は，連結財務諸表においては，親会社株主に帰属する当期純利益をもとに算定する。	❸
6.	○		❸
7.	×	貸借対照表の純資産の部に新株予約権として計上する。	❸
8.	×	時の経過による資産除去債務の調整額は，損益計算書上，当該資産除去債務に関連する有形固定資産の減価償却費と同じ区分に含めて計上する。	❸
9.	○		❸
10.	○		❸

第205回

195

問題2
　問1

利害調整機能を果たすことが会計の社会的役割とされており，利害調整機能を果たすために
は算定される利益が備えるべき特質は分配可能性であるため，「実現した成果」には換金可　⑩
能性や処分可能性が求められる。

　問2

売買目的有価証券は，時価の変動による利益の獲得を目的としており，売却に事業遂行上の
制約がなく，随時換金が可能である。そのため，時価評価差額は実現可能性が高いと考えら　⑩
れ，当期の損益として処理する。

　問3

| (1) | 上場している子会社株式は，現金あるいはその同等物への転換が容易であり，その時価評価差額は「実現可能な成果」といえる。 | ⑩ |
| (2) | 子会社株式については，事業投資と同じく，その時価の変動を財務活動の成果とは捉えないとの考え方にもとづいているため，時価評価差額を認識しない。 | ⑩ |

問題3
　問1

総資産回転率は，総収益を総資産で除して計算する。電力会社は，有形固定資産を多く保有
しており，総資産の額が大きくなる傾向があるため，電力会社は相対的に総資産回転率の低　⑩
い業界に属するといえる。

　問2

売上高には，棚卸資産の原価部分だけでなく利益部分も含まれており，利益率によって回転
率が変動してしまうという問題があるといえる。　⑩

　問3

| 73　（日）⑩ |

●数字…予想配点

第205回 解答への道 問題 36

商 業 簿 記 解 説

問題1 ●仕訳問題（以下，単位：円）

ストック・オプション

ストック・オプションとは，会社がその従業員等に対して報酬として新株予約権を付与したものである。ストック・オプションは，その権利が確定する条件（勤務条件，業績条件）を定めていることが多く，権利を付与した後，条件を満たしたときに権利が確定する場合が多い。

付与したオプションの公正な評価額は「新株予約権」として計上するとともに，「株式報酬費用」を計上する。なお，公正な評価額は，公正な評価単価にストック・オプション数（権利不確定による失効見積数を除く）を乗じて計算し，見積数に重要な変動があった場合，または，権利が確定した場合に，これまでに計上した額との差額を見直した期または確定した期の損益として計上する。

① ストック・オプションの公正な評価額

> 公正な評価額＝公正な評価単価×ストック・オプション数※

※ ストック・オプション数は権利不確定による失効の見積数を控除して算定する。

② 費用計上額

(a) 決算時

> 費用計上額＝公正な評価額×$\dfrac{\text{当期末までの経過期間}}{\text{対象勤務期間}}$－前期までの費用計上額の累計

(b) 権利確定時

> 費用計上額＝公正な評価額－前期までの費用計上額の累計

(1) 2×02年3月末の決算整理仕訳

（株 式 報 酬 費 用）（＊）	111,000	（新 株 予 約 権）	111,000

（＊）@3,000×（200個－15個）×$\dfrac{6\text{カ月}}{30\text{カ月}}$＝111,000

(2) 2×03年3月末の決算整理仕訳

（株 式 報 酬 費 用）（＊）	216,600	（新 株 予 約 権）	216,600

（＊）@3,000×（200個－18個）×$\dfrac{18\text{カ月}}{30\text{カ月}}$＝327,600

327,600－111,000＝216,600

(3) 2×04年3月末の決算整理仕訳

（株 式 報 酬 費 用）（＊）	224,400	（新 株 予 約 権）	224,400

（＊）@3,000×184個＝552,000

552,000－327,600＝224,400

問題2 ● 仕訳問題（以下，単位：円）

工事契約

　工事契約に関する収益は，「収益認識に関する会計基準」が適用される。工事契約については履行義務の充足に係る進捗度を合理的に見積ることができる場合のみ，一定の期間にわたり収益を認識する。また，履行義務の充足に係る進捗度を合理的に見積ることはできないが，当該履行義務が充足する際に発生する費用を回収することが見込まれる場合には，履行義務の充足に係る進捗度を合理的に見積ることができる時まで，原価回収基準により処理する。

	要 件	収益の認識
履行義務の充足に係る進捗度を	合理的に見積ることができる	進捗度にもとづき収益を認識
	合理的に見積ることができないが，発生する費用の回収ができる	原価回収基準により収益を認識

1．「工事進行基準」（履行義務の充足に係る進捗度を見積り，当該進捗度にもとづき収益を一定期間にわたり認識する方法）

(1)　2×05年3月末の決算整理仕訳

① 工事原価の集計・算定

（半　成　工　事）（＊）	256,000	（材　　料　　費）	102,000
		（労　　務　　費）	106,000
		（経　　　　　費）	48,000

（＊）貸借差額

② 工事原価の計上

（半 成 工 事 原 価）	256,000	（半　成　工　事）	256,000

③ 工事収益の計上

（半 成 工 事 売 掛 金）（＊）	480,000	（半 成 工 事 収 益）	480,000

$$（＊）\frac{256,000}{256,000〈実際発生原価〉+384,000〈完成までに要する見積工事原価〉}=0.4〈2×05年3月期の進捗度〉$$

1,200,000〈請負工事契約価額〉×0.4＝480,000

(2)　2×06年3月末の決算整理仕訳

① 工事原価の集計・算定

（半　成　工　事）（＊）	284,000	（材　　料　　費）	92,000
		（労　　務　　費）	121,000
		（経　　　　　費）	71,000

（＊）貸借差額

② 工事原価の計上

（半 成 工 事 原 価）	284,000	（半　成　工　事）	284,000

③　工事収益の計上

（半成工事売掛金）（＊）	384,000	（半成工事収益）	384,000

（＊）$\dfrac{256,000+284,000}{256,000+284,000+210,000〈完成までに要する見積工事原価〉}=0.72〈2×06年3月期までの進捗度〉$

$1,200,000〈請負工事契約価額〉×0.72-480,000〈2×05年3月期の収益〉=384,000$

2．「原価回収基準」

　原価回収基準とは，履行義務を充足する際に発生する費用のうち，回収することが見込まれる費用の金額で収益を認識する方法であり，進捗度を合理的に見積ることができない場合に適用する。なお，工事期間中に進捗度を合理的に見積ることができるようになった場合には，原価回収基準から，進捗度にもとづき収益を認識する方法に変更する。

⑴　2×05年3月末の決算整理仕訳

①　工事原価の集計・算定

（半成工事）（＊）	256,000	（材料費）	102,000
		（労務費）	106,000
		（経費）	48,000

（＊）貸借差額

②　工事原価の計上

（半成工事原価）	256,000	（半成工事）	256,000

③　工事収益の計上

（半成工事売掛金）（＊）	256,000	（半成工事収益）	256,000

（＊）工事原価と同額の工事収益を計上する。

⑵　2×06年3月末の決算整理仕訳

①　工事原価の集計・算定

（半成工事）（＊）	284,000	（材料費）	92,000
		（労務費）	121,000
		（経費）	71,000

（＊）貸借差額

②　工事原価の計上

（半成工事原価）	284,000	（半成工事）	284,000

③　工事収益の計上

（半成工事売掛金）（＊）	284,000	（半成工事収益）	284,000

（＊）工事原価と同額の工事収益を計上する。

問題3 ● 損益勘定と閉鎖残高勘定の作成（以下，単位：円）

全経Point

大陸式決算法では，帳簿の締切にあたって，資産・負債・純資産の各科目の残高を決算振替仕訳を行い閉鎖残高（または残高，決算残高）勘定へ振り替える。この結果，資産・負債・純資産の各科目の残高が，閉鎖残高（または残高，決算残高）勘定に記入されるために，繰越試算表を作成する必要がない。（第199回問題3／第203回問題3／第209回問題1／第211回問題3）

1　当座預金の修正

(1)　振込未達

　　過年度に債権の貸倒処理を行ったが，何らかの理由により，当期にその全部または一部が回収された場合，回収額は償却債権取立益勘定で処理する。

（当　座　預　金）	800	（償 却 債 権 取 立 益）	800

(2)　誤記入

　　① 正しい仕訳

（当　座　預　金）	6,900	（売　　掛　　金）	6,900

　　② 期中仕訳

（当　座　預　金）	9,600	（売　　掛　　金）	9,600

　　③ 修正仕訳（①－②）

（売　　掛　　金）	2,700	（当　座　預　金）	2,700

　　∴　**閉鎖残高　売掛金**：123,000〈前T／B〉＋2,700＝**125,700**

(3)　引落未達

（電 子 記 録 債 務）	2,800	（当　座　預　金）	2,800

　　∴　**閉鎖残高　電子記録債務**：32,000〈前T／B〉－2,800＝**29,200**

(4)　未渡小切手

（当　座　預　金）	400	（未　　払　　金）	400

銀行勘定調整表

当座預金帳簿残高	∴ 383,500	銀行残高証明書残高	379,200
(1)　振込未達	800		
(2)　誤記入	△2,700		
(3)　引落未達	△2,800		
(4)　未渡小切手	400		
修正後残高	379,200	修正後残高	379,200

　　∴　**閉鎖残高　当座預金：379,200**

2 貸倒引当金（差額補充法）

電子記録債権は売上債権に該当するので，計上漏れに注意すること。

（貸 倒 引 当 金 繰 入）（＊）	3,000	（貸 倒 引 当 金）	3,000

（＊）（125,700〈売掛金〉＋84,000〈電子記録債権〉）×２％＝**4,194**〈設定額＝閉鎖残高 貸倒引当金〉

4,194－1,194〈前Ｔ／Ｂ〉＝**3,000**〈繰入額〉

3 有価証券

(1) 満期保有目的債券～償却原価

（満 期 保 有 目 的 債 券）（＊）	2,262	（有 価 証 券 利 息）	2,262

（＊）100,000〈額面〉÷1.024³≒93,132〈取得原価〉

$93,132 × 2.4\% × \dfrac{6 \text{カ月}}{12 \text{カ月}} ≒ 1,118$〈前期償却額〉

93,132＋1,118＝94,250〈前期末償却原価＝前Ｔ／Ｂ満期保有目的債券〉

94,250×2.4％＝2,262〈償却額〉

∴ 閉鎖残高 満期保有目的債券：94,250〈前Ｔ／Ｂ〉＋2,262＝**96,512**

∴ 閉鎖残高 資本金（＝前Ｔ／Ｂ 資本金）：

3,585,480〈前Ｔ／Ｂ借方合計〉－2,924,480〈資本金を除く前Ｔ／Ｂ貸方合計〉＝**661,000**

(2) その他有価証券（Ａ社株式・Ｂ社株式）～時価（部分純資産直入法）

① Ａ社株式

（投 資 有 価 証 券 評 価 損）（＊）	3,000	（そ の 他 有 価 証 券）	3,000

（＊）9,000〈時価〉－12,000〈取得原価〉＝△3,000〈評価損〉

∴ 損益 投資有価証券評価損：△2,000〈期首の振戻し〉＋3,000＝**1,000**

② Ｂ社株式

（そ の 他 有 価 証 券）（＊）	1,300	（その他有価証券評価差額金）	1,300

（＊）21,300〈時価〉－20,000〈取得原価〉＝＋1,300〈評価益（評価差額金）〉

∴ 閉鎖残高 その他有価証券：9,000〈Ａ社株式〉＋21,300〈Ｂ社株式〉＝**30,300**

4 商品売買（売上原価の計算と期末商品の評価）

（仕 入）	184,000	（繰 越 商 品）	184,000
（繰 越 商 品）	210,000	（仕 入）	210,000
（棚 卸 減 耗 損）（＊１）	2,200	（繰 越 商 品）	17,950
（商 品 評 価 損）（＊２）	15,750		
（仕 入）	17,950	（棚 卸 減 耗 損）	2,200
		（商 品 評 価 損）	15,750

・A商品

・B商品

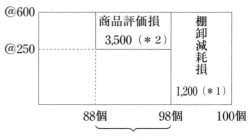

（＊1）＠100×（500個−490個）〈A商品〉＋＠600×（100個−98個）〈B商品〉＝2,200

（＊2）（＠100−＠75）×490個〈A商品〉＋（＠600−＠250）×10個〈B商品〉＝15,750

∴　**閉鎖残高　商品（＝繰越商品）**：210,000〈期末商品棚卸高〉−17,950＝**192,050**

∴　**損益　売上原価（＝仕入）**：1,659,000〈前T/B〉＋184,000−210,000＋17,950＝**1,650,950**

5 固定資産

(1) 建物（減価償却）

（減 価 償 却 費）（＊）	5,000	（建物減価償却累計額）	5,000

（＊）150,000÷30年＝5,000

∴　**閉鎖残高　建物減価償却累計額**：35,000〈前T/B〉＋5,000＝**40,000**

(2) 備品

① リース資産およびリース債務の計上

（備　　　　　品）（＊）	21,060	（リ ー ス 債 務）	21,060

（＊）5,000×4.212〈6％　5年の年金現価係数〉＝21,060〈リース料総額の現在価値〉

　　　23,000〈見積現金購入価額〉　＞　21,060〈リース料総額の現在価値〉　∴　21,060

② リース料の支払（期中は仮払金処理）

（支 払 利 息）（＊1）	1,264	（仮　　　払　　　金）	5,000
（リ ー ス 債 務）（＊2）	3,736		
（リ ー ス 債 務）（＊3）	3,961	（未 払 リ ー ス 債 務）	3,961

（＊1）21,060×6％≒1,264

（＊2）5,000−1,264＝3,736

（＊3）21,060−3,736＝17,324〈期末リース債務〉

　　　17,324×6％≒1,039〈翌期支払利息〉

　　　5,000−1,039＝3,961〈翌期リース債務返済額〉

∴　**閉鎖残高　リース債務**：21,060−3,736−3,961＝**13,363**

③ 減価償却

（減 価 償 却 費）（＊）	4,212	（備品減価償却累計額）	4,212

（＊）21,060÷5年〈リース期間〉＝4,212

∴　**損益　減価償却費**：5,000〈建物〉＋4,212〈備品〉＝**9,212**

6　退職給付

(1)　年金基金への拠出（期中は仮払金処理）

（退職給付引当金）	500	（仮　　　払　　　金）	500

(2)　退職給付費用の計上

（退　職　給　付　費　用）（＊）	1,600	（退　職　給　付　引　当　金）	1,600

（＊）70,000〈期首退職給付債務〉× 3 ％〈割引率〉＝2,100〈利息費用〉

50,000〈期首年金資産〉× 5 ％〈長期期待運用収益率〉＝2,500〈期待運用収益〉

10,000〈過去勤務費用〉÷10年〈平均残存勤務期間〉＝1,000〈過去勤務費用の償却額〉

1,000〈勤務費用〉＋2,100－2,500＋1,000＝1,600

∴　閉鎖残高　退職給付引当金：11,000〈前T/B〉－500〈拠出〉＋1,600＝**12,100**

7　収益及び費用の見越し・繰延べ

（前　払　家　賃）（＊1）	1,200	（支　払　家　賃）	1,200
（未　収　収　益）（＊2）	10	（受　取　利　息）	10

（＊1）$4,800〈前T/B〉× \dfrac{4 \, カ月}{16 \, カ月} = 1,200$

（＊2）$1,200〈前T/B長期性預金〉× 2 ％ × \dfrac{5 \, カ月}{12 \, カ月} = 10$

∴　損益　支払家賃：4,800〈前T/B〉－1,200＝**3,600**

8　消費税等（期中は仮払金・仮受金処理）

（仮　　　受　　　金）	62,000	（仮　　　払　　　金）	36,425
		（未　払　消　費　税　等）（＊）	25,575

（＊）貸借差額

9　法人税等（中間納付は仮払金処理）

（法　　人　　税　　等）	185,000	（仮　　　払　　　金）	100,000
		（未　払　法　人　税　等）（＊）	85,000

（＊）貸借差額

10　当期純利益の振替え

（損　　　　　益）	375,000	（繰　越　利　益　剰　余　金）（＊）	375,000

（＊）損益勘定の貸借差額

∴　閉鎖残高　繰越利益剰余金：144,006〈前T/B〉＋375,000＝**519,006**

会 計 学 解 説

問題1 ● 正誤問題

1．資本と利益の区分の原則：×　　　　　　　　　　　　　　　　　　　　　「企業会計原則　第一　三」
　　資本と利益の区分の原則（資本取引・損益取引区分の原則とよぶこともある）では，資本取引から生じた資本剰余金と損益取引から生じた利益剰余金とを区分することを要請している。

2．棚卸資産の評価：○　　　　　　　　　　　　　　　　　　　「棚卸資産の評価に関する会計基準　17」
　　棚卸資産の評価損等の表示区分をまとめると次のようになる。

評 価 損		条　　件	表 示 区 分
棚 卸 減 耗 損	原価性あり	原 材 料 等	製 造 原 価
		商 品・製 品	売 上 原 価
			販 売 費
	原価性なし	金額が僅少なもの	営 業 外 費 用
		金額が多額なもの	特 別 損 失
収益性の低下による簿 価 切 下 額（商品評価損など）		原　則	売 上 原 価
		製造に関連するもの	製 造 原 価
		臨時で，かつ，多額のもの	特 別 損 失

3．固定資産の減損会計：×　　　　　　　　　　　　　　　　「固定資産の減損に係る会計基準　二　7」
　　共用資産がある場合には，共用資産を含むより大きな単位で減損損失の認識と測定を行い，共用資産を含めて計算した減損損失が，共用資産を含まずに計算した減損損失を上回る場合には，その超過額を原則として，共用資産に対する減損損失とする。

> ① 共用資産を含めずに減損損失を計算する。
> ② 共用資産を含めて減損損失を計算する。
> ③ ①＜② の場合
> 　②－①＝共用資産の減損損失

4．キャッシュ・フロー計算書：○　「連結キャッシュ・フロー計算書等の作成基準　第二　二　3」
　　利息および配当金に係るキャッシュ・フローの表示区分には以下の2つの方法があり，継続適用することを条件に選択適用が認められている。

	方 法 ①	方 法 ②
利 息 の 受 取 額	営業活動によるＣＦ	投資活動によるＣＦ
配 当 金 の 受 取 額		
利 息 の 支 払 額		財務活動によるＣＦ
配 当 金 の 支 払 額	財務活動によるＣＦ	

5．1株当たり情報：×　　　　　　　　　　　　　　　　　「1株当たり当期純利益に関する会計基準　12」
　　1株当たり当期純利益は，普通株式に係る当期純利益を普通株式の期中平均株式数で除して算定する。

$$\frac{普通株式に係る当期純利益}{（普通株式の期首株式数＋普通株式の期末株式数）÷2＝普通株式の期中平均株式数}＝1株当たり当期純利益$$

　また，損益計算書上，当期純損失の場合にも，当期純利益の場合と同様に，１株当たり当期純損失を算定する。

　なお，個別財務諸表における損益計算書上の当期純利益，当期純損失は，連結財務諸表においては，親会社株主に帰属する当期純利益，親会社株主に帰属する当期純損失とする。

6．税効果会計：〇　　　　　　　　　　　　　　　　「税効果に係る会計基準　第二　二　2」

　繰延税金資産は，将来減算一時差異の解消年度における法定実効税率を使用し，繰延税金負債は，将来加算一時差異の解消年度における法定実効税率を使用して算定しなければならない。

> 繰延税金資産＝将来減算一時差異の発生額×解消時の法定実効税率
> 繰延税金負債＝将来加算一時差異の発生額×解消時の法定実効税率

7．ストック・オプション：×　　　　　　　　　　「ストック・オプション等に関する会計基準　4」

　ストック・オプションとは，会社がその従業員等に対して報酬として新株予約権を付与したものである。ストック・オプションは，その権利が確定する条件（勤務条件，業績条件）を定めていることが多く，権利を付与した後，条件を満たしたときに権利が確定する場合が多い。

　ストック・オプションを付与し，これに応じて企業が従業員等から取得するサービスは，その取得に応じて「株式報酬費用」として計上し，対応する金額を，ストック・オプションの権利の行使又は失効が確定するまでの間，貸借対照表の純資産の部に「新株予約権」として計上する。

8．資産除去債務：×　　　　　　　　　　　　　　　「資産除去債務に関する会計基準　14」

　資産除去債務は，発生時に割引計算された現在価値で計上しているため，時の経過によって増加させる必要がある。この増加額を時の経過による資産除去債務の調整額（利息費用）という。時の経過による資産除去債務の調整額（利息費用）は，期首の資産除去債務の帳簿価額に負債計上時の割引率を乗じて算定し，損益計算書上，当該資産除去債務に関連する有形固定資産の減価償却費と同じ区分に含めて費用計上する。

9．負ののれん：〇　　　　　　「連結財務諸表に関する会計基準　24」「企業結合に関する会計基準　48」

　「負ののれん」は「負ののれん」が生じた事業年度の利益として処理する。

10．数理計算上の差異：〇　　　　　　　　　　　　　　　「退職給付に関する会計基準　24」

　数理計算上の差異が生じた場合には，数理計算上の差異を費用処理し，退職給付引当金の残高を修正しなければならない。

　数理計算上の差異は，原則として，各期の発生額について平均残存勤務期間以内の一定の年数で按分した額（定額法）を毎期費用処理しなければならない。

> 数理計算上の差異の費用処理額＝数理計算上の差異÷平均残存勤務期間以内の一定の年数
> 　　　　　　　　　（償却額）

問題2 ● 財務会計の概念フレームワーク

　　　　　　　　討議資料「財務会計の概念フレームワーク」「金融商品に関する会計基準　70，73」

問1　実現した成果（記述問題）

　会計は株主と債権者の間の利害調整機能を果たすことが要請されており，利害調整機能を果たすためには算定される利益が備えるべき特質は分配可能性であるため，「実現した成果」には換金可能性や処分可能性が求められる。

問2　売買目的有価証券（記述問題）

　時価の変動により利益を得ることを目的として保有する有価証券（売買目的有価証券）については，投資家にとっての有用な情報は有価証券の期末時点での時価に求められると考えられる。したがって，時価をもって貸借対照表価額とすることとした。また，売買目的有価証券は，売却することについて事業遂行上等の制約がなく，時価の変動にあたる評価差額が企業にとっての財務活動の成果と考えられることから，その評価差額当期の損益として処理することとした。

問3　子会社株式（記述問題）

(1)　上場している子会社は，証券市場が存在しているため，現金あるいはその同等物への転換が容易である。よって，その評価差額は実現可能な成果と考えることができる。しかし，この子会社株式の売却には，事業遂行上の制約が課されているため，当該評価差額は，リスクから解放された投資の成果とはいえない。

(2)　子会社については，事業投資と同じく時価の変動を財務活動の成果とは捉えないという考え方にもとづいているため，時価評価差額を認識せず，取得原価をもって貸借対照表価額とすることとした。

問題3 ● 財務指標の説明問題

問1　総資産回転率（記述問題）

　総資産回転率とは，「総資産がどれだけ効率的に総収益（または売上高）を生み出したか」という資産運用効率を表す指標で，具体的な計算式は次のようになる。

$$総資産回転率 = \frac{総収益（または売上高）}{総資産}$$

　総資産回転率は，1.0より大きければ大きいほど望ましいといえる。総資産回転率が大きい状態は「投資→販売→回収」のサイクルを何回転も回し，効率的に総資産を運用できており，会社にとっては理想的な状態である。

　反対に総資産回転率が1.0を下回る場合は，総資産の運用効率がよくない状態といえる。総資産回転率が大きく1.0を下回る場合は，「総収益（または売上高）が小さい」または「総資産が大きい」のどちらかの原因がある。電力会社の場合，発電等のための巨額な設備（有形固定資産）を多く保有しており，総資産の額が大きくなる傾向があるため，相対的に総資産回転率の低い業界に属するといえる。

問2　棚卸資産回転率（記述問題）

　棚卸資産回転率とは，棚卸資産の運用効率を表す指標である。棚卸資産回転率は，大きいほど望ましく商品（棚卸資産）が売れていることがわかる。反対に小さいほど商品が売れていないことになる。このような側面から棚卸資産回転率は，財務分析や在庫管理の指標として使われる。

　棚卸資産回転率の計算式は「売上高」を使う方法と「売上原価」を使う方法の2つある。

① 「売上高」を使う方法

$$棚卸資産回転率 = \frac{売上高}{期末の棚卸資産}$$

　「売上高」を使う計算式は，棚卸資産が売上高に対して何回転したかを表す。この計算式のメリットは，棚卸資産と売上高の関係がわかるため，財務分析に向いている。ただし，売上高には棚卸資産の原価部分だけでなく利益部分も上乗せされているため，利益率の高低が回転率に影響すると

いう問題がある。

② 「売上原価」を使う方法

$$棚卸資産回転率 = \frac{売上原価}{期末の棚卸資産}$$

「売上原価」を使う計算式は，棚卸資産が売上原価に対して何回転したかを表す。売上原価を使うことで，売上高を使う方法の利益部分を含まないため，純粋に棚卸資産が何回転したかを把握しやすくなり，在庫管理に向いている。

問3　**売上債権回転日数（記述問題）**

売上債権回転率とは，売上債権の回転速度を示すものであり，売上債権回転率（回）＝売上高÷売上債権（期中平均値）で表すことができる。一方，売上債権回転期間とは，売上債権が1回転するのに要する期間をいい，売上債権回転期間（日）＝売上債権（期中平均値）÷売上高（1日当たり）で表すことができる。

回転率と回転期間の両者は逆数の関係にあり，例えば，回転率が5回なら，回転期間は1年（365日）÷5回＝0.2年（73日）となる。

$$売上債権回転期間（日）= \frac{(370〈期首売掛金〉+ 120〈期首受取手形〉+ 300〈期末売掛金〉+ 150〈期末受取手形〉)÷ 2}{2,350〈売上高〉÷ 365 （日）}$$
$$= 73 （日）$$

〈参考〉

$$売上債権回転率（回）= \frac{2,350〈売上高〉}{(370〈期首売掛金〉+ 120〈期首受取手形〉+ 300〈期末売掛金〉+ 150〈期末受取手形〉)÷ 2}$$
$$= 5 （回）$$

第205回 解答

工 業 簿 記

問題1

問1

第1工程　正常仕損費　〔❺　　33,000　〕円

問2

第1工程　完成品原価　〔❿　1,185,250　〕円　　月末仕掛品原価　〔❿　182,750　〕円

問3

第2工程　正常仕損費　〔❺　　52,500　〕円

問4

第2工程　完成品原価　〔❿　1,897,000　〕円　　月末仕掛品原価　〔❿　　84,750　〕円

　　　　　異常仕損費　〔❺　　29,375　〕円

問5

　　　異常仕損費は製品の原価性が認められないので，期間損益計算上，営業外費用または特別損

　　　失として処理する。　　❺

問題2

問1

損益計算書（直接原価計算方式）

（単位：円）

売上高	[	❷	3,480,000]
変動売上原価	[	❷	1,713,400]
変動製造マージン	[		1,766,600]
変動販売費	[	❷	725,000]
貢献利益	[		1,041,600]
固定製造間接費	[	❷	342,000]
固定販売費	[		165,000]
一般管理費	[		248,000]
営業利益	[	❷	286,600]

問2

借　　方	金　　額	貸　　方	金　　額
繰延固定製造間接費	22,800	繰延固定製造間接費	38,400
固　定　費　調　整	15,600		

すべて正解で❿

問3

借　　方	金　　額	貸　　方	金　　額
損　　　　　　　益	15,600	固　定　費　調　整	15,600

すべて正解で❿

問4

全部原価計算方式の営業利益 〔 ❿ 　　271,000 〕円

●数字…予想配点

原 価 計 算

問題1
問1

A製品 〔❹ 40 〕%　　B製品 〔 32.35 〕%　　C製品 〔❹ 27.06 〕%

全　社 〔❷ 32.94 〕%

問2

〔　　　　　　　　〕内には数値を入れること

全社的売上総利益率＝A製品売上総利益率×〔 35.55 〕%

　　　　　　　　　　＋B製品売上総利益率×〔❺ 24.17 〕%

　　　　　　　　　　＋C製品売上総利益率×〔❺ 40.28 〕%

問3

不利差異の場合には△を付すこと

全社的売上総利益差異　　〔❿ △17,360 〕円

問4

〔　　　　　　　　〕内には差異の金額を記入し，不利差異の場合には△を付すこと

①　単位当たり売上総利益差異　〔❸ △14,400 〕円

②　販売ミックス差異　　　　　〔❸ △180 〕円

③　販売数量差異　　　　　　　〔❸ △2,780 〕円

> ②の計算過程
> @200円×（610個－594個）＋@220円×（267個－297個）＋@230円×（410個－396個）
> ＝△180円 ❶

問5

C製品

①　販売価格差異　　　　〔❺ △12,300 〕円

②　単位当たり原価差異　〔❺ △8,200 〕円

問題2

問1

〔 ❿ 　22,800,000 〕円

問2

単位：円

	X事業部	Y事業部	全　社
売　　上　　高	〔 22,800,000 〕	〔 ❷ 36,000,000 〕	〔 48,000,000 〕
売　上　原　価	〔 ❷ 18,000,000 〕	〔 ❷ 25,200,000 〕	〔 32,400,000 〕
売　上　総　利　益	〔 4,800,000 〕	〔 10,800,000 〕	〔 15,600,000 〕
販売費及び一般管理費	〔 ❷ 3,990,000 〕	〔 ❷ 5,980,000 〕	〔 9,970,000 〕
営　業　利　益	〔 810,000 〕	〔 4,820,000 〕	〔 5,630,000 〕

問3

マイナスの場合には△を付すこと。

単位：円

	X事業部	Y事業部	全　社
売　　　上　　　高	〔 ❷ 29,400,000 〕	〔 36,000,000 〕	〔 48,000,000 〕
変　動　売　上　原　価	〔 6,000,000 〕	〔 ❷ 21,000,000 〕	〔 9,600,000 〕
変動製造マージン	〔 23,400,000 〕	〔 15,000,000 〕	〔 38,400,000 〕
変　動　販　売　費	〔 ❷ 400,000 〕	〔 780,000 〕	〔 1,180,000 〕
貢　　献　　利　　益	〔 23,000,000 〕	〔 14,220,000 〕	〔 37,220,000 〕
固　定　製　造　費	〔 12,000,000 〕	〔 10,800,000 〕	〔 22,800,000 〕
固　定　販　売　費	〔 1,200,000 〕	〔 1,800,000 〕	〔 3,000,000 〕
一　般　管　理　費	〔 1,250,000 〕	〔 1,600,000 〕	〔 2,850,000 〕
セグメント・マージン	〔 ❷ 8,550,000 〕	〔 ❷ 20,000 〕	8,570,000
本　　　社　　　費			〔 2,940,000 〕
営　　業　　利　　益			〔 5,630,000 〕

問4

Ｙ事業部のセグメント・マージンは黒字である上に，固定費はＹ事業部を閉鎖しても発生
は回避できない。よってＹ事業部は閉鎖すべきでない。　❿

問題3

埋	没	原	価	と	は	，	代	替	案	の	選	択	に	よ	っ	て	そ	の	発
生	額	が	影	響	さ	れ	な	い	原	価	を	い	う	。					

❿

●数字…予想配点

第205回　解答への道　問題 42

工 業 簿 記 解 説

■ **問題1 ● 累加法による工程別単純総合原価計算（正常仕損費の処理は非度外視法）**

問1・2　第1工程の計算（平均法）

1．原材料Aの計算

仕掛品－原材料A

月初	200個	完成	2,750個
	61,000円		825,000円
投入			
	3,150個		
（貸借差引）		正常仕損	100個
	944,000円		30,000円
		月末	500個
			150,000円

正常仕損品原価：$\dfrac{61,000円 + 944,000円}{2,750個 + 100個 + 500個} \times 100個$
　　　　　　　　= 30,000円

月末仕掛品原価：$\dfrac{61,000円 + 944,000円}{2,750個 + 100個 + 500個} \times 500個$
　　　　　　　　= 150,000円

完成品原価：61,000円 + 944,000円 − 30,000円 − 150,000円
　　　　　　= 825,000円

2．加工費の計算

　正常仕損は工程を通じて平均的に発生しているため，正常仕損の加工進捗度は1/2として計算する。

仕掛品－加工費

月初	160個	完成	2,750個
	19,520円		330,000円
投入			
	2,890個		
（貸借差引）		正常仕損	50個
	346,480円		6,000円
		月末	250個
			30,000円

正常仕損品原価：$\dfrac{19,520円 + 346,480円}{2,750個 + 50個 + 250個} \times 50個$
　　　　　　　　= 6,000円

月末仕掛品原価：$\dfrac{19,520円 + 346,480円}{2,750個 + 50個 + 250個} \times 250個$
　　　　　　　　= 30,000円

完成品原価：19,520円 + 346,480円 − 6,000円 − 30,000円
　　　　　　= 330,000円

3．正常仕損費の追加配賦

　正常仕損は工程を通じて平均的に発生しているため，正常仕損費は完成品と月末仕掛品に加工費の完成品換算量比で負担させる。

　正常仕損費：30,000円 + 6,000円 −（正味売却額30円/個 × 100個）= **33,000円**（問1）

　月末仕掛品へ：$\dfrac{33,000円}{2,750個 + 250個} \times 250個 = 2,750円$

　完　成　品　へ：　　〃　　× 2,750個 = 30,250円

4．合　計

　月末仕掛品原価：150,000円 + 30,000円 + 2,750円 = **182,750円**（問2）

　完成品原価：825,000円 + 330,000円 + 30,250円 = **1,185,250円**（問2）

　　　　　　　　　　　　　　→すべて第2工程に投入

問3・4 **第2工程の計算（平均法）**

1．前工程費の計算

仕掛品－前工程費

月初	350個	完成	2,800個
	163,250円		
投入			1,218,000円
	2,750個		
		正常仕損	100個
	1,185,250円		43,500円
		異常仕損	50個
			21,750円
		月末	150個
			65,250円

異常仕損費：$\dfrac{163,250円 + 1,185,250円}{2,800個 + 100個 + 50個 + 150個} \times 50個$
　　　　　　$= 21,750円$

正常仕損費：$\dfrac{163,250円 + 1,185,250円}{2,800個 + 100個 + 50個 + 150個} \times 100個$
　　　　　　$= 43,500円$

月末仕掛品原価：$\dfrac{163,250円 + 1,185,250円}{2,800個 + 100個 + 50個 + 150個} \times 150個$
　　　　　　$= 65,250円$

完成品原価：$163,250円 + 1,185,250円 - 21,750円 - 43,500円$
　　　　　　$- 65,250円 = 1,218,000円$

2．原材料Bの計算

原材料Bは加工の進行に応じて投入されるため，加工費の完成品換算量と同じ数量で原価配分する。

仕掛品－原材料B

月初	210個	完成	2,800個
	19,000円		
投入			252,000円
	2,735個		
（貸借差引）		正常仕損	40個
	246,050円		3,600円
		異常仕損	30個
			2,700円
		月末	75個
			6,750円

異常仕損費：$\dfrac{19,000円 + 246,050円}{2,800個 + 40個 + 30個 + 75個} \times 30個$
　　　　　　$= 2,700円$

正常仕損費：$\dfrac{19,000円 + 246,050円}{2,800個 + 40個 + 30個 + 75個} \times 40個$
　　　　　　$= 3,600円$

月末仕掛品原価：$\dfrac{19,000円 + 246,050円}{2,800個 + 40個 + 30個 + 75個} \times 75個$
　　　　　　$= 6,750円$

完成品原価：$19,000円 + 246,050円 - 2,700円 - 3,600円$
　　　　　　$- 6,750円 = 252,000円$

3．加工費の計算

仕掛品－加工費

月初	210個	完成	2,800個
	28,980円		
投入			378,000円
	2,735個		
（貸借差引）		正常仕損	40個
	368,595円		5,400円
		異常仕損	30個
			4,050円
		月末	75個
			10,125円

異常仕損費：$\dfrac{28,980円 + 368,595円}{2,800個 + 40個 + 30個 + 75個} \times 30個$
　　　　　　$= 4,050円$

正常仕損費：$\dfrac{28,980円 + 368,595円}{2,800個 + 40個 + 30個 + 75個} \times 40個$
　　　　　　$= 5,400円$

月末仕掛品原価：$\dfrac{28,980円 + 368,595円}{2,800個 + 40個 + 30個 + 75個} \times 75個$
　　　　　　$= 10,125円$

完成品原価：$28,980円 + 368,595円 - 4,050円 - 5,400円$
　　　　　　$- 10,125円 = 378,000円$

4．正常仕損費の追加配賦

正常仕損は定点発生であり，完成品，月末仕掛品，異常仕損は仕損発生点を通過しているため，正常仕損費は完成品，月末仕掛品および異常仕損に数量比で負担させる。

正常仕損費：43,500円＋3,600円＋5,400円＝**52,500円**（ 問3 ）

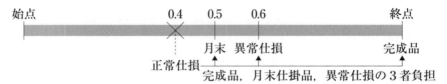

$$異常仕損へ： \frac{52,500円}{2,800個＋50個＋150個} ×50個＝875円$$

月末仕掛品へ： 〃 ×150個＝2,625円

完 成 品 へ： 〃 ×2,800個＝49,000円

5．合 計

異常仕損費：21,750円＋2,700円＋4,050円＋875円＝**29,375円**（ 問4 ）

月末仕掛品原価：65,250円＋6,750円＋10,125円＋2,625円＝**84,750円**（ 問4 ）

完成品原価：1,218,000円＋252,000円＋378,000円＋49,000円＝**1,897,000円**（ 問4 ）

問5 異常仕損費の会計処理（記述問題）

異常な状態を原因とする仕損は，通常の程度を超えて発生するものである。それらには経営者にとって管理可能な原因で生じるものもあれば，予期しえない管理不能な原因で生じるものもある。いずれの場合も，**異常仕損費は製品の原価性が認められないので，期間損益計算上，営業外費用または特別損失として処理する**ことになる。

問題2 ● 直接原価計算

問1 当期の直接原価計算方式による損益計算書

1．変動売上原価の計算（先入先出法）

製 品（変動費）

期首 240個 （600円/個） 144,000円	売上原価 2,900個 **1,713,400円**※2
当期製造 2,850個 （590円/個※1） 1,681,500円	期末 190個 （590円/個※1） 112,100円

※1　200円/個＋240円/個＋150円/個＝590円/個

※2　600円/個×240個＋590円/個
　　　×（2,900個－240個）＝1,713,400円

2．直接原価計算方式による損益計算書

損益計算書（直接原価計算方式）

（単位：円）

売上高	1,200円/個×2,900個	3,480,000
変動売上原価	上記1より	1,713,400
変動製造マージン		1,766,600
変動販売費	250円/個×2,900個	725,000
貢献利益		1,041,600
固定製造間接費	〈資料〉2より	342,000
固定販売費	〈資料〉2より	165,000
一般管理費	〈資料〉2より	248,000
営業利益		286,600

問2～4　固定費調整

1．前期末および当期末の在庫品に含まれる固定製造間接費（先入先出法）

期首および期末に仕掛品はないため，製品に含まれる固定製造間接費を計算すればよい。

製　品（固定費）

期首　　　　240個	売上原価　　2,900個
（160円/個）	
38,400円	357,600円
当期製造　2,850個	
（120円/個※3）	期末　　　　190個
	（120円/個※3）
342,000円	22,800円

※3　342,000円÷2,850個＝120円/個

2．固定費調整勘定に振り替えるための仕訳（ 問2 ）（単位：円）

前期末から計上されている繰延固定製造間接費を減額するとともに，当期末の在庫品に含まれる固定製造間接費を繰延固定製造間接費勘定に計上し，その差額を固定費調整勘定に振り替える。

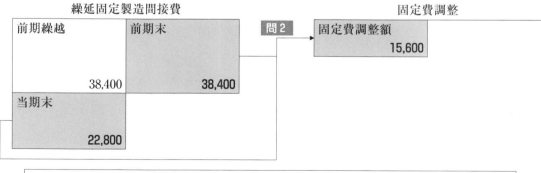

（繰延固定製造間接費）	22,800	（繰延固定製造間接費）	38,400
（固　定　費　調　整）	15,600		

**3．固定費調整勘定残高を損益勘定に振り替える仕訳（ 問3 ）と全部原価計算方式の営業利益
（ 問4 ）**　　　　　　　　　　　　　　　　　　　　　　　　　　　　　　　　（単位：円）

　　固定費調整の残高を損益勘定へ振り替えることにより（ 問3 ），直接原価計算方式の営業利益
となっていた損益勘定の残高に固定費調整額が加減され，全部原価計算方式の営業利益が算定され
る（ 問4 ）。

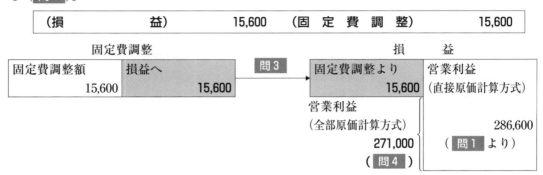

原 価 計 算 解 説

● 問題1 ● 予算実績差異分析

問1 製品別売上総利益率および全社的売上総利益率（予算を前提）

1．予算売上総利益

A製品：300,000円 − 180,000円 ＝ 120,000円

B製品：204,000円 − 138,000円 ＝ 66,000円

C製品：340,000円 − 248,000円 ＝ 92,000円

合　計　　　　　　　　　　　278,000円

2．製品別売上総利益率

A製品：$\dfrac{120,000円}{300,000円} \times 100 = $ **40（%）**

B製品：$\dfrac{66,000円}{204,000円} \times 100 = 32.352\cdots（%）\rightarrow$ **32.35（%）**（小数点以下第3位四捨五入）

C製品：$\dfrac{92,000円}{340,000円} \times 100 = 27.058\cdots（%）\rightarrow$ **27.06（%）**（小数点以下第3位四捨五入）

3．全社的売上総利益率

(1) 全社的売上高

300,000円 ＋ 204,000円 ＋ 340,000円 ＝ 844,000円

(2) 全社的売上総利益率

$\dfrac{278,000円}{844,000円} \times 100 = 32.938\cdots（%）\rightarrow$ **32.94（%）**（小数点以下第3位四捨五入）

問2 全社的売上総利益率と製品別売上総利益率の関係式（予算を前提）

全社的売上総利益率は，製品ごとに計算した「売上総利益率×売上高割合」の合計と一致する。そこで，各製品の売上高割合を求めると，次のとおりである。

A製品：$\dfrac{300,000円}{844,000円} \times 100 = 35.545\cdots（%）\rightarrow$ **35.55（%）**（小数点以下第3位四捨五入）

B製品：$\dfrac{204,000円}{844,000円} \times 100 = 24.170\cdots（%）\rightarrow$ **24.17（%）**（小数点以下第3位四捨五入）

C製品：$\dfrac{340,000円}{844,000円} \times 100 = 40.284\cdots（%）\rightarrow$ **40.28（%）**（小数点以下第3位四捨五入）

問3 全社的売上総利益差異

1．実績売上総利益

A製品：317,200円 − 189,100円 ＝ 128,100円

B製品：173,550円 − 114,810円 ＝ 58,740円

C製品：336,200円 − 262,400円 ＝ 73,800円

合　計　　　　　　　　　　　260,640円

2．全社的売上総利益差異

実績売上総利益260,640円 − 予算売上総利益278,000円 ＝ △17,360円〔不利差異〕

問4 全社的売上総利益差異の詳細分析

1．予算販売数量合計

600個＋300個＋400個＝1,300個

2．実績販売数量合計

610個＋267個＋410個＝1,287個

3．製品別売上総利益差異の詳細分析

（1） A製品

予算@200円※1

実績@210円※2

単位当たり売上総利益差異 ＋6,100円	販売ミックス差異 ＋3,200円	販売数量差異 △1,200円
	実績販売数量 610個	594個※3　予算販売数量 600個

※1　予算単位当たり売上総利益：120,000円÷600個＝@200円

※2　実績単位当たり売上総利益：128,100円÷610個＝@210円

※3　実績総販売数量の予算販売ミックスでの販売数量：$1,287個 \times \dfrac{600個}{1,300個} = 594個$

単位当たり売上総利益差異：（@210円－@200円）×610個＝（＋）6,100円〔有利差異〕

販売ミックス差異：@200円×（610個－594個）＝（＋）3,200円〔有利差異〕

販売数量差異：@200円×（594個－600個）＝（－）1,200円〔不利差異〕

（2） B製品

予算@220円※4

実績@220円※5

単位当たり売上総利益差異 0円	販売ミックス差異 △6,600円	販売数量差異 △660円
	実績販売数量 267個	297個※6　予算販売数量 300個

※4　予算単位当たり売上総利益：66,000円÷300個＝@220円

※5　実績単位当たり売上総利益：58,740円÷267個＝@220円

※6　実績総販売数量の予算販売ミックスでの販売数量：$1,287個 \times \dfrac{300個}{1,300個} = 297個$

単位当たり売上総利益差異：（@220円－@220円）×267個＝0円〔－〕

販売ミックス差異：@220円×（267個－297個）＝（－）6,600円〔不利差異〕

販売数量差異：@220円×（297個－300個）＝（－）660円〔不利差異〕

解答への道

(3) C製品

予算@230円※7　実績@180円※8

単位当たり 売上総利益差異 △20,500円	販売ミックス差異 +3,220円	販売数量差異 △920円

実績販売数量　　　　　　　　　　　　　　　　予算販売数量
410個　　　　　　　　　396個※9　　　　　　　400個

※7　予算単位当たり売上総利益：92,000円÷400個＝@230円

※8　実績単位当たり売上総利益：73,800円÷410個＝@180円

※9　実績総販売数量の予算販売ミックスでの販売数量：$1,287個 \times \dfrac{400個}{1,300個} = 396個$

単位当たり売上総利益差異：(@180円－@230円)×410個＝(－)20,500円〔不利差異〕

販売ミックス差異：@230円×(410個－396個)＝(＋)3,220円〔有利差異〕

販売数量差異：@230円×(396個－400個)＝(－)920円〔不利差異〕

(4)　まとめ

単位当たり売上総利益差異：(＋)6,100円＋0円＋(－)20,500円＝△14,400円〔不利差異〕

販売ミックス差異：(＋)3,200円＋(－)6,600円＋(＋)3,220円＝△180円〔不利差異〕

販売数量差異：(－)1,200円＋(－)660円＋(－)920円＝△2,780円〔不利差異〕

問5　C製品の単位当たり売上総利益差異の詳細分析

単位当たり売上総利益差異は，次のように販売価格差異と単位当たり原価差異に分析する。

単位当たり売上総利益差異

＝(実績単位当たり売上総利益－予算単位当たり売上総利益)×実績販売数量

＝{(実績販売価格－実績単位当たり原価)－(予算販売価格－予算単位当たり原価)}×実績販売数量

＝{(実績販売価格－予算販売価格)＋(予算単位当たり原価－実績単位当たり原価)}×実績販売数量

＝(実績販売価格－予算販売価格)×実績販売数量＋(予算単位当たり原価－実績単位当たり原価)×実績販売数量
　　　　　　販売価格差異　　　　　　　　　　　　　　　単位当たり原価差異

1．販売価格差異

予算販売価格：340,000円÷400個＝@850円

実績販売価格：336,200円÷410個＝@820円

販売価格差異：(@820円－@850円)×410個＝△12,300円〔不利差異〕

2．単位当たり原価差異

予算単位当たり原価：248,000円÷400個＝@620円

実績単位当たり原価：262,400円÷410個＝@640円

単位当たり原価差異：(@620円－@640円)×410個＝△8,200円〔不利差異〕

第205回

問題2 ● 事業部の業績測定

問1 X事業部の売上高（内部振替価格は全部製造原価）

外部販売高：30,000円/個×400個＝ 12,000,000円

内部振替高：18,000円/個×600個＝ 10,800,000円

合　計　　　　　　　　　 22,800,000円

問2 全部原価計算方式の事業部別損益計算書

　事業部別損益計算書を作成する際に，各事業部の損益計算書では内部振替高も計上するが，全社の損益計算書では内部振替高は計上されないことに注意が必要である。

1．X事業部

(1) 売上高

22,800,000円（ 問1 より）

(2) 売上原価

18,000円/個×1,000個＝**18,000,000円**

(3) 売上総利益

22,800,000円－18,000,000円＝**4,800,000円**

(4) 販売費及び一般管理費

① 変動販売費：1,000円/個×400個〈外部販売分〉＝400,000円

② 固定販売費：1,200,000円（〈資料〉2より）

③ 一般管理費：1,250,000円（〈資料〉2より）

④ 本社費配賦額：$2,940,000円 \times \dfrac{22,800,000円}{58,800,000円^{※}} = 1,140,000円$

※ 売上高合計

X事業部；　　　　　　　　　　 22,800,000円（ 問1 より）

Y事業部；60,000円/個×600個＝ 36,000,000円

合　計　　　　　　　　 58,800,000円

⑤ 販売費及び一般管理費合計

400,000円＋1,200,000円＋1,250,000円＋1,140,000円＝**3,990,000円**

(5) 営業利益

4,800,000円－3,990,000円＝**810,000円**

2．Y事業部

(1) 売上高

36,000,000円（解説1(4)より）

(2) 売上原価

内部振替高：18,000円/個×600個＝　　　　　　　　 10,800,000円

その他の製造原価：(42,000円/個－18,000円/個)×600個＝ 14,400,000円

合　計　　　　　　　　　　　　　　　　 25,200,000円

(3) 売上総利益

36,000,000円－25,200,000円＝**10,800,000円**

（4）販売費及び一般管理費

① 変動販売費：1,300円/個×600個＝780,000円

② 固定販売費：1,800,000円（〈資料〉2より）

③ 一般管理費：1,600,000円（〈資料〉2より）

④ 本社費配賦額：$2,940,000円 \times \dfrac{36,000,000円}{58,800,000円} = 1,800,000円$

⑤ 販売費及び一般管理費合計

780,000円＋1,800,000円＋1,600,000円＋1,800,000円＝**5,980,000円**

（5）営業利益

10,800,000円－5,980,000円＝**4,820,000円**

3．全　社

（1）売上高

22,800,000円＋36,000,000円－内部振替高10,800,000円＝**48,000,000円**

（2）売上原価

18,000,000円＋25,200,000円－内部振替高10,800,000円＝**32,400,000円**

（3）売上総利益

48,000,000円－32,400,000円＝**15,600,000円**

（4）販売費及び一般管理費

3,990,000円＋5,980,000円＝**9,970,000円**

（5）営業利益

15,600,000円－9,970,000円＝**5,630,000円**

4．事業部別損益計算書

事業部別損益計算書			（単位：円）
	X事業部	Y事業部	全　社
売　　上　　高			
外　部　販　売　高	12,000,000	36,000,000	48,000,000
内　部　振　替　高	10,800,000	－	－
売　上　高　計	22,800,000	36,000,000	48,000,000
売　　上　　原　　価			
内　部　振　替　高	－	10,800,000	－
その他の製造原価	18,000,000	14,400,000	32,400,000
売　上　原　価　計	18,000,000	25,200,000	32,400,000
売　上　総　利　益	4,800,000	10,800,000	15,600,000
販売費及び一般管理費			
変　動　販　売　費	400,000	780,000	1,180,000
固　定　販　売　費	1,200,000	1,800,000	3,000,000
一　般　管　理　費	1,250,000	1,600,000	2,850,000
本　社　費　配　賦　額	1,140,000	1,800,000	2,940,000
販売費及び一般管理費計	3,990,000	5,980,000	9,970,000
営　業　利　益	810,000	4,820,000	5,630,000

解答への道

第205回

問3 直接原価計算方式の事業部別損益計算書

事業部の収益性を適切に把握するために，X製品の内部振替価格を市価基準に変更する。ただし，変動販売費は外部販売分にのみ発生する（内部振替分には発生しない）ことから，単純市価から不要となる変動販売費を控除した市価差引基準を採用すべきである。

市価差引基準による内部振替価格：30,000円/個－1,000円/個＝29,000円/個

1．X事業部

(1) 売上高

外部販売高：30,000円/個×400個＝ 12,000,000円

内部振替高：29,000円/個×600個＝ 17,400,000円

　合　計　　　　　　　　　　　　　**29,400,000円**

(2) 変動売上原価

6,000円/個×1,000個＝**6,000,000円**

(3) 変動製造マージン

29,400,000円－6,000,000円＝**23,400,000円**

(4) 変動販売費

1,000円/個×400個〈外部販売分〉＝**400,000円**

(5) 貢献利益

23,400,000円－400,000円＝**23,000,000円**

(6) 固定費

固定製造費：**12,000,000円**（〈資料〉1より）

固定販売費：**1,200,000円**（〈資料〉2より）

一般管理費：**1,250,000円**（〈資料〉2より）

(7) セグメント・マージン

23,000,000円－12,000,000円－1,200,000円－1,250,000円＝**8,550,000円**

2．Y事業部

(1) 売上高

36,000,000円（ 問2 ・解説1(4)④より）

(2) 変動売上原価

内部振替高：29,000円/個×600個＝　　　　　　　　17,400,000円

その他の変動製造原価：(24,000円/個－18,000円/個)×600個＝　3,600,000円

　合　計　　　　　　　　　　　　　　　　　　**21,000,000円**

(3) 変動製造マージン

36,000,000円－21,000,000円＝**15,000,000円**

(4) 変動販売費

1,300円/個×600個＝**780,000円**

(5) 貢献利益

15,000,000円－780,000円＝**14,220,000円**

(6) 固定費

固定製造費：**10,800,000円**（〈資料〉1より）

固定販売費：**1,800,000円**（〈資料〉2より）

一般管理費：**1,600,000円**（〈資料〉2より）

(7) セグメント・マージン

14,220,000円－10,800,000円－1,800,000円－1,600,000円＝**20,000円**

3．全　社

(1) 売上高

29,400,000円＋36,000,000円－内部振替高17,400,000円＝**48,000,000円**

(2) 変動売上原価

6,000,000円＋21,000,000円－内部振替高17,400,000円＝**9,600,000円**

(3) 変動製造マージン

48,000,000円－9,600,000円＝**38,400,000円**

(4) 変動販売費

400,000円＋780,000円＝**1,180,000円**

(5) 貢献利益

38,400,000円－1,180,000円＝**37,220,000円**

(6) 固定費

固定製造費：12,000,000円＋10,800,000円＝**22,800,000円**

固定販売費：1,200,000円＋1,800,000円＝**3,000,000円**

一般管理費：1,250,000円＋1,600,000円＝**2,850,000円**

(7) セグメント・マージン

37,220,000円－22,800,000円－3,000,000円－2,850,000円＝**8,570,000円**

(8) 本社費

2,940,000円（〈**資料**〉 2 より）

(9) 営業利益

8,570,000円－2,940,000円＝**5,630,000円**

4．事業部別損益計算書

事業部別損益計算書 （単位：円）

	X事業部	Y事業部	全　　社
売　　　　上　　　　高			
外　部　販　売　高	12,000,000	36,000,000	48,000,000
内　部　振　替　高	17,400,000	－	－
売　上　高　計	29,400,000	36,000,000	48,000,000
変　動　売　上　原　価			
内　部　振　替　高	－	17,400,000	－
その他の変動製造原価	6,000,000	3,600,000	9,600,000
変　動　売　上　原　価　計	6,000,000	21,000,000	9,600,000
変　動　製　造　マージン	23,400,000	15,000,000	38,400,000
変　動　販　売　費	400,000	780,000	1,180,000
貢　　献　　利　　益	23,000,000	14,220,000	37,220,000
固　定　製　造　費	12,000,000	10,800,000	22,800,000
固　定　販　売　費	1,200,000	1,800,000	3,000,000
一　般　管　理　費	1,250,000	1,600,000	2,850,000
セグメント・マージン	8,550,000	20,000	8,570,000
本　　社　　費			2,940,000
営　　業　　利　　益			5,630,000

問4　Y事業部の閉鎖の適否（論述問題）

Y事業部を継続する場合の差額利益を計算すると，以下のようになる。

差額収益
　　Y事業部の売上高：　　　　　　　　　　　　　　　　　　　　　　　36,000,000円
差額原価
　　X事業部の変動製造原価：6,000円／個×600個＝　　3,600,000円
　　Y事業部の変動製造原価：　　　　　　　　　　　　3,600,000円
　　Y事業部の変動販売費：　　　　　　　　　　　　　　780,000円　　7,980,000円
差額利益　　　　　　　　　　　　　　　　　　　　　　　　　　　　28,020,000円

以上の結果より，Y事業部を継続したほうが28,020,000円有利となる。

本間では，内部振替価格について，変動製造原価を上回る市価差引基準により設定しており，これにもとづき計算した**Y事業部のセグメント・マージンでも20,000円の黒字である**。加えて**固定費はY事業部を閉鎖しても回避できない**ため，**Y事業部は閉鎖すべきではない**。

問題3 ● 埋没原価の意義（論述問題）

埋没原価とは，代替案の選択によってその発生額が影響されない原価をいう。代替案を選択するうえで影響しないので，無関連原価ともいわれる。

第207回　解答

商 業 簿 記

問題1

（単位：円）

問題番号	借 方 科 目	金 額	貸 方 科 目	金 額	
(1)	売　　掛　　金	2,310,000	仮 受 消 費 税 等	210,000	
			返 金 負 債	252,000	❺
			売　　上	1,848,000	
	返 品 資 産	144,000	商　　品	1,200,000	❺
	売 上 原 価	1,056,000			
(2)	商　　品	160,000	返 品 資 産	144,000	❺
			売 上 原 価	16,000	
(3)	仮 受 消 費 税 等	28,000	売　　掛　　金	308,000	❺
	返 金 負 債	252,000			
	売　　上	28,000			

問題2

（単位：円）

借 方 科 目	金 額	貸 方 科 目	金 額	
諸 資 産	800,000	諸 負 債	300,000	
土 地	400,000	自 己 株 式	270,000	
仕 掛 研 究 開 発 費	50,000	資 本 金	100,000	❿
の れ ん	30,000	資 本 準 備 金	50,000	
		そ の 他 資 本 剰 余 金	560,000	

問題3

勘定の内訳　　　　　　　　（単位：円）

	その他有価証券	繰延税金資産	繰延税金負債	その他有価証券評価差額金	
	借方	借方	貸方	借方	貸方
A社社債	9,930		23		❷ 55
B社社債	10,350	45		105	
C社株式	10,500	❷ 282			658
D社株式	9,000				
計	❷ 39,780	45	305	105	713

問題3

決算整理後残高試算表

（単位：円）

借方科目	金額	貸方科目	金額
現金	1,520	買掛金	39,000
当座預金	5,770	仮受消費税等	0
売掛金	60,000	仮受金	0
割賦売掛金	❹ 9,884	貸倒引当金	〔 957 〕
仮払金	0	未払消費税等	〔 ❹ 8,200 〕
仮払法人税等	0	未払法人税等	〔 12,910 〕
仮払消費税等	0	建物減価償却累計額	〔 ❹ 79,180 〕
繰越商品	〔 ❹ 21,916 〕	備品減価償却累計額	〔 ❹ 33,160 〕
前払地代	〔 ❹ 5,400 〕	繰延税金負債	〔 305 〕
建物	150,000	利息調整勘定	〔 ❹ 915 〕
備品	54,000	商品低価引当金	〔 160 〕
その他有価証券	〔 39,780 〕	資本金	〔 ❹ 200,000 〕
保証金	98,000	資本準備金	〔 0 〕
繰延税金資産	〔 45 〕	その他資本剰余金	〔 0 〕
自己株式	〔 0 〕	利益準備金	20,000
仕入	〔 ❹ 258,000 〕	繰越利益剰余金	〔 54,772 〕
給与手当	45,000	その他有価証券評価差額金	〔 608 〕
支払地代	〔 7,200 〕	新株予約権	〔 0 〕
その他の費用	53,000	売上	400,000
貸倒引当金繰入	〔 ❹ 557 〕	割賦売上	10,000
減価償却費	〔 14,070 〕	受取利息	〔 989 〕
棚卸減耗損	〔 ❹ 84 〕	受取配当金	〔 ❹ 60 〕
商品評価損	〔 ❹ 130 〕	新株予約権戻入益	〔 ❹ 1,000 〕
固定資産除却損	〔 ❹ 7,950 〕		
有価証券評価損（特別損失）	〔 ❹ 6,000 〕		
法人税等	23,910		
	〔 862,216 〕		〔 862,216 〕

注意：〔 〕内の金額がゼロである場合，0と記入すること。

●数字…予想配点

会 計 学

問題1

	正誤	理　　　由	
1.	○		❹
2.	×	貸借対照表の流動・固定の分類は，1年基準だけでなく，正常営業循環基準やその他の基準（科目の性質や所有目的など）によって行われる。	❹
3.	×	資産除去債務には，法令又は契約で要求される法律上の義務だけでなく，それに準じるものも含まれる。	❹
4.	×	子会社が採用する会計方針に親会社があわせて統一する場合もある。	❹
5.	×	財務諸表の科目の分類，科目の配列及び報告様式は，会計方針ではなく，表示方法に該当する。	❹
6.	○		❹
7.	○		❹
8.	○		❹
9.	○		❹
10.	×	実質価額ではなく，個別貸借対照表上の帳簿価額をもって評価する。	❹

問題2

問1

債務概念	「基準」の概念	債務概念の認識範囲の説明	
予測給付債務概念	❸ ○	受給権確定部分及び受給権未確定部分に加え昇給率など将来の変動要因も認識対象とする。	❹
累積給付債務概念		受給権確定部分及び受給権未確定部分（受給権確定前の発生事象）を認識対象とし，昇給部分は考慮しない。	❹
確定給付債務概念		受給権確定部分（法的確定事象）を認識対象とし，昇給部分は考慮しない。	❹

問2

(1)連結 　財務諸表	数理計算上の差異の各期の発生額は，原則として平均残存勤務期間以内の一定の年数で按分した額を毎期費用処理し，未認識数理計算上の差異は，税効果を調整の上，その他の包括利益を通じて純資産の部に計上するため，退職給付に係る負債に反映される。	❾
(2)個別 　財務諸表	数理計算上の差異の各期の発生額は，原則として平均残存勤務期間以内の一定の年数で按分した額を毎期費用処理する。そのため，未認識数理計算上の差異は退職給付引当金には反映されない。	❾

問題3

問1

自己株式の取得に関する付随費用を取得原価に含めない理由は，当該費用が株主との間の資本取引ではない点に着目しているからである。	❾

問2

(1)	自己株式処分差益は，その他資本剰余金に計上し，自己株式処分差損は，その他資本剰余金から減額する。	❾
(2)	自己株式の処分が新株の発行と同様の経済的実態を有し，払込資本と同様の性格を有するため，資本剰余金となり，会社法で規定されている資本準備金に該当しないため，その他資本剰余金となる。	❾

●数字…予想配点

第207回　解答への道　問　題　46

商　業　簿　記　解　説

問題1 ●仕訳問題（以下，単位：円）

返品権付販売

返品権付商品などを販売した場合は，次の①から③のすべてについて処理する。

> ①　企業が権利を得ると見込む対価の額（②の返品されると見込まれる商品の対価を除く。）で収益を認識する。
> ②　返品されると見込まれる商品については，収益を認識せず，当該商品について受け取ったまたは受け取る対価の額で返金負債を認識する。
> ③　返金負債の決済時に顧客から商品を回収する権利について資産（返品資産）を認識する。

(1)　販売時

①　売上の処理

（売　　　　掛　　　　金）（＊1）	2,310,000	（仮 受 消 費 税 等）（＊2）	210,000
		（返　金　負　債）（＊3）	252,000
		（売　　　　　　　　上）（＊4）	1,848,000

（＊1）@700〈販売価格（税抜き）〉×10%〈消費税率〉＝@70〈消費税額〉

　　　　@700＋@70＝@770〈税込価格〉

　　　　@770×3,000個＝2,310,000

（＊2）@70×3,000個＝210,000

（＊3）@700×3,000個×12%＝252,000

（＊4）貸借差額

②　売上原価の処理

（返　品　資　産）（＊2）	144,000	（商　　　　　　　　品）（＊1）	1,200,000
（売　上　原　価）（＊3）	1,056,000		

（＊1）@400〈仕入原価〉×3,000個＝1,200,000

（＊2）@400×3,000個×12%＝144,000

（＊3）貸借差額

(2)　返品時の処理（返品資産）

（商　　　　　　　　品）（＊1）	160,000	（返　品　資　産）	144,000
		（売　上　原　価）（＊2）	16,000

（＊1）@400×400個＝160,000

（＊2）貸借差額

(3) 返品時の処理（返金負債）

（仮 受 消 費 税 等）（＊2）	28,000	（売 掛 金）（＊1）	308,000
（返 金 負 債）	252,000		
（売 上）（＊3）	28,000		

（＊1）　@770×400個＝308,000

（＊2）　@70×400個＝28,000

（＊3）　貸借差額

問題2 ● 仕訳問題（以下，単位：円）

吸収合併

　吸収合併の対価として，存続会社が新株の発行と同時に自己株式を処分した場合，消滅会社の取得原価は，株価に交付株式数を乗じた金額とする。増加資本については，株価に交付株式数を乗じた金額から，処分した自己株式の帳簿価額を控除した額だけ，払込資本（資本金，資本準備金またはその他資本剰余金）として処理するが，その内訳は，合併契約等にもとづき会社が決定できるため，試験上は問題の指示に従うこと。

> ①　取得原価＝交付する株式（自己株式を含む）の時価
> ②　増加する払込資本＝取得原価（＝増加する株主資本）－自己株式の帳簿価額

（諸 資 産）	800,000	（諸 負 債）	300,000
（土 地）	400,000	（自 己 株 式）（＊2）	270,000
（仕 掛 研 究 開 発 費）	50,000	（資 本 金）	100,000
（の れ ん）（＊1）	30,000	（資 本 準 備 金）	50,000
		（その他資本剰余金）（＊3）	560,000

（＊1）　@980×1,000株＝980,000〈取得原価＝増加する株主資本〉

　　　　800,000＋400,000＋50,000－300,000＝950,000〈配分された純額〉

　　　　980,000－950,000＝30,000〈のれん〉

（＊2）　@900〈帳簿価額〉×300株＝270,000

（＊3）　貸借差額

問題3 ● 決算整理後残高試算表の作成（以下，単位：円）

1 割賦販売取引（利息区分法）

　割賦販売については，代金の回収が長期にわたるため，販売価格に利息が含まれているケースがある。この場合，売上収益は現金販売価格で計上し，重要な金融要素（金利相当額）は，各期に受取利息として配分する。

（仮 受 金）	2,471	（割 賦 売 掛 金）	2,471
（利 息 調 整 勘 定）（＊）	440	（受 取 利 息）	440

（＊）　（10,000〈現金販売価格〉＋1,000〈消費税等〉）×4％＝440〈2×21年度の利息〉

∴ **割賦売掛金**：$12,355〈前 T/B〉 - 2,471 = \mathbf{9,884}$

∴ **利息調整勘定**：$1,355〈前 T/B〉 - 440 = \mathbf{915}$

2　貸倒引当金の設定

(1)　通常販売に係る売掛金

（貸 倒 引 当 金 繰 入）（＊）	260	（貸 倒 引 当 金）	260

（＊）　$\dfrac{600〈貸倒実績〉}{50,000〈2 \times 18年度末債権残高〉} = 0.012$

$\dfrac{480〈貸倒実績〉}{48,000〈2 \times 19年度末債権残高〉} = 0.010$

$\dfrac{616〈貸倒実績〉}{56,000〈2 \times 20年度末債権残高〉} = 0.011$

$\overline{\qquad\qquad\qquad} \quad 0.033$

$0.033 \div 3 年 = 0.011 (= 1.1\%)$

$60,000〈売掛金〉 \times 1.1\% = 660〈設定額〉$

$660 - 400〈前 T/B 貸倒引当金〉 = 260〈繰入額〉$

(2)　割賦売掛金

（貸 倒 引 当 金 繰 入）（＊）	297	（貸 倒 引 当 金）	297

（＊）　$(12,355 - 2,471) \times 3\% ≒ 297〈設定額＝繰入額〉$

∴ **貸倒引当金繰入**：$260 + 297 = \mathbf{557}$

∴ **貸倒引当金**：$660 + 297 = \mathbf{957}$

3　投資有価証券

(1)　A社社債

「その他有価証券」のうち，時価があり，かつ，取得差額が金利調整差額と認められる債券については，償却原価法を適用したうえで，償却原価と時価との差額を「評価差額」として処理する。

① 償却原価法（利息法）

（そ の 他 有 価 証 券）（＊）	49	（受 取 利 息）	49

（＊）　$10,000〈額面〉 \times \dfrac{97.54}{100} = 9,754〈取得原価〉$

$9,754 \times 0.5\%〈割引率＝実効利子率〉 ≒ 49〈2 \times 20年度の償却額〉$

$9,754 + 49 = 9,803〈2 \times 20年度の償却原価〉$

$9,803 \times 0.5\% ≒ 49〈2 \times 21年度の償却額〉$

∴ **受取利息**：$500〈前 T/B〉 + 440〈割賦売掛金〉 + 49 = \mathbf{989}$

② 時価評価（全部純資産直入法）

（そ の 他 有 価 証 券）（＊1）	78	（繰 延 税 金 負 債）（＊2）	23
		（その他有価証券評価差額金）（＊3）	55

（＊1）　$9,930〈時価〉 - 9,852〈償却原価〉 = 78〈評価益〉$

（＊2）　$78 \times 30\% ≒ 23$

（＊3）　$78 - 23 = 55$

(2)　B社社債

①　時価評価（全部純資産直入法）

（繰 延 税 金 資 産）（＊2）	45	（そ の 他 有 価 証 券）（＊1）	150
（その他有価証券評価差額金）（＊3）	105		

（＊1）90ドル〈時価〉×115〈決算日レート〉＝10,350〈時価〉

10,350－100ドル〈取得価額〉×105〈取引日レート〉＝△150〈評価損〉

（＊2）150×30％＝45

（＊3）150－45＝105

(3)　C社株式

①　配当金

（仮　　　受　　　金）	100	（受 取 配 当 金）（＊1）	60
		（そ の 他 有 価 証 券）（＊2）	40

（＊1）100×60％＝60〈利益剰余金による配当〉

（＊2）100×40％＝40〈資本剰余金による配当〉

②　時価評価（全部純資産直入法）

（そ の 他 有 価 証 券）（＊1）	940	（繰 延 税 金 負 債）（＊2）	282
		（その他有価証券評価差額金）（＊3）	658

（＊1）10,500〈時価〉－（9,600〈取得原価〉－40〈資本剰余金による配当〉）＝940〈評価益〉

（＊2）940×30％＝282

（＊3）940－282＝658

(4)　D社株式

減損処理（実価法）

（有 価 証 券 評 価 損）（＊）	6,000	（そ の 他 有 価 証 券）	6,000

（＊）9,000〈実質価額〉－15,000〈取得原価〉＝△6,000〈評価損（特別損失）〉

（注）税務上自己否認しているため，本来は税効果会計を適用するが，解答用紙の決算整理後
残高試算表に「法人税等調整額」がないため，解答上は無視している。

(5)　その他有価証券関連諸勘定の内訳

勘 定 の 内 訳

（単位：円）

	その他有価証券	繰延税金資産	繰延税金負債	その他有価証券評価差額金	
	借　方	借　方	貸　方	借　方	貸　方
A社社債	9,930		23		55
B社社債	10,350	45	105		
C社株式	10,500		282		658
D社株式	9,000				
計	39,780	45	305	105	713

∴　その他有価証券評価差額金：713－105＝608

解答への道

4　期末商品の評価と売上原価の計算（先入先出法）

(1)　売上原価の計算（商品全体）

（仕　　　　　入）	20,000	（繰　越　商　品）	20,000
（繰　越　商　品）	22,000	（仕　　　　　入）	22,000

∴　**仕入**：260,000〈前Ｔ／Ｂ〉＋20,000－22,000＝**258,000**

(2)　期末商品の評価

①　Ｐ商品

（棚　卸　減　耗　損）（＊1）	84	（繰　越　商　品）	84

（＊1）30個〈期首〉＋350個〈当期仕入〉－330個〈当期販売〉＝50個〈期末帳簿〉

（50個－44個〈期末実地〉）×＠14円〈当期仕入原価＝期末商品原価〉＝84〈棚卸減耗損〉

＠14〈期末商品原価〉＜＠15〈正味売却価額〉　∴　商品評価損は計上しない

∴　**繰越商品**：20,000〈前Ｔ／Ｂ〉－20,000＋22,000－84＝**21,916**

②　Ｑ商品

（商　品　評　価　損）（＊2）	160	（商　品　低　価　引　当　金）	160

（＊2）50個〈期首〉＋400個〈当期仕入〉－410個〈当期販売〉＝40個〈期末帳簿＝期末実地〉

　　　∴　棚卸減耗損は計上しない

　　　＠22〈当期仕入原価＝期末商品原価〉＞＠18〈正味売却価額〉

　　　40個×（＠22円－＠18円）＝160〈商品評価損〉

∴　**商品評価損**：△30〈前Ｔ／Ｂ〉＋160＝**130**

〈Ｐ商品〉　　　　　　　　　　　　　　　　　〈Ｑ商品〉

5　仮払金，仮受金の内訳

仮払金は解説 6 (1)①を，仮受金は解説 1 ， 3 (3)①および 8 (1)を参照のこと。

第207回

6 有形固定資産

(1) 建物

① 倉庫の取り壊し（修正仕訳）

(a) 正しい仕訳

（建物減価償却累計額）	12,000	（建 物）	20,000
（減 価 償 却 費）（＊1）	250	（現 金）	200
（固 定 資 産 除 却 損）（＊2）	7,950		

（＊1）$20,000 \div 20年 \times \dfrac{3 \, カ月}{12 \, カ月} = 250$

（＊2）貸借差額

(b) 期中仕訳

（建物減価償却累計額）	12,000	（建 物）	20,000
（固 定 資 産 除 却 損）	8,000	（現 金）	200
（仮 払 金）	200		

(c) 修正仕訳（(a)－(b)）

（減 価 償 却 費）	250	（仮 払 金）	200
		（固 定 資 産 除 却 損）	50

∴ **固定資産除却損**：$8,000〈前 \mathrm{T}/\mathrm{B}〉 - 50 = \textbf{7,950}$

② 新倉庫（減価償却・定額法）

（減 価 償 却 費）（＊）	400	（建物減価償却累計額）	400

（＊）$24,000 \div 20年 \times \dfrac{4 \, カ月}{12 \, カ月} = 400$

③ 他の建物（減価償却・定額法）

（減 価 償 却 費）（＊）	3,780	（建物減価償却累計額）	3,780

（＊）$(150,000〈前 \mathrm{T}/\mathrm{B}建物〉 - 24,000) \times 0.9 \div 30年 = 3,780$

∴ **建物減価償却累計額**：$75,000〈前 \mathrm{T}/\mathrm{B}〉 + 400 + 3,780 = \textbf{79,180}$

(2) 備品（減価償却・200％定率法）

① 2×18年4月1日取得分

（減 価 償 却 費）（＊）	3,240	（備品減価償却累計額）	3,240

（＊）$30,000〈取得原価〉 \times 0.108〈保証率〉 = 3,240〈償却保証額〉$

$1 \div 5年 \times 200\% = 0.4〈定率法償却率〉$

$(30,000 - 23,520〈前 \mathrm{T}/\mathrm{B}備品減価償却累計額〉) \times 0.4 = 2,592$

$2,592 < 3,240$ ∴ 均等償却に切り替え

$(30,000 - 23,520〈前 \mathrm{T}/\mathrm{B}備品減価償却累計額〉) \times 0.5〈改定償却率〉 = 3,240$

② 2×21年8月1日取得分

（減 価 償 却 費）（＊）	6,400	（備品減価償却累計額）	6,400

（＊）$24,000〈取得原価〉 \times 0.4 \times \dfrac{8 \, カ月}{12 \, カ月} = 6,400$

∴ **減価償却費**：$250 + 400 + 3,780 + 3,240 + 6,400 = $ **14,070**

∴ **備品減価償却累計額**：$23,520〈前 T／B〉+ 3,240 + 6,400 = $ **33,160**

7 自己株式（消却）

　自己株式の消却とは，自己株式の効力を絶対的に消滅させることをいう。自己株式を消却した場合には，消却手続が完了したときに，消却の対象となった自己株式の帳簿価額をその他資本剰余金から減額する。

| （その他資本剰余金）（＊） | 7,500 | （自　己　株　式） | 7,500 |

（＊）@150円×50株〈消却株数〉= 7,500

8 新株予約権

(1) 行使

　権利行使時に，自己株式の処分と新株の発行を同時に行う場合には，当該新株予約権の帳簿価額（新株予約権の発行に伴う払込金額）と権利行使に伴う払込金額の合計額を出資財産の価額として，資本金等増加限度額の計算を行わなければならない。

（新　株　予　約　権）（＊1）	2,000	（自　己　株　式）（＊3）	7,500
（仮　　受　　金）（＊2）	18,000	（その他資本剰余金）（＊4）	2,500
		（資　　本　　金）	10,000
		（資　本　準　備　金）（＊5）	0

（＊1）@200円×10個〈権利行使〉= 2,000

（＊2）@180円×10株×10個 = 18,000

（＊3）@150円×50株〈自己株式処分株数〉= 7,500

（＊4）$(2,000 + 18,000) \times \dfrac{50株}{100株} = 10,000$〈自己株式に対応する払込金額〉

　　　$10,000 - 7,500 = 2,500$〈自己株式処分差益＝その他資本剰余金〉

（＊5）$(2,000 + 18,000) \times \dfrac{50株}{100株} = 10,000$〈新株に対応する払込金額〉

　　　$10,000 - 10,000 = 0$〈資本準備金〉

∴ **自己株式**：$15,000〈前 T／B〉- 7,500 - 7,500 = $ **0**

∴ **その他資本剰余金**：$5,000〈前 T／B〉- 7,500 + 2,500 = $ **0**

∴ **資本金**：$190,000〈前 T／B〉+ 10,000 = $ **200,000**

(2) 失効

　権利が行使されないまま権利行使期限が終了したときは，未行使の新株予約権の払込金額を「新株予約権戻入益」とする。

| （新　株　予　約　権）（＊） | 1,000 | （新株予約権戻入益） | 1,000 |

（＊）@200円×5個〈失効〉= 1,000

∴ **新株予約権**：$3,000〈前 T／B〉- 2,000 - 1,000 = $ **0**

9 支払地代と前払地代

（前 払 地 代）（＊）	5,400	（支 払 地 代）	5,400

（＊）$12,600〈前 T／B 支払地代〉\times \dfrac{9 \, カ月}{21 \, カ月} = 5,400$

∴ **支払地代**：$12,600〈前 T／B〉 - 5,400 = \mathbf{7,200}$

10 消費税等

（仮 受 消 費 税 等）	41,000	（仮 払 消 費 税 等）	32,800
		（未 払 消 費 税 等）（＊）	8,200

（＊）$41,000〈前 T／B 仮受消費税等〉 - 32,800〈前 T／B 仮払消費税等〉 = 8,200$

11 法人税等

（法 人 税 等）	23,910	（仮 払 法 人 税 等）	11,000
		（未 払 法 人 税 等）（＊）	12,910

（＊）$23,910 - 11,000〈前 T／B 仮払法人税等〉 = 12,910$

会 計 学 解 説

問題1 ● 正誤問題

1．損益計算書の区分：○ 「企業会計原則第二 三 A」

　営業損益計算の区分は，当該企業の営業活動から生じる費用及び収益を記載して，営業利益を計算する。商品等の販売と役務の給付をともに主たる営業とする場合など，二つ以上の営業を目的とする企業にあっては，その費用及び収益を主要な営業別に区分して記載する。

2．貸借対照表の流動・固定分類：× 「企業会計原則第三 四」

　貸借対照表の流動・固定分類は1年基準だけではなく，正常営業循環基準やその他の基準（科目の性質や所有目的など）によって行われる。

3．資産除去債務：× 「資産除去債務に関する会計基準 3」

　資産除去債務とは，有形固定資産の取得，建設，開発又は通常の使用によって生じ，当該有形固定資産の除去に関して法令又は契約で要求される法律上の義務だけではなく，それに準ずるものも含まれる。この場合の法律上の義務及びそれに準ずるものには，有形固定資産を除去する義務のほか，有形固定資産の除去そのものは義務でなくとも，有形固定資産を除去する際に当該有形固定資産に使用されている有害物質等を法律等の要求による特別の方法で除去するという義務も含まれる。

4．親会社及び子会社の会計方針：× 「連結財務諸表に関する会計基準 17」

　同一環境下で行われた同一の性質の取引等について，親会社及び子会社が採用する会計方針は，原則として統一する。したがって，子会社が採用する会計方針を親会社にあわせて統一する場合だけではなく，子会社が採用する会計方針に親会社があわせて統一する場合もある。

5．会計方針：× 「会計方針の開示，会計上の変更及び誤謬の訂正に関する会計基準 4」

　会計方針とは，財務諸表の作成にあたって採用した会計処理の原則及び手続をいい，財務諸表の科目の分類，科目の配列及び報告様式（表示方法という）は含まれない。

6．原価回収基準：○ 「収益認識に関する会計基準 45」

　一定期間にわたり充足される履行義務については履行義務の充足に係る進捗度を合理的に見積ることができる場合のみ，一定期間にわたり収益を認識する。また，履行義務の充足に係る進捗度を合理的に見積ることができないが，当該履行義務を充足する際に発生する費用を回収することが見込まれる場合には，履行義務の充足に係る進捗度を合理的に見積ることができる時まで，原価回収基準（履行義務を充足する際に発生する費用のうち，回収することが見込まれる費用の金額で収益を認識する方法）により処理する。

要　　　件		収益の認識
履行義務の充足に係る進捗度を	合理的に見積ることができる	進捗度にもとづき収益を認識
	合理的に見積ることができないが，発生する費用の回収ができる	原価回収基準により収益を認識

7．リース債権：○ 「リース取引に関する会計基準 41」

　所有権移転ファイナンス・リース取引において貸手が計上したリース債権は金融商品と考えられ，また，所有権移転外ファイナンス・リース取引において貸手が計上するリース投資資産のうち将来のリース料を収受する権利に係る部分については，金融商品的な性格を有すると考えられる。したがって，これらについては，貸倒見積高の算定等などにおいて，「金融商品に関する会計基準」

の定めに従って貸倒見積高を算定する。

8．包括利益の計算の表示，その他の包括利益の内訳の開示：○

「包括利益の表示に関する会計基準　6，8」

包括利益は当期純利益にその他の包括利益の内訳項目を加減して表示する。

その他の包括利益の内訳項目は，税効果を控除した後の金額で表示する。ただし，各内訳項目を税効果を控除する前の金額で表示して，それらに関連する税効果の金額を一括して加減する方法で記載することができる。いずれの場合も，その他の包括利益の各内訳項目別の税効果の金額を注記する。

9．分離元企業の会計処理：○

「事業分離等に関する会計基準　10」

分離元企業は，事業分離日に，次のように会計処理する。

⑴　移転した事業に関する投資が清算されたとみる場合には，その事業を分離先企業に移転したことにより受け取った対価となる財の時価と，移転した事業に係る株主資本相当額（移転した事業に係る資産及び負債の移転直前の適正な帳簿価額による差額から，当該事業に係る評価・換算差額等及び新株予約権を控除した額をいう。以下同じ。）との差額を移転損益として認識するとともに，改めて当該受取対価の時価にて投資を行ったものとする。

⑵　移転した事業に関する投資がそのまま継続しているとみる場合，移転損益を認識せず，その事業を分離先企業に移転したことにより受け取る資産の取得原価は，移転した事業に係る株主資本相当額に基づいて算定するものとする。

10．関連会社等に該当しなくなった場合の会計処理：×　　　「持分法に関する会計基準　15」

関連会社に対する投資の売却等により被投資会社が関連会社に該当しなくなった場合には，連結財務諸表上，残存する当該被投資会社に対する投資は，実質価額ではなく，個別貸借対照表上の帳簿価額をもって評価する。

問題2 ● 退職給付に関する会計基準

「退職給付に関する会計基準　24」

問1　退職給付債務概念（記述問題）

退職給付債務の概念には，次の3つの債務概念が考えられる。

1．確定給付債務（VBO）

受給権確定部分（法的確定事象）を認識対象とし，昇給部分は考慮しない。

2．累積給付債務（ABO）

受給権確定部分及び受給権未確定部分（受給権確定前の発生事象）を認識対象とし，昇給部分は考慮しない。

3．予測給付債務（PBO）

受給権確定部分及び受給権未確定部分に加え昇給率など将来の変動要因も認識対象とする。

「退職給付に関する会計基準」では，このうち最も広い債務概念である予測給付債務（ＰＢＯ）が用いられたことになる。

問2 数理計算上の差異の会計処理（記述問題）

個別財務諸表においては，数理計算上の差異の各期の発生額は，原則として，平均残存勤務期間以内の一定の年数で按分した額を毎期費用処理する。したがって，未認識数理計算上の差異は，個別貸借対照表の「退職給付引当金」には反映されない（遅延認識）。

連結財務諸表においては，数理計算上の差異の各期の発生額は，原則として，平均残存勤務期間以内の一定の年数で按分した額を毎期費用処理する。ただし，未認識数理計算上の差異は，税効果会計を適用した上で，その他の包括利益（退職給付に係る調整額）を通して純資産の部のその他の包括利益累計額（退職給付に係る調整累計額）に計上するため，連結貸借対照表の「退職給付に係る負債」に反映される（即時認識）。

	個別貸借対照表	連結貸借対照表
数理計算上の差異	遅延認識 費用処理された部分のみ退職給付引当金に反映される。	即時認識 未認識の部分も退職給付に係る負債に反映される。

問題3 ● 自己株式の会計処理

「自己株式及び準備金の額の減少等に関する会計基準　9，15，36，37，38，39，40，51」

問1 自己株式の取得に関する付随費用の取扱（記述問題）

自己株式の取得に関する付随費用は，株主との間の資本取引ではなく，会社の業績に関する項目として考えられる点に着目し，自己株式の取得原価に含めない。

問2 自己株式を処分した場合の処分差額の会計処理とその理由（記述問題）

1．自己株式処分差益については，自己株式の処分が新株の発行と同様の経済的実態を有する点を考慮すると，その処分差額も株主からの払込資本と同様の経済的実態を有すると考えられる。よって，それを資本剰余金として会計処理することが適切であると考えた。

　自己株式処分差益については，資本剰余金の区分の内訳項目である資本準備金とその他資本剰余金に計上することが考えられる。会社法において，資本準備金は分配可能額からの控除項目とされているのに対し，自己株式処分差益についてはその他資本剰余金と同様に控除項目とされていない（会社法第446条及び第461条第2項）ことから，自己株式処分差益はその他資本剰余金に計上することが適切である。

2．自己株式処分差損については，自己株式の取得と処分を一連の取引とみた場合，純資産の部の株主資本からの分配の性格を有すると考えられる。この分配については，払込資本の払戻しと同様の性格を持つものとして，資本剰余金の額の減少と考えるべきとの意見がある。また，株主に対する会社財産の分配という点で利益配当と同様の性格であると考え，利益剰余金の額の減少と考えるべきとの意見もある。

　自己株式の処分が新株の発行と同様の経済的実態を有する点を考慮すると，利益剰余金の額を増減させるべきではなく，処分差益と同じく処分差損についても，資本剰余金の額の減少とすることが適切であると考えた。資本剰余金の額を減少させる科目としては，資本準備金からの減額が会社法上の制約を受けるため，その他資本剰余金からの減額が適切である。

工 業 簿 記

問題1

問1

仕掛品勘定への振替仕訳

借方科目	金　額	貸方科目	金　額
仕　　掛　　品	13,000,000	材　　　　料	13,000,000

すべて正解で❺

製造間接費勘定への振替仕訳

借方科目	金　額	貸方科目	金　額
製　造　間　接　費	8,601,000	材　　　　料	8,601,000

すべて正解で❺

問2

材料消費価格差異　　　〔❺　　△95,000　〕円

問3

仕掛品勘定への振替仕訳

借方科目	金　額	貸方科目	金　額
仕　　掛　　品	12,240,000	賃　金　給　料	12,240,000

すべて正解で❺

製造間接費勘定への振替仕訳

借方科目	金　額	貸方科目	金　額
製　造　間　接　費	4,188,800	賃　金　給　料	4,188,800

すべて正解で❺

問4

賃率差異　　　　　　　〔❺　　△34,000　〕円

問5

製造間接費の実際発生額　〔❺　48,370,000　〕円

問6

製造間接費配賦差異　　　〔❺　　　42,000　〕円

予算差異　　　　　　　　〔❺　　534,000　〕円

操業度差異　　　　　　　〔❺　△492,000　〕円

問7

| 正常仕損費 | 〔❺ 18,252,000 〕円 |
| 完成品原価 | 〔❺ 77,200,000 〕円 |

問題2

問1　（❸　　　　度外視法　　　　）

問2

仕　掛　品

前　月　繰　越	〔　9,275,000 〕	製　　　　品	〔 ❺ 49,638,000 〕
原　材　料　費	〔 19,250,000 〕	次　月　繰　越	〔 ❺ 10,039,000 〕
加　　工　　費	〔 31,152,000 〕		

問3

仕　掛　品

前　月　繰　越	〔　9,275,000 〕	製　　　　品	〔 ❺ 48,395,000 〕
原　材　料　費	〔 19,250,000 〕	異　常　減　損　費	〔 ❺ 1,562,000 〕
加　　工　　費	〔 31,152,000 〕	次　月　繰　越	〔 ❺ 9,720,000 〕

問題3

1（❸　特定製造指図書　）　　2（❸　生　産　完　了　）

3（❸　継続製造指図書　）　　4（❸　総　製　造　費　用　）

●数字…予想配点

第207回

原 価 計 算

問題1

問1

①	$\dfrac{Q}{2}$	②	$\nu \times \dfrac{Q}{2}$	③	$\dfrac{S}{Q}$
④	$P \times \dfrac{S}{Q}$	⑤	$\dfrac{2PS}{\nu}$	⑥	$\sqrt{\dfrac{2PS}{\nu}}$

各❺

問2

〔 ❺　　　550　〕個

問題2

問1

①	品　質　適　合	②	品　質　不　適　合	③	予　　　　　　防
④	内　部　失　敗	⑤	P　　　A　　　F	⑥	ト　レ　ー　ド・オ　フ

別解 ①は「自発的」，②は「非自発的」でもよい。　　　　　　　　各**❸**

問2

③コスト	〔 **❹** 34,000,000 〕円
評価コスト	〔 **❹** 14,700,000 〕円
④コスト	〔 **❹** 68,000,000 〕円
外部失敗コスト	〔 **❹** 65,200,000 〕円
品質原価合計	〔 181,900,000 〕円

問3

A案

③コスト	〔 **❹** 38,000,000 〕円
評価コスト	〔 14,700,000 〕円
④コスト	〔 **❹** 50,800,000 〕円
外部失敗コスト	〔 **❹** 54,300,000 〕円
品質原価合計	〔 157,800,000 〕円

B案

③コスト	〔 34,000,000 〕円		
評価コスト	〔 **❹** 22,050,000 〕円		
④コスト	〔 **❹** 49,400,000 〕円		
外部失敗コスト	〔 **❹** 57,750,000 〕円	**別解** 57,800,000円
品質原価合計	〔 163,200,000 〕円	**別解** 163,250,000円

（ (A案) ・ B案 ）*の方が品質原価合計が 〔 5,400,000 〕円低いので有利な案である。

*どちらかの案を○で囲むこと。　　　　**別解** 5,450,000円

両方正解で❼

●数字…予想配点

第207回 解答への道 問題 52

工 業 簿 記 解 説

■ 問題1 ● 個別原価計算

問1・2 材料費の計算（先入先出法）

1. 材料費の計算

(1) 直接材料費

5,000円/kg×2,600kg＝13,000,000円 → 仕掛品勘定へ振替

(2) 間接材料費

5,000円/kg×1,700kg[※]＝8,500,000円 → 製造間接費勘定へ振替

※ 月初800kg＋当月仕入4,200kg－月末帳簿700kg－直接材料2,600kg＝1,700kg

(3) 材料消費価格差異

予定消費額：13,000,000円＋8,500,000円＝21,500,000円

実際消費額：4,900円/kg×800kg＋5,050円/kg×4,200kg－5,050円/kg×700kg

　　　　　　　 月初棚卸高　　　　　　 当月仕入高　　　　　　 月末帳簿棚卸高

　　　　　＝21,595,000円

材料消費価格差異：21,500,000円－21,595,000円＝△**95,000円**〔不利差異〕 問2

　　　　　　　　　 予定消費額　　　 実際消費額

(4) 棚卸減耗費（正常）

5,050円/kg×700kg－5,050円/kg×680kg＝101,000円 → 製造間接費勘定へ振替

　　 月末帳簿棚卸高　　　　　 月末実地棚卸高

材　　料		
月初　　　　　800kg	当月消費額（予定）	
実際4,900円/kg	予定5,000円/kg	
3,920,000円	直接材料　　2,600kg	
当月仕入　　4,200kg	13,000,000円	実際消費額
実際5,050円/kg	間接材料　　1,700kg	21,595,000円
	8,500,000円	
21,210,000円	材料消費価格差異	
	95,000円	
	棚卸減耗　　20kg	
	101,000円	
	月末実地　　680kg	
	3,434,000円	

2．振替仕訳（ 問1 ）（単位：円）

(1) 仕掛品勘定への振替仕訳

直接材料費13,000,000円を仕掛品勘定へ振り替える。

（仕　　　掛　　　品）	13,000,000	（材　　　　　　料）	13,000,000

(2) 製造間接費勘定への振替仕訳

間接材料費と棚卸減耗費の合計8,601,000円（＝8,500,000円＋101,000円）を製造間接費勘定へ振り替える。

（製　造　間　接　費）	8,601,000	（材　　　　　　料）	8,601,000

問3・4 労務費の計算

1．労務費の計算

(1) 直接労務費

3,400円/時間×3,600時間＝12,240,000円 → 仕掛品勘定へ振替

(2) 間接労務費

3,400円/時間×（4,820時間－3,600時間）＝4,148,000円 → 製造間接費勘定へ振替

(3) 時間外作業手当

3,400円/時間×40％×30時間＝40,800円 → 繁忙期によるもので，特定の製品を原因としないため，製造間接費勘定へ振替

(4) 賃率差異

予定消費額：12,240,000円＋4,148,000円＋40,800円＝16,428,800円

実際消費額：$\underbrace{16,099,000円}_{当月支払分}-\underbrace{5,389,000円}_{前月末未払分}+\underbrace{(3,400円/時間×1,680時間＋40,800円)}_{当月末未払分}$

＝16,462,800円

賃率差異：$\underbrace{16,428,800円}_{予定消費額}-\underbrace{16,462,800円}_{実際消費額}$＝△**34,000円**〔**不利差異**〕（ 問4 ）

賃 金 給 料

当月支払（実際）　　　　16,099,000円	前月末未払（実際）　　　5,389,000円	
	当月消費額（予定） 直接作業　3,600時間 　　　　　12,240,000円 その他　1,220時間 　　　　　4,148,000円 時間外作業　30時間 　　　　　40,800円	実際消費額 16,462,800円
当月末未払（実際） 通常　1,680時間 　　　5,712,000円 割増　30時間 　　　40,800円	賃率差異 　　　34,000円	

2．振替仕訳（ 問3 ）（単位：円）

(1) 仕掛品勘定への振替仕訳

直接労務費12,240,000円を仕掛品勘定へ振り替える。

（ 仕 掛 品 ）	12,240,000	（ 賃 金 給 料 ）	12,240,000

(2) 製造間接費勘定への振替仕訳

間接労務費と時間外作業手当の合計4,188,800円（＝4,148,000円＋40,800円）を製造間接費勘定へ振り替える。

（ 製 造 間 接 費 ）	4,188,800	（ 賃 金 給 料 ）	4,188,800

問5・6 製造間接費の計算

1．実際発生額（ 問5 ）

8,601,000円（ 問1 ）＋4,188,800円（ 問3 ）＋35,580,200円（その他）＝**48,370,000円**

2．製造間接費配賦差異の計算と分析

(1) 予定配賦率

49,000,000円÷5,000時間＝9,800円/時間

(2) 予定配賦額

9,800円/時間×4,940時間＝48,412,000円

(3) 製造間接費配賦差異（総差異）

48,412,000円－48,370,000円＝**＋42,000円**〔有利差異〕

(4) 差異分析（実査法変動予算）

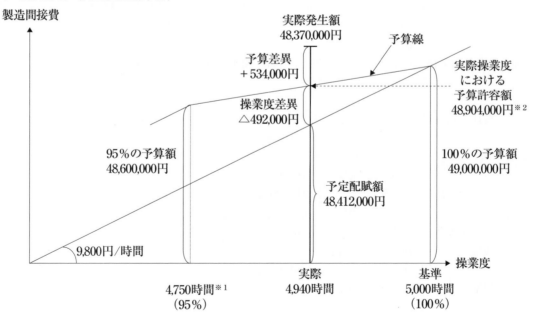

※1　5,000時間×95％＝4,750時間

※2　実際操業度における予算許容額

実査法変動予算では，一定間隔の操業度で予算を設定するため，予算線は折れ線グラフの形状となる。当月の実際機械運転時間は4,940時間で4,950時間（95％）と5,000時間（100

％）の間に位置するため，この２つのデータにもとづいて予算許容額を算定する。

$$48,600,000円 + \frac{49,000,000円 - 48,600,000円}{5,000時間 - 4,750時間} \times (4,940時間 - 4,750時間) = 48,904,000円$$

予算差異：$\underbrace{48,904,000円}_{予算許容額} - \underbrace{48,370,000円}_{実際発生額} = +534,000円$〔有利差異〕

操業度差異：$\underbrace{48,412,000円}_{予定配賦額} - \underbrace{48,904,000円}_{予算許容額} = \triangle 492,000円$〔不利差異〕

問7 正常仕損費と完成品原価

1．製造指図書別原価計算表（単位：円）

	#1103	#1201	#1202	#1202R	#1203	#1203R	#1204
月初仕掛品原価	12,014,000	－	－	－	－	－	－
直接材料費	500,000	2,450,000	2,600,000	900,000	2,400,000	2,400,000	1,750,000
直接労務費	408,000	2,448,000	2,652,000	748,000	2,380,000	2,312,000	1,292,000
製造間接費	2,450,000	9,604,000	9,702,000	2,940,000	9,604,000	9,408,000	4,704,000
小　計	15,372,000	14,502,000	14,954,000	4,588,000	14,384,000	14,120,000	7,746,000
仕損品評価額	－	－	－	－	△720,000	－	－
正常仕損費	－	－	4,588,000	△4,588,000	△13,664,000	13,664,000	－
合　計	15,372,000	14,502,000	19,542,000	0	0	27,784,000	7,746,000
備　考	完　成	完　成	完　成	#1202へ	#1203Rへ	完　成	仕掛中

（1）月初仕掛品原価

#1103：12,014,000円（〈資料〉6（注1）より）

（2）直接材料費

#1103　：5,000円/kg×100kg＝　500,000円

#1201　：5,000円/kg×490kg＝2,450,000円

#1202　：5,000円/kg×520kg＝2,600,000円

#1202R：5,000円/kg×180kg＝　900,000円

#1203　：5,000円/kg×480kg＝2,400,000円

#1203R：5,000円/kg×480kg＝2,400,000円

#1204　：5,000円/kg×350kg＝1,750,000円

（3）直接労務費

#1103　：3,400円/時間×120時間＝　408,000円

#1201　：3,400円/時間×720時間＝2,448,000円

#1202　：3,400円/時間×780時間＝2,652,000円

#1202R：3,400円/時間×220時間＝　748,000円

#1203　：3,400円/時間×700時間＝2,380,000円

#1203R：3,400円/時間×680時間＝2,312,000円

#1204　：3,400円/時間×380時間＝1,292,000円

（4）製造間接費

#1103　：9,800円/時間×250時間＝2,450,000円

#1201　：9,800円/時間×980時間＝9,604,000円

#1202　：9,800円/時間×990時間＝9,702,000円

#1202R：9,800円/時間×300時間＝2,940,000円

#1203　：9,800円/時間×980時間＝9,604,000円

#1203R：9,800円/時間×960時間＝9,408,000円

#1204　：9,800円/時間×480時間＝4,704,000円

(5)　仕損費の処理

① 　#1202と#1202R

#1202Rは補修のための指図書であり，正常な仕損である。よって，#1202Rに集計された原価4,588,000円を#1202に正常仕損費として賦課する。

② 　#1203と#1203R

#1203Rは#1203の全品が仕損となり，代品製造のために発行した指図書であり，正常な仕損である。よって，#1203に集計された原価14,384,000円から仕損品評価額720,000円※を控除した13,664,000円を#1203Rに正常仕損費として賦課する。

※ 　仕損品評価額：14,400円/個×50個＝720,000円

２．正常仕損費と完成品原価

(1)　正常仕損費

$$\underset{\text{\#1202R}}{4,588,000円} + \underset{\text{\#1203}}{13,664,000円} = \mathbf{18,252,000円}$$

(2)　完成品原価と月末仕掛品原価

完成品原価：$\underset{\text{\#1103}}{15,372,000円} + \underset{\text{\#1201}}{14,502,000円} + \underset{\text{\#1202}}{19,542,000円} + \underset{\text{\#1203R}}{27,784,000円}$

$$= \mathbf{77,200,000円}$$

月末仕掛品原価：$\underset{\text{\#1204}}{7,746,000円}$

◤ 問題２ ● 単純総合原価計算

問1　原価計算基準における正常減損費の処理方法

原価計算基準27「仕損および減損の処理」で，「総合原価計算においては，仕損の費用は，原則として，特別に仕損費の費目を設けることをしないで，これをその期の完成品と期末仕掛品とに負担させる。（中略）減損の処理は，仕損に準ずる。」と規定しており，正常減損費を抜き出さずに良品に負担させることとしている。よって，これが意味する処理方法は**度外視法**である。

問2　減損Ａと減損Ｂがともに正常減損の場合の仕掛品勘定

１．正常減損費の負担関係

減損ＡもＢも正常減損であり，定点発生であるが，完成品，月末仕掛品はいずれの減損発生点も通過しているため，正常減損費は完成品と月末仕掛品に自動的に負担させる。

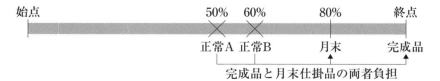

２．月末仕掛品原価と完成品原価の計算（先入先出法・度外視法）

仕掛品 − 原材料費

月初	500kg	完成	2,200kg
	3,875,000円		
投入	2,500kg		18,750,000円
		正常減損A	200kg
	19,250,000円	正常減損B	100kg
		月末	500kg
			4,375,000円

仕掛品 − 加工費

月初	400kg	完成	2,200kg
	5,400,000円		
投入	2,360kg		30,888,000円
		正常減損A	100kg
	31,152,000円	正常減損B	60kg
		月末	400kg
			5,664,000円

（1） 原材料費の計算

月末仕掛品原価：$\dfrac{19,250,000円}{(2,200kg-500kg)+500kg}\times 500kg=4,375,000円$

完成品原価：$3,875,000円+19,250,000円-4,375,000円=18,750,000円$

（2） 加工費の計算

月末仕掛品原価：$\dfrac{31,152,000円}{(2,200kg-400kg)+400kg}\times 400kg=5,664,000円$

完成品原価：$5,400,000円+31,152,000円-5,664,000円=30,888,000円$

３．仕掛品勘定の記入

（1） 借　方

前月繰越：$3,875,000円+5,400,000円=$**9,275,000円**

原材料費：**19,250,000円**

加 工 費：**31,152,000円**

（2） 貸　方

製　　品：$18,750,000円+30,888,000円=$**49,638,000円**（完成品原価）

次月繰越：$4,375,000円+5,664,000円=$**10,039,000円**（月末仕掛品原価）

問3　減損Ａが正常減損，減損Ｂが異常減損の場合の仕掛品勘定（度外視法・先入先出法）

１．正常減損費の負担関係

　　減損Ａは正常減損であり，加工進捗度50％で発生している。異常減損である減損Ｂ，完成品，月末仕掛品は減損Ａの発生点を通過しているが，「正常減損費は異常減損に負担させない」との問題指示により，正常減損費は完成品と月末仕掛品に自動的に負担させる。

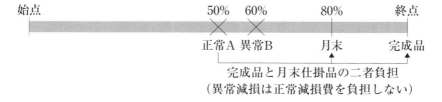

完成品と月末仕掛品の二者負担
（異常減損は正常減損費を負担しない）

2．月末仕掛品原価と当月完成品原価の計算（先入先出法・度外視法）

（1）　原材料費の計算

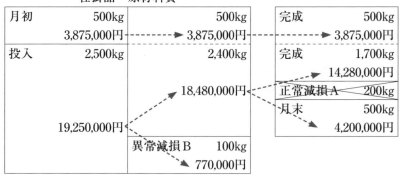

仕掛品－原材料費

① 　異常減損Bは正常減損費を負担しないため，まず異常減損の原価を正常減損費を負担しない正味の単価で計算して分離する。

$$異常減損費：\frac{19,250,000円}{(2,200\mathrm{kg}-500\mathrm{kg})+200\mathrm{kg}+500\mathrm{kg}+100\mathrm{kg}}×100\mathrm{kg}=770,000円$$

② 　次いで，残額を完成品と月末仕掛品に按分する。

$$月末仕掛品原価：\frac{19,250,000円-770,000円}{(2,200\mathrm{kg}-500\mathrm{kg})+500\mathrm{kg}}×500\mathrm{kg}=4,200,000円$$

完成品原価：3,875,000円＋19,250,000円－770,000円－4,200,000円＝18,155,000円

（2）　加工費

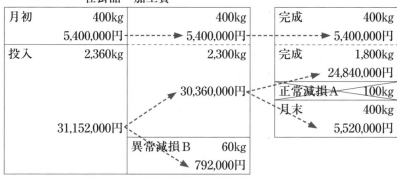

仕掛品－加工費

① 　異常減損Bは正常減損費を負担しないため，まず正常減損費を負担しない正味の単価で異常減損の原価を計算して分離する。

$$異常減損費：\frac{31,152,000円}{(2,200\mathrm{kg}-400\mathrm{kg})+100\mathrm{kg}+400\mathrm{kg}+60\mathrm{kg}}×60\mathrm{kg}=792,000円$$

② 　次いで，残額を完成品と月末仕掛品に按分する。

$$月末仕掛品原価：\frac{31,152,000円-792,000円}{(2,200\mathrm{kg}-400\mathrm{kg})+400\mathrm{kg}}×400\mathrm{kg}=5,520,000円$$

完成品原価：5,400,000円＋31,152,000円－792,000円－5,520,000円＝30,240,000円

3．仕掛品勘定の記入

（1）　借　方

前 月 繰 越：3,875,000円＋5,400,000円＝**9,275,000円**

原 材 料 費：**19,250,000円**

加　工　費：**31,152,000円**

(2) 貸　方

　製　　　　品：18,155,000円＋30,240,000円＝**48,395,000円**（完成品原価）

　異常減損費：770,000円＋792,000円＝**1,562,000円**

　次 月 繰 越：4,200,000円＋5,520,000円＝**9,720,000円**（月末仕掛品原価）

問題3 ● 製品別計算に関する空欄補充（理論）

　製品別計算の2つの方法である個別原価計算と総合原価計算に関する空欄補充問題である。

　それぞれの方法が適用される生産形態，製造指図書，原価の集計方法，および完成品原価の計算方法は次の通りである。

	個別原価計算	総合原価計算
適 用 さ れ る 生 産 形 態	種類を異にする製品を個別的に生産する生産形態	同じ規格の製品を反復連続的に生産する生産形態
製　造　指　図　書	**特定製造指図書**(1)（特定の製品に対して製造する都度発行）	**継続製造指図書**(3)（連続生産する製品に関して発行され，現場に指示する期間生産量のみを変えて継続的に使用）
原 価 の 集 計 方 法	特定製造指図書別に製造直接費は賦課，製造間接費は配賦して集計する。	継続製造指図書に基づき生産された一期間における生産量について**総製造費用**(4)を算定する。
完成品原価の計算方法	当該指図書に含まれる製品の**生産完了**(2)時に算定する。	一期間における生産量について算定した総製造費用を，期間生産量に分割負担させて算定する。

原 価 計 算 解 説

● 問題1 ●材料の経済的発注量

問1　材料の経済的発注量の公式の導出

1．（年間）在庫費

（年間）在庫費：材料1単位当たりの在庫費v×平均在庫量

$$= 材料1単位当たりの在庫費 v × \frac{1回の発注ロットサイズQ}{2}$$

よって，平均在庫量①は$\dfrac{Q}{2}$，在庫費②は$v × \dfrac{Q}{2}$となる。

2．（年間）発注費

（年間）発注費：1回当たりの発注費P×材料の発注回数

$$= 1回当たりの発注費 P × \frac{材料の年間の必要量S}{1回の発注ロットサイズQ}$$

よって，材料の発注回数③は$\dfrac{S}{Q}$，発注費④は$P × \dfrac{S}{Q}$となる。

3．材料の経済的発注量の公式の導出

問題文にも記載されているとおり，材料の在庫関係費用（＝在庫費＋発注費）が最小となるときには，在庫費②＝発注費④となる。

よって，$v × \dfrac{Q}{2} = P × \dfrac{S}{Q}$となる。

Qについて整理すると，次のようになる。

$$Q^2 = \frac{2PS}{v} \quad (⑤)$$

したがって，経済的発注量$Q = \sqrt{\dfrac{2 × 1回当たりの発注費 P × 材料の年間の必要量S}{材料1単位当たりの在庫費 v}}$

$$= \sqrt{\frac{2PS}{v}} \quad (⑥) \ となる。$$

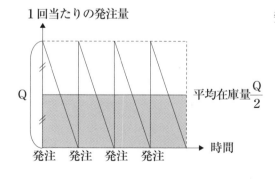

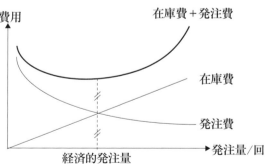

経済的発注量：「在庫費＝発注費」

問2　部品Zの経済的発注量

部品Zに関するデータを整理しておく。

1回当たりの発注費：4,000円/回

部品1個当たりの在庫費：80円/個＋4,000円/個〈購入代価〉×8％＝400円/個
　　　　　　　　　　　　　保険料　　　　　資本コスト

ここで，　問1　で求めた材料の経済的発注量に関する公式に代入すると，以下のようになる。

$$経済的発注量 = \sqrt{\dfrac{2 \times 4{,}000円/回 \times 15{,}125個}{400円/個}}$$

$$= 550 \text{（個/回）}$$

問題2 ● 品質原価計算

問1　品質原価計算に関する空欄補充（理論）

（⑤　**ＰＡＦ**）法（予防－評価－失敗アプローチ）により，品質原価を分類すると以下のようになる。

各品質原価は，次のようなものである。

　品質適合コスト：製品の品質不良が発生しないようにするために必要な原価
　（自発的コスト）

　　予　防　コ　ス　ト；製品の品質不良の発生を予防するための活動の原価

　　評　価　コ　ス　ト；製品の品質不良の有無を発見するための活動の原価

　品質不適合コスト：製品の品質不良が発生してしまったために必要となった原価
　（非自発的コスト）

　　内　部　失　敗　コ　ス　ト；製品の出荷前に不良品が発生したために生じる原価

　　外　部　失　敗　コ　ス　ト；製品の出荷後に不良品が発生したために生じる原価

なお，品質適合コストと品質不適合コストの間には，（⑥　**トレード・オフ**）の関係がある。

問2　品質原価の計算

1．③（予防）コスト（品質改善設計費）

　製品Ｘ：$\underset{\text{1時間当たり設計費}}{20{,}000円/時} \times \underset{\text{品質改善設計時間}}{1{,}200時間} = $　　24,000,000円

　製品Ｙ：20,000円/時 ×　500時間 =　　10,000,000円

　計：予防コスト（品質改善設計費）**34,000,000円**

2．評価コスト（検査費）

　製品Ｘ：$\underset{\text{1時間当たり検査費}}{6{,}000円/時} \times \underset{\text{検査時間}}{1{,}200時間^{※}} = $　7,200,000円

　製品Ｙ：6,000円/時 ×1,250時間※ =　　7,500,000円

　計：評価コスト（検査費）**14,700,000円**

※　各製品の検査時間（＝製品1個当たり検査時間×生産・販売量）

　　製品Ｘ：1.00時間/個×1,200個＝1,200時間

　　製品Ｙ：0.50時間/個×2,500個＝1,250時間

3．内部失敗コスト（製品の再作業費）

製品X：$\underset{\text{製品1個当たり再作業費}}{300,000円/個}×\underset{\text{再作業量}}{60個}^{※}$　　＝　　18,000,000円

製品Y：$200,000円/個×250個^{※}$　　＝　　50,000,000円

計：内部失敗コスト（製品の再作業費）**68,000,000円**

※　各製品の再作業量（＝生産・販売量×製品の再作業率）

製品X：1,200個× 5 ％＝60個

製品Y：2,500個×10％＝250個

4．外部失敗コスト（販売済み製品の修理費，販売機会の逸失による機会損失）

（1）販売済み製品の修理費

製品X：$\underset{\text{製品1個当たり修理費}}{200,000円/個}×\underset{\text{修理量}}{96個}^{※}$　＝19,200,000円

製品Y：$100,000円/個×100個^{※}$　＝10,000,000円

計：販売済み製品の修理費　29,200,000円

※　各製品の修理量（＝生産・販売量×販売済み製品の修理率）

製品X：1,200個× 8 ％＝ 96個

製品Y：2,500個× 4 ％＝100個

（2）販売機会の逸失による機会損失

製品X：$\underset{\text{製品1個当たり貢献利益}}{400,000円/個}^{※}×\underset{\text{逸失販売量}}{40個}$　　＝16,000,000円

製品Y：$200,000円/個^{※}×100個$　　＝20,000,000円

計：販売機会の逸失による機会損失　36,000,000円

※　各製品 1 個当たり貢献利益（＝販売価格－製品 1 個当たり変動費）

製品X：650,000円/個－250,000円/個＝400,000円/個

製品Y：400,000円/個－200,000円/個＝200,000円/個

（3）外部失敗コスト計

29,200,000円＋36,000,000円＝**65,200,000円**

5．品質原価合計

34,000,000円＋14,700,000円＋68,000,000円＋65,200,000円＝**181,900,000円**

問3 改善案に基づく品質原価の計算

1．A案

（1）③（予防）コスト（品質改善設計費）

製品X：$\underset{\text{1時間当たり設計費}}{20,000円/時}×\underset{\text{品質改善設計時間}}{1,300時間}$＝　　26,000,000円

製品Y：20,000円/時× 600時間＝　12,000,000円

計：予防コスト（品質改善設計費）**38,000,000円**

（2）評価コスト（検査費）… 問2 と同様

製品X：$\underset{\text{1時間当たり検査費}}{6,000円/時}×\underset{\text{検査時間}}{1,200時間}$＝ 7,200,000円

製品Y：6,000円/時×1,250時間＝ 7,500,000円

計：評価コスト（検査費）　**14,700,000円**

(3) 内部失敗コスト（製品の再作業費）

製品X：$\underset{\text{製品1個当たり再作業費}}{300,000\text{円/個}} \times \underset{\text{再作業量}}{36\text{個}^{※}}$ ＝10,800,000円

製品Y：200,000円/個×200個※ ＝40,000,000円

計：内部失敗コスト（製品の再作業費）**50,800,000円**

※ 各製品の再作業量（＝生産・販売量×製品の再作業率）

製品X：1,200個×3％＝ 36個

製品Y：2,500個×8％＝200個

(4) 外部失敗コスト（販売済み製品の修理費，販売機会の逸失による機会損失）

① 販売済み製品の修理費

製品X：$\underset{\text{製品1個当たり修理費}}{200,000\text{円/個}} \times \underset{\text{修理量}}{84\text{個}^{※}}$ ＝16,800,000円

製品Y：100,000円/個×75個※ ＝ 7,500,000円

計：販売済み製品の修理費 24,300,000円

※ 各製品の修理量（＝生産・販売量×販売済み製品の修理率）

製品X：1,200個×7％＝84個

製品Y：2,500個×3％＝75個

② 販売機会の逸失による機会損失

製品X：$\underset{\text{製品1個当たり貢献利益}}{400,000\text{円/個}} \times \underset{\text{逸失販売量}}{30\text{個}}$ ＝12,000,000円

製品Y：200,000円/個×90個 ＝18,000,000円

計：販売機会の逸失による機会損失 30,000,000円

③ 外部失敗コスト計

24,300,000円＋30,000,000円＝**54,300,000円**

(5) 品質原価合計

38,000,000円＋14,700,000円＋50,800,000円＋54,300,000円＝**157,800,000円**

2．B案

(1) ③（予防）コスト（品質改善設計費）… 問2 と同様

製品X：$\underset{\text{1時間当たり設計費}}{20,000\text{円/時}} \times \underset{\text{品質改善設計時間}}{1,200\text{時間}}$ ＝24,000,000円

製品Y：20,000円/時× 500時間 ＝10,000,000円

計：予防コスト（品質改善設計費）**34,000,000円**

(2) 評価コスト（検査費）

製品X：$\underset{\text{1時間当たり検査費}}{6,000\text{円/時}} \times \underset{\text{検査時間}}{1,800\text{時間}^{※}}$ ＝10,800,000円

製品Y：6,000円/時×1,875時間※ ＝11,250,000円

計：評価コスト（検査費） **22,050,000円**

※ 各製品の検査時間（＝製品1個当たり検査時間×生産・販売量）

製品X：1.5時間/個×1,200個＝1,800時間

製品Y：0.75時間/個×2,500個＝1,875時間

(3) 内部失敗コスト（製品の再作業費）

製品X：300,000円/個×48個[※]　　　　　＝14,400,000円
<u>製品1個当たり再作業費</u>　<u>再作業量</u>

製品Y：200,000円/個×175個[※]　　　　＝35,000,000円

計：内部失敗コスト（製品の再作業費）**49,400,000円**

※　各製品の再作業量（＝生産・販売量×製品の再作業率）

製品X：1,200個× 4 ％＝48個

製品Y：2,500個× 7 ％＝175個

(4) 外部失敗コスト（販売済み製品の修理費，販売機会の逸失による機会損失）

① 販売済み製品の修理費

製品X：200,000円/個×90個[※]＝18,000,000円
<u>製品1個当たり修理費</u>　<u>修理量</u>

製品Y：100,000円/個×87.5個[※]＝ 8,750,000円

計：販売済み製品の修理費　26,750,000円

※　各製品の修理量（＝生産・販売量×販売済み製品の修理率）

製品X：1,200個×7.5％＝90個

製品Y：2,500個×3.5％＝87.5個

② 販売機会の逸失による機会損失

製品X：400,000円/個×35個　　　　　　＝14,000,000円
<u>製品1個当たり貢献利益</u>　<u>逸失販売量</u>

製品Y：200,000円/個×85個　　　　　　＝17,000,000円

計：販売機会の逸失による機会損失　31,000,000円

③ 外部失敗コスト計

26,750,000円＋31,000,000円＝**57,750,000円**

(5) 品質原価合計

34,000,000円＋22,050,000円＋49,400,000円＋57,750,000円＝**163,200,000円**

3．判 定

　　以上より，A案の方が**5,400,000円**（＝163,200,000円－157,800,000円）だけ品質原価合計が低いので，有利な案である。

● 参 考 ● 販売済み製品の修理費について

　問3 のB案の製品Yについては，販売済み製品の修理量が87.5個となり，1個未満の端数が生じている。そこで，修理量を88個として外部失敗コストを計算すると，次のような結論になる。

　(4)　外部失敗コスト（販売済み製品の修理費，販売機会の逸失による機会損失）
　　①　販売済み製品の修理費
　　　　製品X：200,000円/個×90個　＝18,000,000円
　　　　　　　　製品1個当たり修理費　修理量
　　　　製品Y：100,000円/個×88個　＝ 8,800,000円
　　　　　計：販売済み製品の修理費　26,800,000円
　　②　販売機会の逸失による機会損失…前述のB案と同じ31,000,000円
　　③　外部失敗コスト計
　　　　26,800,000円＋31,000,000円＝**57,800,000円**
　(5)　品質原価合計
　　　　34,000,000円＋22,050,000円＋49,400,000円＋57,800,000円＝**163,250,000円**

3．判 定

　　以上より，A案の方が**5,450,000円**（＝163,250,000円－157,800,000円）だけ品質原価合計が低いので，有利な案である。

第209回 解答

商 業 簿 記

問題1

閉 鎖 残 高

（単位：円）

借 方 科 目	金 額	貸 方 科 目	金 額
現金	9,715	支払手形	800
当座預金	〔❸ 61,530 〕	買掛金	〔❸ 3,448 〕
受取手形	〔 10,800 〕	短期借入金	4,000
売掛金	〔 7,400 〕	未払金	1,100
売買目的有価証券	〔 1,010 〕	預り保証金	1,000
繰越商品	〔 14,000 〕	社債	60,000
建物	〔 370,000 〕	貸倒引当金	〔 2,196 〕
備品	〔❸ 2,993 〕	建物減価償却累計額	〔 160,000 〕
備品改修費	〔 0 〕	備品減価償却累計額	〔 1,196 〕
長期貸付金	5,000	仮受金	0
その他有価証券	〔 1,170 〕	資産除去債務	〔❸ 307 〕
社債発行差金	〔❸ 3,974 〕	資本金	180,000
自己株式	〔 1,300 〕	資本準備金	31,000
仮払法人税等	0	その他資本剰余金	〔❸ 0 〕
破産更生債権等	〔❸ 2,500 〕	利益準備金	8,780
未収利息	〔❸ 50 〕	繰越利益剰余金	〔❸ 35,340 〕
前払広告宣伝費	〔❸ 160 〕	その他有価証券評価差額金	〔❸ 150 〕
	〔 〕	未払法人税等	〔 1,810 〕
	〔 〕	新株予約権	〔 35 〕
	〔 〕	未払給料	〔 340 〕
	〔 〕	未払利息	〔 100 〕
	〔 〕		〔 〕
合計	〔 491,602 〕	合計	〔 491,602 〕

損 益 (単位：円)				
借　方　科　目	金　額	貸　方　科　目	金　額	
仕入	〔❸ 267,000〕	売上	340,000	
給料	〔❸ 2,740〕	受取利息	〔 220〕	
社債利息	〔 4,417〕	有価証券評価損益	〔❸ 20〕	
広告宣伝費	〔 320〕	為替差損益	〔❸ 12〕	
支払利息	〔❸ 194〕		〔 〕	
その他有価証券評価損	〔❸ 90〕		〔 〕	
貸倒引当金繰入	〔❸ 1,966〕		〔 〕	
減価償却費	〔❸ 20,776〕		〔 〕	
減損損失	〔❸ 30,000〕		〔 〕	
利息費用(資産除去債務)	〔 14〕		〔 〕	
法人税等	〔 3,810〕		〔 〕	
株式報酬費用	〔❸ 35〕		〔 〕	
繰越利益剰余金	〔❸ 8,890〕		〔 〕	
	〔 〕		〔 〕	
	〔 340,252〕		〔 340,252〕	

注）すべての空欄に記入するとは限らない。

問題2

約定日基準					
	借　方　科　目	金　額	貸　方　科　目	金　額	
3/30	売 買 目 的 有 価 証 券	200,000	未　　払　　金	200,000	❷
3/31	売買目的有価証券評価損	30,000	売 買 目 的 有 価 証 券	30,000	❷
4/ 1	売 買 目 的 有 価 証 券	30,000	売買目的有価証券評価益	30,000	❷
4/ 2	未　　払　　金	200,000	当　座　預　金	200,000	❷

修正受渡日基準					
	借　方　科　目	金　額	貸　方　科　目	金　額	
3/30	なし				❷
3/31	売買目的有価証券評価損	30,000	売 買 目 的 有 価 証 券	30,000	❷
4/ 1	売 買 目 的 有 価 証 券	30,000	売買目的有価証券評価益	30,000	❷
4/ 2	売 買 目 的 有 価 証 券	200,000	当　座　預　金	200,000	❷

別解 売買目的有価証券評価益は，売買有価証券評価損でもよい。

問題3

(1) 三分法

	借　方　科　目	金　額	貸　方　科　目	金　額	
7/14	売　　掛　　金	2,000	売　　　　　上	2,000	❷
8/10	売　　　　　上	200	売　　掛　　金	200	❷
10/3	仕　　　　　入	1,100	買　　掛　　金	1,100	❷
決算	仕　　　　　入	1,250	繰　越　商　品	1,250	❷
	繰　越　商　品	2,120	仕　　　　　入	2,120	

売上原価対立法

	借　方　科　目	金　額	貸　方　科　目	金　額	
7/14	売　　掛　　金	2,000	売　　　　　上	2,000	❷
	売　上　原　価	1,150	商　　　　　品	1,150	
8/10	売　　　　　上	200	売　　掛　　金	200	❷
	商　　　　　品	120	売　上　原　価	120	
10/3	商　　　　　品	1,100	買　　掛　　金	1,100	❷
決算	仕　訳　な　し				❷

(2) 三分法

借　方　科　目	金　額	貸　方　科　目	金　額	
棚　卸　減　耗　費	120	繰　越　商　品	120	❶

売上原価対立法

借　方　科　目	金　額	貸　方　科　目	金　額	
棚　卸　減　耗　費	120	商　　　　　品	120	❶

●数字…予想配点

260

会 計 学

問題1

	正誤	理　　由	
1.	×	企業会計は，予測される将来の危険に備えて，慎重な判断に基づく会計処理を行わなければならない。	❹
2.	×	内部利益とは，原則として，本店，支店，事業部等の企業内部における独立した会計単位相互間の内部取引から生ずる未実現の利益をいう。	❹
3.	○		❹
4.	×	期末前1ヵ月間の市場価格の平均にもとづいて算定された価額を用いることはできない。	❹
5.	×	所有権移転ファイナンスリースでは，貸手は取引で生じる資産をリース債権として計上し，所有権移転外ファイナンスリースでは，取引で生じる資産をリース投資資産として計上する。	❹
6.	○		❹
7.	○		❹
8.	○		❹
9.	×	有形固定資産等の減価償却方法の変更は，会計上の見積りの変更と同様に取り扱い，期首の残高は修正せず，期首の未償却残高を変更後の方法に従って償却する。	❹
10.	○		❹

問題2

問1	計算過程			
	10,000円×30％＋15,000円×60％＋20,000円×10％＝14,000円 ❷	金額	14,000 円	❹

問2	計算過程			
	14,000円×0.614＝8,596円 ❷	金額	8,596 円	❹

問3	引当金処理では，有形固定資産の除去に必要な金額が貸借対照表に計上されないこ とから，資産除去債務の負債計上が不十分であること，国際的な会計基準とのコン バージェンスにも資するものであることから，資産負債の両建処理を行う。	❽

問4	計算過程			
	10,000円×20％＋15,000円×40％＋20,000円×40％＝16,000円 ❷ 14,000円×0.711＋(16,000円−14,000円)×0.760＝11,474円	金額	11,474 円	❹

問5	見積りの変更による調整額に適用する割引率は，キャッシュ・フローが増加する場 合には，新たな負債の発生とみなし，その時点の割引率を使用する。	❽

問題3

	処理方法	要　件			ケース		
問1	Ⅰ	イ	ⓛ	ハ	1	2	③
	Ⅱ	イ	ロ	ⓗ	1	②	3
	Ⅲ	ⓘ	ロ	ハ	①	2	3

各❸

問2	日付	借　方　科　目	金　　額	貸　方　科　目	金　　額	
	3/20	売　　　　　上	4,800	売　　掛　　金	4,800	❹
	5/10	売　　掛　　金	112,800	売　　　　　上	112,800	❹

●数字…予想配点

262

第209回 解答への道　問題　58

商 業 簿 記 解 説

問題1 ● 損益勘定と閉鎖残高勘定の作成（以下，単位：円）

全経Point

大陸式決算法では，帳簿の締切にあたって，資産・負債・純資産の各科目の残高を決算振替仕訳を行い閉鎖残高（または残高，決算残高）勘定へ振り替える。この結果，資産・負債・純資産の各科目の残高が，閉鎖残高（または残高，決算残高）勘定に記入されるために，繰越試算表を作成する必要がない。（第199回問題3／第203回問題3／第205回問題3／第211回問題3）

1　当座預金

(1)　未渡小切手

（当　座　預　金）	1,500	（買　　掛　　金）	1,500

(2)　未取付小切手

仕　訳　な　し

(3)　振込未達

（当　座　預　金）	5,000	（売　　掛　　金）	5,000

(4)　時間外預入

仕　訳　な　し

銀行勘定調整表

当座預金帳簿残高	55,030	銀行残高証明書残高	62,000
(1)未渡小切手	1,500	(2)未取付小切手	△700
(3)振込未達	5,000	(4)時間外預入	230
修正後残高	61,530	修正後残高	61,530

∴　閉鎖残高 当座預金：61,530

2　有価証券

(1)　売買目的有価証券〜時価

（売買目的有価証券）（＊）	20	（有価証券評価損益）	20

（＊）　630〈A社株式時価〉＋380〈B社株式時価〉＝**1,010**〈閉鎖残高 売買目的有価証券〉

570〈A社株式簿価〉＋420〈B社株式簿価〉＝990

1,010－990＝20〈評価益〉

(2) その他有価証券～時価（部分純資産直入法）

① 期首再振替（C社株式）

（その他有価証券評価差額金）（＊）	120	（そ の 他 有 価 証 券）	120

（＊）前T/Bその他有価証券評価差額金

② 期末時価評価（C社株式）～評価益

（そ の 他 有 価 証 券）（＊）	150	（その他有価証券評価差額金）	150

（＊）250〈前期末時価〉－120＝130〈取得原価〉

280〈当期末時価〉－130＝150〈評価益〉

③ 期末時価評価（D社株式・E社株式）～評価損

（その他有価証券評価損）（＊）	90	（そ の 他 有 価 証 券）	90

（＊）570〈D社株式時価〉＋320〈E社株式時価〉＝890

620〈D社株式簿価〉＋360〈E社株式簿価〉＝980

890－980＝△90〈評価損〉

∴ 閉鎖残高 その他有価証券：280〈C社株式時価〉＋570〈D社株式時価〉＋320〈E社株式時価〉＝**1,170**

3 金銭債権

(1) 破産更生債権等

① 科目の振替え

（破 産 更 生 債 権 等）	2,500	（受　取　手　形）	1,800
		（売　　掛　　金）	700

∴ 閉鎖残高 受取手形：12,600〈前T/B〉－1,800＝**10,800**

∴ 閉鎖残高 売掛金：13,100〈前T/B〉－5,000〈振込未達〉－700＝**7,400**

② 貸倒引当金の設定

（貸 倒 引 当 金 繰 入）	1,500	（貸 倒 引 当 金）（＊）	1,500

（＊）2,500－1,000〈保証金〉＝1,500〈設定額＝繰入額〉

(2) 一般債権

① 貸倒引当金の設定

（貸 倒 引 当 金 繰 入）（＊）	466	（貸 倒 引 当 金）	466

（＊）（10,800〈受取手形〉＋7,400〈売掛金〉＋5,000〈長期貸付金〉）×3％＝696〈設定額〉

696－230〈前T/B貸倒引当金〉＝466〈繰入額〉

∴ 損益 貸倒引当金繰入：1,500〈破産更生債権等〉＋466〈一般債権〉＝**1,966**

∴ 閉鎖残高 貸倒引当金：1,500〈破産更生債権等〉＋696〈一般債権〉＝**2,196**

4 買掛金

（買　　掛　　金）（＊）	12	（為 替 差 損 益）	12

（＊）3ドル×@126〈CR〉－390＝△12〈買掛金の減少＝為替差益〉

∴ 閉鎖残高 買掛金：1,960〈前T/B〉＋1,500〈未渡小切手〉－12＝**3,448**

264

5　商品

（仕	入）	16,000	（繰 越 商 品）	16,000
（繰 越 商 品）		14,000	（仕 入）	14,000

∴　損益　仕入：265,000〈前T/B〉＋16,000－14,000＝**267,000**

6　自己株式

　自己株式の処分を行った場合，自己株式の帳簿価額と処分の対価との差額を，その他資本剰余金（自己株式処分差益または自己株式処分差損）として処理する。なお，自己株式処分差損は，その他資本剰余金から減額するが，その他資本剰余金が負の値になる場合には，会計期末において，その他資本剰余金をゼロとした上で，その負の値を繰越利益剰余金から減額する。

(1)　仮受金の訂正

（仮 受 金）	1,200	（自 己 株 式）	3,700
（その他資本剰余金）（＊）	2,500		

（＊）　1,200〈処分の対価〉－3,700〈取得原価〉＝△2,500〈処分差損〉

∴　閉鎖残高　自己株式：5,000〈前T/B〉－3,700＝**1,300**

(2)　会計期末における負の値のその他資本剰余金の会計処理

（繰 越 利 益 剰 余 金）（＊）	2,050	（その他資本剰余金）	2,050

（＊）　450〈前T/Bその他資本剰余金〉－2,500＝△2,050

∴　閉鎖残高　その他資本剰余金：**0**

7　建物

(1)　減価償却

（減 価 償 却 費）（＊）	20,000	（建物減価償却累計額）	20,000

（＊）　400,000〈取得原価〉÷20年＝20,000

∴　閉鎖残高　建物減価償却累計額：140,000〈前T/B〉＋20,000＝**160,000**

(2)　減損損失

（減 損 損 失）（＊）	30,000	（建 物）	30,000

（＊）　400,000－160,000〈減価償却累計額〉＝240,000〈期末帳簿価額〉

　　　240,000－210,000〈回収可能価額〉＝30,000

∴　閉鎖残高　建物：400,000〈前T/B〉－30,000＝**370,000**

8　備品

(1)　備品2,600円のうちの1,200円分

　①　備品改修費の訂正

（備 品）（＊）	100	（備 品 改 修 費）	100

（＊）　前T/B備品改修費

∴　閉鎖残高　備品改修費：**0**

② 資産除去債務の計上

| （備 品） | 293 | （資 産 除 去 債 務）（＊） | 293 |

（＊）340÷1.158≒293〈円未満切り捨て〉

∴ **閉鎖残高 備品**：2,600〈前T/B〉＋100＋293＝**2,993**

③ 減価償却

| （減 価 償 却 費）（＊） | 531 | （備品減価償却累計額） | 531 |

（＊）（1,200＋100＋293）÷3年＝531

④ 利息費用（資産除去債務）の計上

| （利 息 費 用）（＊） | 14 | （資 産 除 去 債 務） | 14 |

（＊）293×5％≒14〈円未満切り捨て〉

∴ **閉鎖残高 資産除去債務**：293＋14＝**307**

(2) 備品のうち残りの1,400円分

① 減価償却（見積りの変更）

| （減 価 償 却 費）（＊） | 245 | （備品減価償却累計額） | 245 |

（＊）1,400－420〈前T/B備品減価償却累計額〉＝980〈期首未償却残高〉

980÷（6年－2年）＝245

∴ **損益 減価償却費**：20,000＋531＋245＝**20,776**

∴ **閉鎖残高 備品減価償却累計額**：420〈前T/B〉＋531＋245＝**1,196**

9 **社債**

(1) 社債発行時（処理済み）

問題文の指示にあるように，社債を発行した時点では，額面総額で「社債」勘定に貸方記入し，額面総額と発行価額の差額は，評価勘定としての「社債発行差金」勘定を用いることに注意すること。

| （現 金 預 金 等）（＊2） | 55,209 | （社 債）（＊1） | 60,000 |
| （社 債 発 行 差 金）（＊3） | 4,791 | | |

（＊1）額面総額

（＊2）発行価額

（＊3）貸借差額

(2) 決算時～償却原価法（利息法）

評価勘定としての「社債発行差金」勘定を用いているため，償却額は「社債」勘定を増額するのではなく，評価勘定としての「社債発行差金」勘定を減額する。

| （社 債 利 息）（＊） | 817 | （社 債 発 行 差 金） | 817 |

（＊）55,209〈発行価額〉×8％〈実効利子率〉≒**4,417**〈利息配分額＝**損益 社債利息**〉

60,000〈額面〉×6％〈約定利子率〉＝3,600〈前T/B社債利息〉

4,417－3,600＝817

∴ **閉鎖残高 社債発行差金**：4,791〈前T/B〉－817＝**3,974**

全経Point

全経では，社債の償却原価法の適用の際に，社債発行差金という評価勘定を用いて処理する場合があるので注意しよう。（第199回問題3／第203回問題3）

10 ストック・オプション

| （株 式 報 酬 費 用）（＊） | 35 | （新 株 予 約 権） | 35 |

（＊）$(30個 - 6個) \times @5〈公正な評価単価〉 \times \dfrac{7カ月}{24カ月} = 35$

11 費用及び収益の見越と繰延

(1) 未払給料

| （給　　　　　料） | 340 | （未 払 給 料） | 340 |

∴　**損益 給料**：$2,400〈前 T/B〉 + 340 = \textbf{2,740}$

(2) 短期借入金の未払利息

| （支 払 利 息）（＊） | 100 | （未 払 利 息） | 100 |

（＊）$4,000〈短期借入金〉 \times 6\% \times \dfrac{5カ月}{12カ月} = 100$

∴　**損益 支払利息**：$94〈前 T/B〉 + 100 = \textbf{194}$

(3) 長期貸付金の未収利息

| （未 収 利 息）（＊） | 50 | （受 取 利 息） | 50 |

（＊）$5,000〈長期貸付金〉 \times 4\% \times \dfrac{3カ月}{12カ月} = 50$

∴　**損益 受取利息**：$170〈前 T/B〉 + 50 = \textbf{220}$

(4) 前払広告宣伝費

| （前 払 広 告 宣 伝 費）（＊） | 160 | （広 告 宣 伝 費） | 160 |

（＊）$480〈前 T/B広告宣伝費〉 \times \dfrac{4カ月}{12カ月} = 160$

∴　**損益 広告宣伝費**：$480〈前 T/B〉 - 160 = \textbf{320}$

12 税金（法人税等）

| （法 人 税 等） | 3,810 | （仮 払 法 人 税 等） | 2,000 |
| | | （未 払 法 人 税 等）（＊） | 1,810 |

（＊）貸借差額

13 当期純利益の振替

| （損　　　　　益）（＊） | 8,890 | （繰 越 利 益 剰 余 金） | 8,890 |

（＊）損益勘定の貸借差額

∴　**閉鎖残高 繰越利益剰余金**：$28,500〈前 T/B〉 - 2,050〈その他資本剰余金〉 + 8,890 = \textbf{35,340}$

問題2 ● 仕訳問題（以下，単位：円）

有価証券の認識

有価証券の認識基準には，約定日基準と修正受渡日基準がある。

約 定 日 基 準 （原則的基準）	約定日基準とは，売買約定日（契約締結時）に買手は有価証券の発生を認識し，売手は有価証券の消滅を認識する基準である。
修正受渡日基準 （例外的基準）	修正受渡日基準とは，買手は保有目的区分ごとに約定日から受渡日までは時価の変動のみを認識し，売手は売却損益のみを約定日に認識する基準である。

1 約定日基準

(1) 3月30日

（売買目的有価証券）	200,000	（未　　払　　金）	200,000

(2) 3月31日

（売買目的有価証券評価損）	30,000	（売買目的有価証券）	30,000

(3) 4月1日

（売買目的有価証券）	30,000	（売買目的有価証券評価益）（＊）	30,000

（＊）売買目的有価証券評価損でもよい。

(4) 4月2日

（未　　払　　金）	200,000	（当　座　預　金）	200,000

2 修正受渡日基準

(1) 3月30日

仕　訳　な　し

(2) 3月31日

（売買目的有価証券評価損）	30,000	（売買目的有価証券）	30,000

(3) 4月1日

（売買目的有価証券）	30,000	（売買目的有価証券評価益）（＊）	30,000

（＊）売買目的有価証券評価損でもよい。

(4) 4月2日

（売買目的有価証券）	200,000	（当　座　預　金）	200,000

問題3 ● 仕訳問題（以下，単位：円）

商品売買の記帳方法

1 商品有高帳

（先入先出法）　　　　　　　　　　商 品 有 高 帳

日 付		摘 要	受　　　入			払　　　出			残　　　高		
			数量	単 価	金 額	数量	単 価	金 額	数量	単 価	金 額
1	1	前期繰越	25	50	1,250				25	50	1,250
3	25	売　　上				20	50	1,000	5	50	250
5	7	仕　　入	30	60	1,800				5	50	250
									30	60	1,800
7	14	売　　上				5	50	250			
						15	60	900	15	60	900
8	10	売上戻り	2	60	120				17	60	1,020
10	3	仕　　入	20	55	1,100				17	60	1,020
									20	55	1,100
12	31	次期繰越				17	60	1,020			
						20	55	1,100			
			77	—	4,270	77	—	4,270			

2 三分法

(1) 3月25日

（売　　掛　　金）	2,000	（売　　　　　上）	2,000

(2) 5月7日

（仕　　　　　入）	1,800	（買　　掛　　金）	1,800

(3) 7月14日

（売　　掛　　金）	2,000	（売　　　　　上）	2,000

(4) 8月10日

（売　　　　　上）	200	（売　　掛　　金）	200

(5) 10月3日

（仕　　　　　入）	1,100	（買　　掛　　金）	1,100

(6) 決算

（仕　　　　　入）	1,250	（繰　越　商　品）	1,250
（繰　越　商　品）（＊）	2,120	（仕　　　　　入）	2,120

（＊）商品有高帳次期繰越より

(7) 実地棚卸が35個である場合

先入先出法のため，棚卸減耗費も古い単価（@60円）で計算すること。

（棚 卸 減 耗 費）（＊）	120	（繰 越 商 品）	120

（＊）（37個〈帳簿棚卸高〉－35個〈実地棚卸高〉）×@60＝120

3 売上原価対立法

(1) 3月25日

（売 掛 金）	2,000	（売 上）	2,000
（売 上 原 価）	1,000	（商 品）	1,000

(2) 5月7日

（商 品）	1,800	（買 掛 金）	1,800

(3) 7月14日

（売 掛 金）	2,000	（売 上）	2,000
（売 上 原 価）	1,150	（商 品）	1,150

(4) 8月10日

（売 上）	200	（売 掛 金）	200
（商 品）	120	（売 上 原 価）	120

(5) 10月3日

（商 品）	1,100	（買 掛 金）	1,100

(6) 決算

仕 訳 な し

(7) 実地棚卸が35個である場合

（棚 卸 減 耗 費）	120	（商 品）	120

会　計　学　解　説

● 問題 1 ● 正誤問題

1．保守主義の原則：×　　　　　　　　　　　　　　　　　「企業会計原則注解　【注4】」
　　企業会計は，予測される将来の危機に備えて慎重な判断に基づく会計処理を行うことができるの
ではなく，行わなければならない。

2．内部利益：×　　　　　　　　　　　　　　　　　　　　「企業会計原則注解　【注11】」
　　内部利益とは，本店，支店等企業内部における独立した会計単位相互間の内部取引から生じる未
実現の利益のことである。これに対して，会計単位内部における原材料，半製品等の振替から生ず
る振替損益は，内部利益ではなく，原価差額（原価差異）の一種である。

3．債権の未収利息の処理：○　　　　　　　　　　　　　「金融商品に関する会計基準　注9」
　　貸倒引当金の対象となる債権には未収利息が含まれるが，契約上の利息支払日を相当期間経過し
ても利息の支払が行われていない状態にある場合や，それ以外でも債務者が実質的に経営破綻の状
態にあると認められる場合には，未収利息を収益として認識することは適当でないと考えられるこ
とから，このような状態に至った場合には，すでに計上されている未収利息を当期の損失として処
理するとともに，それ以後の期間に係る未収利息は計上してはならない。

4．その他有価証券の決算時の時価：×　　　　　　　　「時価の算定に関する会計基準　5」
　　「時価」とは，算定日において市場参加者間で秩序ある取引が行われると想定した場合の，当該
取引における資産の売却によって受け取る価格又は負債の移転のために支払う価格をいう。したが
って，期末前1カ月間の市場価格の平均にもとづいて算定された価額は，時価の定義を充たさない
ため適用されない。

5．リース取引の貸手の会計処理：×　　　　　　　　　「リース取引に関する会計基準　13」
　　所有権移転ファイナンス・リース取引では，貸手は取引で生じる資産を「リース債権」として計
上するが，所有権移転外ファイナンス・リース取引では，取引で生じる資産を「リース投資資産」
として計上する。

6．未実現損益の消去：○　　　　　　　　　　「連結財務諸表に関する会計基準　36，38」
　　未実現損益とは，連結会社相互間の取引によって取得した棚卸資産，固定資産その他の資産に含
まれる未実現の損益である。未実現損益は，連結会計上は連結グループ外部に売却されるまでまた
は費用配分されるまでは未実現であるため，その全額を消去しなければならない。
　　なお，子会社が売手の場合で，売手側の子会社に非支配株主が存在する場合には，消去した未実
現損益は，親会社と非支配株主の持分比率に応じて，親会社の持分と非支配株主の持分に配分し，
非支配株主の配分額は非支配株主持分に加減する。

7．ストック・オプション：○　　　　　　　「ストック・オプション等に関する会計基準　4」
　　ストック・オプションとは，会社がその従業員等に対して報酬として新株予約権を付与したもの
である。ストック・オプションは，その権利が確定する条件（勤務条件，業績条件）を定めている
ことが多く，権利を付与した後，条件を満たしたときに権利が確定する場合が多い。
　　ストック・オプションを付与し，これに応じて企業が従業員等から取得するサービスは，その取
得に応じて「株式報酬費用」として計上し，対応する金額を，ストック・オプションの権利の行使
又は失効が確定するまでの間，貸借対照表の純資産の部に「新株予約権」として計上する。

8．自己株式の消却：○　　　　　「自己株式及び準備金の額の減少等に関する会計基準　11」
　　会社は，取締役会等の決議により，保有する自己株式を消却することができる。この場合には，

自己株式の帳簿価額をその他資本剰余金から減額する。なお，この結果，その他資本剰余金の残高が負の値（借方残高）となった場合には，会計期間末においてその他資本剰余金をゼロとし，その負の値をその他利益剰余金の繰越利益剰余金から減額する。

9．減価償却方法の変更：×

「会計方針の開示，会計上の変更及び誤謬の訂正に関する会計基準　19，20」

　会計上の変更とは，会計方針の変更，表示方法の変更および会計上の見積りの変更をいい，過去の誤謬の訂正とは，誤りを正すことをいう。会計方針の変更や表示方法の変更が生じた場合には，過去の財務諸表に遡って適用したかのような会計処理を行うが，会計方針の変更の会計処理を遡及適用といい，表示方法の変更の会計処理を財務諸表の組替えという。なお，会計上の見積りの変更が生じた場合には遡及処理はしない。

会計上の変更			原則的な取扱い
	会 計 方 針 の 変 更	遡及処理する	遡及適用
	表 示 方 法 の 変 更		財務諸表の組替え
	会計上の見積りの変更	遡及処理しない	当期または当期以降の財務諸表に反映させる
過 去 の 誤 謬 の 訂 正		遡及処理する	修正再表示

　有形固定資産等の減価償却方法は，会計方針に該当するが，その変更は会計上の見積りの変更と区別することが困難な場合に該当するものとして，会計上の見積りの変更と同様に取り扱い，期首の残高は修正せず，期首の未償却残高を変更後の方法に従って償却する。

10．外貨建有価証券の減損処理：○　　　　　　　　　　　　「外貨建取引等会計処理基準　一・2(2)」

　外貨建有価証券について，時価の著しい下落または実質価額の著しい低下により評価額の引下げが求められる場合には，外貨建有価証券の時価（強制評価減の場合）または実質価額（実価法の場合）は，外国通貨による時価または実質価額を決算時の為替相場により円換算した額とする。この場合に生じる換算差額は切放方式により，当期の損失（評価損）として処理する。

問題2 ● 資産除去債務

問1　除去費用の期待値の計算　　　　　　　　　　　　　　「資産除去債務に関する会計基準　39」

　期待値とは，確率変数のとる値に，対応する確率をそれぞれ掛けて加えた値をいう。

　　10,000円×30％＋15,000円×60％＋20,000円×10％＝14,000円

問2　資産除去債務の計算

　　14,000円×0.614〈割引率5％10年の現価係数〉＝8,596円

問3　資産除去債務の資産負債の両建処理（記述問題）　　　「資産除去債務に関する会計基準　34」

　引当金処理では，除去費用のうち各期間の発生額が引当金として計上されるため，有形固定資産の除去に必要な金額が貸借対照表に計上されないことから，資産除去債務の負債計上が不十分であること，国際的な会計基準とのコンバージェンスにも資するものであることから，資産負債の両建処理を行う。

問4　見積りの変更（金額計算）　　　　　　　　　　　　　「資産除去債務に関する会計基準　11」

　割引前将来キャッシュ・フローに重要な見積りの変更が生じた場合の当該見積りの変更による調整額は，資産除去債務の帳簿価額及び関連する有形固定資産の帳簿価額に加減して処理する。なお，そ

の変更により，当該キャッシュ・フローが増加する場合には，その時点の割引率を適用する。これに対し，当該キャッシュ・フローが減少する場合には，負債計上時の割引率を適用する。

10,000円×20％＋15,000円×40％＋20,000円×40％＝16,000円

14,000円×0.711〈割引率5％7年の現価係数〉＋（16,000円－14,000円）×0.760〈割引率4％7年の現価係数〉

＝11,474円

問5　見積りの変更（記述問題）　　　　　　　　　　　　「資産除去債務に関する会計基準　53」

　見積りの変更による調整額に適用する割引率は，キャッシュ・フローの増加部分については新たな負債の発生とみなして，その時点の割引率を使用する。

問題3 ● 収益認識に関する会計基準　　　　　　　　　　「収益認識に関する会計基準　30，31」

問1　契約変更（記述問題）

　契約変更は，契約の当事者が承認した契約の範囲又は価格（あるいはその両方）の変更であり，契約の当事者が，契約の当事者の強制力のある権利及び義務を新たに生じさせる変更又は既存の強制力のある権利及び義務を変化させる変更を承認した場合に生じるものである。

① 独立した契約として処理する場合

　　契約変更が次の要件のいずれも満たす場合には，当該契約変更を**独立した契約として処理**する。

> ・別個の財又はサービスの追加により，契約の範囲が拡大されること
> ・変更される契約の価格が，追加的に約束した財又はサービスに対する独立販売価格に特定の契約の状況に基づく適切な調整を加えた金額分だけ増額されること

② 契約変更を独立した契約として処理しない場合

　　契約変更を独立した契約として処理しない場合には，契約変更日において未だ移転していない財又はサービスについて，それぞれ次のいずれかの方法により処理する。

(a)　未だ移転していない財又はサービスが契約変更日以前に移転した財又はサービスと別個のものである場合	(b)　未だ移転していない財又はサービスが契約変更日以前に移転した財又はサービスと別個のものではなく，契約変更日において部分的に充足されている単一の履行義務の一部を構成する場合
契約変更を既存の契約を解約して新しい契約を締結したものと仮定して処理する。 　残存履行義務に配分すべき対価の額は，次の①及び②の合計額とする。 　① 顧客が約束した対価（顧客から既に受け取った額を含む）のうち，取引価格の見積りに含まれているが収益として，認識されていない額 　② 契約変更の一部として約束された対価	**契約変更を既存の契約の一部であると仮定して処理**する。 　これにより，完全な履行義務の充足に向けて財又はサービスに対する支配を顧客に移転する際の企業の履行を描写する進捗度（履行義務の充足に係る進捗度）及び取引価格が変更される場合は，契約変更日において収益の額を累積的な影響に基づき修正する。
(c)　未だ移転していない財又はサービスが(a)と(b)の両方を含む場合には，契約変更が変更後の契約における未充足の履行義務に与える影響を，それぞれ(a)又は(b)の方法に基づき処理する。	

問2 契約変更（仕訳問題）

(1) 40個納入時

（売 掛 金）（＊）	80,000	（売 上）	80,000

（＊）@2,000×40個＝80,000

(2) 契約変更時（3月20日）

　　契約変更を既存の契約の一部であると仮定して処理する場合において，完全な履行義務の充足に向けて財又はサービスに対する支配を顧客に移転する際の企業の履行を描写する進捗度及び取引価格が変更される場合は，契約変更日において収益の額を累積的な影響に基づき修正する。

（売 上）（＊）	4,800	（売 掛 金）	4,800

（＊）@2,000×40個＋@1,800×60個＝188,000〈変更後の取引価格〉

　　　40個÷100個＝40％〈進捗度〉

　　　188,000×40％＝75,200〈修正後〉

　　　75,200－80,000＝△4,800

(3) 60個納入時（5月10日）

（売 掛 金）（＊）	112,800	（売 上）	112,800

（＊）188,000－75,200＝112,800

第209回 解答

工 業 簿 記

問題1

問1　不利差異の場合には△をつけること

X補助部門費：予定配賦率〔 ❺　　12.5 〕円／単位　　配賦差異総額〔　　　△200 〕円

Y補助部門費：予定配賦率〔　　29.9 〕円／単位　　配賦差異総額〔 ❺　2,640 〕円

問2

A製造部門費：予算額〔　477,600 〕円　　予定配賦率〔 ❺　23.88 〕円／時間

B製造部門費：予算額〔 ❺　767,000 〕円　　予定配賦率〔　30.68 〕円／時間

問3　A製造部門

配賦差異総額〔 ❺　41,170 〕円

予 算 差 異〔 ❺　12,955 〕円

操 業 度 差 異〔 ❺　28,215 〕円

問4　B製造部門

借 方 科 目	金 額	貸 方 科 目	金 額
仕 掛 品	736,320	B 製 造 部 門 費	736,320

すべて正解で❺

問5

現行のように補助部門費を変動費と固定費とで同一の配賦基準で配賦するのではなく，補助

部門の変動費は用役消費量に基づいて予定配賦し，固定費は予算額を用役消費能力の比で配

賦するのが原価管理の観点から望ましい。　　　　　　　　　　　　　　　　　❿

問題2

問1　期末材料　〔❹　　　108,600 〕円

問2

借　方　科　目	金　額	貸　方　科　目	金　額
材　　　　　料	600	受　入　価　格　差　異	52,480
製 造 間 接 費 差 異	5,000	直 接 材 料 費 差 異	72,000
売　　上　　原　　価	215,480	直 接 労 務 費 差 異	96,600

すべて正解で❿

問3

売 上 原 価　〔❽　　19,994,360 〕円

期 末 製 品　〔❽　　 2,665,440 〕円

期 末 仕 掛 品　〔❽　　 1,536,480 〕円

問題3

①　原価は，経済価値の消費である。

②　原価は，経営において作り出された一定の給付に転嫁される価値である。　　❹

③　原価は，経営目的に関連したものである。　　❹

④　原価は，正常的なものである。　　❹

●数字…予想配点

原 価 計 算

問題1

問1

製品A	〔❸	6,800	〕円
製品B	〔	4,500	〕円
製品C	〔❸	2,000	〕円

問2

製品A	〔❹	77,800,000	〕円
製品B	〔❹	46,680,000	〕円
製品C	〔	31,120,000	〕円

問3

売上高	〔❹	200,000,000	〕円
安全余裕率	〔❸	22.2	〕%
経営レバレッジ係数	〔❸	4.5	〕

問4

製品A	〔	6,200	〕円
製品B	〔❸	4,200	〕円
製品C	〔❸	1,925	〕円

問5

製品A	〔❹	76,000,000	〕円
製品B	〔	45,600,000	〕円
製品C	〔❹	30,400,000	〕円

問6

安全余裕率	〔❹	24	〕%
経営レバレッジ係数	〔❹	4.2	〕

問7

①シナリオ α 〔 ❸　　　　　　　 23　 〕 ％

②シナリオ β 〔 ❸　　　　　　　 21　 〕 ％

問8

> シナリオ α と β は，目標達成時の売上高と営業利益が同額であるが，固定費の利用が多く，
>
> 経営レバレッジ係数の高いシナリオ α のほうが売上高が増減したときの営業利益の増減の幅
>
> は大きくなる。　　　❿

問題2

問1

（ア）

> 自製すべき
>
> ⦅購入すべき⦆　（該当する方に○を付すこと）　❹
>
> 部品Ａを購入するほうが自製するよりも原価が600,000円少ないため。　❹

（イ）

> ⦅自製すべき⦆
>
> 購入すべき　（該当する方に○を付すこと）　❹
>
> 部品Ａを自製するほうが購入するよりも原価が150,000円少ないため。　❹

問2

981	個以上から	1,700	個未満

両方正解で❿

問題3

ア（ ❸ 製 造 間 接 費 ）　　イ（ ❸ 資 源 消 費 の 観 点 ）

ウ（ ❸ 活　　　　　動 ）　　エ（ ❸ 原 価 計 算 対 象 ）

●数字…予想配点

278

第209回 解答への道 問題▶ 66

工 業 簿 記 解 説

問題1 ●部門別計算（単一基準配賦法・予定配賦・階梯式配賦法）

　他の補助部門への用役提供件数が，X補助部門は1件（Y補助部門へ），Y補助部門は0件のため，階梯式配賦法を行う場合の配賦順位は，X補助部門が第1位，Y補助部門が第2位となる。

問1・2 各補助部門費の予定配賦率と配賦差異総額と各製造部門費の予算額と予定配賦率

1．予算部門費配賦表

　問3 において，「配賦先の製造部門において，補助部門からの配賦額は，すべて変動費とみなしている」とあることから，補助部門費は変動費と固定費をまとめて配賦計算を行う（実際部門費配賦表も同様）。

予算部門費配賦表　　　　　　　　　　　（単位：円）

摘　要	製　造　部　門				補　助　部　門	
	A製造部門		B製造部門		Y補助部門	X補助部門
	変動費	固定費	変動費	固定費		
部　門　費	168,000	282,150	283,000	459,050	27,400	25,000
X補助部門費	12,500	－	10,000	－	2,500	25,000
Y補助部門費	14,950	－	14,950	－	29,900	
製造部門費	195,450	282,150	307,950	459,050		
基準操業度	20,000時間		25,000時間			
予定配賦率	9.7725円/時間	14.1075円/時間	12.318円/時間	18.362円/時間		
	23.88円/時間		30.68円/時間			

(1)　X補助部門費の配賦

予定配賦率：$\dfrac{25,000円}{1,000単位+800単位+200単位}$＝**12.5円/単位**　問1

A製造部門へ：12.5円/単位×1,000単位＝12,500円

B製造部門へ：12.5円/単位×　800単位＝10,000円

Y補助部門へ：12.5円/単位×　200単位＝　2,500円

(2)　Y補助部門費の配賦

予定配賦率：$\dfrac{27,400円+2,500円}{500単位+500単位}$＝**29.9円/単位**　問1

A製造部門へ：29.9円/単位×500単位＝14,950円

B製造部門へ：29.9円/単位×500単位＝14,950円

(3)　A製造部門費の予算額と予定配賦率

① 予算額

変動費予算額：168,000円＋12,500円＋14,950円＝　195,450円

固定費予算額：　　　　　　　　　　　　　　　282,150円

合計（予算額）　　　　　　　　　　　　　　**477,600円**（問2）

② 予定配賦率

変動費率：195,450円÷20,000時間＝ 9.7725円/時間

固定費率：282,150円÷20,000時間＝14.1075円/時間

合計（予定配賦率） **23.88円/時間**（ 問2 ）

(4)　B製造部門費の予算額と予定配賦率

① 予算額

変動費予算額：283,000円＋10,000円＋14,950円＝ 307,950円

固定費予算額： 459,050円

合計（予算額） **767,000円**（ 問2 ）

② 予定配賦率

変動費率：307,950円÷25,000時間＝12.318円/時間

固定費率：459,050円÷25,000時間＝18.362円/時間

合計（予定配賦率） **30.68円/時間**（ 問2 ）

2．実際部門費配賦表

実際部門費配賦表　　　　　　　　（単位：円）

摘　要	製　造　部　門				補　助　部　門	
	A製造部門		B製造部門		Y補助部門	X補助部門
	変動費	固定費	変動費	固定費		
部　　門　　費	172,000	282,000	278,000	465,500	28,000	25,200
X補助部門費	12,250	－	10,500	－	2,250	25,200
Y補助部門費	17,940	－	14,950	－	30,250	
製　造　部　門　費	202,190	282,000	303,450	465,500		

(1)　X補助部門費の配賦

A製造部門へ：12.5円/単位×980単位＝ 12,250円

B製造部門へ：12.5円/単位×840単位＝ 10,500円

Y補助部門へ：12.5円/単位×180単位＝ 2,250円

合計（予定配賦額） 25,000円

X補助部門費配賦差異総額：25,000円 － 25,200円 ＝△200円（不利）（ 問1 ）
　　　　　　　　　　　　予定配賦額　実際発生額

(2)　Y補助部門費の配賦

A製造部門へ：29.9円/単位×600単位＝ 17,940円

B製造部門へ：29.9円/単位×500単位＝ 14,950円

合計（予定配賦額） 32,890円

Y補助部門費配賦差異総額：32,890円 － （28,000円＋2,250円）＝2,640円（有利）（ 問1 ）
　　　　　　　　　　　　予定配賦額　　　実際発生額

問3　A製造部門費の配賦差異総額と予算差異および操業度差異

1．A製造部門費配賦差異総額

23.88円/時間×22,000時間 － （202,190円＋282,000円）＝**41,170円**（有利）
予定配賦額525,360円　　　　実際発生額484,190円

２．A製造部門費配賦差異の分析

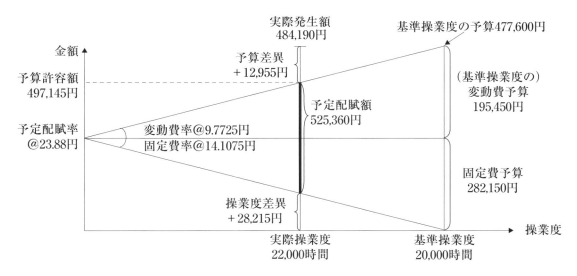

予算差異：（9.7725円/時間×22,000時間＋282,150円）−484,190円＝**12,955円（有利）**

操業度差異：14.1075円/時間×（22,000時間−20,000時間）＝**28,215円（有利）**

問4　B製造部門費の仕掛品勘定への振替仕訳

予定配賦額をB製造部門費勘定から仕掛品勘定へ振り替える仕訳を行う。

予定配賦額：30.68円/時間×24,000時間＝**736,320円**

（単位：円）

（仕　　　掛　　　品）	736,320	（B　製　造　部　門　費）	736,320

問5　現状の補助部門費の配賦方法を原価管理の観点から改善する配賦方法（理論問題）

　現状の補助部門費の配賦方法は，変動費も固定費も用役消費量に応じて予定配賦する単一基準配賦法・予定配賦である。この方法によると，補助部門において生じた当該部門の浪費・節約額（予算差異相当額）は配賦されず，補助部門の責任として認識することができる。また，配賦を受ける部門から考えると，当該補助部門の用役消費量に対する配賦額が予定配賦率にもとづいて計算されるため，他部門の用役消費量の多寡で配賦額が変動することもなくなる。

　しかしながら，利用部門の用役消費能力に関連して発生する固定費までも用役消費量に応じて配賦するため，利用部門が計画どおりに用役を消費しないと，補助部門では管理不能な操業度差異が生じて配賦されずに残ってしまう。そこで，この問題を解決するには，**現行のように補助部門費を変動費と固定費とで同一の配賦基準で配賦するのではなく，補助部門の変動費は用役消費量に基づいて予定配賦し，固定費は予算額を用役消費能力の比で配賦するのが原価管理の観点から望ましい。**

問題2 ● 標準原価差異の会計処理

問1 材料期末有高の計算

1．材料受入価格差異の配賦

材料受入価格差異は，当期の材料購入量26,240kg（＝26,200kg－260kg＋300kg）のうち，当期の材料払出高と期末有高に配賦する。なお，不利差異であるため，期末有高への配賦額は期末材料の標準原価に加算する。

材料払出高へ：$\dfrac{52,480円}{26,240kg} \times (26,200kg - 260kg) = 51,880円$

期末有高へ：　　〃　　×300kg＝600円

2．材料期末有高の計算

$\underset{\text{期末材料の標準原価}}{\underline{360円/kg \times 300kg + 600円}}$＝**108,600円**

問2 標準原価差異の会計処理の仕訳（標準原価差異が少額である場合）

原価差異が少額である場合，原価差異は受入価格差異を除き，原則として当期の売上原価に賦課する。材料受入価格差異は，当期の払出高と期末有高に配賦した後，払出高にかかる金額（材料消費価格差異相当額）を売上原価に賦課する。

なお，原価差異に関する勘定科目が与えられているため，これにしたがって解答していく。直接材料費関連の差異のうち，価格に関する差異は「受入価格差異」勘定を，材料消費量差異は「直接材料費差異」勘定を使用する。また，直接労務費関連の差異は「直接労務費差異」勘定を，製造間接費関連の差異は「製造間接費差異」勘定をそれぞれ使用する。

1．材料受入価格差異の仕訳（単位：円）

（材　　　　　料）	600	（受 入 価 格 差 異）	52,480
（売　上　原　価）	51,880		

2．材料消費量差異および直接労務費差異，製造間接費差異の仕訳（単位：円）

（1）材料の受払，生産および販売データの整理

材　　料			仕掛品			製　　品		
期首	払出		期首 260個	完成		期首	売上原価	
260kg		26,200kg	（130個）	2,560個		500個	2,700個	
購入			投入	（2,560個）		完成		
			2,600個					
26,240kg	期末		（2,550個）	期末 300個		2,560個	期末〈貸借差引〉	
〈貸借差引〉	300kg		〈貸借差引〉	（120個）			360個	

標準消費量

直接材料：10kg/個×2,600個＝26,000kg

作業時間：4時間/個×2,550個＝10,200時間

（2）直接材料費差異（材料消費量差異）の仕訳

直接材料費差異（材料消費量差異）：360円/kg×（26,000kg－26,200kg）＝（－）72,000円（不利）

（売　上　原　価）	72,000	（直 接 材 料 費 差 異）	72,000

(3)　直接労務費差異の仕訳

直接労務費差異：（－）19,680円＋（－）76,920円＝（－）96,600円（不利）

（売　上　原　価）	96,600	（直接労務費差異）	96,600

(4)　製造間接費差異の仕訳

製造間接費差異：（＋）32,000円＋（－）63,000円＋（＋）36,000円＝（＋）5,000円（有利）

（製造間接費差異）	5,000	（売　上　原　価）	5,000

3．まとめ

上記の仕訳をまとめると，次のようになる。

（材　　　　　料）	600	（受入価格差異）	52,480
（製造間接費差異）	5,000	（直接材料費差異）	72,000
（売　上　原　価）	215,480	（直接労務費差異）	96,600

問3　標準原価差異の会計処理後の各数値（標準原価差異が多額である場合を含む）

標準の設定ないし予定価格等が不適当なため，比較的多額の原価差異が生じた場合には，その原価差異を当期の売上原価と期末棚卸資産に追加配賦する。問題資料に原価配分法の指示がないため，本問ではころがし計算法による追加配賦が行えない。そこで「期首棚卸資産を含めて，売上原価と期末棚卸資産に配賦する」という問題の指示により，本問では，一括調整法で作業時間差異および能率差異を追加配賦する。

各原価差異は，下記のとおり処理する。

作業時間差異および能率差異…売上原価と期末棚卸資産に追加配賦（一括調整法）

直接材料費差異（材料消費量差異）…非原価処理

その他の差異…売上原価に賦課

1．作業時間差異および能率差異の追加配賦

作業時間差異および能率差異の合計139,920円（＝76,920円＋63,000円）は不利差異であるため，追加配賦額を売上原価と期末棚卸資産に加算する。

売上原価：$\dfrac{139,920円}{2,700個＋360個＋120個}×2,700個＝118,800円$

期末製品：　　　　〃　　　　×360個＝15,840円

期末仕掛品：　　　〃　　　　×120個＝5,280円

2．各数値の計算

(1)　売上原価

売上原価に賦課する原価差異：

（－）51,880円＋（－）19,680円＋（＋）32,000円＋（＋）36,000円＋（－）118,800円＝（－）122,360円

不利差異であるため，売上原価に加算する。

期末売上原価：7,360円/個×2,700個＋122,360円＝**19,994,360円**

(2)　期末製品

7,360円/個×360個＋15,840円＝**2,665,440円**

(3)　期末仕掛品

3,600円/個×300個＋（2,080円/個＋1,680円/個）×120個＋5,280円＝**1,536,480円**

問題3 ● 原価計算制度上の原価の本質（論述問題）

原価計算基準3「原価の本質」からの出題であり，その内容を解答することが求められる問題であった。原価計算基準3は，以下のとおりである。

原価計算制度において，原価とは，経営における一定の給付にかかわらせて，は握された財貨又は用役（以下これを「財貨」という。）の消費を，貨幣価値的に集計したものである。

(1) 原価は，経済価値の消費である。経営の活動は，一定の財貨を生産し販売することを目的とし，一定の財貨を作り出すために，必要な財貨すなわち経済価値を消費する過程である。原価とは，かかる経営過程における価値の消費を意味する。

(2) **原価は，経営において作り出された一定の給付に転嫁される価値であり**，その給付にかかわらせて，は握されたものである。ここに給付とは，経営が作り出す財貨をいい，それは経営の最終給付のみでなく，中間的給付をも意味する。

(3) **原価は，経営目的に関連したものである。**経営の目的は，一定の財貨を生産し販売することにあり，経営過程は，このための価値の消費と生成の過程である。原価は，かかる財貨の生産，販売に関して消費された経済価値であり，経営目的に関連しない価値の消費を含まない。財務活動は，財貨の生成および消費の過程たる経営過程以外の，資本の調達，返還，利益処分等の活動であり，したがってこれに関する費用たるいわゆる財務費用は，原則として原価を構成しない。

(4) **原価は，正常的なものである。**原価は，正常な状態のもとにおける経営活動を前提として，は握された価値の消費であり，異常な状態を原因とする価値の減少を含まない。

原　価　計　算　解　説

問題1 ● 多品種製品のCVP分析

問1　シナリオαにおける製品A，B，Cの単位当たり貢献利益

従来の原価データを基礎とする計画（シナリオα）による各製品の単位当たり貢献利益を算定する。また，あわせて各製品の変動費率と貢献利益率についても算定しておく。

	製品A		製品B		製品C	
売 上 高		20,000円		15,000円		10,000円
直接材料費	8,000円		6,000円		5,000円	
変動加工費	3,000円		2,500円		2,000円	
変動販売費	2,200円	13,200円	2,000円	10,500円	1,000円	8,000円
貢 献 利 益		6,800円		4,500円		2,000円
変 動 費 率[※1]	66%		70%		80%	
貢献利益率[※2]	34%		30%		20%	

※1　変 動 費 率（%）＝変動費÷売上高×100

※2　貢献利益率（%）＝貢献利益÷売上高×100　または，100%－変動費率

問2　シナリオαにおける製品A，B，Cの損益分岐点売上高

売上高の割合が，製品A50%，製品B30%，製品C20%となるため，会社全体の売上高をS（円）とおいて，CVP関係を整理すると，次のようになる（単位：円）。

	製品A	製品B	製品C	全　体
売　　上　　高	0.5 S	0.3 S	0.2 S	S
変　　動　　費	0.66×0.5 S	0.7×0.3 S	0.8×0.2 S	0.7 S
貢　献　利　益	0.34×0.5 S	0.3×0.3 S	0.2×0.2 S	0.3 S
固　　定　　費				46,680,000[※]
税引前営業利益				0.3 S －46,680,000
法　人　税　等				0.09 S －14,004,000
税引後営業利益				0.21 S －32,676,000

※　固定費総額：28,008,000円＋18,672,000円＝46,680,000円
　　　　　　　　　固定加工費　　固定販売費及び一般管理費

よって，会社全体の損益分岐点の売上高は，次のようになる。

0.21 S －32,676,000 ＝ 0

S ＝155,600,000（円）

したがって，このときの各製品の損益分岐点の売上高は，以下のようになる。

製品A：155,600,000円×0.5＝ **77,800,000円**

製品B：155,600,000円×0.3＝ **46,680,000円**

製品C：155,600,000円×0.2＝ **31,120,000円**

1．目標税引後（営業）利益

目標税引後平均総資本営業利益率が８％であるため，平均総資本の８％が目標税引後営業利益となる。

目標税引後営業利益：$\underbrace{(116,520,000円 + 116,580,000円) \div 2}_{平均総資本} \times 8\,\% = 9,324,000円$

2．目標利益率達成時の売上高

$0.21\,\mathrm{S} - 32,676,000 = 9,324,000$

$\mathrm{S} = 200,000,000$（円）

3．目標利益率達成時の安全余裕率

$$安全余裕率：\frac{目標利益率達成時売上高 - 損益分岐点売上高}{目標利益率達成時売上高} \times 100$$

$$= \frac{200,000,000円 - 155,600,000円}{200,000,000円} \times 100$$

$$= 22.2\ (\%)$$

4．経営レバレッジ係数

経営レバレッジ係数は，税引後ではなく税引前の営業利益と貢献利益を用いて計算する。

$$経営レバレッジ係数：\frac{貢献利益}{営業利益}$$

$$= \frac{200,000,000円 \times 0.3}{200,000,000円 \times 0.3 - 46,680,000円}$$

$$= 4.50\cdots \ \Rightarrow\ \mathbf{4.5}\ （小数点以下第２位四捨五入）$$

なお，経営レバレッジ係数は，安全余裕率の逆数となるため，次のようにも計算できる。

$$経営レバレッジ係数：\frac{200,000,000円}{200,000,000円 - 155,600,000円}$$

$$= 4.50\cdots \ \Rightarrow\ \mathbf{4.5}\ （小数点以下第２位四捨五入）$$

新たな原価データを基礎とする計画（シナリオβ）による各製品の単位当たり貢献利益を算定する。また，あわせて各製品の変動費率と貢献利益率についても算定しておく。

	製品A		製品B		製品C	
売　上　高		20,000円		15,000円		10,000円
直接材料費	8,000円		6,000円		5,000円	
変動加工費	3,490円[※1]		2,700円[※1]		2,025円[※1]	
変動販売費	2,310円[※2]	13,800円	2,100円[※2]	10,800円	1,050円[※2]	8,075円
貢　献　利　益		**6,200円**		**4,200円**		**1,925円**
変　動　費　率[※1]		69%		72%		80.75%
貢　献　利　益　率[※2]		31%		28%		19.25%

※１　変動加工費

製品Ａ：3,000円 + 490円 = 3,490円

製品Ｂ：2,500円 + 200円 = 2,700円

製品Ｃ：2,000円 + 　25円 = 2,025円

※２　変動販売費

製品Ａ：2,200円 × (100% + 5 %) = 2,310円

製品B：$2,000$円$\times(100\% + 5\%) = 2,100$円

製品C：$1,000$円$\times(100\% + 5\%) = 1,050$円

問5　シナリオ β における製品A，B，Cの損益分岐点売上高

売上高の割合が，製品A50%，製品B30%，製品C20%となるため，会社全体の売上高をS（円）とおいて，ＣＶＰ関係を整理すると次のようになる（単位：円）。

	製品A	製品B	製品C	全 体
売 上 高	0.5 S	0.3 S	0.2 S	S
変 動 費	0.69×0.5 S	0.72×0.3 S	0.8075×0.2 S	0.7225 S
貢 献 利 益	0.31×0.5 S	0.28×0.3 S	0.1925×0.2 S	0.2775 S
固 定 費				42,180,000※
税引前営業利益				0.2775 S － 42,180,000
法 人 税 等				0.08325 S － 12,654,000
税引後営業利益				0.19425 S － 29,526,000

※　固定費総額：$46,680,000$円$-4,500,000$円$=42,180,000$円

よって，会社全体の損益分岐点の売上高は，次のようになる。

$0.19425\,S - 29,526,000 = 0$

$S = 152,000,000$（円）

したがって，このときの各製品の損益分岐点の売上高は，以下のようになる。

製品A：$152,000,000$円$\times0.5 =$ **76,000,000円**

製品B：$152,000,000$円$\times0.3 =$ **45,600,000円**

製品C：$152,000,000$円$\times0.2 =$ **30,400,000円**

問6　シナリオ β における目標達成時の売上高，安全余裕率，経営レバレッジ係数

問3 と同様に，目標税引後営業利益は9,324,000円であるので，これにもとづいて計算を行う。

1．目標利益率達成時の売上高

$0.19425\,S - 29,526,000 = 9,324,000$

$S =$ **200,000,000（円）**

2．目標利益率達成時の安全余裕率

安全余裕率：$\dfrac{200,000,000円 - 152,000,000円}{200,000,000円} \times 100$

$\qquad\qquad = $ **24（%）**

3．経営レバレッジ係数

経営レバレッジ係数は，税引後ではなく税引前の営業利益と貢献利益を用いて計算する。

経営レバレッジ係数：$\dfrac{200,000,000円\times0.2775}{200,000,000円\times0.2775 - 42,180,000円}$

$\qquad\qquad = 4.16\cdots \ \Rightarrow$ **4.2（小数点以下第2位四捨五入）**

なお，経営レバレッジ係数は，安全余裕率の逆数となるため，次のようにも計算できる。

経営レバレッジ係数：$\dfrac{200,000,000円}{200,000,000円 - 152,000,000円}$

$\qquad\qquad = 4.16\cdots \ \Rightarrow$ **4.2（小数点以下第2位四捨五入）**

問7　売上高が5％変動したときの各シナリオの営業利益変動率

売上高が5％変動したときの税引前営業利益の増減額は，固定費が一定であるため，売上高に比例する貢献利益額のみとなる。そこでこれを税引後の金額にしたものが，税引後営業利益増減額となる。

1．シナリオα

(1)　売上高が5％変動したときの税引後営業利益増減額

$200,000,000$円$\times 5\％\times 0.3$〈貢献利益率〉$\times (100\％-30\％)$〈税引後〉$=2,100,000$円

(2)　税引後営業利益の変動率

$\dfrac{2,100,000円}{9,324,000円}\times 100=22.5\cdots(\％)\ \Rightarrow\ $**23(％)**　（小数点以下第1位四捨五入）

2．シナリオβ

(1)　売上高が5％変動したときの税引後営業利益増減額

$200,000,000$円$\times 5\％\times 0.2775$〈貢献利益率〉$\times (100\％-30\％)$〈税引後〉$=1,942,500$円

(2)　税引後営業利益の変動率

$\dfrac{1,942,500円}{9,324,000円}\times 100=20.8\cdots(\％)\ \Rightarrow\ $**21(％)**　（小数点以下第1位四捨五入）

なお，これらの計算は 問3 と 問6 で求めた経営レバレッジ係数を用いて計算することもできる。この場合，上記の計算結果と一致させるには，端数処理していない経営レバレッジ係数を用いて計算を行う。

シナリオα：$5\％\times 4.50\cdots=22.5\cdots(\％)$　→　23(％)

シナリオβ：$5\％\times 4.16\cdots=20.8\cdots(\％)$　→　21(％)

問8　各シナリオの特徴（論述問題）

シナリオα，βは，ともに目標達成時の売上高が200,000,000円，目標利益率達成時の税引後営業利益が9,324,000円であり，費用総額も同額となっている。

両シナリオを比較すると，**固定費の利用が多く，経営レバレッジ係数が高いシナリオαのほうが，**変動費の利用が少なくなり，貢献利益率が高くなるため，**売上高が増減したときの営業利益の増減の幅は大きくなる。**

問題2●自製か購入かの意思決定

問1　部品Aを自製すべきか購入すべきかの意思決定

（ア）　部品Aの数量が500個の場合

　〈自製する案〉

　　材料aの必要量：2kg/個$\times$500個$=1,000$kg　∴　すべて1,500円/kgで購入可能

材料a：1,500円/kg$\times$1,000kg$=$	1,500,000円
直接労務費：1,000円/時間$\times(100\％+40\％)\times 0.5$時間/個$\times$500個$=$	350,000円
残りの変動加工費：$(1,900$円/時間$-1,000$円/時間$)\times 0.5$時間/個$\times$500個$=$	225,000円
特殊な検査装置の月間リース料：	1,225,000円
合　計（自製原価）	3,300,000円

　〈購入する案〉

　　購入原価：5,400円/個$\times$500個$=2,700,000$円

〈結　論〉

　　部品Aを購入するほうが自製するよりも原価が600,000円（＝自製原価3,300,000円－購入原価2,700,000円）少ないため，購入すべきである。

（イ）　部品Aの数量が1,500個の場合

　　〈自製する案〉

　　　材料 a の必要量：2 kg/個×1,500個＝3,000kg

　　　よって，材料 a は2,500kgまでは1,500円/kgで購入可能であるが，2,500kgを超える500kgは2,500円/kgで購入することになる。

材料 a：1,500円/kg×2,500kg＝	3,750,000円
2,500円/kg×　500kg＝	1,250,000円
直接労務費：1,000円/時間×（100％＋40％）×0.5時間/個×1,500個＝	1,050,000円
残りの変動加工費：(1,900円/時間－1,000円/時間)×0.5時間/個×1,500個＝	675,000円
特殊な検査装置の月間リース料：	1,225,000円
合　計（自製原価）	7,950,000円

　　〈購入する案〉

　　　購入原価：5,400円/個×1,500個＝8,100,000円

　　〈結　論〉

　　　部品Aを自製するほうが購入するよりも原価が150,000円（＝購入原価8,100,000円－自製原価7,950,000円）少ないため，自製すべきである。

問2　部品Aを自製するほうが有利となる数量の範囲

　本問では，部品Aの購入価格は5,400円で一定であるが，部品Aの自製に必要な材料 a の購入価格が2,500kgを境に変化するため，購入価格5,400円の比較対象となる部品Aの自製に要する関連原価が1,250個（＝2,500kg÷2 kg/個）を境に変化することになる。よって，1,250個までの場合と1,250個超の場合とに分けて考えなければならない。

1．部品Aの数量が1,250個までの場合

　　部品Aの数量をQ（個）とすると，自製の原価のほうが小さくなる個数は次のとおりである。

　　4,150円/個[※]×Q＋1,225,000円＜5,400円/個×Q

　　1,250 Q＞1,225,000

　　∴　Q＞980（個）

　以上より，部品Aの数量が980個を超えると（＝981個以上だと）自製のほうが有利である。

　　※　部品Aの自製に要する 1 個あたりの関連原価

材料 a：1,500円/kg×2 kg＝	3,000円/個
直接労務費：1,000円/時間×（100％＋40％）×0.5時間/個＝	700円/個
残りの変動加工費：(1,900円/時間－1,000円/時間)×0.5時間/個＝	450円/個
合　計	4,150円/個

2．部品Aの数量が1,250個超の場合

　　部品Aの数量をQ（個）とすると，自製の原価のほうが小さくなる個数は次のとおりである。

　　4,150円/個×1,250個＋1,225,000円＋6,150円/個[※]×（Q－1,250個）＜5,400円/個×Q

　　6,150 Q－1,275,000＜5,400 Q

　　750 Q＜1,275,000

　　∴　Q＜1,700（個）

以上より，部品Ａの数量が1,700個未満であれば，自製のほうが有利である。

　※　部品Ａの自製に要する１個あたりの関連原価

材料ａ：2,500円/kg×２kg＝	5,000円/個
直接労務費：1,000円/時間×（100％＋40％）×0.5時間/個＝	700円/個
残りの変動加工費：（1,900円/時間－1,000円/時間）×0.5時間/個＝	450円/個
合　計	6,150円/個

３．まとめ

　上記１と２より，**部品Ａの数量が981個以上1,700個未満のとき，自製のほうが有利となる。**

▌問題3 ● 活動基準原価計算（ＡＢＣ）の理論（空欄補充）

　伝統的な原価計算と活動基準原価計算（ＡＢＣ）との違いについての空欄補充問題である。

　伝統的な原価計算とＡＢＣの計算構造においては，製造直接費の扱いに大きな違いはないが，**製造間接費（ア）**について配賦方法に違いがある。

　伝統的な原価計算では，まず製造間接費を部門に集計する。このときに部門個別費は部門に直課され，部門共通費は各部門（製造部門と補助部門）に配賦される。次に補助部門に集計された製造間接費（補助部門費）を製造部門に配賦する。そして，最終的に製造部門に集計された製造間接費（製造部門費）は，作業時間や生産量などの操業度関連の配賦基準により，（製品などの）**原価計算対象（エ）**に配賦することになる。これは製造間接費が生産量や操業度に比例して発生すると考えられていたからである。

　しかし，生産構造が複雑化し，様々な生産支援活動が増加すると，生産量や操業度に比例しない製造間接費も増えてくるようになった。

　そこでＡＢＣでは，様々な活動が経済的資源を消費して実施されるため，**資源消費の観点（イ）**から**活動（ウ）**に資源ドライバーにもとづいて製造間接費を集計した後，活動の利用程度（活動ドライバー）に応じて，製造間接費を（製品などの）**原価計算対象（エ）**に割り当てる。

　問題の空欄を補充すると，以下のようになる。

　伝統的な原価計算において，（　**ア　製造間接費**　）は，生産量や操業度に応じて比例的に発生することを前提として各製品に配賦してきた。しかし，現代の経営環境では，こうした前提が当てはまりにくくなっている。こうした中，注目されている原価計算の方法がＡＢＣである。ＡＢＣでは，（　**イ　資源消費の観点**　）から（　**ウ　活動**　）に原価を集計し，次いで（　**ウ　活動**　）の利用程度に応じて（　**エ　原価計算対象**　）に原価を割り当てるという手順を採る。

第211回 解答

商 業 簿 記

問題1

（単位：円）

問題番号		借 方 科 目	金 額	貸 方 科 目	金 額	
(1) 全経 販売分	期首分	〔利益剰余金期首残高〕	〔77,490〕	〔売 上 原 価〕	〔110,700〕	❺
		〔法人税等調整額〕	〔33,210〕	〔 〕	〔 〕	
		〔 〕	〔 〕	〔 〕	〔 〕	
	期末分	〔売 上 原 価〕	〔128,700〕	〔棚 卸 資 産〕	〔128,700〕	❺
		〔繰 延 税 金 資 産〕	〔38,610〕	〔法人税等調整額〕	〔38,610〕	
(2) 全経九 州セー ルス分	期首分	〔利益剰余金期首残高〕	〔9,299〕	〔売 上 高〕	〔13,284〕	❺
		〔法人税等調整額〕	〔3,985〕	〔 〕	〔 〕	
	期末分	〔売 上 高〕	〔10,296〕	〔全経九州セールス社株式〕	〔10,296〕	❺
		〔繰 延 税 金 資 産〕	〔3,089〕	〔法人税等調整額〕	〔3,089〕	

（注）〔 〕には勘定科目あるいは金額を1つのみ記入すること。

問題2

（単位：円）

問題番号	借 方 科 目	金 額	貸 方 科 目	金 額	
(1)	ソフトウェア償却	160,000	ソフトウェア	160,000	❿
(2)	減 損 損 失	3,500	資 産 グ ル ー プ B	1,600	❿
			資 産 グ ル ー プ C	1,400	
			共 用 資 産	500	

問題3

損　　　　　益　　　　　　　　　　　（単位：円）

借　方　科　目	金　額	貸　方　科　目	金　額
仕入	〔❸　1,078,500〕	売上	2,081,868
商品低価評価損	〔　　　7,000〕	受取手数料	12,340
給料手当	332,000	商品低価切下額戻入	〔　　　4,000〕
退職給付費用	〔　　　4,200〕	有価証券利息	〔❸　　1,380〕
賞与引当金繰入	〔❸　40,000〕		〔　　　　　〕
特別賞与	〔❸　　5,000〕		
広告宣伝費	18,700		
支払地代	〔　　36,000〕		
貸倒引当金繰入	〔❸　　2,088〕		
減価償却費	〔❸　　6,250〕		
雑費	1,690		
支払利息	〔　　　300〕		
為替差損益	〔❸　　2,860〕		
関連会社株式評価損	〔❸　70,000〕		
	〔　　　　　〕		
法人税等	175,000		
繰越利益剰余金	〔　320,000〕		
	〔　2,099,588〕		〔　2,099,588〕

（注）すべての空欄を使用するとは限らない。

閉 鎖 残 高 　　　　　　　　　　　　　　（単位：円）

借 方 科 目	金　額	貸 方 科 目	金　額
現金	100,350	買掛金	72,500
当座預金	223,000	電子記録債務	8,800
売掛金	〔 94,000 〕	未払消費税等	〔 ❸ 24,080 〕
電子記録債権	〔 ❸ 80,000 〕	未払法人税等	〔 ❸ 75,000 〕
繰越商品	〔 ❸ 222,000 〕	未払金	〔 ❸ 5,000 〕
前払地代	〔 ❸ 12,000 〕	未払利息	〔 ❸ 300 〕
建物	150,000	商品低価切下額	〔 ❸ 7,000 〕
土地	230,000	貸倒引当金	〔 3,480 〕
満期保有目的債券	〔 131,520 〕	賞与引当金	〔 40,000 〕
関連会社株式	〔 30,000 〕	長期借入金	30,000
その他有価証券	〔 ❸ 50,000 〕	退職給付引当金	〔 ❸ 44,500 〕
	〔 　　　　　 〕	建物減価償却累計額	〔 31,250 〕
		資本金	300,000
		資本準備金	130,000
		利益準備金	〔 ❸ 19,000 〕
		繰越利益剰余金	〔 ❸ 531,960 〕
			〔 　　　　　 〕
	〔 1,322,870 〕		〔 1,322,870 〕

（注）すべての空欄を使用するとは限らない。

●数字…予想配点

会 計 学

問題1

	正誤	理　　　　　　　　　由	
1.	○		❹
2.	×	企業単位内部における原材料，半製品等の振替から生じる損益は，内部利益ではなく振替損益である。	❹
3.	×	法人税等に係るキャッシュ・フローは，「営業活動によるキャッシュ・フロー」の区分に記載する。	❹
4.	○		❹
5.	×	社内利用のソフトウェアについて，その利用により将来の収益獲得又は費用削減が確実に認められる場合には，当該ソフトウェアの取得に要した費用を資産として計上しなければならない。	❹
6.	×	年金資産の期待運用収益は，期首の年金資産の額に合理的に期待される収益率（長期期待運用収益率）を乗じて計算する。	❹
7.	○		❹
8.	○		❹
9.	×	会計方針の変更ではあるが，会計方針の変更を会計上の見積りの変更と区別することが困難な場合に該当し，会計上の見積りの変更と同様に扱い，遡及適用は行わない。	❹
10.	×	資産が移転するのは，顧客が当該資産に対する支配を獲得した時又は獲得するにつれてである。	❹

解
答

問題2
問1

資産説	自己株式を取得するのみでは株式は失効しておらず，他の有価証券と同様に換金性のある会社財産であることを論拠としている。 ❺
資本控除説	自己株式の取得は，株主との間の資本取引であり，会社所有者に対する資本の払戻しの性格を有していることを論拠としている。 ❺

問2

自己株式の処分が新株の発行と同様の経済的実態を有し，払込資本と同様の性格を有するため，資本剰余金となり，会社法で規定されている資本準備金に該当しないため，その他資本剰余金となる。 ❿

問3

その他資本剰余金は，払込資本から配当規制の対象となる資本金及び資本準備金を控除した残額であり，払込資本の残高が負の値となることはあり得ない以上，払込資本の一項目として表示するその他資本剰余金について負の残高を認めることは適当ではない。そこで，その他資本剰余金が負の残高になる場合は，利益剰余金で補てんするほかないと考えられ，それは資本剰余金と利益剰余金の混同にはあたらないと考えられる。 ❿

問題3
問1

1	d	❺
2	a	❺
3	i	❺
4	e	❺
5	g	❺

問2

12 （％）	❺

●数字…予想配点

第211回

商 業 簿 記 解 説

◤ **問題1 ● 仕訳問題 (以下, 単位:円)**

▰▰ **棚卸資産に含まれる未実現利益**

(1) 全経販売分 (ダウン・ストリーム〜全額消去・親会社負担方式)

　① 期首分

（利 益 剰 余 金 期 首 残 高）（＊3）	77,490	（売　上　原　価）（＊1）	110,700
（法 人 税 等 調 整 額）（＊2）	33,210		

　（＊1）　$356,700〈期首棚卸資産〉× \dfrac{0.45}{1.45} = 110,700$

　（＊2）　$110,700 × 30\%〈実効税率〉= 33,210$

　（＊3）　貸借差額

【別解】

（利 益 剰 余 金 期 首 残 高）	110,700	（売　上　原　価）	110,700
（法 人 税 等 調 整 額）	33,210	（利益剰余金期首残高）	33,210

　② 期末分

（売　上　原　価）（＊1）	128,700	（棚　卸　資　産）	128,700
（繰 延 税 金 資 産）（＊2）	38,610	（法 人 税 等 調 整 額）	38,610

　（＊1）　$414,700〈期末棚卸資産〉× \dfrac{0.45}{1.45} = 128,700$

　（＊2）　$128,700 × 30\%〈実効税率〉= 38,610$

(2) 全経九州セールス分 (ダウン・ストリーム〜投資会社持分相当額消去)

　　投資会社から被投資会社 (関連会社) へ販売された期末棚卸資産に含まれる未実現利益のうち投資会社の持分比率に応じた部分を消去する。この場合には, 投資会社が計上した売上高に未実現利益が含まれるため, 原則として「持分法による投資損益」を計上せずに「売上高」を減額する。ただし,「持分法による投資損益」とすることも容認されている。

　　また, 税効果会計を適用する場合には, 売手である投資会社の利益の減少に対して税効果会計を実施する。

　① 期首分

（利益剰余金期首残高）（＊3）	9,299	（売　　上　　高）（＊1）	13,284
（法 人 税 等 調 整 額）（＊2）	3,985		

　（＊1）　$107,010〈期首棚卸資産〉× \dfrac{0.45}{1.45} × 40\%〈持分割合〉= 13,284$

　（＊2）　$13,284 × 30\%〈実効税率〉≒ 3,985$

　（＊3）　貸借差額

【別解】

| （利益剰余金期首残高） | 13,284 | （売　　上　　高） | 13,284 |
| （法 人 税 等 調 整 額） | 3,985 | （利益剰余金期首残高） | 3,985 |

② 期末分

| （売　　上　　高）（＊1） | 10,296 | （全経九州セールス社株式） | 10,296 |
| （繰 延 税 金 資 産）（＊2） | 3,089 | （法 人 税 等 調 整 額） | 3,089 |

（＊1）$82,940〈期末棚卸資産〉 \times \dfrac{0.45}{1.45} \times 40\%〈持分割合〉 = 10,296$

（＊2）$10,296 \times 30\%〈実効税率〉 ≒ 3,089$

問題2 ● 仕訳問題（以下，単位：円）

(1) 市場販売目的のソフトウェア

　　市場販売目的のソフトウェアの償却は，見込販売数量または見込販売収益に基づく償却方法が採用され，毎期の償却額は，①見込販売に基づく償却額と②残存有効期間（原則として3年）に基づく均等配分額とを比較し，いずれか大きい額を計上する。

---

① 見込販売に基づく償却額

　　当期首の未償却残高 $\times \dfrac{当期の実績販売数量（または実績販売収益）}{当期首の見込販売数量（または見込販売収益）}$

② 残存有効期間に基づく均等配分額

　　当期首の未償却残高 ÷ 当期首の残存有効期間

③ 当期の償却額

　　①と②を比較し，いずれか大きい方の額

---

① 2×01年度決算

| （ソフトウェア償却）（＊） | 160,000 | （ソ フ ト ウ ェ ア） | 160,000 |

（＊）$480,000〈取得原価〉 \times \dfrac{1,800個}{6,000個} = 144,000〈見込販売数量による償却額〉$

　　　$480,000 ÷ 3年〈残存有効期間〉 = 160,000〈残存有効期間による均等配分額〉$

　　　$144,000 < 160,000　∴　160,000〈ソフトウェア償却額〉$

② 2×02年度決算（当年度）

| （ソフトウェア償却）（＊） | 160,000 | （ソ フ ト ウ ェ ア） | 160,000 |

（＊）$(480,000 - 160,000) \times \dfrac{1,200個}{3,000個} = 128,000〈見込販売数量による償却額〉$

　　　$(480,000 - 160,000) ÷ 2年〈残存有効期間〉 = 160,000〈残存有効期間による均等配分額〉$

　　　$128,000 < 160,000　∴　160,000〈ソフトウェア償却額〉$

(2) 有形固定資産の減損

① 減損損失の認識

　　減損の兆候があると把握された資産については，さらに，減損損失を認識するかどうかを判定する。減損損失を認識するかどうかの判定は，資産から得られる割引前将来キャッシュ・フローの総額と帳簿価額を比較し，割引前将来キャッシュ・フローの総額が帳簿価額を下回る場合に

は，減損損失を認識する。

	資産グループA	資産グループB	資産グループC	共用資産	合　計
取得原価	6,000	8,000	10,000	4,000	28,000
減価償却累計額	2,000	2,400	3,000	1,600	9,000
帳簿価額	**4,000**	**5,600**	**7,000**	**2,400**	**19,000**
割引前将来ＣＦ	4,300	5,000	6,400	—	—
回収可能価額	4,100	4,000	5,600	1,800	15,500

(a)　資産グループA　　4,000〈帳簿価額〉　　＜　　4,300〈割引前将来ＣＦ〉　　∴　認識しない

(b)　資産グループB　　5,600〈帳簿価額〉　　＞　　5,000〈割引前将来ＣＦ〉　　∴　認識する

(c)　資産グループC　　7,000〈帳簿価額〉　　＞　　6,400〈割引前将来ＣＦ〉　　∴　認識する

(d)　共用資産　　19,000〈帳簿価額合計〉　　＞　　17,500〈割引前将来ＣＦ合計〉　　∴　認識する

　　(注) 共用資産がある場合の減損損失の認識は，共用資産を含むより大きな単位で行う。

② 　減損損失の測定

　　減損損失を認識すべきと判定された資産については，帳簿価額を回収可能価額（正味売却価額または使用価値のいずれか高い方）まで減額し，その減少額を減損損失として当期の損失とする。

(減　損　損　失)	3,500	(資 産 グ ル ー プ B)（＊1)	1,600
		(資 産 グ ル ー プ C)（＊2)	1,400
		(共　用　資　産)（＊3)	500

（＊1）5,600〈帳簿価額〉－4,000〈回収可能価額〉＝1,600〈資産グループBについての減損損失〉

（＊2）7,000〈帳簿価額〉－5,600〈回収可能価額〉＝1,400〈資産グループCについての減損損失〉

（＊3）19,000〈帳簿価額合計〉－15,500〈回収可能価額合計〉＝3,500〈減損損失合計〉

　　　3,500〈減損損失合計〉－(1,600＋1,400)＝500〈共用資産についての減損損失〉

問題3 ● 損益勘定と閉鎖残高勘定の作成（以下，単位：円）

全経Point

大陸式決算法では，帳簿の締切にあたって，資産・負債・純資産の各科目の残高を決算振替仕訳を行い閉鎖残高（または残高，決算残高）勘定へ振り替える。この結果，資産・負債・純資産の各科目の残高が，閉鎖残高（または残高，決算残高）勘定に記入されるために，繰越試算表を作成する必要がない。(第199回問題3／第203回問題3／第205回問題3／第209回問題1)

1　商品

(1)　期首の切下額の戻入

　　洗替法では，前期に計上した簿価切下額を当期に戻入れを行うため，「繰越商品」を直接減額せずに「商品評価切下額」「商品評価引当金」などの評価勘定を使用することが多い。

(商 品 低 価 切 下 額)	4,000	(商品低価切下額戻入)	4,000

(2) 売上原価の計算

（仕 入）	124,000	（繰 越 商 品）	124,000
（繰 越 商 品）	222,000	（仕 入）	222,000

∴　損益　仕入：1,176,500〈前T/B〉＋124,000−222,000＝**1,078,500**

(3) 期末商品の評価

（商 品 低 価 評 価 損）（＊）	7,000	（商 品 低 価 切 下 額）	7,000

（＊）222,000〈期末商品帳簿棚卸高〉−215,000〈正味売却価額〉＝7,000

2　金銭債権

(1) 電子記録債権の発生記録

（電 子 記 録 債 権）	52,000	（売 掛 金）	52,000

∴　閉鎖残高　売掛金：146,000〈前T/B〉−52,000＝**94,000**

∴　閉鎖残高　電子記録債権：28,000〈前T/B〉＋52,000＝**80,000**

(2) 貸倒引当金の設定（差額補充法）

（貸 倒 引 当 金 繰 入）（＊）	2,088	（貸 倒 引 当 金）	2,088

（＊）（94,000〈売掛金〉＋80,000〈電子記録債権〉）×2％＝3,480〈設定額＝閉鎖残高　貸倒引当金〉

　　　3,480−1,392〈前T/B貸倒引当金〉＝2,088〈繰入額〉

3　建物（減価償却）

　有形固定資産の減価償却について，当期に新たに入手可能となった情報に基づき，耐用年数の変更が行われることがある。この場合，当期以降の要償却額を変更後の残存耐用年数で期間配分することになる。

（減 価 償 却 費）（＊）	6,250	（建物減価償却累計額）	6,250

（＊）（150,000〈前T/B建物〉−25,000〈前T/B建物減価償却累計額〉）÷20年＝6,250

∴　閉鎖残高　建物減価償却累計額：25,000〈前T/B〉＋6,250＝**31,250**

4　有価証券

(1) 満期保有目的債券（償却原価法）

　外貨建満期保有目的の債券に償却原価法を適用する場合には，金利調整差額の償却額は外貨による償却額に期中平均相場を乗じて換算する。また，外貨による償却原価を決算時の為替相場により換算した額で評価し，評価差額（換算差額）は為替差損益として処理を行う。

（満 期 保 有 目 的 債 券）（＊1）	1,380	（有 価 証 券 利 息）	1,380
（為 替 差 損 益）（＊2）	2,860	（満 期 保 有 目 的 債 券）	2,860

（＊1）（1,000ドル〈額面〉−950ドル〈取得原価〉）÷5年＝10ドル〈当期償却額（外貨）〉

　　　　10ドル×138円〈期中平均レート〉＝1,380〈当期償却額（円貨）〉

（＊2）（950ドル〈取得原価〉＋10ドル〈当期償却額（外貨）〉）×137円〈決算日レート〉

　　　　　　　　　　＝131,520〈B/S価額＝閉鎖残高　満期保有目的債券〉

　　　131,520−（133,000〈前T/B満期保有目的債券〉＋1,380〈当期償却額（円貨）〉）

　　　　　　　　　　＝△2,860〈為替差損〉

(2) 関連会社株式（減損処理）

　時価が著しく下落した場合には，回復する見込みがあると認められる場合を除き，時価をもって貸借対照表価額とし，評価差額を当期の損失として処理しなければならない。

　時価が著しく下落したとは，必ずしも数値化できるものではないが，時価が取得原価に比べて50％程度又はそれ以上下落した場合には著しく下落したと判断する。

（関連会社株式評価損）（＊）	70,000	（関 連 会 社 株 式）	70,000

（＊）＠300円×100株＝**30,000**〈時価＝閉鎖残高　関連会社株式〉

　　　30,000－100,000〈前Ｔ／Ｂ関連会社株式〉＝△70,000〈評価損〉

(3) その他有価証券（市場価格のない株式等）

　市場価格のない株式については，発行会社の財政状態の悪化により実質価額が著しく低下した場合に相当の減額をし，評価差額を当期の損失として処理しなければならない。なお，実質価額とは，財務諸表等を基礎に算定された１株あたりの純資産額に所有持株数を乗じた金額であり，実質価額が著しく低下したとは，少なくとも株式の実質価額が取得原価に比べて50％程度以上低下した場合をいう。

仕　訳　な　し

（注）実質価額（＠270円×200株＝54,000円）が著しく低下していないため，減損処理は行わない。さらに，市場価格のない株式等に関しては，たとえ何らかの方式により価額の算定が可能としても，それを時価とはしないとする従来の考え方を踏襲し，取得原価をもって貸借対照表価額とする。

5　従業員賞与

(1) 賞与引当金の設定

（賞 与 引 当 金 繰 入）（＊）	40,000	（賞 与 引 当 金）	40,000

（＊）80,000×50％＝40,000〈設定額＝繰入額〉

(2) 特別賞与の処理

（特 　 別 　 賞 　 与）	5,000	（未 　 払 　 金）（＊）	5,000

（＊）賞与支給額が確定しており，支給額が支給対象期間に対応して算定されている場合には「未払費用」として計上する。また，賞与支給額が確定しており，支給額が支給対象期間以外の成功報酬等により算定されている場合には「未払金」として計上する。

6　退職給付

(1) 年金基金への拠出額（期中は仮払金処理）

（退 職 給 付 引 当 金）	2,700	（仮 　 払 　 金）	2,700

(2) 退職給付費用の計上

（退 職 給 付 費 用）（＊）	4,200	（退 職 給 付 引 当 金）	4,200

（＊）342〈未認識数理計算上の差異〉÷（10年〈平均残存勤務期間〉－１年）＝38〈差異の償却額〉

　　　3,021〈勤務費用〉＋1,411〈利息費用〉－270〈期待運用収益〉＋38＝4,200

　　∴　**閉鎖残高　退職給付引当金**：43,000〈前Ｔ／Ｂ〉－2,700＋4,200＝**44,500**

7 中間配当

| （繰越利益剰余金） | 1,500 | （仮 払 金） | 1,500 |

（注）資本準備金と利益準備金の合計額が資本金の4分の1に達しているため，利益準備金の積み立ては必要ない。

8 収益及び費用の見越し・繰延べ

(1) 前払地代

| （前 払 地 代）（＊） | 12,000 | （支 払 地 代） | 12,000 |

（＊）$48,000〈前 T/B 支払地代〉\times \dfrac{4 か月}{16 か月}=12,000$

∴ 損益 支払地代：$48,000〈前 T/B〉-12,000=\textbf{36,000}$

(2) 長期借入金の未払利息

| （支 払 利 息）（＊） | 300 | （未 払 利 息） | 300 |

（＊）$30,000〈前 T/B 長期借入金〉\times 3\%\times\dfrac{4 か月}{12 か月}=300$

9 消費税等

| （仮 受 消 費 税 等） | 58,640 | （仮 払 消 費 税 等） | 34,560 |
| | | （未 払 消 費 税 等）（＊） | 24,080 |

（＊）貸借差額

10 法人税等

| （法 人 税 等） | 175,000 | （仮 払 法 人 税 等） | 100,000 |
| | | （未 払 法 人 税 等）（＊） | 75,000 |

（＊）貸借差額

11 当期純利益の振替え

| （損 益）（＊） | 320,000 | （繰 越 利 益 剰 余 金） | 320,000 |

（＊）損益勘定の貸借差額

∴ 閉鎖残高 繰越利益剰余金：$213,460〈前 T/B〉-1,500〈中間配当〉+320,000=\textbf{531,960}$

会 計 学 解 説

問題 1 ● 正誤問題

1．損益計算書の本質：○　　　　　　　　　　　　　　　「企業会計原則　第二　損益計算書原則　一」

　　損益計算書の本質（目的）は，経営成績を明らかにするために一会計期間に属するすべての収益とこれに対応するすべての費用とを記載して経常利益を表示し，これに特別損益に属する項目を加減して当期純利益を計算し，表示することにある。

2．内部利益：×　　　　　　　　　　　　　　　　　　　　　　　「企業会計原則注解　【注11】」

　　内部利益とは，本店，支店等企業内部における独立した会計単位相互間の内部取引から生じる未実現の利益のことである。これに対して，会計単位内部における原材料，半製品等の振替から生ずる振替損益は，内部利益ではなく，原価差額（原価差異）の一種である。

　　内部利益の除去は，本支店等の合併損益計算書において売上高から内部売上高を控除し，仕入高（又は売上原価）から内部仕入高（又は内部売上原価）を控除するとともに，期末棚卸資産から内部利益の額を控除する方法による。

3．法人税等に係るキャッシュ・フロー：×

　　　　　　　　　　　　　　　　　「連結キャッシュ・フロー計算書等の作成基準　第二　二　2」

　　営業活動によるキャッシュ・フローの区分においては，本来の営業活動によるキャッシュ・フローを算定した後，本来の営業活動によるキャッシュ・フローではないが，投資活動および財務活動にも分類出来ないその他の取引によるキャッシュ・フローを記載し，最終的な営業キャッシュ・フローを算定する。たとえば，「法人税等の支払額」のように，すべての活動に関連し，特定の活動に分類できない支払額がここに記載される。

4．回収可能価額：○　　　　　　　　　「固定資産の減損に係る会計基準注解（注 1）1，2，4」

　　企業は，資産又は資産グループに対する投資を売却と使用のいずれかの手段によって回収するため，売却による回収額である正味売却価額（資産又は資産グループの時価から処分費用見込額を控除して算定される金額）と，使用による回収額である使用価値（資産又は資産グループの継続的使用と使用後の処分によって生ずると見込まれる将来キャッシュ・フローの現在価値）のいずれか高い方の金額を固定資産の回収可能価額とする。

5．社内利用目的のソフトウェア：×　　　　　　　　　　「研究開発費等に係る会計基準　四　3」

　　社内利用のソフトウェアについては，完成品を購入した場合のように，その利用により将来の収益獲得又は費用削減が確実であると認められる場合には，当該ソフトウェアの取得に要した費用を資産として計上しなければならない。

6．期待運用収益：×　　　　　　　　　　　　　　　　「退職給付に関する会計基準　23」

　　年金資産は，厚生年金基金などにおいて公社債などに投資を行うことにより運用されている。したがって，期首の年金資産は，期末においては，運用収益の分だけ増加するはずである。「期待運用収益」とは，年金資産の運用により生じると合理的に期待される計算上の収益であり，期首の年金資産の額に合理的に期待される収益率（長期期待運用収益率）を乗じて計算する。

7．所有権移転外ファイナンス・リース取引：○　　　　「リース取引に関する会計基準　12，39」

　　所有権移転ファイナンス・リース取引については，リース物件の取得と同様の取引と考えられるため，自己所有の固定資産と同一の方法により減価償却費を算定する。

　　一方，所有権移転外ファイナンス・リース取引については，リース物件の取得とは異なりリース物件を使用できる期間がリース期間に限定されるという特徴があるため，原則として，リース資産

の償却期間はリース期間とし，残存価額はゼロとしている。また，償却方法については，企業の実態に応じ，自己所有の固定資産と異なる償却方法を選択することができる。

8．子会社の欠損：〇　　　　　　　　　　　　　　　　「連結財務諸表に関する会計基準　27」

　　子会社の欠損のうち，当該子会社に係る非支配株主持分に割り当てられる額が当該非支配株主の負担すべき額を超える場合には，当該超過額は，親会社の持分に負担させる。この場合において，その後当該子会社に利益が計上されたときは，親会社が負担した欠損が回収されるまで，その利益の金額を親会社の持分に加算する。

9．有形固定資産等の減価償却方法及び無形固定資産の償却方法の変更：×

　　　　　　　　　　　　「会計方針の開示，会計上の変更及び誤謬の訂正に関する会計基準　19，20」

　　有形固定資産等の減価償却方法及び無形固定資産の償却方法の変更は，本来会計方針の変更に該当するものであるが，耐用年数の変更と同様に会計上の見積りの変更として扱い，変更した期の期首の帳簿価額（未償却残高）を変更後の方法にしたがって償却するため遡及適用は行わない。

10．履行義務の充足による収益の認識：×　　　　　　　　「収益認識に関する会計基準　35」

　　企業は約束した財又はサービス（資産）を顧客に移転することにより履行義務を充足した時に又は充足するにつれて，収益を認識する。資産が移転するのは，顧客が当該資産に対する所有権ではなく，支配を獲得した時又は獲得するにつれてである。

問題2 ● 自己株式

「自己株式及び準備金の額の減少等に関する会計基準　30，37，38，41」

問1　自己株式の取扱（記述問題）

　自己株式については，資産として扱う考え（資産説）と資本の控除として扱う考え（資本控除説）がある。資産として扱う考え（資産説）は，自己株式を取得したのみでは株式は失効しておらず，他の有価証券と同様に換金性のある会社財産とみられることを主な論拠とする。

　また，資本の控除として扱う考え（資本控除説）は，自己株式の取得は株主との間の資本取引であり，会社所有者に対する会社財産の払戻しの性格を有することを主な論拠とする。

問2　自己株式を処分した場合の処分差益の会計処理とその理由（記述問題）

1．自己株式処分差益については，自己株式の処分が新株の発行と同様の経済的実態を有する点を考慮すると，その処分差額も株主からの払込資本と同様の経済的実態を有すると考えられる。よって，それを資本剰余金として会計処理することが適切であると考えた。

　　自己株式処分差益については，資本剰余金の区分の内訳項目である資本準備金とその他資本剰余金に計上することが考えられる。会社法において，資本準備金は分配可能額からの控除項目とされているのに対し，自己株式処分差益についてはその他資本剰余金と同様に控除項目とされていない（会社法第446条及び第461条第2項）ことから，自己株式処分差益はその他資本剰余金に計上することが適切である。

2．自己株式処分差損については，自己株式の取得と処分を一連の取引とみた場合，純資産の部の株主資本からの分配の性格を有すると考えられる。この分配については，払込資本の払戻しと同様の性格を持つものとして，資本剰余金の額の減少と考えるべきとの意見がある。一方で株主に対する会社財産の分配という点で利益配当と同様の性格であると考え，利益剰余金の額の減少と考えるべきとの意見もある。

問3 その他資本剰余金の残高が負の値となった場合の取扱（記述問題）

　その他資本剰余金の残高を超える自己株式処分差損をその他利益剰余金（繰越利益剰余金）から減額するとの定めについて，資本剰余金と利益剰余金の区別の観点から好ましくなく，特に資本剰余金全体の金額が正の場合は，その他資本剰余金の負の残高とすべきであるとの意見がある。しかし，その他資本剰余金は，払込資本から配当規制の対象となる資本金及び資本準備金を控除した残額であり，払込資本の残高が負の値となることはあり得ない以上，払込資本の一項目として表示するその他資本剰余金について，負の残高を認めることは適当ではない。よって，その他資本剰余金が負の残高になる場合は，利益剰余金で補てんするほかないと考えられ，それは資本剰余金と利益剰余金の混同にはあたらないと判断される。したがって，その他資本剰余金の残高を超える自己株式処分差損については，その他利益剰余金（繰越利益剰余金）から減額することが適切である。

● 問題3 ● 財務分析

問1 ROAとROE（空欄穴埋め）

　企業の収益性をみる指標の代表的なものとしてROAとROEをあげることができる。
　ROA（総資産利益率）とは，会社がもっている資産を利用して，どの程度利益をあげているのかを示す指標であり，具体的な計算式は次のようになる。

$$\frac{\text{当期純利益}}{\text{総資産}^{(\text{注})}} \times 100$$

　（注）分母は（期首総資産＋期末総資産）÷2でもよい。
　ROE（株主資本利益率）とは，株主が拠出した資本（自己資本）を利用して，どの程度利益をあげているのかを示す指標であり，具体的な計算式は次のようになる。

$$\frac{\text{当期純利益}}{\text{株主資本}^{(\text{注})}} \times 100$$

　（注）分母は（期首株主資本＋期末株主資本）÷2でもよい。
　ROAとROEはよく似ているが，計算式の分母に違いがある。分母に総資産を用いたものがROAで，分母に株主資本（自己資本）を用いたものがROEである。
　ROAは，資金の調達先（自己資本か他人資本かの違い）は問わず，会社が保有している資産をどれだけ効率的に運用できているかを示す財務指標であるのに対して，ROEは，株主という立場で預けた資金をどれだけ効率的に活用しているのかを示す財務指標である。

問2 ROEの計算

$$\frac{15\langle\text{当期純利益}\rangle}{(120\langle\text{期首株主資本}\rangle + 130\langle\text{期末株主資本}\rangle) \div 2} \times 100 = 12(\%)$$

第211回 解答

工 業 簿 記

問題1

問1

等級製品Xの正常減損費 〔❺ 18,600 〕円

等級製品Yの正常減損費 〔❺ 29,400 〕円

問2

等級製品X 完成品原価〔❸ 1,793,205 〕円 月末仕掛品原価〔❸ 82,530 〕円

等級製品Y 完成品原価〔❸ 1,698,624 〕円 月末仕掛品原価〔❸ 66,456 〕円

問3

等級製品X当月製造費用 直接材料費〔❸ 1,185,500 〕円 加工費〔❸ 691,350 〕円

等級製品Y当月製造費用 直接材料費〔❸ 1,166,000 〕円 加工費〔❸ 530,580 〕円

問4

借 方	金 額	貸 方	金 額
異 常 減 損 費	39,465	仕 掛 品	39,465

すべて正解で❻

問5

正常減損費は，管理された正常な状態において製品製造上不可避的に発生し，良品製造の

ために必要なものであるため，良品の製造原価に含めるべきである。 ❿

問題2

問1　基準操業度　〔❹　　　　62,400 〕時間

問2　変動費率　〔❸　　　110 〕円/時間　　固定費　〔❸　1,037,000 〕円

問3　予定配賦率　〔❹　　600 〕円/時間

問4

	No. 1	No. 2	No. 3	No. 1 − R	No. 2 − 2
直 接 材 料 費	〔❷ 1,800,000〕	〔 360,000〕	〔 1,656,000〕	〔 96,000〕	〔 840,000〕
直 接 労 務 費	〔 1,458,000〕	〔❷ 432,000〕	〔 1,274,400〕	〔 129,600〕	〔 1,782,000〕
製 造 間 接 費	〔 810,000〕	〔 240,000〕	〔 708,000〕	〔❷ 72,000〕	〔 990,000〕
作 業 屑 売 却 益	—	—	〔❷ △25,000〕	—	—
仕 損 売 却 益	—	〔❷ △145,000〕	—	—	—
仕 損 費 振 替	〔 297,600〕	〔 △887,000〕	—	〔❷ △297,600〕	〔❷ 887,000〕
合 計	〔❷ 4,365,600〕	〔 0〕	〔❷ 3,613,400〕	〔 0〕	〔❷ 4,499,000〕

＊マイナスには△をつけること。

問5

製造間接費

諸　　口	〔 3,280,000 〕	予定配賦額	〔 2,820,000 〕
予算差異	〔 — 〕	予算差異	〔❸ 250,000 〕
操業度差異	〔 — 〕	操業度差異	〔❸ 210,000 〕

問6

平均操業度の場合は，基準操業度と乖離したことによる固定製造間接費の配賦過不足であ

り，実際的生産能力の場合は，設備の遊休が生じたことによる配賦漏れ（不働能力費）で

ある。　　　　　　　　　　　　　　　　　　　　　　　　　　　　　　　　　❿

●数字…予想配点

306

原 価 計 算

問題1 不利差異には△を付すこと
問1

予算・実績差異分析総括表　　　　　　　　　　（単位：円）

予算営業利益		〔 ❷　1,934,000 〕
売上高差異		
（販売価格差異）	〔　△　150,000 〕❺	
販売数量差異	〔　　500,000 〕	〔　　350,000 〕
変動売上原価差異		
単位当たり変動売上原価差異	〔❺　△　345,000 〕	
販売数量差異	〔　△　160,000 〕	〔　△　505,000 〕
変動販売費差異		
予算差異	〔　△　25,000 〕	
販売数量差異	〔❺　△　24,000 〕	〔　△　49,000 〕
貢献利益差異		〔　△　204,000 〕
（固定加工費差異）		〔　　70,000 〕❷
固定販売費及び一般管理費差異		〔　△　60,000 〕
実際営業利益		〔 ❷　1,740,000 〕

問2　　〔❿　△　400,000 〕円

問3

市場占有率差異　〔❺　△　2,500,000 〕円

市場総需要差異　〔❺　　3,000,000 〕円

計算過程
市場占有率差異：25,000円/個×（500個－500個÷10%×12%）＝△2,500,000円
市場総需要差異：25,000円/個×（500個÷10%×12%－480個）＝（＋）3,000,000円

問題2

問1 　　〔 **⑩** 　　1,960,000 〕円

問2 　初期投資額 　　　　　　　　　〔 **❸** （△）32,000,000 〕円

　　　年々のキャッシュ・フロー 　　〔 **❹** 　　8,360,000 〕円

　　　売却によるキャッシュ・フロー 〔 **❹** 　　770,000 〕円

問3 　正味現在価値 〔 **⑩** 　　1,905,850 〕円

> 計算過程
>
> 　8,360,000円×3.993＋770,000円×0.681－32,000,000円＝（＋）1,905,850円
>
> 　正味現在価値がプラスであるため，この投資案を採用すべきである。

問4 　〔 **⑩** 　　477,298 〕円

> 計算過程
>
> 　製品Yにおけるキャッシュ・フローの減少額（年間）をY（円）とおく。
>
> 　　Y＞1,905,850円÷3.993
>
> 　　Y＞477,297.77…円
>
> 　よって，Yが477,298円以上ならば，この投資案は採択すべきでない。

問5 　1年目のキャッシュ・フロー 　　〔 **⑩** 　　9,200,000 〕円

問題3

A	原価センター	B	利益センター
C	投資センター	D	ミニ・プロフィットセンター
E	権　限	F	内部振替価格
G	売買取引	H	市場環境

各**❶**

●数字…予想配点

第**211**回 解答への道

工 業 簿 記 解 説

問題 1 ●等級別総合原価計算（単純総合原価計算に近い方法）

問 1 各等級製品の正常減損費

1．生産データの整理と積数の算定

　生産データを整理し，各項目の完成品換算量に等価係数を乗じて積数を算定する。

(1) 等級製品 X

仕掛品－等級製品 X

月初	100 ℓ	完成		
	(30 ℓ)		3,700 ℓ	→ 3,700 ℓ ×1.0 = 3,700 ℓ
当月投入（貸借差引）			(3,700 ℓ)	→ 3,700 ℓ ×1.0 = 3,700 ℓ
	3,950 ℓ	正常減損	50 ℓ	→ 50 ℓ ×1.0 = 50 ℓ
	(3,860 ℓ)		(20 ℓ)	→ 20 ℓ ×1.0 = 20 ℓ
		異常減損	100 ℓ	→ 100 ℓ ×1.0 = 100 ℓ
			(50 ℓ)	→ 50 ℓ ×1.0 = 50 ℓ
		月末	200 ℓ	→ 200 ℓ ×1.0 = 200 ℓ
			(120 ℓ)	→ 120 ℓ ×1.0 = 120 ℓ

※ （ ）内の数値は加工費の完成品換算量を表す。

(2) 等級製品 Y

仕掛品－等級製品 Y

月初	250 ℓ	完成		
	(100 ℓ)		4,800 ℓ	→ 4,800 ℓ ×0.8 = 3,840 ℓ
当月投入（貸借差引）			(4,800 ℓ)	→ 4,800 ℓ ×0.6 = 2,880 ℓ
	4,850 ℓ	正常減損	100 ℓ	→ 100 ℓ ×0.8 = 80 ℓ
	(4,910 ℓ)		(50 ℓ)	→ 50 ℓ ×0.6 = 30 ℓ
		月末	200 ℓ	→ 200 ℓ ×0.8 = 160 ℓ
			(160 ℓ)	→ 160 ℓ ×0.6 = 96 ℓ

※ （ ）内の数値は加工費の完成品換算量を表す。

2．正常減損費の負担関係

〈等級製品X〉

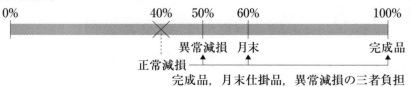

完成品，月末仕掛品，異常減損の三者負担

〈等級製品Y〉

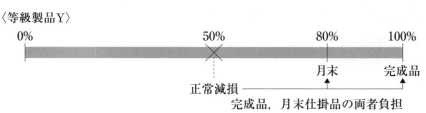

完成品，月末仕掛品の両者負担

3．製造費用の按分（平均法）

　問題の指示により，正常減損費の処理は非度外視法によるため，まずは月初仕掛品原価と当月製造費用の合計額を，各製品の積数を基礎に完成品，月末仕掛品，正常減損および異常減損に按分する。

（1）直接材料費

$$按分単価：\frac{29,500円 + 58,000円 + 2,351,500円}{3,700\ell + 50\ell + 100\ell + 200\ell + 3,840\ell + 80\ell + 160\ell} = 300円/\ell$$

仕掛品－直接材料費（積数で按分）

月初X		完成X	3,700ℓ	
	29,500円		1,110,000円	等級製品X完成品原価：300円/ℓ×3,700ℓ＝1,110,000円
当月投入X		正常減損X	50ℓ	
			15,000円	等級製品X正常減損費：300円/ℓ×50ℓ＝15,000円
		異常減損X	100ℓ	
			30,000円	等級製品X異常減損費：300円/ℓ×100ℓ＝30,000円
		月末X	200ℓ	
			60,000円	等級製品X月末仕掛品原価：300円/ℓ×200ℓ＝60,000円
月初Y		完成Y	3,840ℓ	
	58,000円			
当月投入Y			1,152,000円	等級製品Y完成品原価：300円/ℓ×3,840ℓ＝1,152,000円
		正常減損Y	80ℓ	
	2,351,500円		24,000円	等級製品Y正常減損費：300円/ℓ×80ℓ＝24,000円
（XとYの合計）		月末Y	160ℓ	
			48,000円	等級製品Y月末仕掛品原価：300円/ℓ×160ℓ＝48,000円

310

(2) 加工費

按分単価：$\dfrac{8,850円 + 10,500円 + 1,221,930円}{3,700\ell + 20\ell + 50\ell + 120\ell + 2,880\ell + 30\ell + 96\ell} = 180円/\ell$

仕掛品 − 加工費（積数で按分）

月初X 8,850円	完成X 3,700ℓ	等級製品X完成品原価：180円/ℓ×3,700ℓ＝666,000円
当月投入X	666,000円	
	正常減損X 20ℓ	等級製品X正常減損費：180円/ℓ×20ℓ＝3,600円
	3,600円	
	異常減損X 50ℓ	等級製品X異常減損費：180円/ℓ×50ℓ＝9,000円
	9,000円	
	月末X 120ℓ	等級製品X月末仕掛品原価：180円/ℓ×120ℓ＝21,600円
	21,600円	
月初Y 10,500円	完成Y 2,880ℓ	等級製品Y完成品原価：180円/ℓ×2,880ℓ＝518,400円
当月投入Y	518,400円	
	正常減損Y 30ℓ	等級製品Y正常減損費：180円/ℓ×30ℓ＝5,400円
1,221,930円 （XとYの合計）	5,400円	
	月末Y 96ℓ	等級製品Y月末仕掛品原価：180円/ℓ×96ℓ＝17,280円
	17,280円	

4．各等級製品の正常減損費

等級製品Xの正常減損費：15,000円＋3,600円＝**18,600円**

等級製品Yの正常減損費：24,000円＋5,400円＝**29,400円**

問2 各等級製品の正常減損費を追加配賦した完成品原価と月末仕掛品原価

1．正常減損費の追加配賦

問題の指示にしたがって，非度外視法により正常減損費を関係品に追加配賦する。両製品ともに正常減損は定点発生のため，数量比で関係品に正常減損費を配賦していく。

(1) 正常減損費の追加配賦（等級製品X）

問1 解説2のとおり，定点発生のため，完成品，月末仕掛品，異常減損の三者に数量比で追加配賦を行う。

異常減損：$\dfrac{18,600円}{3,700\ell + 200\ell + 100\ell} \times 100\ell = 465円$

月末仕掛品：〃 ×200ℓ ＝ 930円

完成品：〃 ×3,700ℓ ＝17,205円

(2) 正常減損費の追加配賦（等級製品Y）

問1 解説2のとおり，定点発生のため，完成品と月末仕掛品の二者に数量比で追加配賦を行う。

月末仕掛品：$\dfrac{29,400円}{4,800\ell + 200\ell} \times 200\ell = 1,176円$

完成品：〃 ×4,800ℓ ＝28,224円

2．各等級製品の正常減損費を追加配賦した完成品原価と月末仕掛品原価

（1） 等級製品 X

完 成 品 原 価：1,110,000円 + 666,000円 + 17,205円 = **1,793,205円**

月末仕掛品原価：60,000円 + 21,600円 + 930円 = **82,530円**

異 常 減 損 費：30,000円 + 9,000円 + 465円 = **39,465円**

（2） 等級製品 Y

完 成 品 原 価：1,152,000円 + 518,400円 + 28,224円 = **1,698,624円**

月末仕掛品原価：48,000円 + 17,280円 + 1,176円 = **66,456円**

問3 **等級製品Ⅹおよび等級製品Ⅰの直接材料費と加工費の当月製造費用**

問1 で製造費用を按分した結果から，逆算して各等級製品の当月製造費用を算定する。

1．等級製品 X

（1） 直接材料費

仕掛品 X － 直接材料費

月初	完成
29,500円	
当月製造費用	1,110,000円
	正常減損
	15,000円
1,185,500円	異常減損
（貸借差引）	30,000円
	月末
	60,000円

当月製造費用（直接材料費）：1,110,000円 + 15,000円 + 30,000円 + 60,000円 − 29,500円 = **1,185,500円**

（2） 加工費

仕掛品 X － 加工費

月初	完成
8,850円	
当月製造費用	666,000円
	正常減損
	3,600円
691,350円	異常減損
（貸借差引）	9,000円
	月末
	21,600円

当月製造費用（加工費）：666,000円 + 3,600円 + 9,000円 + 21,600円 − 8,850円 = **691,350円**

解答への道

第211回

２．等級製品Ｙ

（1）直接材料費

仕掛品Ｙ－直接材料費

月初	完成
58,000円	
	1,152,000円
当月製造費用	正常減損
	24,000円
1,166,000円	月末
（貸借差引）	
	48,000円

当月製造費用（直接材料費）：1,152,000円＋24,000円＋48,000円－58,000円＝**1,166,000円**

（2）加工費

仕掛品Ｙ－加工費

月初	完成
10,500円	
	518,400円
当月製造費用	正常減損
	5,400円
530,580円	月末
（貸借差引）	
	17,280円

当月製造費用（加工費）：518,400円＋5,400円＋17,280円－10,500円＝**530,580円**

問4 等級製品Ｘの異常減損費を仕掛品勘定から異常減損費勘定に振り替える仕訳（単位：円）

等級製品Ｘの異常減損費39,465円（ 問2 解説２より）を仕掛品勘定から異常減損費勘定に振り替える仕訳は，以下のとおりである。

（異 常 減 損 費）	39,465	（仕 掛 品）	39,465

問5 正常減損費が良品の製造原価に含まれる理由（理論問題）

正常減損費は，管理された正常な状態において，製品の製造を行ううえで不可避的に発生するものである。そして，その製品が満たすべき規格に適合した良品を製造するために必要なものであるため，良品の製造原価に含められるべきといえる。

問題2 ● 個別原価計算

問1 年間の基準操業度

「基準操業度は過去５年間の平均操業度を用いている」との記述から，過去５年間の年間実際操業度の平均で年間の基準操業度を求める。

（62,600時間＋62,480時間＋62,200時間＋62,350時間＋62,370時間）÷５年＝**62,400時間**

問2 間接労務費の変動費率と月間固定費

過去６ヶ月間の実績から，最高の操業度の３月と最低の操業度の５月のデータより，高低点法によ

り，間接労務費の変動費率と月間固定費を算定する。

変 動 費 率：$\dfrac{1,548,500円 - 1,474,800円}{4,650時間 - 3,980時間} = 110円/時間$

月間固定費：$1,548,500円 - 110円/時間 \times 4,650時間 = 1,037,000円$

または，$1,474,800円 - 110円/時間 \times 3,980時間 = 1,037,000円$

問3 製造間接費の予定配賦率

1．変動費率

$70円/時間 + 110円/時間 = 180円/時間$
　間接材料費　　間接労務費

2．月間固定費と固定費率

月間固定費：$158,000円 + 1,037,000円 + 989,000円 = 2,184,000円$
　　　　　　　間接材料費　　間接労務費　　間接経費

月間基準操業度：$62,400時間 \div 12ヶ月 = 5,200時間$

固定費率：$2,184,000円 \div 5,200時間 = 420円/時間$

3．予定配賦率

$180円/時間 + 420円/時間 = 600円/時間$

問4 製造指図書別原価計算表

製造指図書別原価計算表を作成すると，以下のようになる。

	No.1	No.2	No.3	No.1-R	No.2-2	合　計
直 接 材 料 費	1,800,000	360,000	1,656,000	96,000	840,000	4,752,000
直 接 労 務 費	1,458,000	432,000	1,274,400	129,600	1,782,000	5,076,000
製 造 間 接 費	810,000	240,000	708,000	72,000	990,000	2,820,000
小　　計	4,068,000	1,032,000	3,638,400	297,600	3,612,000	12,648,000
作 業 屑 売 却 益	－	－	△25,000	－	－	△25,000
仕 損 売 却 益	－	△145,000	－	－	－	△145,000
仕 損 費 振 替	297,600	△887,000	－	△297,600	887,000	0
合　　計	4,365,600	0	3,613,400	0	4,499,000	12,478,000
備　　考		No.2-2へ賦課		No.1へ賦課		

1．直接材料費

No.1　：$1,200円/kg \times 1,500kg = 1,800,000円$

No.2　：$1,200円/kg \times\ \ \ 300kg =\ \ \ 360,000円$

No.3　：$1,200円/kg \times 1,380kg = 1,656,000円$

No.1-R：$1,200円/kg \times\ \ \ \ 80kg =\ \ \ \ \ 96,000円$

No.2-2：$1,200円/kg \times\ \ \ 700kg =\ \ \ 840,000円$

合　計：$1,800,000円 + 360,000円 + 1,656,000円 + 96,000円 + 840,000円 = 4,752,000円$

2．直接労務費

No.1　：$1,080円/時間 \times 1,350時間 = 1,458,000円$

No.2　：$1,080円/時間 \times\ \ \ 400時間 =\ \ \ 432,000円$

No.3　：$1,080円/時間 \times 1,180時間 = 1,274,400円$

No.1-R：$1,080円/時間 \times\ \ \ 120時間 =\ \ \ 129,600円$

No.2-2：1,080円/時間×1,650時間＝**1,782,000円**

合　計：1,458,000円＋432,000円＋1,274,400円＋129,600円＋1,782,000円＝**5,076,000円**

3．製造間接費

No.1　　：600円/時間×1,350時間＝**810,000円**

No.2　　：600円/時間×　400時間＝**240,000円**

No.3　　：600円/時間×1,180時間＝**708,000円**

No.1-R：600円/時間×　120時間＝　**72,000円**

No.2-2：600円/時間×1,650時間＝**990,000円**

合　計：810,000円＋240,000円＋708,000円＋72,000円＋990,000円＝**2,820,000円**

4．仕損費の処理

（1）　No.1とNo.1-R

　　No.1-RはNo.1に生じた正常な仕損について発行された補修指図書であり正常な仕損であるため，No.1-Rに集計された297,600円が正常仕損費となる。また解答用紙の原価計算表の記入欄より，当該仕損費を，No.1の原価に仕損費として振り替えて直接経費として加算する。

（2）　No.2とNo.2-2

　　No.2の製品に正常だがその程度が著しい仕損が生じたために，代品の製造を目的に発行されたのが代品製造指図書No.2-2である。したがって，全部仕損・代品製造のケースに該当するものと読み取れる。そのため，No.2に集計された1,032,000円から仕損売却益（額）145,000円を控除した887,000円が正常仕損費となる。また，解答用紙の原価計算表の記入欄より，当該仕損費をNo.2-2の原価に仕損費として振り替えて直接経費として加算する。

5．作業屑の処理

　　No.3の製品から作業屑が発生したため，作業屑売却益（額）25,000円をNo.3の原価から控除する。

問5　製造間接費の差異分析（公式法変動予算）

1．製造間接費の差異分析

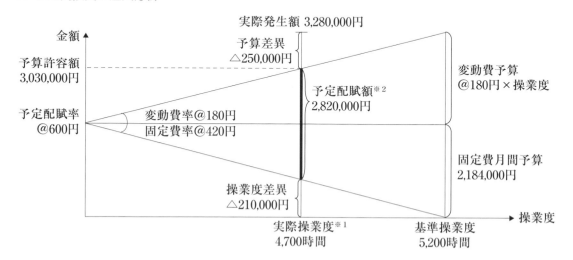

※1　実際操業度：1,350時間＋400時間＋1,180時間＋120時間＋1,650時間＝4,700時間

※2　予定配賦額：600円/時間×4,700時間＝2,820,000円

予算差異：（180円/時間×4,700時間＋2,184,000円）－3,280,000円＝**△250,000円（借方差異）**

操業度差異：420円/時間×（4,700時間－5,200時間）＝**△210,000円（借方差異）**

2．製造間接費勘定の記入

(1) 借方

諸　口：**3,280,000円**（実際発生額）

(2) 貸方

予定配賦額：**2,820,000円**

予 算 差 異：**250,000円**

操業度差異：**210,000円**

問6 基準操業度が平均操業度の場合と実際的生産能力の場合の操業度差異の意味（理論問題）

　基準操業度とは，一定期間（通常は1年間）における工場の利用程度を配賦基準数値で表したものをいい，同期間の正常生産量にもとづいて決定される。ここにいう正常生産量とは，通常ならどれだけの生産を行うのかということであり，その"通常"の程度（これを操業水準という）は，工場のもつ生産能力自体や，あるいは，需要を考慮した生産能力の利用度という観点にもとづいて選択される。操業水準には次のような種類がある。

理論的生産能力	最高の能率で全く作業が中断されることのない理想的な状態においてのみ達成される，理論上の最大限の操業水準をいう。実際には達成不可能であり，基準操業度として選択されることはない。
実際的生産能力	理論的生産能力から，機械の故障，修繕，段取り，不良材料，工具の欠勤，休暇など不可避的な作業休止時間を差し引いて得られる実現可能な最大限の操業水準をいう。
平 均 操 業 度	販売上予測される，季節的および景気の変動による生産量への影響を長期的に平均した操業水準をいう。なお，平均する期間は5年が多い。
期待実際操業度	次の1年間に予想される操業水準をいう。なお，予算操業度ともいわれる。

　上記のように，平均操業度での基準操業度は，数年間の平均値であるため，平均操業度の算定の基礎となった各年度単位で見れば，その実際操業度は平均操業度と一致しないことが多い。したがって，この場合の操業度差異は，単に平均操業度と実際操業度との乖離から生じる製造間接費の配賦過不足を意味するにすぎない。

　一方，実際的生産能力での基準操業度は，生産設備を最大限すなわち100％利用する操業水準を意味するため，この場合の操業度差異は，設備の遊休が生じたことによる配賦漏れ（不働能力費）を意味することになる。

原 価 計 算 解 説

■ 問題1 ● 予算・実績差異分析

問1 予算・実績差異分析総括表

解答に先立ち，直接原価計算方式の損益計算書を予算と実績とで作成すると，次のようになる。

(単位：円)

	予算損益計算書		実績損益計算書		差　異	
売　上　高	25,000円/個　×480個 =	12,000,000	24,700円/個×500個 = 12,350,000		(＋)	350,000
変動売上原価	8,000円/個[※1]×480個 =	3,840,000	4,345,000[※2]		(－)	505,000
変動販売費	1,200円/個　×480個 =	576,000	625,000		(－)	49,000
貢　献　利　益		7,584,000	7,380,000		(－)	204,000
固　定　加　工　費		3,850,000	3,780,000		(＋)	70,000
固　定　販　管　費		1,800,000	1,860,000		(－)	60,000
営　業　利　益		1,934,000	1,740,000		(－)	194,000

※1　単位当たり変動製造原価：原料費3,000円/個＋変動加工費5,000円/個＝8,000円/個

※2　実際変動売上原価：在庫が存在せず，生産量と販売量が等しいため，変動製造費用の当月製造費用が変動売上原価になる。

1,705,000円＋2,640,000円＝4,345,000円

本問では，解答用紙の予算・実績差異分析総括表に，収益の販売数量差異と原価の販売数量差異とがそれぞれ与えられていることから，いわゆる総額分析（項目別分析）により分析を行う。

1．売上高

予算販売単価25,000円/個

実績販売単価24,700円/個

販売価格差異 △150,000円	販売数量差異 ＋500,000円

実績販売量 500個　　　　予算販売量 480個

販売価格差異：(24,700円/個－25,000円/個)×500個＝△150,000円〔不利差異〕

販売数量差異：25,000円/個×(500個－480個)　　　＝　500,000円〔有利差異〕

合　計：　　　　　　　　　　　　　　　　　　　　　350,000円〔有利差異〕

2．変動売上原価

実績単価××円/個

予算単価8,000円/個

実際変動売上原価4,345,000円

単位当たり変動売上原価差異 △345,000円	
	販売数量差異 △160,000円

予算販売量 480個　　　　実績販売量 500個

単位当たり変動売上原価差異：8,000円/個×500個−4,345,000円＝△**345,000円**〔不利差異〕

販売数量差異：8,000円/個×（480個−500個）　　　　＝△**160,000円**〔不利差異〕

　合　　計：　　　　　　　　　　　　　　　　　　　△**505,000円**〔不利差異〕

３．変動販売費

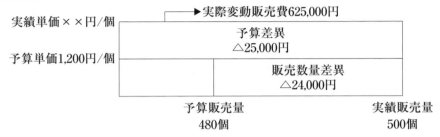

予算差異：1,200円/個×500個−625,000円　＝△**25,000円**〔不利差異〕

販売数量差異：1,200円/個×（480個−500個）＝△**24,000円**〔不利差異〕

　合　　計：　　　　　　　　　　　　　　　　△**49,000円**〔不利差異〕

問2 変動売上原価差異のうち作業効率の悪化に起因する差異

　単位当たり変動売上原価差異は，実績の単位当たり変動製造原価が予算どおりでなかったことにより生じる。本問においては不利差異であるため，予算よりも高くついたことを表している。単位当たり変動製造原価が高くなってしまった原因として，原料などの経済的資源の価格高騰や製造現場における作業効率の悪化などが挙げられる。経済的資源の価格高騰は作業効率の良否とは無関係であるため，変動売上原価差異のうち作業効率の悪化を示す差異は，原料消費量差異と加工費の作業時間差異（能率差異）である。

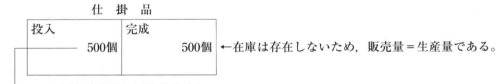

　原料標準消費量と標準作業時間

　原料標準消費量：10kg/個×500個＝5,000kg

　標準作業時間：２時間/個×500個＝1,000時間

〈変動売上原価差異のうち作業効率の悪化に起因する差異〉

　原料消費量差異：300円/kg×（5,000kg−5,500kg）　　　　　　　　＝△**150,000円**〔不利差異〕

　加工費作業時間差異（能率差異）：2,500円/時間×（1,000時間−1,100時間）＝△**250,000円**〔不利差異〕

　合　　計：　　　　　　　　　　　　　　　　　　　　　　　　　　△**400,000円**〔不利差異〕

問3 売上高における販売数量差異の詳細分析

　問1で計算した売上高の販売数量差異を，当社の市場占有率と市場総需要量を用いて，市場占有率差異と市場総需要差異に分析する。

　予算総需要量：480個〈予算販売量〉÷12%〈予算市場占有率〉＝4,000個

　実績総需要量：500個〈実績販売量〉÷10%〈実績市場占有率〉＝5,000個

予算販売単価25,000円/個

実績販売単価24,700円/個

販売価格差異 △150,000円	販売数量差異 ＋500,000円	
	市場占有率差異 △2,500,000円	市場総需要差異 ＋3,000,000円

実績販売量 500個

予算販売量 600個

予算販売量 480個

実績総需要量5,000個 × 実績市場占有率10%

実績総需要量5,000個 × 予算市場占有率12%

予算総需要量4,000個 × 予算市場占有率12%

市場占有率差異：25,000円/個×（500個－600個）＝△2,500,000円 〔不利差異〕

市場総需要差異：25,000円/個×（600個－480個）＝　3,000,000円 〔有利差異〕

　合　計（販売数量差異）：　500,000円 〔有利差異〕

問題2 ● 設備投資の意思決定（新規投資）

問1 製品Zの製造販売により追加的に獲得できる年間の税引後利益

　新規設備を導入して製品Zを製造販売することで追加的に獲得できる年間の税引後利益は，次のようになる。

（新規設備）　　　　　損益計算書

現金支出費用 5,800,000円[3]	売上高
減価償却費 6,400,000円[2]	15,000,000円[1]
税引後利益 1,960,000円	法人税（30%）××

※1　売上高：5,000円/個×3,000個＝15,000,000円

※2　減価償却費：（31,500,000円＋500,000円）÷5年＝6,400,000円

※3　現金支出費用：2,000,000円＋3,000,000円＋（7,200,000円－6,400,000円）＝5,800,000円

年間の税引後利益：（15,000,000円－5,800,000円－6,400,000円）×（100%－30%）＝**1,960,000円**

問2 新規設備投資案の初期投資額，年々のキャッシュ・フロー，売却におけるキャッシュ・フロー

1．初期投資額

　設置や試運転などのための支出は，固定資産の取得原価に含める。

　31,500,000円＋500,000円＝**32,000,000円**（COF）

2．年々のキャッシュ・フロー

　新規設備を導入して製品Zを製造販売することで追加的に獲得できる年々のキャッシュ・フローは，次のようになる。

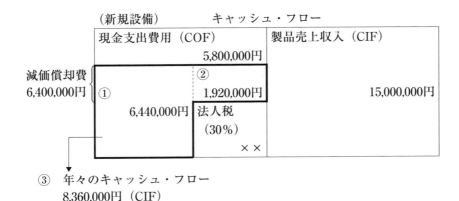

① 税引後（製品売上収入－現金支出費用）
(15,000,000円－5,800,000円)×(100%－30%)＝6,440,000円

② 減価償却費による法人税節約額
6,400,000円×30%＝1,920,000円

③ 年々のキャッシュ・フロー（①＋②）
6,440,000円＋1,920,000円＝**8,360,000円**（CIF）

3．売却におけるキャッシュ・フロー

新規設備の5年後における簿価はゼロであるが，1,200,000円で売却できる。しかし，解体に100,000円の支出を要するため，現金の純増加額と設備の売却益はともに1,100,000円となる。

新規設備の5年後の売却に関する仕訳を示せば，以下のとおりである。

（現　　　　金）	1,100,000	（設　備　売　却　益）	1,100,000

なお，設備売却益による法人税増加額（COF）は330,000円（＝1,100,000円×0.3）であるため，売却におけるキャッシュ・フローは**770,000円**（CIF）（＝1,100,000円－330,000円）である。

問3 新規設備投資案の正味現在価値とその採否

問2 で求めたキャッシュ・フローを割り引いて，新規設備投資案の正味現在価値とその採否を判定する。

（単位：円）

正味現在価値（NPV）：8,360,000円×3.993＋770,000円×0.681－32,000,000円＝**（＋）1,905,850円**

正味現在価値がプラスであるため，**この投資案を採用すべきである。**

解答への道

第211回

問4　新規設備投資案が不採用となる製品Yのキャッシュ・フローの減少額（年額）

　新規設備投資案の正味現在価値がマイナスであれば，当該投資案は採用すべきでない。したがって，製品Yのキャッシュ・フローの減少額の現在価値が，　問3　で求めた正味現在価値を上回ると，当該投資案は不採用となる。

　よって，製品Yのキャッシュ・フローの減少額をY円とおき，次のように考えればよい。

（単位：円）

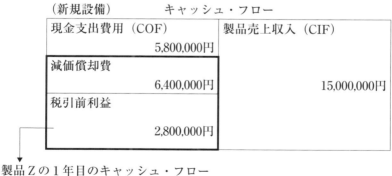

	第1年度初	第1年度末	第2年度末	第3年度末	第4年度末	第5年度末
CIF		8,360,000	8,360,000	8,360,000	8,360,000	770,000 / 8,360,000
COF	32,000,000	Y	Y	Y	Y	Y
NET	△32,000,000	+8,360,000 △Y	+8,360,000 △Y	+8,360,000 △Y	+8,360,000 △Y	+8,360,000 △Y

$$+33,381,480$$
$$△3.993\,Y$$ ← ×3.993

$$+\quad 524,370$$ ← ×0.681　+770,000

NET　$$+\quad 1,905,850$$
$$△3.993\,Y$$

$$1,905,850 \text{円} - 3.993\,Y < 0$$

$$3.993\,Y > 1,905,850$$

$$\therefore \quad Y > 477,297.77\cdots \text{円}$$

以上より，Yが**477,298円**以上ならば，この投資案は採択すべきでない。

問5　法人税が課税されない場合の製品Zのキャッシュ・フロー

　法人税が課税されない場合における製品Zの1年目のキャッシュ・フローは，下記のとおりである。

（新規設備）　　キャッシュ・フロー

現金支出費用（COF） 5,800,000円	製品売上収入（CIF）
減価償却費 6,400,000円	15,000,000円
税引前利益 2,800,000円	

製品Zの1年目のキャッシュ・フロー
9,200,000円（CIF）

15,000,000円 − 5,800,000円 = **9,200,000円**（CIF）

（注）減価償却費は現金支出を伴わないため，売上収入から控除しないことに注意する。

問題3 ● 企業の組織単位（空欄補充）

　責任会計とは，企業組織内における責任センター別に，業績を評価するための会計情報を提供する会計システムのことをいう。

　そして，企業における組織単位には各経営管理者の権限の範囲を明確にするために，責任センターにはそれぞれが責任を持つ原価，収益，投資額を割り当てられ，責任センターは次のように分類される。

責任センターの種類	経営管理者が負う責任
原価センター	原価（生産）
利益センター	原価（生産）と収益（販売）
投資センター	原価（生産）と収益（販売）と投資額

　よって，「生産機能だけを有する工場のような組織」であるAは**原価センター**，「生産と販売の機能について権限および責任を有するが，投資に関する権限と責任がない組織単位」であるBは**利益センター**となり，生産・販売に加え，投資に対しても権限と責任を負う**投資センター**がCとなる。

　しかしながら，一部の日本企業において，製造部門を工程単位などの小集団に分割し，内部振替を**売買取引（G）**と見立てることで，本来生産の機能しか持たない製造部門に大小の差はあれ，さらなる**権限（E）**を委譲して利益責任を持たせた管理システムを採用している企業がある。これを**ミニ・プロフィットセンター（D）**制という。そこでは，小集団間の取引を**内部振替価格（F）**を用いて**売買取引（G）**とみなすことで，小集団の責任者は原価低減だけでなく，利益獲得へのインセンティブを与えられ，**市場環境（H）**の変化にも即時に対応でき，現場が活性化することが期待される。

　上記の結果から，問題文の空欄を補充すると，次のようになる。

　企業における組織単位は，管理者がどの範囲までの会計数値に責任を持つかによって，（**A　原価センター**），（**B　利益センター**），（**C　投資センター**）に分けられる。生産と販売の機能について権限および責任を有するが，投資に関する権限と責任がない組織単位は（**B　利益センター**）であり，生産機能だけを有する工場のような組織は（**A　原価センター**）である。

　日本企業の中に，製造部門を工程単位などの10人から50人ほどの小集団に分割し，それぞれの小集団に利益責任を持たせる管理システムを採用している企業がある。このような管理システムを（**D　ミニ・プロフィットセンター**）制と呼ぶ。そこでは，各小集団に比較的大きな（**E　権限**）を委譲したうえで，社内の小集団間で，（**F　内部振替価格**）に基づいて，財・サービスの（**G　売買取引**）が行われる。このような管理システムを導入することによって，（**H　市場環境**）の変化にすばやく対応でき，現場が活性化することが期待されている。

第213回 解答

商 業 簿 記

問題1及び2について，【　　　】には科目の記号を，〔　　　〕には金額をそれぞれ1つのみ記入すること。なお，空欄となる場合もある。

問題1

	日付	借 方 科 目	金 額	貸 方 科 目	金 額	
問1	3/31	【 A 】	〔 165,000〕	【 E 】	〔 165,000〕	❺
	4/1	【 E 】	〔 165,000〕	【 A 】	〔 165,000〕	❺
問2	6/30	【 A 】	〔 420,000〕	【 C 】	〔 462,000〕	❿
		【 F 】	〔 42,000〕	【 　 】	〔 　 〕	

問題2

	借 方 科 目	金 額	貸 方 科 目	金 額	
開 始 仕 訳	【 B 】	〔 4,000,000〕	【 A 】	〔 3,700,000〕	
	【 C 】	〔 1,160,000〕	【 D 】	〔 1,650,000〕	❺
	【 E 】	〔 190,000〕	【 　 】	〔 　 〕	
のれんの償却	【 F 】	〔 10,000〕	【 E 】	〔 10,000〕	❺
純利益の振替	【 G 】	〔 750,000〕	【 D 】	〔 750,000〕	❺
配当金の修正	【 H 】	〔 840,000〕	【 C 】	〔 1,200,000〕	❺
	【 D 】	〔 360,000〕	【 　 】	〔 　 〕	

問題3

決算整理後残高試算表

単位：円

借 方 科 目	金 額	貸 方 科 目	金 額
現金	100	買掛金	145,000
当座預金	11,000	仮受消費税等	0
クレジット売掛金	〔❸ 75,306〕	貸倒引当金	〔 4,406〕
売掛金	〔 113,000〕	未払利息	〔❸ 1,500〕
売買目的有価証券	〔 491,500〕	未払消費税等	〔❸ 10,826〕
買建オプション	〔❸ 3,500〕	未払法人税等	〔 31,000〕
未収利息	〔 200〕	建物減価償却累計額	〔❸ 568,750〕
仮払金	0	備品減価償却累計額	〔❸ 4,925〕
前払地代	〔❸ 16,000〕	車両減価償却累計額	〔❸ 3,960〕
仮払法人税等	0	社債	〔❸ 198,933〕
仮払消費税等	0	資本金	800,000
商品	〔 175,300〕	利益準備金	196,000
建物	800,000	繰越利益剰余金	〔❸ 160,960〕
備品	〔 9,800〕	売上	1,600,000
車両	〔❸ 13,200〕	有価証券評価損益	〔❸ 17,500〕
借地権	500,000	オプション差損益	〔 2,000〕
長期貸付金	〔 12,000〕	受取利息	〔❸ 200〕
売上原価	1,020,000	固定資産売却損益	〔❸ 400〕
給与手当	250,000		
支払地代	〔 24,000〕		
支払手数料	〔❸ 9,540〕		
貸倒引当金繰入（営業費）	〔❸ 2,800〕		
減価償却費	〔❸ 30,985〕		
棚卸減耗損	〔❸ 2,500〕		
商品評価損	〔❸ 2,200〕		
その他の営業費用	120,000		
貸倒引当金繰入（営業外）	〔❸ 606〕		
社債利息	〔 6,823〕		
法人税等	56,000		
	〔 3,746,360〕		〔 3,746,360〕

注意：〔　　　〕内の金額がゼロである場合，0と記入すること。

●数字…予想配点

会 計 学

問題1

	正誤	理　　　　　　由	
1.	○		❹
2.	○		❹
3.	×	割引前の将来キャッシュ・フローが減少する場合には,その見積りの変更が生じた時点の割引率ではなく,負債計上時の割引率によって調整額を計算する。	❹
4.	×	全額を親会社の持分に配分するのではなく,親会社と非支配株主の持分比率に応じて,親会社の持分と非支配株主持分に配分する。	❹
5.	×	繰延税金資産または繰延税金負債は,回収または支払が行われると見込まれる期の税率に基づいて計算する。	❹
6.	×	ヘッジ会計の要件が充たされていた間のヘッジ手段に係る損益または評価差額は,ヘッジ対象に係る損益が認識されるまで引き続き繰り延べる。	❹
7.	○		❹
8.	×	1株当たり当期純利益は,普通株式に係る当期純利益を普通株式の期中平均株式数で除して算定する。	❹
9.	○		❹
10.	○		❹

問題 2
問 1

1	要求払	2	換金可能	3	価値の変動
4	短期投資	5	三か月	各❷	

問 2
(1) 直接法

<u>キャッシュ・フロー計算書</u>　　　　　　　　（単位：千円）

営業活動によるキャッシュ・フロー

営業収入	❷	〔	480,000〕
商品の〔　**仕入支出**　〕	❷	〔	△274,500〕
人件費の支出	❷	〔	△41,600〕
その他の営業支出	❷	〔	△14,500〕
小　　計		〔	149,400〕
〔　利　　息　〕の受取額	❷	〔	1,300〕
〔　利　　息　〕の支払額	❷	〔	△1,800〕
〔　**法人税等**　〕の支払額	❷	〔	△34,000〕
営業活動によるキャッシュ・フロー		〔	114,900〕

（注）マイナスは金額の前に△を付すこと

(2) 間接法

<u>キャッシュ・フロー計算書</u>　　　　　　　　（単位：千円）

営業活動によるキャッシュ・フロー

〔　**税引前当期純**　〕利益	❷	〔	126,000〕
減価償却費	❷	〔	20,000〕
貸倒引当金の〔　**増加額**　〕	❷	〔	400〕
〔　　**有価証券売却益**　　〕	❷	〔	△2,000〕
受取利息		〔	△1,500〕
社債利息		〔	2,100〕
売上債権の〔　**増　加**　〕額	❷	〔	△20,000〕
棚卸資産の〔　**減　少**　〕額	❷	〔	18,500〕
仕入債務の〔　**増　加**　〕額		〔	7,000〕
前払費用の〔　**増　加**　〕額		〔	△2,500〕
未払費用の〔　**増　加**　〕額	❷	〔	1,400〕
小　　計		〔	149,400〕
〔　利　　息　〕の受取額		〔	1,300〕
〔　利　　息　〕の支払額		〔	△1,800〕
〔　**法人税等**　〕の支払額		〔	△34,000〕
営業活動によるキャッシュ・フロー		〔	114,900〕

（注）マイナスは金額の前に△を付すこと

問題3

問1

(1)

1	イ	2	オ	3	コ
4	カ	5	ケ	各❷	

(2)

①	(c)	②	(a)	③	(b)	各❷

問2

①使用価値：資産又は資産グループの継続的使用と使用後の処分によって生ずると見込

まれる将来キャッシュ・フローの現在価値をいう。　❸

②正味売却価額：**資産又は資産グループの時価から処分費用見込額を控除して算定され**

る金額をいう。　❸

●数字…予想配点

商 業 簿 記 解 説

■**問題1** ● 仕訳問題（以下，単位：円）

■ **収益認識・対価変動（値引き）**

問1

(1) 3月31日までの販売時の仕訳

① A社

（売　　掛　　金）（＊3）	770,000	（売　　　　　上）（＊1）	700,000
		（仮 受 消 費 税 等）（＊2）	70,000

（＊1）@10,000〈売価〉× 70個 = 700,000

（＊2）700,000 × 10%〈消費税率〉= 70,000

（＊3）700,000 + 70,000 = 770,000

② B社

（売　　掛　　金）（＊3）	440,000	（売　　　　　上）（＊1）	400,000
		（仮 受 消 費 税 等）（＊2）	40,000

（＊1）@10,000〈売価〉× 40個 = 400,000

（＊2）400,000 × 10%〈消費税率〉= 40,000

（＊3）400,000 + 40,000 = 440,000

③ C社

（売　　掛　　金）（＊3）	330,000	（売　　　　　上）（＊1）	300,000
		（仮 受 消 費 税 等）（＊2）	30,000

（＊1）@10,000〈売価〉× 30個 = 300,000

（＊2）300,000 × 10%〈消費税率〉= 30,000

（＊3）300,000 + 30,000 = 330,000

(2) 3月31日の仕訳

	3月31日までの実績	4月1日から6月30日までの販売予想	合計	結　　論
A社	70個	80個	150個	値引きの条件達成
B社	40個	80個	120個	値引きの条件達成
C社	30個	50個	80個	値引きの条件達成せず

　3月31日までの販売実績と4月1日から6月30日までの販売予想に基づいて，A社とB社については100個以上購入するという条件の達成が見込まれるため，値引きの会計処理を行う。また，数量値引による返金見込額については，収益を認識せず返金負債で処理する。（本問においては，問題文の指示により，契約負債で処理する）

① A社

（売 上）	105,000	（契 約 負 債）（＊）	105,000

（＊）700,000×15%〈値引率〉＝105,000

（注）消費税等については，値引きの処理を実際に行った場合に課税の取り消しになるため，当期においては全額納税することになる。したがって，値引きの見積り処理の場合，仮受消費税等は減額されないこととなる。

② B社

（売 上）	60,000	（契 約 負 債）（＊）	60,000

（＊）400,000×15%〈値引率〉＝60,000

③ C社

仕 訳 な し

(3) 4月1日の仕訳

A社とB社について，問題文の指示により再振替仕訳を行う。

① A社

（契 約 負 債）	105,000	（売 上）	105,000

② B社

（契 約 負 債）	60,000	（売 上）	60,000

問2

(1) 4月1日から6月30日までの販売時の仕訳

① A社

（売 掛 金）（＊3）	1,100,000	（売 上）（＊1）	1,000,000
		（仮 受 消 費 税 等）（＊2）	100,000

（＊1）@10,000〈売価〉×100個＝1,000,000

（＊2）1,000,000×10%〈消費税率〉＝100,000

（＊3）1,000,000＋100,000＝1,100,000

② B社

（売 掛 金）（＊3）	550,000	（売 上）（＊1）	500,000
		（仮 受 消 費 税 等）（＊2）	50,000

（＊1）@10,000〈売価〉×50個＝500,000

（＊2）500,000×10%〈消費税率〉＝50,000

（＊3）500,000＋50,000＝550,000

③ C社

（売 掛 金）（＊3）	880,000	（売 上）（＊1）	800,000
		（仮 受 消 費 税 等）（＊2）	80,000

（＊1）@10,000〈売価〉×80個＝800,000

（＊2）800,000×10%〈消費税率〉＝80,000

（＊3）800,000＋80,000＝880,000

(2) 1月から6月までの販売実績

	3月31日までの実績	4月1日から6月30日までの実績	合計販売実績	結 論
A社	70個	100個	170個	値引の条件達成
B社	40個	50個	90個	値引の条件達成せず
C社	30個	80個	110個	値引の条件達成

(3) 6月30日の仕訳

　条件を達成したA社とC社について，1個あたり15%の値引を行い，6月30日の売掛金残高と相殺する。

① A社

（売 上）（＊2）	255,000	（売 掛 金）（＊1）	280,500
（仮 受 消 費 税 等）（＊3）	25,500		

（＊1）（770,000＋1,100,000）×15％＝280,500

（＊2）280,500÷110％＝255,000〈消費税抜き〉

（＊3）255,000×10％＝25,500〈消費税〉

　　（注）前期の値引き分を含めて当期に仮受消費税等の減額処理を行う。なお，見積と実績にズレが生じた場合には，過去に遡って修正処理は行わず，当期の状況の変化として取り扱う。

② B社

仕 訳 な し

③ C社

（売 上）（＊2）	165,000	（売 掛 金）（＊1）	181,500
（仮 受 消 費 税 等）（＊3）	16,500		

（＊1）（330,000＋880,000）×15％＝181,500

（＊2）181,500÷110％＝165,000〈消費税抜き〉

（＊3）165,000×10％＝16,500〈消費税〉

問題2 ●仕訳問題（以下，単位：円）

連結会計

(1) タイム・テーブル（S社資本勘定の推移）

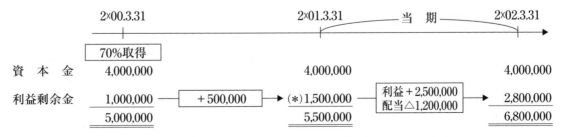

（＊）2,800,000〈個別B/S〉＋1,200,000〈配当金〉－2,500,000〈当期純利益〉＝1,500,000

(2) 開始仕訳

① 投資と資本の相殺消去

（資　　本　　金）	4,000,000	（S　社　株　式）	3,700,000
（利　益　剰　余　金）	1,000,000	（非支配株主持分）（＊2）	1,500,000
（の　　れ　　ん）（＊1）	200,000		

（＊1）4,000,000＋1,000,000＝5,000,000〈S社資本〉

　　　　5,000,000×70％〈P社持分比率〉＝3,500,000〈P社持分〉

　　　　3,700,000〈S社株式〉−3,500,000＝200,000

（＊2）5,000,000×30％〈非支配株主持分比率〉＝1,500,000

② 過年度ののれんの償却

| （利　益　剰　余　金）（＊） | 10,000 | （の　　れ　　ん） | 10,000 |

（＊）200,000÷20年＝10,000

③ 過年度の増加利益剰余金の振替

| （利　益　剰　余　金）（＊） | 150,000 | （非支配株主持分） | 150,000 |

（＊）（1,500,000〈2×01年3月期〉−1,000,000〈2×00年3月期〉）×30％〈非支配株主持分比率〉＝150,000

④ 開始仕訳のまとめ（①〜③）

（資　　本　　金）	4,000,000	（S　社　株　式）	3,700,000
（利　益　剰　余　金）	1,160,000	（非支配株主持分）	1,650,000
（の　　れ　　ん）	190,000		

(3) 期中仕訳（2×02年3月期の連結修正仕訳）

① のれんの償却

| （の　れ　ん　償　却）（＊） | 10,000 | （の　　れ　　ん） | 10,000 |

（＊）200,000÷20年＝10,000

② 純利益の振替

| （非支配株主に帰属する当期純利益）（＊） | 750,000 | （非　支　配　株　主　持　分） | 750,000 |

（＊）2,500,000×30％〈非支配株主持分比率〉＝750,000

③ 配当金の修正

| （受　取　配　当　金）（＊1） | 840,000 | （利　益　剰　余　金） | 1,200,000 |
| （非　支　配　株　主　持　分）（＊2） | 360,000 | | |

（＊1）1,200,000〈配当金〉×70％〈P社持分比率〉＝840,000

（＊2）1,200,000〈配当金〉×30％〈非支配株主持分比率〉＝360,000

問題3 ● 決算整理後残高試算表の作成（以下，単位：円）

1 商品取引

　クレジットカードによる商品取引について，今期末の処理『3）期末のクレジット売掛金に含まれる手数料等は，期末にクレジット売掛金から支払手数料と仮払消費税等に振り替え，』という処理はまだ行っていないが，まずは，2．売上債権についての(1)のクレジット売掛金の貸倒処理を先に行って，期末のクレジット売掛金残高を確定させる。

(1) クレジット売掛金の貸倒処理

　　資料には当期発生，前期発生の指示はないが，答案用紙に貸倒損失を計上する余地がないため，前期発生当期貸倒と判断し，貸倒引当金勘定の取崩処理を行う。

（貸 倒 引 当 金）（＊1）	1,000	（クレジット売掛金）	1,100
（仮 受 消 費 税 等）（＊2）	100		

　　（＊1）1,100÷110％＝1,000〈消費税抜き〉

　　（＊2）1,000×10％＝100〈消費税〉

　　∴　クレジット売掛金（貸倒処理後）：78,100〈前T/B〉−1,100＝77,000

(2) クレジット売掛金の期末処理

（支 払 手 数 料）（＊1）	1,540	（クレジット売掛金）	1,694
（仮 払 消 費 税 等）（＊2）	154		

　　（＊1）77,000〈クレジット売掛金（貸倒処理後）〉×2％〈手数料率〉＝1,540

　　（＊2）1,540×10％〈消費税率〉＝154

　　∴　**後T/Bクレジット売掛金**：77,000〈クレジット売掛金（貸倒処理後）〉−1,694＝**75,306**

　　∴　**後T/B支払手数料**：8,000〈前T/B〉＋1,540＝**9,540**

2　売上債権

(1) 売掛金（貸倒懸念債権）〜キャッシュ・フロー見積法

（長 期 貸 付 金）	12,000	（売　　掛　　金）	12,000
（貸倒引当金繰入（営業外））（＊）	606	（貸 倒 引 当 金）	606

　　（＊）2,000×5.697〈年利率1.5％・期間6年の年金現価係数〉＝11,394〈割引現在価値〉

　　　　12,000−11,394＝606〈設定額＝繰入額〉

　　∴　**後T/B売掛金**：125,000〈前T/B〉−12,000＝**113,000**

(2) その他の売掛金（一般債権）

　　問題文の指示により，クレジット売掛金については，貸倒処理後，手数料控除前の期末残高に対して貸倒引当金を設定する。

（貸倒引当金繰入（営業費））（＊）	2,800	（貸 倒 引 当 金）	2,800

　　（＊）（113,000〈売掛金〉＋77,000〈クレジット売掛金（貸倒処理後）〉）×2％＝3,800〈設定額〉

　　　　3,800−（2,000〈前T/B貸倒引当金〉−1,000）＝2,800〈繰入額〉

　　∴　**後T/B貸倒引当金**：606〈貸倒懸念債権〉＋3,800〈一般債権〉＝**4,406**

3　売買目的有価証券

(1) ドル建株式

（売買目的有価証券）（＊）	20,500	（有価証券評価損益）	20,500

　　（＊）10株×80ドル×@110＋20株×120ドル×@120＝376,000〈帳簿価額〉

　　　　（10株×95ドル〈時価〉＋20株×105ドル〈時価〉）×@130〈ＣＲ〉＝396,500〈時価〉

　　　　396,500−376,000＝20,500〈評価益〉

(2)　円建国債

①　未収収益の計上

| （未　収　利　息）（＊） | 200 | （受　取　利　息） | 200 |

（＊）@$100 \times 1,000$口$\times 0.6\% \times \dfrac{4 \text{カ月}}{12 \text{カ月}} = 200$

②　円貨建国債の時価評価

| （有価証券評価損益）（＊） | 3,000 | （売買目的有価証券） | 3,000 |

（＊）（@95－@98）$\times 1,000$口$= \triangle 3,000$

∴　**後Ｔ／Ｂ売買目的有価証券**：474,000〈前Ｔ／Ｂ〉＋20,500〈外貨建株式〉－3,000〈円貨建国債〉
　　＝**491,500**

∴　**後Ｔ／Ｂ有価証券評価損益**：20,500〈外貨建株式〉－3,000〈円貨建国債〉＝**17,500**

③　プットオプション（買い建て）の時価評価

　オプション取引とは，対象となる特定の金融商品（株式，債券，通貨など）を特定の価格（行使価格）で「買い取ることができる権利（コール・オプション）」または「売り渡すことができる権利（プット・オプション）」を売買する取引である。

　オプションの価格が@3.5円に上昇したことに伴い，保有するプット・オプションの価値も上昇する。この上昇分を，オプションの価値を表す「買建オプション」で，また評価差益を「オプション差損益」を用いて処理する。

| （買　建　オ　プ　シ　ョ　ン）（＊） | 2,000 | （オ　プ　シ　ョ　ン　差　損　益） | 2,000 |

（＊）（@3.5－@1.5）$\times 1,000$口$= 2,000$〈評価益〉

∴　**後Ｔ／Ｂ買建オプション**：1,500〈前Ｔ／Ｂ〉＋2,000＝**3,500**

4　**期末商品**

(1)　商品P

| （棚　卸　減　耗　損）（＊1） | 2,500 | （商　　　　品）（＊3） | 4,000 |
| （商　品　評　価　損）（＊2） | 1,500 | | |

（＊1）（80個〈帳簿〉－75個〈実地〉）$\times$@500＝2,500

（＊2）75個$\times$（@500－@480〈正味〉）＝1,500

（＊3）2,500＋1,500＝4,000

(2)　商品Q

| （商　品　評　価　損）（＊） | 700 | （商　　　　品） | 700 |

（＊）10個$\times$（@100－@30円）＝700

∴　**後Ｔ／Ｂ商品**：180,000〈前Ｔ／Ｂ〉－4,000－700＝**175,300**

∴　**後Ｔ／Ｂ商品評価損**：1,500＋700＝**2,200**

5 有形固定資産

(1) 建物

① 過去の誤謬の訂正

（繰 越 利 益 剰 余 金）（＊）	152,250	（建物減価償却累計額）	152,250

（＊）$800,000〈前 T/B 建物〉×0.9×\dfrac{21年×12カ月＋9カ月}{40年×12カ月}=391,500〈誤謬訂正前＝前 T/B 建物減価償却累計額〉$

$800,000〈前 T/B 建物〉×\dfrac{21年×12カ月＋9カ月}{32年×12カ月}=543,750〈正しい金額〉$

$543,750-391,500=152,250〈訂正額〉$

∴　後 T/B 繰越利益剰余金：$313,210〈前 T/B〉-152,250=\mathbf{160,960}$

② 減価償却

（減 価 償 却 費）（＊）	25,000	（建物減価償却累計額）	25,000

（＊）$800,000〈前 T/B 建物〉÷32年=25,000$

∴　**後 T/B 建物減価償却累計額**：$543,750〈正しい累計額〉+25,000=\mathbf{568,750}$

(2) 備品

① 資本的支出

（備　　　　　品）（＊1）	1,800	（仮　　払　　金）	1,980
（仮 払 消 費 税 等）（＊2）	180		

（＊1）$1,980÷110\%=1,800〈消費税抜き〉$

（＊2）$1,800×10\%=180〈消費税〉$

∴　**後 T/B 備品**：$8,000〈前 T/B〉+1,800=\mathbf{9,800}$

② 減価償却

(a) 従来部分

（減 価 償 却 費）（＊）	1,125	（備品減価償却累計額）	1,125

（＊）$8,000×0.079〈保証率〉=632〈保証額〉$

$1÷8年×200\%=0.25〈償却率〉$

$(8,000〈前 T/B 備品〉-3,500〈前 T/B 累計額〉)×0.25=1,125＞632　∴1,125$

(b) 資本的支出部分

（減 価 償 却 費）（＊）	300	（備品減価償却累計額）	300

（＊）$1,800×0.25×\dfrac{8カ月}{12カ月}=300$

∴　**後 T/B 備品減価償却累計額**：$3,500〈前 T/B〉+1,125+300=\mathbf{4,925}$

(3) 車両

① 正しい仕訳

（車両減価償却累計額）	6,500	（車　　　　　　両）	12,500
（減 価 償 却 費）（＊1）	600	（仮 受 消 費 税 等）（＊2）	580
（車　　　　　両）（＊4）	13,200	（固定資産売却損益）（＊3）	400
（仮 払 消 費 税 等）（＊5）	1,320	（現　金　預　金）（＊6）	8,140

（＊1）$1÷5年×200\%=0.4〈償却率〉$

$(12,500〈前 T/B 車両〉-6,500〈前 T/B 累計額〉)×0.4×\dfrac{3カ月}{12カ月}=600$

売却時の帳簿価額：12,500〈前T/B車両〉－6,500〈前T/B累計額〉－600＝5,400

（＊2） 6,380〈下取価格〉÷110％×10％〈消費税率〉＝580〈消費税〉

（＊3） 6,380〈下取価格〉÷110％－5,400〈売却時の帳簿価額〉＝400

（＊4） 14,520÷110％＝13,200〈消費税抜き〉

（＊5） 13,200×10％＝1,320〈消費税〉

（＊6） 14,520〈購入価格〉－6,380〈下取価格〉＝8,140

② 誤った仕訳

（仮 払 金）（＊）	8,140	（現 金 預 金）	8,140

（＊） 14,520〈購入価格〉－6,380〈下取価格〉＝8,140

③ 修正仕訳（①－②）

（車両減価償却累計額）	6,500	（車 両）	12,500
（減 価 償 却 費）	600	（仮 受 消 費 税 等）	580
（車 両）	13,200	（固 定 資 産 売 却 損 益）	400
（仮 払 消 費 税 等）	1,320	（仮 払 金）	8,140

④ 減価償却（新車両）

（減 価 償 却 費）（＊）	3,960	（車両減価償却累計額）	3,960

（＊） 1÷5年×200％＝0.4〈償却率〉

$13,200 \times 0.4 \times \dfrac{9 \text{カ月}}{12 \text{カ月}} = 3,960$

∴ 後T/B減価償却費：25,000〈建物〉＋1,125〈備品（従来）〉＋300〈備品（資本的支出）〉＋600〈旧車両〉＋3,960〈新車両〉＝**30,985**

6 社債

（社 債 利 息）（＊2）	1,709	（未 払 利 息）（＊1）	1,500
		（社 債）（＊3）	209

（＊1） $200,000 \times 3\% \langle \text{約定利子率} \rangle \times \dfrac{3 \text{カ月}}{12 \text{カ月}} = 1,500 \langle \text{クーポン利息} \rangle$

（＊2） $198,724 \langle \text{前T/B社債} \rangle \times 3.44\% \times \dfrac{3 \text{カ月}}{12 \text{カ月}} \fallingdotseq 1,709 \langle \text{利息配分額} \rangle$

（＊3） 1,709－1,500＝209〈償却額〉

∴ 後T/B社債：198,724〈前T/B〉＋209＝**198,933**

∴ 後T/B社債利息：5,114〈前T/B〉＋1,500＋209＝**6,823**

7 地代

（前 払 地 代）（＊）	16,000	（支 払 地 代）	16,000

（＊） $40,000 \langle \text{前T/B支払地代} \rangle \times \dfrac{8 \text{カ月}}{20 \text{カ月}} = 16,000$

∴ 後T/B支払地代：40,000〈前T/B〉－16,000＝**24,000**

8 消費税

（仮 受 消 費 税 等）（＊1）	150,480	（仮 払 消 費 税 等）（＊2）	139,654
		（未 払 消 費 税 等）（＊3）	10,826

（＊1） 150,000〈前Ｔ／Ｂ〉－100〈クレジット売掛金の貸倒〉＋580〈旧車両の売却〉＝150,480

（＊2） 138,000〈前Ｔ／Ｂ〉＋154〈クレジット売掛金の期末処理〉＋180〈備品の資本的支出〉
＋1,320〈新車両の購入〉＝139,654

（＊3） 貸借差額

9 法人税等

（法　人　税　等）	56,000	（仮 払 法 人 税 等）	25,000
		（未 払 法 人 税 等）（＊）	31,000

（＊） 貸借差額

会 計 学 解 説

● 問題1 ● 正誤問題

1．明瞭性の原則：○

　　「企業会計原則　一般原則　四，企業会計原則注解　【注1－2】，【注1－3】，【注1－4】」
　明瞭性の原則では，財務諸表の明瞭表示を要求している。この明瞭表示は財務諸表本体における区分表示や総額表示とともに，重要な会計方針の注記，後発事象の開示や附属明細表の作成などによって達成されるものである。

2．純資産の部の表示：○　　　　　　　　「貸借対照表の純資産の部の表示に関する会計基準　4，7⑴」
　貸借対照表は，資産の部，負債の部及び純資産の部に区分し，純資産の部は，株主資本と株主資本以外の各項目に区分する。株主資本以外の各項目は，個別貸借対照表上，評価・換算差額等，株式引受権及び新株予約権に区分する。

3．資産除去債務：×　　　　　　　　　　　　　　　「資産除去債務に関する会計基準　11」
　割引前の将来キャッシュ・フローに重要な見積りの変更が生じ，当該キャッシュ・フローが増加する場合，その時点の割引率を適用する。これに対し，当該キャッシュ・フローが減少する場合には，負債計上時の割引率を適用する。なお，過去に割引前の将来キャッシュ・フローの見積りが増加した場合で，減少部分に適用すべき割引率を特定できないときは，加重平均した割引率を適用する。

4．未実現利益の消去：×　　　　　　　　　　　　「連結財務諸表に関する会計基準　36，38」
　未実現利益を消去した場合には，未実現利益の消去により減少した利益をだれが負担すべきかが問題となる。未実現利益の負担関係は，親会社が売手側の場合（ダウン・ストリーム）と，子会社が売手側の場合（アップ・ストリーム）とで次のように区別している。
　　①　ダウン・ストリーム：全額消去・親会社負担方式
　　　　ダウン・ストリームの場合には，未実現利益を全額消去し，未実現利益を計上した親会社の株主がその全額を負担する。
　　②　アップ・ストリーム：全額消去・持分按分負担方式
　　　　アップ・ストリームの場合には，未実現利益を全額消去し，未実現利益を計上した子会社の株主が持株比率に応じて負担するために，売手側である子会社に非支配株主が存在する場合には，その負担額を非支配株主持分から減額する。

5．税効果会計：×　　　　　　　　　　　　「税効果会計に係る会計基準　第二　二　2」
　繰延税金資産又は繰延税金負債の金額は，回収又は支払が行われると見込まれる期の税率に基づいて計算する。

6．ヘッジ会計：×　　　　　　　　　　　　　　「金融商品に係る会計基準　33」
　ヘッジ会計の要件が充たされなくなったときには，ヘッジ会計の要件が充たされていた間のヘッジ手段に係る損益又は評価差額は，ヘッジ対象に係る損益が認識されるまで引き続き繰り延べる。ただし，繰り延べられたヘッジ手段に係る損益又は評価差額について，ヘッジ対象に係る含み益が減少することによりヘッジ会計の終了時点で重要な損失が生じるおそれがあるときは，当該損失部分を見積り，当期の損失として処理しなければならない。

7．退職給付会計：○　　　　　　　　　　　　　「退職給付に関する会計基準　31」
　確定拠出制度については，当該制度に基づく要拠出額をもって費用処理する。また，当該制度に基づく要拠出額をもって費用処理するため，未拠出の額は未払金として計上する。

8．1株当たり当期純利益：×　　　　　　　　「1株当たり当期純利益に関する会計基準　12，14，15」

　　1株当たり当期純利益は，普通株式に係る当期純利益を普通株式の期中平均株式数で除して算定する。

　　普通株式に係る当期純利益は，損益計算書上の当期純利益から，優先配当額など普通株主に帰属しない金額を控除して算定する。

9．固定資産の減損会計：○　　　　　　　　　　　「固定資産の減損に係る会計基準　二　6⑵」

　　資産グループについて認識された減損損失は，帳簿価額に基づく比例配分等の合理的な方法により，当該資産グループの各構成資産に配分する。

10．賃貸等不動産の範囲：○　　　　　　「賃貸等不動産の時価等の開示に関する会計基準　5，6」

　　賃貸等不動産には，⑴貸借対照表において投資不動産（投資の目的で所有する土地，建物その他の不動産）として区分されている不動産，⑵将来の使用が見込まれていない遊休不動産，⑶上記以外で賃貸されている不動産が含まれる。

　　賃貸等不動産には，将来において賃貸等不動産として使用される予定で開発中の不動産や継続して賃貸等不動産として使用される予定で再開発中の不動産も含まれる。また，賃貸を目的として保有されているにもかかわらず，一時的に借手が存在していない不動産についても，賃貸等不動産として取り扱う。

問題2 ● キャッシュ・フロー計算書

問1　資金の範囲（空欄記入問題）　　　　　　「連結キャッシュ・フロー計算書作成基準　第二　一」

　キャッシュ・フロー計算書が対象とする資金（キャッシュ）の範囲は，現金及び現金同等物である。

　現金とは，手許現金，要求払預金および特定の電子決済手段をいう。要求払預金とは預入期間の定めのない預金であり，普通預金，当座預金，通知預金などが含まれる。

　現金同等物とは，容易に換金が可能で，かつ，価値変動のリスクが僅少な短期の投資をいい，具体的には，取得日から満期日までの期間が3ヵ月以内の定期預金，譲渡性預金，コマーシャル・ペーパー，公社債投資信託，売戻し条件付現先などが含まれる。

資　　金（キャッシュ）	現　　　金	手許現金	
		特定の電子決済手段	
		要求払預金	普通預金
			当座預金
			通知預金
	現金同等物	容易に換金が可能で，かつ，価値変動のリスクが僅少な短期の投資	定期預金
			譲渡性預金
			コマーシャル・ペーパー
			公社債投資信託
			売戻し条件付現先

問2 キャッシュ・フロー計算書の作成（以下，単位：千円）

1．直接法

(1) 営業収入

売上債権（売掛金）		
前期末残高 100,000	営業収入 480,000	
	貸借差額	
売　　上 500,000		
	当期末残高 120,000	

貸倒引当金	
取　崩　額 　　0	前期末残高 2,000
当期末残高 2,400	繰　入　額 　400

(2) 商品の仕入支出

仕入債務（買掛金）	
商品の仕入支出 274,500	前期末残高 65,000
貸借差額	
当期末残高 72,000	当 期 仕 入 281,500

原価ボックス	
期 首 商 品 82,000	売 上 原 価 300,000
当 期 仕 入 281,500	
貸借差額	期 末 商 品 63,500

(3) 人件費の支出（給料）

	給　　　料	
人件費の支出 41,600	未 払 給 料 2,600	← 前期末残高
貸借差額		
当期末残高 → 未 払 給 料 4,000	P／L計上額 43,000	

(4) その他の営業支出（支払地代）

	支 払 地 代	
前期末残高 → 前 払 地 代 4,000	前 払 地 代 6,500	← 当期末残高
その他の営業支出 14,500		
貸借差額	P／L計上額 12,000	

(5) 利息の受取額（受取利息）

	受 取 利 息	
前期末残高 → 未 収 利 息 0	利息の受取額 1,300	
	貸借差額	
P／L計上額 1,500	未 収 利 息 200	← 当期末残高

(6) 利息の支払額（社債利息）

	社 債 利 息	
利息の支払額 1,800	未払社債利息 0	← 前期末残高
貸借差額		
当期末残高 → 未払社債利息 300	P／L計上額 2,100	

(7) 法人税等の支払額

	法 人 税 等	
法人税等の支払額 34,000	未払法人税等 34,000	← 前期末残高
貸借差額		
当期末残高 → 未払法人税等 37,800	P／L計上額 37,800	

2．間接法（小計欄以降は直接法と同じ）

キャッシュ・フロー計算書（単位：千円）

営業活動によるキャッシュ・フロー

〔　税引前当期純　〕利益	〔　126,000　〕	（＊1）
減価償却費	〔　20,000　〕	（＊1）
貸倒引当金の〔　増加額　〕	〔　400　〕	（＊2）
〔　　有価証券売却益　　〕	〔　△2,000　〕	（＊1）
受取利息	〔　△1,500　〕	（＊1）
社債利息	〔　2,100　〕	（＊1）
売上債権の〔　増　加　〕額	〔　△20,000　〕	（＊3）
棚卸資産の〔　減　少　〕額	〔　18,500　〕	（＊4）
仕入債務の〔　増　加　〕額	〔　7,000　〕	（＊5）
前払費用の〔　増　加　〕額	〔　△2,500　〕	（＊6）
未払費用の〔　増　加　〕額	〔　1,400　〕	（＊7）
小　　　計	〔　149,400　〕	

（＊1）損益計算書より

（＊2）2,400〈当期末残高〉－2,000〈前期末残高〉＝400〈増加額＝加算〉

（＊3）120,000〈売掛金の当期末残高〉－100,000〈売掛金の前期末残高〉＝20,000〈増加額＝減算〉

（＊4）63,500〈商品の当期末残高〉－82,000〈商品の前期末残高〉＝△18,500〈減少額＝加算〉

（＊5）72,000〈買掛金の当期末残高〉－65,000〈買掛金の前期末残高〉＝7,000〈増加額＝加算〉

（＊6）6,500〈前払地代の当期末残高〉－4,000〈前払地代の前期末残高〉＝2,500〈増加額＝減算〉

（＊7）4,000〈未払給料の当期末残高〉－2,600〈未払給料の前期末残高〉＝1,400〈増加額＝加算〉

◥ 問題3 ● 資産の貸借対照表価額

問1　時価の算定に関する会計基準（記号選択問題）

(1)　時価の定義　　　　　　　　　　　　　　　　　　　　　　　　　　　「時価算定に関する会計基準　5」

　　「時価」とは，算定日において市場参加者間で秩序ある取引が行われると想定した場合の，当該取引における資産の売却によって受け取る価格又は負債の移転のために支払う価格をいう。

(2)　評価技法　　　　　　　　　　　　　　　　　　　　　　　　「時価算定に関する会計基準の適用指針　5」

　　時価を算定するにあたって用いる評価技法には，例えば，次の3つのアプローチがある。

①　マーケット・アプローチ

　　マーケット・アプローチとは，同一又は類似の資産又は負債に関する市場取引による価格等のインプットを用いる評価技法をいう。当該評価技法には，例えば，倍率法や主に債券の時価算定に用いられるマトリックス・プライシングが含まれる。

②　インカム・アプローチ

　　インカム・アプローチとは，利益やキャッシュ・フロー等の将来の金額に関する現在の市場の期待を割引現在価値で示す評価技法をいう。当該評価技法には，例えば，現在価値技法やオプション価格モデルが含まれる。

③　コスト・アプローチ

　　コスト・アプローチとは，資産の用役能力を再調達するために現在必要な金額に基づく評価技法をいう。

問2 回収可能価額（記述問題）

① 使用価値 「固定資産の減損に係る会計基準 注解1 4」

　使用価値とは，資産又は資産グループの継続的使用と使用後の処分によって生ずると見込まれる将来キャッシュ・フローの現在価値をいう。

② 正味売却価額 「固定資産の減損に係る会計基準 注解1 2」

　正味売却価額とは，資産又は資産グループの時価から処分費用見込額を控除して算定される金額をいう。

第213回 解答

工 業 簿 記

問題1

問1

仕損品評価額　　〔❹　　1,500,000　〕円

完成品総合原価　〔❹　　83,162,000　〕円

問2

1．経営目的に関連しない価値の減少	❸
2．異常な状態を原因とする価値の減少	❸
3．税法上とくに認められる損金算入項目	
4．その他の利益剰余金に課する項目	❸

問3

月末仕掛品原価　〔❹　　23,972,000　〕円

異常仕損費　　　〔❹　　 2,127,200　〕円

完成品総合原価　〔❹　　81,634,800　〕円

問4

月末仕掛品原価　〔❹　　24,780,480　〕円

異常仕損費　　　〔❹　　 1,618,560　〕円

完成品総合原価　〔❹　　81,334,960　〕円

問5

月末仕掛品原価　〔❹　　24,676,800　〕円

異常仕損費　　　〔❹　　 1,722,600　〕円

完成品総合原価　〔❹　　81,334,600　〕円

問6

度外視法で完成品と月末仕掛品の二者が正常仕損費を負担するため，異常仕損費を分離把握した後，正常仕損量を度外視して計算する。　　　　　　　　　　　　　　❼

問題2

問1　月末仕掛品　〔 ❺　　　6,000 〕 kg

問2　月末仕掛品　〔 ❺　　　5,200 〕 kg

問3

仕　掛　品

月初仕掛品	〔 ❺ 63,483,200 〕	製品	〔 ❺ 749,680,000 〕
A材料	218,000,000	月末仕掛品	〔 ❺ 309,224,000 〕
B材料	〔 ❺ 104,624,000 〕		
加工費	672,796,800		

問題3

特徴	通常の原価計算では価値移転的計算を行うが，連産品の原価計算では負担能力主義	
	に基づく価値回収的計算が認められる。	❺
理由	連産品ごとに原料消費量や作業時間を測定することができず，投入と産出の因果関	
	係が不明であるため。	❺

●数字…予想配点

原 価 計 算

問題 1
問 1

製品 P	〔❸	2,100 〕	円/個	製品 Q	〔❸	3,000 〕 円/個

問 2

製品 P　〔❺　　6,000 〕個　　　　製品 Q　〔❺　　250 〕個

営業利益　〔❸　5,020,000 〕円

問 3

製品 P　〔❺　　4,500 〕個　　　　製品 Q　〔❺　2,000 〕個

営業利益　〔❸　7,120,000 〕円

問 4

製品 P　〔❺　　5,000 〕個　　　　製品 Q　〔❺　2,000 〕個

営業利益　〔❸　7,250,000 〕円

問 5

機械のリースによりプロセス B の生産能力をフル活用できるため，製品 P の製造販売量が

500個増加し，貢献利益が1,050,000円増加する。ただし，リース料が920,000円発生するた

め，営業利益は130,000円の増加となる。よって，機械をリースすべきである。　　　　❿

解

答

問題2

問1

(❸　　変動製造マージン　)

問2

損益分岐点売上高　〔❺　　　　3,000,000　〕千円

安全余裕率　　　　〔❺　　　　　　　25　〕%

問3

固定費の修正項目として処理する。　❹

_____

その理由：　営業外の損益は営業量に比例しないため。　❹

_____

問4

経営レバレッジ係数　〔❺　　　　　　　　4　〕

計算過程：2,400,000千円÷600,000千円＝4　❸

問5

営業利益増加額　　〔❺　　　　240,000　〕千円

計算過程：600,000千円×10%×4＝240,000千円　❸

問6

全経電機の安全性は　改善した　・　悪化した　・　不変である。　←○で囲むこと。　❹

その理由：　安全余裕率が25%から約31%に上昇したため。　❹

_____

●数字…予想配点

第213回

345

第213回 解答への道 問題 96

工 業 簿 記 解 説

問題1 ● 単純総合原価計算（先入先出法）

問1 仕損が終点で発生し，全量が正常仕損である場合（非度外視法）

仕損はすべて工程の終点で発生し，すべてが正常仕損である。よって，正常仕損費は完成品のみに負担させるように追加配賦を行う。

1．直接材料費の計算

仕掛品－直接材料費

月初 5,000kg	完成 15,000kg
13,200,000円	
当月投入	40,200,000円
16,000kg	
	正常仕損 1,000kg
43,200,000円	2,700,000円
	月末 5,000kg
	13,500,000円

正常仕損品原価：
$$\frac{43,200,000円}{15,000kg-5,000kg+1,000kg+5,000kg}\times1,000kg$$
$$=2,700,000円$$

月末仕掛品原価：
$$\frac{43,200,000円}{15,000kg-5,000kg+1,000kg+5,000kg}\times5,000kg$$
$$=13,500,000円$$

完成品原価：13,200,000円＋43,200,000円－13,500,000円
－2,700,000円＝40,200,000円

2．加工費の計算

仕掛品－加工費

月初 2,000kg	完成 15,000kg
5,110,000円	
当月投入	39,144,000円
18,000kg	
	正常仕損 1,000kg
47,124,000円	2,618,000円
	月末 4,000kg
	10,472,000円

正常仕損品原価：
$$\frac{47,124,000円}{15,000kg-2,000kg+1,000kg+4,000kg}\times1,000kg$$
$$=2,618,000円$$

月末仕掛品原価：
$$\frac{47,124,000円}{15,000kg-2,000kg+1,000kg+4,000kg}\times4,000kg$$
$$=10,472,000円$$

完成品原価：5,110,000円＋47,124,000円－10,472,000円
－2,618,000円＝39,144,000円

3．合 計

仕損品評価額：1,500円/kg×1,000kg＝**1,500,000円**

正常仕損費：2,700,000円＋2,618,000円－1,500,000円＝3,818,000円

月末仕掛品原価：13,500,000円＋10,472,000円＝23,972,000円

完成品原価：40,200,000円＋39,144,000円＋3,818,000円＝**83,162,000円**

問2 原価計算基準における非原価項目

　原価計算基準5「非原価項目」に関する問題である。そこでは，「原価計算制度で原価に含めない項目が4つあげられて」おり，問われている項目は以下のとおりである。

原価に含めない項目	例
1．経営目的に関連しない価値の減少	・経営目的に関連しない減価償却費，管理費，租税等の費用 ・寄付金等であって経営目的に関連しない支出 ・支払利息等の財務費用など
2．異常な状態を原因とする価値の減少	・異常な仕損，減損，たな卸減耗等 ・火災，災害等を原因とする損失 ・固定資産の売却損や除却損 ・異常な貸倒損失など
3．税法上とくに認められる損金算入項目	・租税特別措置法による償却額のうち通常の償却範囲額をこえる額など
4．その他の利益剰余金に課する項目	・配当金や任意積立金繰入額など

問3 仕損が終点で発生し，うち60％が正常仕損，40％が異常仕損である場合（非度外視法）

　仕損はすべて工程の終点で発生し，総数のうち60％が正常仕損，40％が異常仕損である。問題指示より，正常仕損費は（異常仕損には負担させず），完成品のみに負担させるように追加配賦を行う。

1．直接材料費の計算

仕掛品－直接材料費

月初	5,000kg	完成	15,000kg
	13,200,000円		
当月投入			40,200,000円
	16,000kg		
		正常仕損	600kg
	43,200,000円		1,620,000円
		異常仕損	400kg
			1,080,000円
		月末	5,000kg
			13,500,000円

正常仕損品原価：$\dfrac{43{,}200{,}000円}{15{,}000kg - 5{,}000kg + 600kg + 400kg + 5{,}000kg}$
$\times 600kg = 1{,}620{,}000円$

異常仕損費：$\dfrac{43{,}200{,}000円}{15{,}000kg - 5{,}000kg + 600kg + 400kg + 5{,}000kg}$
$\times 400kg = 1{,}080{,}000円$

月末仕掛品原価：$\dfrac{43{,}200{,}000円}{15{,}000kg - 5{,}000kg + 600kg + 400kg + 5{,}000kg}$
$\times 5{,}000kg = 13{,}500{,}000円$

完成品原価：$13{,}200{,}000円 + 43{,}200{,}000円 - 13{,}500{,}000円$
$- 1{,}080{,}000円 - 1{,}620{,}000円 = 40{,}200{,}000円$

2．加工費の計算

仕掛品－加工費

月初	2,000kg	完成	15,000kg
5,110,000円			
当月投入			39,144,000円
	18,000kg	正常仕損	600kg
			1,570,800円
47,124,000円		異常仕損	400kg
			1,047,200円
		月末	4,000kg
			10,472,000円

正常仕損品原価：$\dfrac{47,124,000円}{15,000kg - 2,000kg + 600kg + 400kg + 4,000kg} \times 600kg = 1,570,800円$

異常仕損費：$\dfrac{47,124,000円}{15,000kg - 2,000kg + 600kg + 400kg + 4,000kg} \times 400kg = 1,047,200円$

月末仕掛品原価：$\dfrac{47,124,000円}{15,000kg - 2,000kg + 600kg + 400kg + 4,000kg} \times 4,000kg = 10,472,000円$

完成品原価：5,110,000円 + 47,124,000円 − 10,472,000円 − 1,047,200円 − 1,570,800円 = 39,144,000円

3．合 計

仕損品評価額：1,500円/kg × 600kg = 900,000円

正常仕損費：1,620,000円 + 1,570,800円 − 900,000円 = 2,290,800円

異常仕損費：1,080,000円 + 1,047,200円 = **2,127,200円**

月末仕掛品原価：13,500,000円 + 10,472,000円 = **23,972,000円**

完成品原価：40,200,000円 + 39,144,000円 + 2,290,800円 = **81,634,800円**

問4　仕損が工程の50％で発生し，その60％が正常仕損，40％が異常仕損である場合（非度外視法）

仕損はすべて工程の50％（定点）で発生し，総数のうち60％が正常仕損，40％が異常仕損である。問題指示より，正常仕損費は（異常仕損には負担させず），完成品と月末仕掛品の二者に数量比で負担させるように追加配賦を行う。

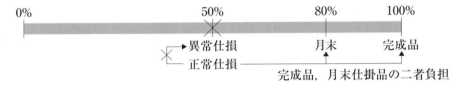

1．直接材料費の計算

仕掛品－直接材料費

月初	5,000kg	完成	15,000kg
13,200,000円			
当月投入			40,200,000円
	16,000kg	正常仕損	600kg
			1,620,000円
43,200,000円		異常仕損	400kg
			1,080,000円
		月末	5,000kg
			13,500,000円

正常仕損品原価：$\dfrac{43,200,000円}{15,000kg - 5,000kg + 600kg + 400kg + 5,000kg} \times 600kg = 1,620,000円$

異常仕損費：$\dfrac{43,200,000円}{15,000kg - 5,000kg + 600kg + 400kg + 5,000kg} \times 400kg = 1,080,000円$

月末仕掛品原価：$\dfrac{43,200,000円}{15,000kg - 5,000kg + 600kg + 400kg + 5,000kg} \times 5,000kg = 13,500,000円$

完成品原価：13,200,000円 + 43,200,000円 − 13,500,000円 − 1,080,000円 − 1,620,000円 = 40,200,000円

２．加工費の計算

仕掛品－加工費

月初	2,000kg	完成	15,000kg
	5,110,000円		
当月投入			40,116,400円
	17,500kg		
		正常仕損	300kg
47,124,000円			807,840円
		異常仕損	200kg
			538,560円
		月末	4,000kg
			10,771,200円

正常仕損品原価：
$$\frac{47,124,000円}{15,000kg-2,000kg+300kg+200kg+4,000kg}$$
$$\times 300kg = 807,840円$$

異常仕損費：
$$\frac{47,124,000円}{15,000kg-2,000kg+300kg+200kg+4,000kg}$$
$$\times 200kg = 538,560円$$

月末仕掛品原価：
$$\frac{47,124,000円}{15,000kg-2,000kg+300kg+200kg+4,000kg}$$
$$\times 4,000kg = 10,771,200円$$

完成品原価：5,110,000円 + 47,124,000円 − 10,771,200円
　　　　　　− 538,560円 − 807,840円 = 40,116,400円

３．正常仕損費の追加配賦

　　正常仕損は50％（定点）で発生しているため，正常仕損費は完成品と月末仕掛品に数量比で追加配賦する。ただし，原価配分の方法が先入先出法であるため，完成量から月初仕掛品量を除いた当月着手完成量を用いることに注意する。

　　仕損品評価額：1,500円/kg × 600kg = 900,000円

　　正常仕損費：1,620,000円 + 807,840円 − 900,000円 = 1,527,840円

　　月末仕掛品へ：$\dfrac{1,527,840円}{(15,000kg-5,000kg)+5,000kg} \times 5,000kg = 509,280円$

　　完　成　品　へ：　　　〃　　　　　　 × (15,000kg − 5,000kg) = 1,018,560円

４．合　計

　　異常仕損費：1,080,000円 + 538,560円 = **1,618,560円**

　　月末仕掛品原価：13,500,000円 + 10,771,200円 + 509,280円 = **24,780,480円**

　　完成品原価：40,200,000円 + 40,116,400円 + 1,018,560円 = **81,334,960円**

問5　仕損が工程の60％で発生し，その60％が正常仕損，40％が異常仕損である場合（度外視法）

　　仕損はすべて工程の60％（定点）で発生し，総数のうち60％が正常仕損，40％が異常仕損である。問題指示より，正常仕損費は（異常仕損には負担させず），完成品と月末仕掛品の二者に負担させるように計算を行う。

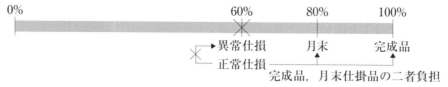

　　なお，仕損品評価額は問題指示により，直接材料費の当月投入分から控除する。

　　仕損品評価額：1,500円/kg × 600kg = 900,000円

1．直接材料費の計算

仕掛品－直接材料費

月初 5,000kg 13,200,000円	5,000kg 13,200,000円	月初完成 5,000kg	40,680,000円
当月投入 16,000kg 43,200,000円	15,600kg 42,120,000円	当月完成 10,000kg	
		正常仕損 600kg 評価額 900,000円	
		月末 5,000kg 13,740,000円	
	異常仕損 400kg 1,080,000円		

異常仕損費：$\dfrac{43,200,000円}{(15,000kg - 5,000kg + 600kg + 5,000kg) + 400kg} \times 400kg = 1,080,000円$

月末仕掛品：$\dfrac{43,200,000円 - 1,080,000円 - 900,000円}{15,000kg - 5,000kg + 5,000kg} \times 5,000kg = 13,740,000円$

完成品原価：13,200,000円 + 43,200,000円 - 1,080,000円 - 13,740,000円 - 900,000円 = 40,680,000円

2．加工費の計算

仕掛品－加工費

月初 2,000kg 5,110,000円	2,000kg 5,110,000円	月初完成 2,000kg	40,654,600円
当月投入 17,600kg 47,124,000円	17,360kg 46,481,400円	当月完成 13,000kg	
		正常仕損 360kg	
		月末 4,000kg 10,936,800円	
	異常仕損 240kg 642,600円		

異常仕損費：$\dfrac{47,124,000円}{(15,000kg - 2,000kg + 360kg + 4,000kg) + 240kg} \times 240kg = 642,600円$

月末仕掛品：$\dfrac{47,124,000円 - 642,600円}{15,000kg - 2,000kg + 4,000kg} \times 4,000kg = 10,936,800円$

完成品原価：5,110,000円 + 47,124,000円 - 642,600円 - 10,936,800円 = 40,654,600円

3．合　計

異常仕損費：1,080,000円 + 642,600円 = **1,722,600円**

月末仕掛品原価：13,740,000円 + 10,936,800円 = **24,676,800円**

完成品原価：40,680,000円 + 40,654,600円 = **81,334,600円**

問6　問5における完成品と月末仕掛品に対する正常仕損費の負担割合（理論問題）

　問5においては，工程の60％で仕損が発生しており，総数のうち60％が正常仕損，40％が異常仕損であり，この発生点を完成品と月末仕掛品が通過しているので，この二者に正常仕損費を負担させる。そして，**度外視法で処理することから，まず異常仕損費を分離把握した後**，正常仕損量（換算量）を度外視して，完成品と月末仕掛品の二者に自動的に正常仕損費を負担させる。

● 問題2 ● 単純総合原価計算（追加材料で製品が増量する場合）

問1　B材料を工程の50％時点ですべて投入する場合

1．工程の整理図

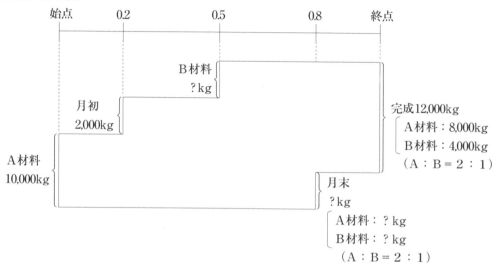

　月初仕掛品は工程の20％時点に存在するため，B材料は未投入であり，月初仕掛品のすべてがA材料により構成される。

　また，月末仕掛品は工程の80％時点に存在するため，B材料の投入点を通過しており，A材料とB材料から構成される。

2．A材料とB材料の重量データ

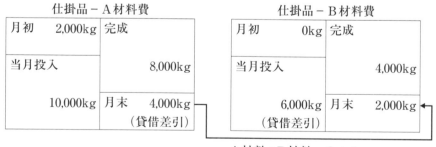

A材料：B材料＝2：1

∴　A 4,000kg ÷ 2 ＝ B 2,000kg

　このように，A材料とB材料の比が2：1ということは，加工品に含まれるB材料の量は，A材料の半分ということである。

　∴　月末仕掛品の重量：4,000kg ＋ 2,000kg ＝ **6,000kg**

問2 B材料を工程の50%時点から平均的に投入する場合

1. 工程の整理図

（1） A材料

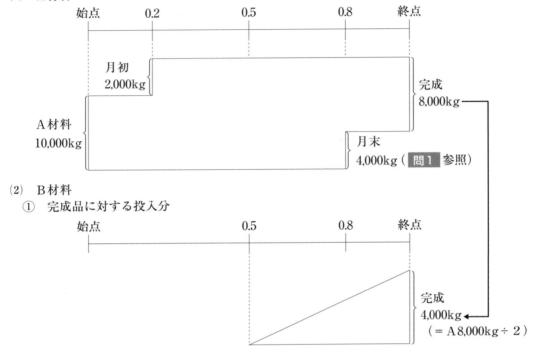

（2） B材料
① 完成品に対する投入分

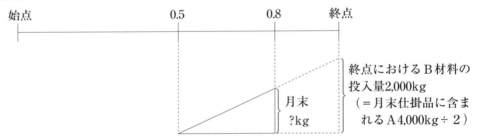

完成品の重量に占められるB材料の重量は，A材料の半分である。

② 月末仕掛品に対する投入分

　　月末仕掛品に対してA材料は4,000kg投入されている（上図(1)参照）。したがって，仮に月末仕掛品が終点まで加工された場合には，B材料はA材料の半分の2,000kgが投入されることになる。しかし，実際には月末仕掛品は加工進捗度0.8の点に存在する。

　　このとき，月末仕掛品に対してB材料がどのくらい投入されているかは，次のように計算すればよい。

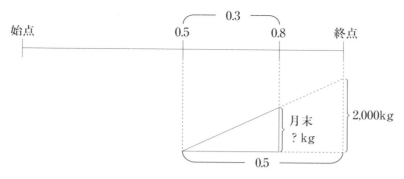

月末仕掛品の重量に占められるB材料の重量：$2,000\text{kg} \times \dfrac{0.3}{0.5} = 1,200\text{kg}$

２．A材料とB材料の重量データ

仕掛品－A材料費

月初	2,000kg	完成	
当月投入			8,000kg
	10,000kg	月末	4,000kg
		（貸借差引）	

仕掛品－B材料費

月初	0kg	完成	
当月投入			4,000kg
	5,200kg	月末	1,200kg
	（貸借差引）	（上記１）	

∴　月末仕掛品の重量：$4,000\text{kg} + 1,200\text{kg} = \mathbf{5,200kg}$

問3　問2を前提とした計算（平均法）

１．A材料費の計算

仕掛品－A材料費

月初	2,000kg	完成	8,000kg
43,000,000円			
当月投入			174,000,000円
	10,000kg		
	218,000,000円	月末	4,000kg
			87,000,000円

月末仕掛品原価：$\dfrac{43,000,000\text{円} + 218,000,000\text{円}}{8,000\text{kg} + 4,000\text{kg}} \times 4,000\text{kg}$
$= 87,000,000\text{円}$

完成品原価：$43,000,000\text{円} + 218,000,000\text{円} - 87,000,000\text{円}$
$= 174,000,000\text{円}$

２．B材料費の計算

仕掛品－B材料費

月初	0kg	完成	4,000kg
	0円		
当月投入			80,480,000円
	5,200kg		
	104,624,000円	月末	1,200kg
	（20,120円/kg）		24,144,000円

当月投入B材料費：$20,120\text{円/kg} \times 5,200\text{kg} = 104,624,000\text{円}$

月末仕掛品原価：$\dfrac{104,624,000\text{円}}{4,000\text{kg} + 1,200\text{kg}} \times 1,200\text{kg} = 24,144,000\text{円}$

完成品原価：$104,624,000\text{円} - 24,144,000\text{円} = 80,480,000\text{円}$

３．加工費の計算

　問3 の「A材料の重量に加工進捗度を乗じた値を加工に要した労力とし」との指示より，上記
１に示した仕掛品－A材料費の生産データの数量に，加工進捗度を乗じた値を加工費の完成品換算
量とする。

仕掛品－加工費

月初	400kg	完成	8,000kg
20,483,200円			
当月投入		495,200,000円	
10,800kg			
（貸借差引）		月末	3,200kg
672,796,800円		198,080,000円	

月末仕掛品原価：$\dfrac{20,483,200円＋672,796,800円}{8,000kg＋3,200kg}×3,200kg$

$＝198,080,000円$

完成品原価：$20,483,200円＋672,796,800円$
$－198,080,000円＝495,200,000円$

４．仕掛品勘定の記入

（1） 借 方

月初仕掛品：43,000,000円＋20,483,200円＝**63,483,200円**

Ａ 材 料：218,000,000円（記入済み）

Ｂ 材 料：**104,624,000円**

加 工 費：672,796,800円（記入済み）

（2） 貸 方

製 品：174,000,000円＋80,480,000円＋495,200,000円＝**749,680,000円**

月末仕掛品：87,000,000円＋24,144,000円＋198,080,000円＝**309,224,000円**

問4 連産品の原価計算の特徴と連産品の原価計算が認められる理由（論述問題）

１．連産品の原価計算の特徴

通常の原価計算と連産品の原価計算の特徴を比較すると，以下のようになる。

通常の原価計算	連産品の原価計算
発生した原価を，製品に関連する物量的尺度にもとづいて，完成品や仕掛品などの原価計算対象にできるだけ正確に跡付けていく**価値移転的計算**を行う。	連産品は，経営者が特定の製品だけを選択して個別に生産することはできないため，**負担能力主義にもとづく価値回収的計算が認められる**。

２．連産品の原価計算が認められる理由

連産品が分離されるまでに共通で発生する連結原価は，特定の連産品との間に個別の結びつきはなく，**連産品ごとに原料消費量や作業時間を測定することができず，投入と産出の因果関係が不明であるため**，連産品の原価計算では，負担能力主義にもとづく価値回収的計算が認められる。

原価計算解説

● 問題1 ● 最適プロダクト・ミックスの決定

問1 単位当たり貢献利益

製品Pと製品Qの単位当たり貢献利益を計算すると，以下のようになる。

製品P：5,000円/個 － 2,900円/個 ＝ **2,100円/個**

製品Q：6,000円/個 － 3,000円/個 ＝ **3,000円/個**

問2 最適プロダクト・ミックスとそのときの営業利益

1．制約条件1単位当たりの貢献利益

製品Pと製品Qに共通する制約条件は，プロセスAの機械作業時間とプロセスBの機械作業時間である。そこで，制約条件1単位当たりの貢献利益を計算して優先的に製造・販売する製品を決定する。

（1）プロセスA

製品P：2,100円/個 ÷ 2時間/個 ＝ 1,050円/時間

製品Q：3,000円/個 ÷ 4時間/個 ＝ 750円/時間

プロセスAでは，製品Pを優先的に製造・販売するほうが有利となる。

（2）プロセスB

製品P：2,100円/個 ÷ 3時間/個 ＝ 700円/時間

製品Q：3,000円/個 ÷ 3時間/個 ＝ 1,000円/時間

プロセスBでは，製品Qを優先的に製造・販売するほうが有利となる。

この結果より，両プロセスで優先すべき製品が異なるため，リニア・プログラミングを行って，最適プロダクト・ミックスを決定する。

2．最適プロダクト・ミックスの決定

（1）目的関数，制約条件式，非負条件の整理

製造・販売量を，製品Pはp個，製品Qはq個として整理すると，以下のようになる。

目的関数：$Z = 2,100$円/個 × p個 ＋ $3,000$円/個 × q個の最大化（貢献利益の最大化）

制約条件式：

プロセスAの制約；$2p + 4q \leq 13,000$（時間）…①

プロセスBの制約；$3p + 3q \leq 21,000$（時間）…②

需要の制約；$p \leq 6,000$（個）………………③

$q \leq 2,000$（個）………………④

非負条件：$p \geq 0$（個），$q \geq 0$（個）

(2) 最適プロダクト・ミックス（リニア・プログラミング）

　制約条件式と非負条件から，製造販売可能領域を求めると，以下のようになる。

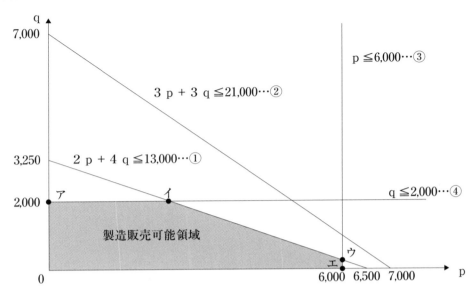

　次に，端点ア〜エの製品Pと製品Qの製造・販売量を求めると，次のようになる。

$$（製品P，製品Q）$$

　　点ア（q軸と④式の交点）：（　　0個，2,000個）
　　点イ（①式と④式の交点）：（2,500個，2,000個）
　　点ウ（①式と③式の交点）：（6,000個，　250個）
　　点エ（p軸と③式の交点）：（6,000個，　　0個）

　そして，端点ア〜エの目的関数（貢献利益額）を計算すると，次のようになる。

　　点ア（　　0個，2,000個）：2,100円/個×　　0個＋3,000円/個×2,000個＝　6,000,000円
　　点イ（2,500個，2,000個）：2,100円/個×2,500個＋3,000円/個×2,000個＝11,250,000円
　　点ウ（6,000個，　250個）：2,100円/個×6,000個＋3,000円/個×　250個＝13,350,000円
　　点エ（6,000個，　　0個）：2,100円/個×6,000個＋3,000円/個×　　0個＝12,600,000円

　したがって，目的関数の値が最大となるのは端点ウとなり，最適プロダクト・ミックスは製品Pが**6,000個**，製品Qが**250個**を製造・販売するときに利益が最大になる。

　そのときの営業利益は，以下のようになる。

　固定費総額：3,680,000円＋2,850,000円＋1,800,000円＝8,330,000円
　　　　　　　　製造固定費(A)　製造固定費(B)　共通固定費

　営業利益：13,350,000円－8,330,000円＝**5,020,000円**
　　　　　　　　貢献利益　　　　固定費総額

問3　製品Qの設計を見直した場合の最適プロダクト・ミックスとそのときの営業利益

　製品Qの設計を見直して，プロセスAの製品単位当たり機械作業時間が4時間から2時間に短縮できるとの条件であるが，単位当たり変動費と機械作業時間との相関関係が与えられていないため，単位当たり貢献利益は　問1　で計算したものから変化はないものとして計算していく。

解答への道

1. 目的関数，制約条件式，非負条件の整理

[問2] と比較して変化するのは，製品Qに関するプロセスAの製品単位当たり機械作業時間のみである。よって，プロセスAの制約に関する制約条件式のみが①式から①'式に変化することになる。

目的関数：$Z = 2,100$円/個$\times p$個$+3,000$円/個$\times q$個の最大化（貢献利益の最大化）

制約条件式：

プロセスAの制約；$2p + 2q \leqq 13,000$（時間）…①'

プロセスBの制約；$3p + 3q \leqq 21,000$（時間）…②

需　要　の　制　約；$p \leqq 6,000$（個）……………③

$q \leqq 2,000$（個）……………④

非負条件：$p \geqq 0$（個），$q \geqq 0$（個）

2. 最適プロダクト・ミックス（リニア・プログラミング）

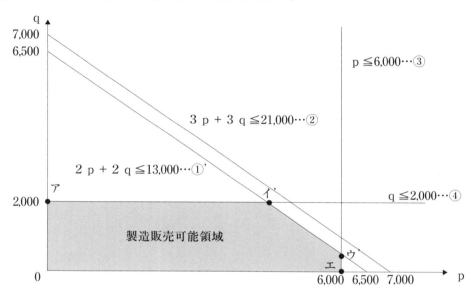

次に，端点ア〜エの製品Pと製品Qの製造・販売量を求めると，次のようになる。

（製品P，製品Q）

点ア　（q軸　　と④式の交点）：（　　0個，2,000個）

点イ'（①'式と④式の交点）：（4,500個，2,000個）

点ウ'（①'式と③式の交点）：（6,000個，　500個）

点エ　（p軸　　と③式の交点）：（6,000個，　　0個）

そして，端点ア〜エの目的関数（貢献利益額）を計算すると，次のようになる。

点ア　（　　0個，2,000個）：2,100円/個×　　0個+3,000円/個×2,000個 =　6,000,000円

点イ'（4,500個，2,000個）：2,100円/個×4,500個+3,000円/個×2,000個 = 15,450,000円

点ウ'（6,000個，　500個）：2,100円/個×6,000個+3,000円/個×　500個 = 14,100,000円

点エ　（6,000個，　　0個）：2,100円/個×6,000個+3,000円/個×　　0個 = 12,600,000円

したがって，目的関数の値が最大となるのは端点イ'となり，最適プロダクト・ミックスは製品Pが**4,500個**，製品Qが**2,000個**を製造・販売するときに利益が最大になる。

その時の営業利益は，以下のようになる。

営業利益：$\underline{15,450,000円} - \underline{8,330,000円} = \mathbf{7,120,000円}$

　　　　　　貢献利益　　　固定費総額

第213回

問4 製品Qの設計の見直しに加え，機械をリースした場合の最適プロダクト・ミックスとそのときの営業利益

　製品Qの設計を見直し，プロセスAの製品単位当たり機械作業時間が短縮できることに加え，プロセスAに機械を2台リースする場合，プロセスAの機械作業時間が23,000時間（＝13,000時間＋10,000時間）に増加する。また，**問3** と同様に単位当たり変動費と機械作業時間との相関関係が与えられていないため，単位当たり貢献利益は **問1** で計算したものから変化はないとして計算していく。

1．目的関数，制約条件式，非負条件の整理

　問3 と比較して変化するのは，プロセスAの機械作業時間だけである。よって，プロセスAの制約に関する制約条件式のみが①' 式から①"式に変化することになる。

　　目的関数：Z＝2,100円/個×p個＋3,000円/個×q個の最大化（貢献利益の最大化）

　　制約条件式：

　　　　プロセスAの制約；2p＋2q≦23,000（時間）…①"

　　　　プロセスBの制約；3p＋3q≦21,000（時間）…②

　　　　需　要　の　制　約；p≦6,000（個）………………③

　　　　　　　　　　　　　　q≦2,000（個）………………④

　　非負条件：p≧0（個），q≧0（個）

2．最適プロダクト・ミックス（リニア・プログラミング）

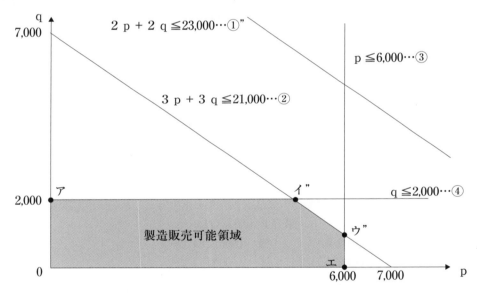

　次に，端点ア〜エの製品Pと製品Qの製造・販売量を求めると，次のようになる。

　　　　　　　　　　　　　　　　（製品P，製品Q）

　　点ア　（q軸と④式の交点）：（　　0個，2,000個）

　　点イ"（②式と④式の交点）：（5,000個，2,000個）

　　点ウ"（②式と③式の交点）：（6,000個，1,000個）

　　点エ　（p軸と③式の交点）：（6,000個，　　0個）

　そして，端点ア〜エの目的関数（貢献利益額）を計算すると，次のようになる。

　　点ア　（　　0個，2,000個）：2,100円/個×　　0個＋3,000円/個×2,000個＝　6,000,000円

　　点イ"（5,000個，2,000個）：2,100円/個×5,000個＋3,000円/個×2,000個＝16,500,000円

　　点ウ"（6,000個，1,000個）：2,100円/個×6,000個＋3,000円/個×1,000個＝15,600,000円

　　点エ　（6,000個，　　0個）：2,100円/個×6,000個＋3,000円/個×　　0個＝12,600,000円

したがって，目的関数の値が最大となるのは端点イ″となり，最適プロダクト・ミックスは製品Ｐが**5,000個**，製品Ｑが**2,000個**を製造・販売するときに利益が最大になる。

そのときの営業利益は，以下のようになる。

営業利益：$\underbrace{16,500,000円}_{貢献利益} - \underbrace{(8,330,000円 + 460,000円/台 \times 2台)}_{固定費総額} = 7,250,000円$

問5 生産能力の有効利用の観点からのリースに関する意思決定の良否

問4 ではプロセスＡに機械をリースすることで，最適プロダクト・ミックスは，問3 の製品Ｐが4,500個，製品Ｑが2,000個から，問4 の製品Ｐが5,000個，製品Ｑが2,000個に変化する。そこで機械をリースした場合の差額利益を計算すると，以下のようになる。

製品Ｐの貢献利益：2,100円/個×（5,000個−4,500個）　＝＋1,050,000円

機械リース料：460,000円/台×２台　　　　　　　　＝　△920,000円

差額利益　　　　　　　　　　　　　　　　　　　　＋130,000円

以上の結果から，機械のリースによりプロセスＢの生産能力をフル活用することができるため，製品Ｐの製造販売量が4,500個から5,000個へと500個増加し，貢献利益が1,050,000円増加する。ただし，リース料が合計で920,000円発生するため，営業利益の増加額は130,000円となる。したがって，機械をリースすることが望ましい。

問題2 ● ＣＶＰ分析

問1 直接原価計算方式の損益計算書における利益名称

〈資料〉の第×1期損益計算書を完成させると，以下のようになる。

第×1期　　　　損益計算書	（単位：千円）
売上高	4,000,000
変動売上原価	1,400,000
（**変動製造マージン**）	2,600,000
変動販売費	200,000
貢献利益	2,400,000
固定製造原価	1,260,000
固定販売費・一般管理費	540,000
営業利益	600,000

問2 第×1期の損益計算書および安全余裕率

〈資料〉の損益計算書より，売上高をＳ（千円）としてＣＶＰ関係を整理すると，次のようになる。なお，これに先立ち，必要なデータを整理しておく。

変 動 費 率：$\dfrac{1,400,000千円 + 200,000千円}{4,000,000千円} \times 100 = 0.4$

貢献利益率：$\dfrac{2,400,000千円}{4,000,000千円} \times 100 = 0.6$

固 　 定 　 費：1,260,000千円 + 540,000千円 = 1,800,000千円

$$\begin{array}{lr}
\text{損益計算書} & \text{（単位：千円）} \\
\text{売 上 高} & S \\
\text{変 動 費} & 0.4\,S \\
\text{貢 献 利 益} & 0.6\,S \\
\text{固 定 費} & 1,800,000 \\
\text{営 業 利 益} & 0.6\,S - 1,800,000
\end{array}$$

１．第×1期の損益分岐点売上高

売上高をＳ（千円）とおいた損益計算書より，損益分岐点売上高は，以下のようになる。

$$0.6\,S - 1,800,000 = 0$$

$$\therefore \quad S = 3,000,000 \text{千円}$$

２．第×1期の安全余裕率

$$\text{安全余裕率：} \frac{\text{×1期売上高} - \text{×1期損益分岐点売上高}}{\text{×1期売上高}} \times 100$$

$$= \frac{4,000,000 \text{千円} - 3,000,000 \text{千円}}{4,000,000 \text{千円}} \times 100$$

$$= 25 \text{（％）}$$

問3　損益分岐点を算定する場合の営業外損益の扱い方（論述問題）

経常利益段階での損益分岐点を算定する場合，営業外費用と営業外収益は売上高や販売量などの**営業量と比例せずに発生するため，固定費の修正項目として処理する**ことになる。

問4　第×1期の経営レバレッジ（オペレーティング・レバレッジ）係数

$$\text{経営レバレッジ係数：} \frac{\text{貢献利益}}{\text{営業利益}}$$

$$= \frac{2,400,000 \text{千円}}{600,000 \text{千円}}$$

$$= 4$$

問5　第×1期の売上高に比べて10％増加した場合の第×2期の売上高

第×2期の売上高が第×1期の売上高と比べて10％増加した場合の営業利益増加額を，経営レバレッジ係数を用いて速算すると，以下のようになる。

$$\text{営業利益増加額：第×1期営業利益} \times \text{売上高増加率} \times \text{経営レバレッジ係数}$$

$$= 600,000 \text{千円} \times 10\% \times 4$$

$$= 240,000 \text{千円}$$

問6　第×2期の安全性の改善状況

第×2期の売上高をＳ（千円）として，ＣＶＰ関係を整理すると，次のようになる。
なお，これに先立ち，必要なデータを整理しておく。

$$\text{変 動 費 率：} \frac{1,890,000 \text{千円}}{4,200,000 \text{千円}} = 0.45$$

$$\text{貢献利益率：} \frac{4,200,000 \text{千円} - 1,890,000 \text{千円}}{4,200,000 \text{千円}} = 0.55$$

損益計算書 （単位：千円）

売　上　高	S
変　動　費	0.45 S
貢　献　利　益	0.55 S
固　定　費	1,595,000
営　業　利　益	0.55 S － 1,595,000

1．第×2期の損益分岐点売上高

上記の損益計算書より，損益分岐点売上高は，以下のようになる。

$$0.55\,S - 1{,}595{,}000 = 0$$

$$\therefore \quad S = 2{,}900{,}000 \text{千円}$$

2．第×2期の安全余裕率

$$\text{安全余裕率：} \frac{\text{第×2期売上高} - \text{第×2期損益分岐点売上高}}{\text{第×2期売上高}} \times 100$$

$$= \frac{4{,}200{,}000\text{千円} - 2{,}900{,}000\text{千円}}{4{,}200{,}000\text{千円}} \times 100$$

$$= 30.95\cdots（\%）\rightarrow 31\%（小数点以下第1位四捨五入）$$

3．結論

企業の経営状態の安全性を示す指標が安全余裕率である。この指標が大きいほど売上高が減少しても損益分岐点を割り込むリスクが低いということになる。よって，全経電機の安全性は，**安全余裕率が第×1期の25％から第×2期の約31％に上昇したため，改善したといえる。**

第213回

MEMO

よくわかる簿記シリーズ

'24年7月・'25年2月検定対策
合格するための過去問題集　全経上級

（'09年2月検定対策　2008年10月1日　初版　第1刷発行）

2024年6月5日　初　版　第1刷発行

編　著　者	ＴＡＣ株式会社	
	（簿記検定講座）	
発　行　者	多　田　敏　男	
発　行　所	ＴＡＣ株式会社　出版事業部	
	（ＴＡＣ出版）	

〒101-8383
東京都千代田区神田三崎町3-2-18
電　話 03（5276）9492（営業）
ＦＡＸ 03（5276）9674
https://shuppan.tac-school.co.jp

組　　　版	株式会社　グ　ラ　フ　ト	
印　　　刷	株式会社　ワ　　コ　　ー	
製　　　本	東京美術紙工協業組合	

© TAC 2024　　Printed in Japan

ISBN 978-4-300-11210-6
N.D.C. 336

簿記検定講座のご案内

選べる学習メディアでご自身に合うスタイルでご受講ください!

通学講座
3級コース 3・2級コース 2級コース 1級コース 1級上級コース

教室講座
通って学ぶ

定期的な日程で通学する学習スタイル。常に講師と接することができるという教室講座の最大のメリットがありますので、疑問点はその日のうちに解決できます。また、勉強仲間との情報交換も積極的に行えるのが特徴です。

 ### ビデオブース講座
通って学ぶ
予約制

ご自身のスケジュールに合わせて、TACのビデオブースで学習するスタイル。日程を自由に設定できるため、忙しい社会人に人気の講座です。

直前期教室出席制度
直前期以降、教室受講に振り替えることができます。

無料体験入学　ご自身の目で、耳で体験し納得してご入学いただくために、無料体験入学をご用意しました。

無料講座説明会　もっとTACのことを知りたいという方は、無料講座説明会にご参加ください。

無料
予約不要※

※ビデオブース講座の無料体験入学は要予約。
無料講座説明会は一部校舎では要予約。

通信講座
3級コース 3・2級コース 2級コース 1級コース 1級上級コース

 ### Web通信講座
スマホやタブレットにも対応
見て学ぶ

教室講座の生講義をブロードバンドを利用し動画で配信します。ご自身のペースに合わせて、24時間いつでも何度でも繰り返し受講することができます。また、講義動画はダウンロードして2週間視聴可能です。有効期間内は何度でもダウンロード可能です。
※Web通信講座の配信期間は、お申込コースの目標月末の翌月末までです。

 TAC WEB SCHOOL ホームページ
URL https://portal.tac-school.co.jp/　※お申込み前に、左記のサイトにて必ず動作環境をご確認ください。

 ### DVD通信講座
見て学ぶ

講義を収録したデジタル映像をご自宅にお届けします。講義の臨場感をクリアな画像でご自宅にて再現することができます。

※DVD-Rメディア対応のDVDプレーヤーでのみ受講が可能です。パソコンやゲーム機での動作保証はいたしておりません。

Webでも無料配信中!
スマホ タブレット パソコン

「TAC動画チャンネル」

資料通信講座 （1級のみ）

テキスト・添削問題を中心として学習します。

● **講座説明会**　※収録内容の変更のため、配信されない期間が生じる場合がございます。
● **1回目の講義（前半分）が視聴できます**

詳しくは、TACホームページ「TAC動画チャンネル」をクリック!

TAC動画チャンネル　簿記　　検索

コースの詳細は、簿記検定講座パンフレット・TACホームページをご覧ください。

パンフレットのご請求・お問い合わせは、TACカスタマーセンターまで

通話無料 0120-509-117
　　　　　　 ゴウカク　イイナ

受付時間　月～金 9:30～19:00
　　　　　土・日・祝 9:30～18:00
※携帯電話からもご利用になれます。

TAC簿記検定講座ホームページ
TAC 簿記　　検索

簿記検定講座

お手持ちの教材がそのまま使用可能!
【テキストなしコース】のご案内

TAC簿記検定講座のカリキュラムは市販の教材を使用しておりますので、こちらのテキストを使ってそのまま受講することができます。独学では分かりにくかった論点や本試験対策も、TAC講師の詳しい解説で理解度も120%UP! 本試験合格に必要なアウトプット力が身につきます。独学との差を体感してください。

左記の各メディアが【テキストなしコース】でお得に受講可能!

こんな人にオススメ!

● テキストにした書き込みをそのまま活かしたい!
● これ以上テキストを増やしたくない!
● とにかく受講料を安く抑えたい!

※お申込み前に必ずお手持ちのバージョンをご確認ください。場合によっては最新のものに買い直していただくことがございます。詳細はお問い合わせください。

お手持ちの教材をフル活用!!

合格テキスト

合格トレーニング

会計業界への就職・転職支援サービス

TPB

TACの100%出資子会社であるTACプロフェッションバンク（TPB）は、会計・税務分野に特化した転職エージェントです。勉強された知識とご希望に合ったお仕事を一緒に探しませんか？ 相談だけでも大歓迎です！ どうぞお気軽にご利用ください。

人材コンサルタントが無料でサポート

Step1 相談受付 完全予約制です。HPからご登録いただくか、各オフィスまでお電話ください。

Step2 面談 ご経験やご希望をお聞かせください。あなたの将来について一緒に考えましょう。

Step3 情報提供 ご希望に適うお仕事があれば、その場でご紹介します。強制はいたしませんのでご安心ください。

正社員で働く
- 安定した収入を得たい
- キャリアプランについて相談したい
- 面接日程や入社時期などの調整をしてほしい
- 今就職すべきか、勉強を優先すべきか迷っている
- 職場の雰囲気など、求人票でわからない情報がほしい

TACキャリアエージェント

https://tacnavi.com/

派遣で働く（関東のみ）
- 勉強を優先して働きたい
- 将来のために実務経験を積んでおきたい
- まずは色々な職場や職種を経験したい
- 家庭との両立を第一に考えたい
- 就業環境を確認してから正社員で働きたい

TACの経理・会計派遣

https://tacnavi.com/haken/

※ご経験やご希望内容によってはご支援が難しい場合がございます。予めご了承ください。　※面談時間は原則お一人様30分とさせていただきます。

自分のペースでじっくりチョイス

正社員 アルバイトで働く
- 自分の好きなタイミングで就職活動をしたい
- どんな求人案件があるのか見たい
- 企業からのスカウトを待ちたい
- WEB上で応募管理をしたい

Webで

TACキャリアナビ

https://tacnavi.com/kyujin/

就職・転職・派遣就労の強制は一切いたしません。会計業界への就職・転職を希望される方への無料支援サービスです。どうぞお気軽にお問い合わせください。

 TACプロフェッションバンク

東京オフィス	大阪オフィス	名古屋 登録会場
〒101-0051 東京都千代田区神田神保町 1-103 東京パークタワー 2F TEL.03-3518-6775	〒530-0013 大阪府大阪市北区茶屋町 6-20 吉田茶屋町ビル 5F TEL.06-6371-5851	〒453-0014 愛知県名古屋市中村区則武 1-1-7 NEWNO 名古屋駅西 8F TEL.0120-757-655

10860572

■ 有料職業紹介事業 許可番号13-ユ-010678　■ 一般労働者派遣事業 許可番号 (派)13-010932

2022年4月現在

TAC出版 書籍のご案内

TAC出版では、資格の学校TAC各講座の定評ある執筆陣による資格試験の参考書をはじめ、資格取得者の開業法や仕事術、実務書、ビジネス書、一般書などを発行しています！

TAC出版の書籍

*一部書籍は、早稲田経営出版のブランドにて刊行しております。

資格・検定試験の受験対策書籍

- 日商簿記検定
- 建設業経理士
- 全経簿記上級
- 税理士
- 公認会計士
- 社会保険労務士
- 中小企業診断士
- 証券アナリスト

- ファイナンシャルプランナー(FP)
- 証券外務員
- 貸金業務取扱主任者
- 不動産鑑定士
- 宅地建物取引士
- 賃貸不動産経営管理士
- マンション管理士
- 管理業務主任者

- 司法書士
- 行政書士
- 司法試験
- 弁理士
- 公務員試験(大卒程度・高卒者)
- 情報処理試験
- 介護福祉士
- ケアマネジャー
- 電験三種　ほか

実務書・ビジネス書

- 会計実務、税法、税務、経理
- 総務、労務、人事
- ビジネススキル、マナー、就職、自己啓発
- 資格取得者の開業法、仕事術、営業術

一般書・エンタメ書

- ファッション
- エッセイ、レシピ
- スポーツ
- 旅行ガイド (おとな旅プレミアム/旅コン)

日商簿記検定試験対策書籍のご案内

TAC出版の日商簿記検定試験対策書籍は、学習の各段階に対応していますので、あなたのステップに応じて、合格に向けてご活用ください!

3タイプのインプット教材

❶

> 簿記を専門的な知識にしていきたい方向け

🔵 満点合格を目指し 次の級への土台を築く

「合格テキスト」📱

「合格トレーニング」🖥

● 大判のB5判、3級〜1級累計300万部超の、信頼の定番テキスト&トレーニング! TACの教室でも使用している公式テキストです。3級のみオールカラー。
● 出題論点はすべて網羅しているので、簿記をきちんと学んでいきたい方にぴったりです!
◆3級 □2級 商簿、2級 工簿 ■1級 商・会 各3点、1級 工・原 各3点

❷

> スタンダードにメリハリつけて学びたい方向け

🔵 教室講義のような わかりやすさでしっかり学べる

「簿記の教科書」🖥📱

「簿記の問題集」🖥📱

滝澤 ななみ 著

● A5判、4色オールカラーのテキスト(2級・3級のみ)&模擬試験つき問題集!
● 豊富な図解と実例つきのわかりやすい説明で、もうモヤモヤしない!!
◆3級 □2級 商簿、2級 工簿 ■1級 商・会 各3点、1級 工・原 各3点

❸

> 気軽に始めて、早く全体像をつかみたい方向け

🔵 初学者でも楽しく続けられる!

「スッキリわかる」🖥📱

テキスト/問題集一体型

滝澤 ななみ 著(1級は商・会のみ)

● 小型のA5判(4色オールカラー)によるテキスト/問題集一体型。これ一冊でOKの、圧倒的に人気の教材です。
● 豊富なイラストとわかりやすいレイアウト! かわいいキャラの「ゴエモン」と一緒に楽しく学べます。

◆3級 □2級 商簿、2級 工簿
■1級 商・会 4点、1級 工・原 4点

「スッキリうかる本試験予想問題集」🖥

滝澤 ななみ 監修　TAC出版開発グループ 編著

● 本試験タイプの予想問題9回分を掲載
◆3級 □2級

コンセプト問題集

得点力をつける!

『みんなが欲しかった! やさしすぎる解き方の本』

B5判　滝澤 ななみ 著

● 授業で解き方を教わっているような新感覚問題集。再受験にも有効。
◆3級　□2級

本試験対策問題集

本試験タイプの問題集

『合格するための本試験問題集』

（1級は過去問題集）

B5判

● 12回分（1級は14回分）の問題を収載。ていねいな「解答への道」、各問対策が充実
● 年2回刊行。
◆3級　□2級　■1級

知識のヌケをなくす!

『まるっと完全予想問題集』

（1級は網羅型完全予想問題集）

A4判

● オリジナル予想問題（3級10回分、2級12回分、1級8回分）で本試験の重要出題パターンを網羅。
● 実力養成にも直前の本試験対策にも有効。
◆3級　□2級　■1級

直前予想

『○年度試験をあてる TAC予想模試＋解き方テキスト ○〜○月試験対応』

（1級は第○回試験をあてるTAC直前予想模試）

A4判

● TAC講師陣による4回分の予想問題で最終仕上げ。
● 2級・3級は、第1部解き方テキスト編、第2部予想模試編の2部構成。
● 年3回（1級は年2回）、各試験に向けて発行します。
◆3級　□2級　■1級

あなたに合った合格メソッドをもう一冊!

仕訳 『究極の仕訳集』
B6変型判
● 悩む仕訳をスッキリ整理。ハンディサイズ、一問一答式で基本の仕訳を一気に覚える。
◆3級　□2級

仕訳 『究極の計算と仕訳集』
B6変型判　境 浩一朗 著
● 1級商会で覚えるべき計算と仕訳がすべてつまった1冊!
■1級 商・会

理論 『究極の会計学理論集』
B6変型判
● 会計学の理論問題を論点別に整理、手軽なサイズが便利です。
■1級 商・会、全経上級

電卓 『カンタン電卓操作術』
A5変型判　TAC電卓研究会 編
● 実践的な電卓の操作方法について、丁寧に説明します!

：ネット試験の演習ができる模擬試験プログラムつき（2級・3級）

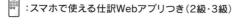：スマホで使える仕訳Webアプリつき（2級・3級）

・2024年2月現在　・刊行内容、表紙等は変更することがあります　・とくに記述がある商品以外は、TAC簿記検定講座編です

書籍の正誤に関するご確認とお問合せについて

書籍の記載内容に誤りではないかと思われる箇所がございましたら、以下の手順にてご確認とお問合せをしてくださいますよう、お願い申し上げます。

なお、正誤のお問合せ以外の**書籍内容に関する解説および受験指導などは、一切行っておりません。**
そのようなお問合せにつきましては、お答えいたしかねますので、あらかじめご了承ください。

1 「Cyber Book Store」にて正誤表を確認する

TAC出版書籍販売サイト「Cyber Book Store」の
トップページ内「正誤表」コーナーにて、正誤表をご確認ください。

CYBER TAC出版書籍販売サイト
BOOK STORE

URL：https://bookstore.tac-school.co.jp/

2 1 の正誤表がない、あるいは正誤表に該当箇所の記載がない
⇒ 下記①、②のどちらかの方法で文書にて問合せをする

★ご注意ください★

お電話でのお問合せは、お受けいたしません。
①、②のどちらの方法でも、お問合せの際には、「お名前」とともに、
「対象の書籍名（○級・第○回対策も含む）およびその版数（第○版・○○年度版など）」
「お問合せ該当箇所の頁数と行数」
「誤りと思われる記載」
「正しいとお考えになる記載とその根拠」
を明記してください。
なお、回答までに1週間前後を要する場合もございます。あらかじめご了承ください。

① ウェブページ「Cyber Book Store」内の「お問合せフォーム」より問合せをする

【お問合せフォームアドレス】

https://bookstore.tac-school.co.jp/inquiry/

② メールにより問合せをする

【メール宛先　TAC出版】

syuppan-h@tac-school.co.jp

※土日祝日はお問合せ対応をおこなっておりません。
※正誤のお問合せ対応は、該当書籍の改訂版刊行月末日までといたします。

乱丁・落丁による交換は、該当書籍の改訂版刊行月末日までといたします。なお、書籍の在庫状況等により、お受けできない場合もございます。
また、各種本試験の実施の延期、中止を理由とした本書の返品はお受けいたしません。返金もいたしかねますので、あらかじめご了承くださいますようお願い申し上げます。

解答用紙はダウンロードでもご利用いただけます。
TAC出版書籍サイト・サイバーブックストアにアクセスしてください。
https://bookstore.tac-school.co.jp/

TAC出版

別冊

解答用紙

第199回 解答用紙

商業簿記

問題1

（単位：円）

問題番号		借　方　科　目	金　額	貸　方　科　目	金　額
(1)	①				
	②				
(2)					
(3)					

問題3

損　益　　　　　　　　　　　　　　（単位：円）

借　方　科　目	金　額	貸　方　科　目	金　額
仕入	〔　　　　　　〕	売上	3,210,000
給料手当	107,500	受取配当金	1,600
広告宣伝費	14,500		〔　　　　　　〕
雑費	1,869		〔　　　　　　〕
貸倒引当金繰入	〔　　　　　　〕		
減価償却費	〔　　　　　　〕		
商標権償却	〔　　　　　　〕		
社債利息	〔　　　　　　〕		
	〔　　　　　　〕		
	〔　　　　　　〕		
	〔　　　　　　〕		
法人税等	〔　　　　　　〕		
繰越利益剰余金	〔　　　　　　〕		
	〔　　　　　　〕		〔　　　　　　〕

問題2

(単位：円)

①	
②	
③	
④	
⑤	
⑥	
⑦	
⑧	

問題3

閉鎖残高　　　　　　　　　　　　(単位：円)

借　方　科　目	金　　額	貸　方　科　目	金　　額
現金	163,051	買掛金	〔　　　　　〕
当座預金	〔　　　　　〕	電子記録債務	21,450
売掛金	〔　　　　　〕	仮受消費税等	0
電子記録債権	21,000		〔　　　　　〕
売買目的有価証券	〔　　　　　〕		〔　　　　　〕
繰越商品	〔　　　　　〕		〔　　　　　〕
仮払消費税等	0	社債	1,000,000
仮払法人税等	0	社債発行差金	〔　　　　　〕
	〔　　　　　〕	貸倒引当金	〔　　　　　〕
	〔　　　　　〕	建物減価償却累計額	〔　　　　　〕
建物	675,000	備品減価償却累計額	〔　　　　　〕
備品	160,000	資本金	2,000,000
土地	1,800,000	資本準備金	120,000
商標権	〔　　　　　〕	利益準備金	34,000
その他有価証券	〔　　　　　〕	繰越利益剰余金	〔　　　　　〕
子会社株式	〔　　　　　〕	その他有価証券評価差額金	〔　　　　　〕
長期性預金	200,000		
	〔　　　　　〕		〔　　　　　〕

会 計 学

問題1

	正誤	理　　　　　由
1.		
2.		
3.		
4.		
5.		
6.		
7.		
8.		
9.		
10.		

問題2

問1

(a)	
(b)	
(c)	

(d)	
(e)	
(f)	

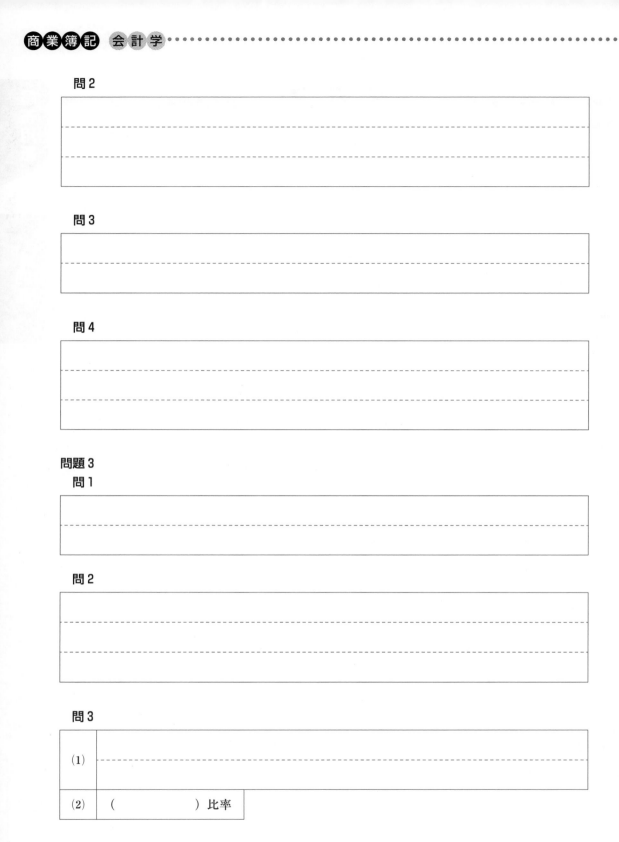

問2

問3

問4

問題3

問1

問2

問3

(1)

(2) 　（　　　　　　）比率

工 業 簿 記

問題 1

問 1

（単位：kg）

	等 級 製 品 A	等 級 製 品 B	等 級 製 品 C
直 接 材 料 費			
加 工 費			

問 2

（単位：円）

	等 級 製 品 A	等 級 製 品 B	等 級 製 品 C
直 接 材 料 費			
加 工 費			

問 3

等級製品Cの異常減損費 〔　　　　　　　　　　〕円

問 4

等級製品A　完成品総合原価 〔　　　　　　　　　　〕円

　　　　　　　月末仕掛品原価 〔　　　　　　　　　　〕円

等級製品B　完成品総合原価 〔　　　　　　　　　　〕円

　　　　　　　月末仕掛品原価 〔　　　　　　　　　　〕円

等級製品C　完成品総合原価 〔　　　　　　　　　　〕円

　　　　　　　月末仕掛品原価 〔　　　　　　　　　　〕円

問題2

(1)

借　方	金　額	貸　方	金　額

(2)

借　方	金　額	貸　方	金　額

(3)

借　方	金　額	貸　方	金　額

(4)

借　方	金　額	貸　方	金　額

(5)

借　方	金　額	貸　方	金　額

問題3

原料配合差異

原料X		円	不利・有利
原料Y		円	不利・有利

原料歩留差異

原料X		円	不利・有利
原料Y		円	不利・有利

原 価 計 算

問題1

問1

　　自己資本コスト　　〔　　　　　　　　　〕％

問2

　　年間フリーキャッシュフロー　　〔　　　　　　　　　〕千円

問3

　①　〔　　　　　　　　〕千円　　②　〔　　　　　　　　　〕千円

問4

　　年間キャッシュフローの増減額　〔　　　　　　　　〕千円（減少額の場合は△を付すこと）

問5

　　買収額は〔　　　　　　　　〕千円以下にするべきである。

```
計算過程



```

問題2

問1

　ア（　　　　　　　　）

問2

　　全社的損益分岐点売上高　〔　　　　　　　　〕千円

　　A事業部〔　　　　　〕千円　B事業部〔　　　　　　〕千円　C事業部〔　　　　　〕千円

問3

　〔　　　　　　　　〕千円

問4

　〔　　　　　　　　〕千円

```
計算過程



```

問題3

機	会	原	価	と	は	,													

第201回 解答用紙

商 業 簿 記

問題1

連結精算表

（単位：円）

科目	個別財務諸表		修正消去		連結財務諸表
	P社	S社	借方	貸方	
貸借対照表					**連結貸借対照表**
現金預金	4,000	1,000			
売掛金	700,000	200,000			
貸倒引当金	(14,000)	(4,000)			(　　　　　)
商品	450,000	125,000			
土地	1,000,000	500,000			
S社株式	536,000				
繰延税金資産					
その他資産	460,000	299,000			
資産合計	3,136,000	1,121,000			
買掛金	(500,000)	(150,000)			(　　　　　)
繰延税金負債					(　　　　　)
その他負債	(336,000)	(421,000)			(　　　　　)
資本金	(1,600,000)	(400,000)			(　　　　　)
利益剰余金	(700,000)	(150,000)			(　　　　　)
評価差額					
非支配株主持分					(　　　　　)
負債・純資産合計	(3,136,000)	(1,121,000)			(　　　　　)
損益計算書					**連結損益計算書**
売上高	(3,000,000)	(800,000)			(　　　　　)
売上原価	2,200,000	500,000			
貸倒引当金繰入	8,000	1,000			
受取配当金	(64,000)				
その他費用	456,000	199,000			
法人税等調整額					(　　　　　)
当期純利益	(400,000)	(100,000)			(　　　　　)
非支配株主当期純利益					
親会社株主当期純利益					(　　　　　)

問題2

決算整理後残高試算表　　　　　　　（単位：円）

借方科目	金額	貸方科目	金額
現金	100	買掛金	154,000
当座預金	5,000	仮受消費税等	0
売掛金	〔　　　　　〕	未払消費税等	〔　　　　　〕
売買目的有価証券	〔　　　　　〕	未払法人税等	〔　　　　　〕
買建オプション	〔　　　　　〕	貸倒引当金	〔　　　　　〕
仮払消費税等	0	建物減価償却累計額	〔　　　　　〕
仮払法人税等	0	備品減価償却累計額	〔　　　　　〕
繰越商品	〔　　　　　〕	社債	〔　　　　　〕
貯蔵品	〔　　　　　〕	退職給付引当金	〔　　　　　〕
前払地代	〔　　　　　〕	資産除去債務	〔　　　　　〕
建物	〔　　　　　〕	資本金	500,000
備品	〔　　　　　〕	その他資本剰余金	80,000
保証金	500,000	利益準備金	50,000
長期貸付金	〔　　　　　〕	繰越利益剰余金	60,860
仕入	〔　　　　　〕	新株予約権	〔　　　　　〕
給与手当	150,000	売上	〔　　　　　〕
支払地代	〔　　　　　〕	受取利息	500
減価償却費	〔　　　　　〕	有価証券運用損益	〔　　　　　〕
貸倒引当金繰入（販売費）	〔　　　　　〕		
棚卸減耗損	〔　　　　　〕		
商品評価損	〔　　　　　〕		
退職給付費用	〔　　　　　〕		
その他の費用	100,000		
社債利息	〔　　　　　〕		
オプション差損	〔　　　　　〕		
貸倒引当金繰入（営業外費用）	〔　　　　　〕		
資産除去債務調整額	〔　　　　　〕		
固定資産除却損	〔　　　　　〕		
法人税等	12,800		
	〔　　　　　〕		〔　　　　　〕

会 計 学

問題1

	正誤	理　　由
1.		
2.		
3.		
4.		
5.		
6.		
7.		
8.		
9.		
10.		

問題2

問1	用　語		用　語
(a)		(d)	
(b)		(e)	
(c)			

問2

問3

問題3

問1

(a)	
(b)	
(c)	

問2

問3

(1)	
(2)	

工 業 簿 記

問題 1

問 1

製造間接費の標準配賦率　〔　　　　　　　　〕円/時間

問 2

当月完成品原価　〔　　　　　　　〕円

月末仕掛品原価　〔　　　　　　　〕円

問 3

借 方 科 目	金 　 額	貸 方 科 目	金 　 額

問 4

借 方 科 目	金 　 額	貸 方 科 目	金 　 額

問 5

借 方 科 目	金 　 額	貸 方 科 目	金 　 額

問 6

原価差異の総額　〔　　　　　　　　〕円

材料数量差異

材料Xの材料数量差異　〔　　　　　　　〕円

材料Yの材料数量差異　〔　　　　　　　〕円

製造間接費差異

予算差異　　　　　　〔　　　　　　　〕円

能率差異　　　　　　〔　　　　　　　〕円

操業度差異　　　　　〔　　　　　　　〕円

問7

問題2
問1

①の方法

仕　掛　品

前月繰越	[	]	製品	[	]
諸口	[	]	原価差異	[	]
原価差異	[	]	次月繰越	[	]

（注）　記入する必要のない空欄はそのままにしておくこと。

②の方法

仕　掛　品

前月繰越	[	]	製品	[	]
諸口	[	]	原価差異	[	]
原価差異	[	]	次月繰越	[	]

（注）　記入する必要のない空欄はそのままにしておくこと。

問2

問題3

名称
意味

名称
意味

16

原 価 計 算

問題1

問1

配賦率 〔　　　　　　　　〕円/時

	製品A	製品B	製品C
単位当たり配賦原価	円	円	円

問2

	製品A	製品B	製品C
単位当たり配賦原価	円	円	円

問3

〔　　　　　　　　〕分

問4

〔　　　　　　　　〕円/分

問5

段　取	円/回
マテハン	円/回
検　査	円/回

問6

	製品A	製品B	製品C	計
段　取	円	円	円	円
マテハン	円	円	円	円
検　査	円	円	円	円
合　計	円	円	円	円

問7

	製品A	製品B	製品C
単位当たり配賦原価	円	円	円

問8

〔　　　　　　　　　〕円

問題2

問1

製品の組み合わせ

製品X	製品Y	製品Z
個	個	個

利益額　　〔　　　　　　　　　〕円

問2

加重平均貢献利益率　　〔　　　　　　　　〕％

損益分岐点売上高　　〔　　　　　　　　〕円

安全余裕率　　〔　　　　　　　　〕％

問3

　　利益が最大となる製品組み合わせは, 製品Xが (　　　　　　　) 個, 製品Yが
(　　　　　　) 個, 製品Zが (　　　　　　　) 個であり, その時の全体の利益は
(　　　　　) 円である。当初の利益より (　　　　　　) 円利益が (増加 ・ 減少)*
するので, この固定費の追加は (行うべきである ・ 行うべきではない)*。

　　*は該当するものに○をすること。

問4

　　利益が最大となる製品組み合わせは, 製品Xが (　　　　　　　) 個, 製品Yが
(　　　　　　) 個, 製品Zが (　　　　　　　) 個であり, その時の全体の利益は
(　　　　　) 円である。当初の利益より (　　　　　　) 円利益が (増加 ・ 減少)*
するので, この固定費の追加は (行うべきである ・ 行うべきではない)*。

　　*は該当するものに○をすること。

第203回 解答用紙

商　業　簿　記

問題1

（単位：円）

問題番号		借方科目	金　額	貸方科目	金　額
(1)					
(2)	①				
	②				
	③				
	④				
(3)					

問題2

（単位：円）

	借方科目	金　額	貸方科目	金　額
(1)				
(2)				
(3)				

問題3

閉鎖残高　　　　　　　　　　　（単位：円）

借　方　科　目	金　額	貸　方　科　目	金　額
現金	〔　　　　　　〕	支払手形	1,200
当座預金	62,800	買掛金	1,480
受取手形	20,300	短期借入金	4,800
売掛金	〔　　　　　　〕	退職給付引当金	〔　　　　　　〕
売買目的有価証券	〔　　　　　　〕	社債	〔　　　　　　〕
繰越商品	〔　　　　　　〕	貸倒引当金	〔　　　　　　〕
建物	〔　　　　　　〕	建物減価償却累計額	〔　　　　　　〕
備品	3,500	備品減価償却累計額	〔　　　　　　〕
土地	132,800	資本金	100,000
長期貸付金	〔　　　　　　〕	資本準備金	22,000
関連会社株式	〔　　　　　　〕	利益準備金	11,500
その他有価証券	〔　　　　　　〕	繰越利益剰余金	〔　　　　　　〕
社債発行差金	〔　　　　　　〕	その他有価証券評価差額金	〔　　　　　　〕
	〔　　　　　　〕	未払社債利息	〔　　　　　　〕
	〔　　　　　　〕	未払法人税等	〔　　　　　　〕
	〔　　　　　　〕		〔　　　　　　〕
	〔　　　　　　〕		〔　　　　　　〕
	〔　　　　　　〕		〔　　　　　　〕
	〔　　　　　　〕		〔　　　　　　〕
	〔　　　　　　〕		〔　　　　　　〕

損　　益 （単位：円）

借　方　科　目	金　　額	貸　方　科　目	金　　額
仕入	〔　　　　　〕	売上	280,000
広告宣伝費	〔　　　　　〕	受取利息	〔　　　　　〕
給料	〔　　　　　〕	受取配当金	56
消耗品費	〔　　　　　〕		〔　　　　　〕
支払利息	〔　　　　　〕		〔　　　　　〕
社債発行費	720		〔　　　　　〕
旅費交通費	〔　　　　　〕		〔　　　　　〕
貸倒引当金繰入	〔　　　　　〕		〔　　　　　〕
有価証券評価損	〔　　　　　〕		〔　　　　　〕
投資有価証券評価損	〔　　　　　〕		〔　　　　　〕
棚卸減耗損	〔　　　　　〕		〔　　　　　〕
商品評価損	〔　　　　　〕		〔　　　　　〕
減価償却費	〔　　　　　〕		〔　　　　　〕
減損損失	〔　　　　　〕		〔　　　　　〕
社債利息	〔　　　　　〕		〔　　　　　〕
退職給付費用	〔　　　　　〕		〔　　　　　〕
法人税等	〔　　　　　〕		〔　　　　　〕
	〔　　　　　〕		〔　　　　　〕
	〔　　　　　〕		〔　　　　　〕
	〔　　　　　〕		〔　　　　　〕
	〔　　　　　〕		〔　　　　　〕
	〔　　　　　〕		〔　　　　　〕

会 計 学

問題1

	正誤	理　　　　　　由
1.		
2.		
3.		
4.		
5.		
6.		
7.		
8.		
9.		
10.		

問題2

問1		
問2	(1)	資本準備金　　　　　　　　　　　　　その他資本剰余金
	(2)	利益準備金　　　　　　　　　　　　　その他利益剰余金
問3		
問4		
問5		

問題3

問1

		営業活動による キャッシュ・フロー	投資活動による キャッシュ・フロー	財務活動による キャッシュ・フロー
方法①	利息の受取額	○		
	配当金の受取額			
	利息の支払額			
	配当金の支払額			
方法②	利息の受取額		○	
	配当金の受取額			
	利息の支払額			
	配当金の支払額			

問2	
問3	

工 業 簿 記

問題1

問1

外部副費　　〔　　　　　　　　〕円　　内部副費　　〔　　　　　　　　〕円

問2

予定配賦率　　〔　　　　　　　　〕円/kg

問3

カッコ内に有利差異あるいは不利差異のいずれか適切なほうを記入しなさい。

材料副費配賦差異　　　　　　〔　　　　　　　〕円　（　　　　　　　　）

├─材料副費予算差異　　〔　　　　　　　〕円　（　　　　　　　　）

└─材料購入量差異　　〔　　　　　　　〕円　（　　　　　　　　）

問4

<table>
<tr><th colspan="8">材　　　料　　　　　　　　　　（単位：円）</th></tr>
<tr><td>10/ 1</td><td>前 月 繰 越</td><td>6,240,000</td><td>10/ 5</td><td>（　　　）</td><td>〔　　　　〕</td></tr>
<tr><td>/10</td><td>諸　　　口</td><td>〔　　　　〕</td><td>（　　　）</td><td>（　　　）</td><td>〔　　　　〕</td></tr>
<tr><td>/23</td><td>諸　　　口</td><td>〔　　　　〕</td><td>（　　　）</td><td>（　　　）</td><td>〔　　　　〕</td></tr>
<tr><td>（　　）</td><td>（　　　）</td><td>〔　　　　〕</td><td>（　　　）</td><td>（　　　）</td><td>〔　　　　〕</td></tr>
<tr><td>（　　）</td><td>（　　　）</td><td>〔　　　　〕</td><td>（　　　）</td><td>（　　　）</td><td>〔　　　　〕</td></tr>
<tr><td>（　　）</td><td>（　　　）</td><td>〔　　　　〕</td><td>（　　）</td><td>次 月 繰 越</td><td>〔　　　　〕</td></tr>
<tr><td></td><td></td><td>〔　　　　〕</td><td></td><td></td><td>〔　　　　〕</td></tr>
</table>

問題2

問1

科　　目	金　　額	科　　目	金　　額

問2

等価係数　　連産品A：連産品B　＝　1　：　〔　　　　　　　　　〕

問3

月末仕掛品原価　　　　〔　　　　　　　　　〕円

第1工程完成品原価

　連産品A　　　　　〔　　　　　　　　　〕円　　連産品B　　　　　　〔　　　　　　　　　〕円

問題3

複合費とは
_____

_____

類似点：
_____

相違点：
_____

_____

原 価 計 算

問題1

問1

売上

第1年度 〔 　　　　　 〕円 　第2年度 〔 　　　　　 〕円

第3年度 〔 　　　　　 〕円 　第4年度 〔 　　　　　 〕円

利益

第1年度 〔 　　　　　 〕円 　第2年度 〔 　　　　　 〕円

第3年度 〔 　　　　　 〕円 　第4年度 〔 　　　　　 〕円

問2

第1年度期末 〔 　　　　　 〕円 　第2年度期末 〔 　　　　　 〕円

第3年度期末 〔 　　　　　 〕円 　第4年度期末 〔 　　　　　 〕円

問3

〔 　　　　　 〕円

問4

第1年度 〔 　　　　　 〕円 　第2年度 〔 　　　　　 〕円

第3年度 〔 　　　　　 〕円 　第4年度 〔 　　　　　 〕円

問5

第1年度期末 〔 　　　　　 〕円 　第2年度期末 〔 　　　　　 〕円

第3年度期末 〔 　　　　　 〕円 　第4年度期末 〔 　　　　　 〕円

問6

〔 　　　　　 〕円

問7

選択すべき案（いずれかを○で囲むこと）
　①旧機械を利用し続ける案
　②旧機械を売却し新機械を購入する案

理由：

問8

選択すべき案（いずれかを○で囲むこと）
　①旧機械を利用し続ける案
　②旧機械を売却し新機械を購入する案

理由：

問題2

問1

意味：

問2

内部収益率　　〔　　　　　　　　〕％

この投資案を行うべきである　・　この投資案を行うべきでない　（いずれかを○で囲むこと）

問3

場合：

問題3

1　（　　　　　　　　）　2　（　　　　　　　　）

3　（　　　　　　　　）　4　（　　　　　　　　）

5　（　　　　　　　　）

第205回 解答用紙

問　題　36
解　答　193

商 業 簿 記

問題1

（単位：円）

問題番号	借　方　科　目	金　　額	貸　方　科　目	金　　額
(1)				
(2)				
(3)				

問題2

ケース1　　　　　　　　　　　　　　　　　　　　　　　　　　　（単位：円）

問題番号	借　方　科　目	金　　額	貸　方　科　目	金　　額
(1)				
(2)				
(3)				

ケース2　　　　　　　　　　　　　　　　　　　　　　　　　　　（単位：円）

問題番号	借　方　科　目	金　　額	貸　方　科　目	金　　額
(1)				
(2)				
(3)				

問題3

損　　　　益　　　　　　　　　　（単位：円）

借　方　科　目	金　額	貸　方　科　目	金　額
売上原価	〔　　　　　〕	売上	2,454,000
給料手当	221,000	受取配当金	280
退職給付費用	〔　　　　　〕	受取利息	〔　　　　　〕
広告宣伝費	〔　　　　　〕	有価証券利息	〔　　　　　〕
支払家賃	〔　　　　　〕	償却債権取立益	〔　　　　　〕
雑費	1,526		
貸倒引当金繰入	〔　　　　　〕		
減価償却費	〔　　　　　〕		
支払利息	〔　　　　　〕		
投資有価証券評価損	〔　　　　　〕		
法人税等	185,000		
繰越利益剰余金	〔　　　　　〕		
	〔　　　　　〕		〔　　　　　〕

閉 鎖 残 高　　　　　　　　（単位：円）

借　方　科　目	金　　額	貸　方　科　目	金　　額
現金	121,079	買掛金	51,000
当座預金	〔　　　　　〕	電子記録債務	〔　　　　　〕
売掛金	〔　　　　　〕	未払消費税等	〔　　　　　〕
電子記録債権	84,000	未払法人税等	〔　　　　　〕
商品	〔　　　　　〕		〔　　　　　〕
	〔　　　　　〕	未払リース債務	〔　　　　　〕
	〔　　　　　〕	貸倒引当金	〔　　　　　〕
建物	150,000	リース債務	〔　　　　　〕
備品	〔　　　　　〕	退職給付引当金	〔　　　　　〕
土地	380,000	建物減価償却累計額	〔　　　　　〕
満期保有目的債券	〔　　　　　〕	備品減価償却累計額	〔　　　　　〕
その他有価証券	〔　　　　　〕	資本金	〔　　　　　〕
長期性預金	1,200	資本準備金	100,000
		利益準備金	32,000
		繰越利益剰余金	〔　　　　　〕
		その他有価証券評価差額金	〔　　　　　〕
	〔　　　　　〕		〔　　　　　〕

解答用紙

第205回

会 計 学

問題1

	正誤	理　　　　由
1.		
2.		
3.		
4.		
5.		
6.		
7.		
8.		
9.		
10.		

問題2

問1

問2

問3

(1)	
(2)	

問題3

問1

問2

問3

（日）

工 業 簿 記

問題1

問1

　第１工程　正常仕損費　〔　　　　　　　　〕円

問2

　第１工程　完成品原価　〔　　　　　　　　〕円　　月末仕掛品原価　〔　　　　　　　　〕円

問3

　第２工程　正常仕損費　〔　　　　　　　　〕円

問4

　第２工程　完成品原価　〔　　　　　　　　〕円　　月末仕掛品原価　〔　　　　　　　　〕円

　　　　　　異常仕損費　〔　　　　　　　　〕円

問5

- -

- -

問題2

問1

損益計算書（直接原価計算方式）

（単位：円）

売上高	[ ]
変動売上原価	[ ]
変動製造マージン	[ ]
変動販売費	[ ]
貢献利益	[ ]
固定製造間接費	[ ]
固定販売費	[ ]
一般管理費	[ ]
営業利益	[ ]

問2

借　　方	金　　額	貸　　方	金　　額

問3

借　　方	金　　額	貸　　方	金　　額

問4

全部原価計算方式の営業利益　〔　　　　　　　　　〕円

原 価 計 算

問題1

問1

A製品 〔　　　　　　〕% 　B製品 〔　　　　　　　〕% 　C製品 〔　　　　　　　〕%

全　社 〔　　　　　　〕%

問2

〔　　　　　　　　　　〕内には数値を入れること

全社的売上総利益率＝A製品売上総利益率× 〔　　　　　　　〕%

　　　　　　　　　　　＋B製品売上総利益率× 〔　　　　　　　〕%

　　　　　　　　　　　＋C製品売上総利益率× 〔　　　　　　　〕%

問3

不利差異の場合には△を付すこと

全社的売上総利益差異　　〔　　　　　　　　　〕円

問4

〔　　　　　　　〕内には差異の金額を記入し，不利差異の場合には△を付すこと

① 　単位当たり売上総利益差異　　〔　　　　　　　〕円

② 　販売ミックス差異　　　　　　〔　　　　　　　〕円

③ 　販売数量差異　　　　　　　　〔　　　　　　　〕円

②の計算過程

問5

C製品

① 　販売価格差異　　　　　〔　　　　　　　〕円

② 　単位当たり原価差異　　〔　　　　　　　〕円

問題2

問1

〔　　　　　　　　〕円

問2

単位：円

	X事業部	Y事業部	全　社
売　　上　　高	〔　　　　　〕	〔　　　　　〕	〔　　　　　〕
売　上　原　価	〔　　　　　〕	〔　　　　　〕	〔　　　　　〕
売　上　総　利　益	〔　　　　　〕	〔　　　　　〕	〔　　　　　〕
販売費及び一般管理費	〔　　　　　〕	〔　　　　　〕	〔　　　　　〕
営　業　利　益	〔　　　　　〕	〔　　　　　〕	〔　　　　　〕

問3

マイナスの場合には△を付すこと。

単位：円

	X事業部	Y事業部	全　社
売　　上　　高	〔　　　　　〕	〔　　　　　〕	〔　　　　　〕
変　動　売　上　原　価	〔　　　　　〕	〔　　　　　〕	〔　　　　　〕
変動製造マージン	〔　　　　　〕	〔　　　　　〕	〔　　　　　〕
変　動　販　売　費	〔　　　　　〕	〔　　　　　〕	〔　　　　　〕
貢　献　利　益	〔　　　　　〕	〔　　　　　〕	〔　　　　　〕
固　定　製　造　費	〔　　　　　〕	〔　　　　　〕	〔　　　　　〕
固　定　販　売　費	〔　　　　　〕	〔　　　　　〕	〔　　　　　〕
一　般　管　理　費	〔　　　　　〕	〔　　　　　〕	〔　　　　　〕
セグメント・マージン	〔　　　　　〕	〔　　　　　〕	〔　　　　　〕
本　　社　　費			〔　　　　　〕
営　業　利　益			〔　　　　　〕

問4

問題3

第207回 解答用紙

| 問　題 | 46 |
| 解　答 | 225 |

商 業 簿 記

問題1

（単位：円）

問題番号	借　方　科　目	金　額	貸　方　科　目	金　額
(1)				
(2)				
(3)				

問題2

（単位：円）

借　方　科　目	金　額	貸　方　科　目	金　額

問題3

勘定の内訳　　　　　　　（単位：円）

	その他有価証券	繰延税金資産	繰延税金負債	その他有価証券評価差額金	
	借方	借方	貸方	借方	貸方
A社社債					
B社社債					
C社株式					
D社株式					
計					

問題3

<table>
<tr><th colspan="5">決算整理後残高試算表　　　　　　（単位：円）</th></tr>
<tr><th colspan="2">借方科目</th><th>金額</th><th>貸方科目</th><th>金額</th></tr>
<tr><td colspan="2">現金</td><td>1,520</td><td>買掛金</td><td>39,000</td></tr>
<tr><td colspan="2">当座預金</td><td>5,770</td><td>仮受消費税等</td><td>0</td></tr>
<tr><td colspan="2">売掛金</td><td>60,000</td><td>仮受金</td><td>0</td></tr>
<tr><td colspan="2">割賦売掛金</td><td>〔　　　　　〕</td><td>貸倒引当金</td><td>〔　　　　　〕</td></tr>
<tr><td colspan="2">仮払金</td><td>0</td><td>未払消費税等</td><td>〔　　　　　〕</td></tr>
<tr><td colspan="2">仮払法人税等</td><td>0</td><td>未払法人税等</td><td>〔　　　　　〕</td></tr>
<tr><td colspan="2">仮払消費税等</td><td>0</td><td>建物減価償却累計額</td><td>〔　　　　　〕</td></tr>
<tr><td colspan="2">繰越商品</td><td>〔　　　　　〕</td><td>備品減価償却累計額</td><td>〔　　　　　〕</td></tr>
<tr><td colspan="2">前払地代</td><td>〔　　　　　〕</td><td>繰延税金負債</td><td>〔　　　　　〕</td></tr>
<tr><td colspan="2">建物</td><td>150,000</td><td>利息調整勘定</td><td>〔　　　　　〕</td></tr>
<tr><td colspan="2">備品</td><td>54,000</td><td>商品低価引当金</td><td>〔　　　　　〕</td></tr>
<tr><td colspan="2">その他有価証券</td><td>〔　　　　　〕</td><td>資本金</td><td>〔　　　　　〕</td></tr>
<tr><td colspan="2">保証金</td><td>98,000</td><td>資本準備金</td><td>〔　　　　　〕</td></tr>
<tr><td colspan="2">繰延税金資産</td><td>〔　　　　　〕</td><td>その他資本剰余金</td><td>〔　　　　　〕</td></tr>
<tr><td colspan="2">自己株式</td><td>〔　　　　　〕</td><td>利益準備金</td><td>20,000</td></tr>
<tr><td colspan="2">仕入</td><td>〔　　　　　〕</td><td>繰越利益剰余金</td><td>〔　　　　　〕</td></tr>
<tr><td colspan="2">給与手当</td><td>45,000</td><td>その他有価証券評価差額金</td><td>〔　　　　　〕</td></tr>
<tr><td colspan="2">支払地代</td><td>〔　　　　　〕</td><td>新株予約権</td><td>〔　　　　　〕</td></tr>
<tr><td colspan="2">その他の費用</td><td>53,000</td><td>売上</td><td>400,000</td></tr>
<tr><td colspan="2">貸倒引当金繰入</td><td>〔　　　　　〕</td><td>割賦売上</td><td>10,000</td></tr>
<tr><td colspan="2">減価償却費</td><td>〔　　　　　〕</td><td>受取利息</td><td>〔　　　　　〕</td></tr>
<tr><td colspan="2">棚卸減耗損</td><td>〔　　　　　〕</td><td>受取配当金</td><td>〔　　　　　〕</td></tr>
<tr><td colspan="2">商品評価損</td><td>〔　　　　　〕</td><td>新株予約権戻入益</td><td>〔　　　　　〕</td></tr>
<tr><td colspan="2">固定資産除却損</td><td>〔　　　　　〕</td><td></td><td></td></tr>
<tr><td colspan="2">有価証券評価損（特別損失）</td><td>〔　　　　　〕</td><td></td><td></td></tr>
<tr><td colspan="2">法人税等</td><td>23,910</td><td></td><td></td></tr>
<tr><td colspan="2"></td><td>〔　　　　　〕</td><td></td><td>〔　　　　　〕</td></tr>
</table>

注意：〔　　　　　〕内の金額がゼロである場合，0と記入すること。

会 計 学

問題1

	正誤	理　　　　　由
1.		
2.		
3.		
4.		
5.		
6.		
7.		
8.		
9.		
10.		

問題2

問1

債務概念	「基準」の概念	債務概念の認識範囲の説明
予測給付債務概念		
累積給付債務概念		
確定給付債務概念		

問2

(1)連結 　財務諸表	
(2)個別 　財務諸表	

問題3

問1

問2

(1)	
(2)	

工 業 簿 記

問題1

問1

仕掛品勘定への振替仕訳

借方科目	金　額	貸方科目	金　額

製造間接費勘定への振替仕訳

借方科目	金　額	貸方科目	金　額

問2

材料消費価格差異　　　〔　　　　　　　　〕円

問3

仕掛品勘定への振替仕訳

借方科目	金　額	貸方科目	金　額

製造間接費勘定への振替仕訳

借方科目	金　額	貸方科目	金　額

問4

賃率差異　　　　　　　〔　　　　　　　　〕円

問5

製造間接費の実際発生額　〔　　　　　　　　〕円

問6

製造間接費配賦差異　　　〔　　　　　　　　〕円

予算差異　　　　　　　　〔　　　　　　　　〕円

操業度差異　　　　　　　〔　　　　　　　　〕円

問7

正常仕損費　　　　　　〔　　　　　　　　〕円

完成品原価　　　　　　〔　　　　　　　　〕円

問題2

問1　（　　　　　　　　　　　　　）

問2

仕 掛 品

前 月 繰 越	[	]	製　　　　品	[	]
原 材 料 費	[	]	次 月 繰 越	[	]
加　工　費	[	]			

問3

仕 掛 品

前 月 繰 越	[	]	製　　　　品	[	]
原 材 料 費	[	]	異 常 減 損 費	[	]
加　工　費	[	]	次 月 繰 越	[	]

問題3

1（　　　　　　　　　　　　）　　　2（　　　　　　　　　　　　　）

3（　　　　　　　　　　　　）　　　4（　　　　　　　　　　　　　）

原 価 計 算

問題1

問1

①		②		③	
④		⑤		⑥	

問2

〔　　　　　　　　〕個

問題2
問1

①		②		③	
④		⑤		⑥	

問2

③コスト 〔　　　　　　　　　〕円

評価コスト 〔　　　　　　　　　〕円

④コスト 〔　　　　　　　　　〕円

外部失敗コスト 〔　　　　　　　　　〕円

品質原価合計 〔　　　　　　　　　〕円

問3

A案

③コスト 〔　　　　　　　　　〕円

評価コスト 〔　　　　　　　　　〕円

④コスト 〔　　　　　　　　　〕円

外部失敗コスト 〔　　　　　　　　　〕円

品質原価合計 〔　　　　　　　　　〕円

B案

③コスト 〔　　　　　　　　　〕円

評価コスト 〔　　　　　　　　　〕円

④コスト 〔　　　　　　　　　〕円

外部失敗コスト 〔　　　　　　　　　〕円

品質原価合計 〔　　　　　　　　　〕円

（ A案 ・ B案 ）*の方が品質原価合計が 〔　　　　　　　　　〕円低いので有利な案である。

*どちらかの案を○で囲むこと。

第209回 解答用紙

商 業 簿 記

問題1

閉 鎖 残 高　　　　　　　　　　　　（単位：円）

借　方　科　目	金　額	貸　方　科　目	金　額
現金	9,715	支払手形	800
当座預金	〔　　　　　〕	買掛金	〔　　　　　〕
受取手形	〔　　　　　〕	短期借入金	4,000
売掛金	〔　　　　　〕	未払金	1,100
売買目的有価証券	〔　　　　　〕	預り保証金	1,000
繰越商品	〔　　　　　〕	社債	60,000
建物	〔　　　　　〕	貸倒引当金	〔　　　　　〕
備品	〔　　　　　〕	建物減価償却累計額	〔　　　　　〕
備品改修費	〔　　　　　〕	備品減価償却累計額	〔　　　　　〕
長期貸付金	5,000	仮受金	0
その他有価証券	〔　　　　　〕	資産除去債務	〔　　　　　〕
社債発行差金	〔　　　　　〕	資本金	180,000
自己株式	〔　　　　　〕	資本準備金	31,000
仮払法人税等	0	その他資本剰余金	〔　　　　　〕
破産更生債権等	〔　　　　　〕	利益準備金	8,780
	〔　　　　　〕	繰越利益剰余金	〔　　　　　〕
	〔　　　　　〕	その他有価証券評価差額金	〔　　　　　〕
	〔　　　　　〕	未払法人税等	〔　　　　　〕
	〔　　　　　〕		〔　　　　　〕
	〔　　　　　〕		〔　　　　　〕
	〔　　　　　〕		〔　　　　　〕
	〔　　　　　〕		〔　　　　　〕
合計	〔　　　　　〕	合計	〔　　　　　〕

損　　　　益　　　　　　　　　　（単位：円）

借　方　科　目	金　　額	貸　方　科　目	金　　額
仕入	〔　　　　〕	売上	340,000
給料	〔　　　　〕	受取利息	〔　　　　〕
社債利息	〔　　　　〕	有価証券評価損益	〔　　　　〕
広告宣伝費	〔　　　　〕		〔　　　　〕
支払利息	〔　　　　〕		〔　　　　〕
その他有価証券評価損	〔　　　　〕		〔　　　　〕
貸倒引当金繰入	〔　　　　〕		〔　　　　〕
減価償却費	〔　　　　〕		〔　　　　〕
減損損失	〔　　　　〕		〔　　　　〕
利息費用（資産除去債務）	〔　　　　〕		〔　　　　〕
法人税等	〔　　　　〕		〔　　　　〕
	〔　　　　〕		〔　　　　〕
	〔　　　　〕		〔　　　　〕
	〔　　　　〕		〔　　　　〕
	〔　　　　〕		〔　　　　〕

注）すべての空欄に記入するとは限らない。

問題2

約定日基準

	借　方　科　目	金　　額	貸　方　科　目	金　　額
3／30				
3／31				
4／1				
4／2				

修正受渡日基準

	借　方　科　目	金　　額	貸　方　科　目	金　　額
3／30				
3／31				
4／1				
4／2				

問題3

(1) 三分法

	借 方 科 目	金 額	貸 方 科 目	金 額
7 /14				
8 /10				
10/ 3				
決算				

売上原価対立法

	借 方 科 目	金 額	貸 方 科 目	金 額
7 /14				
8 /10				
10/ 3				
決算				

(2) 三分法

借 方 科 目	金 額	貸 方 科 目	金 額

売上原価対立法

借 方 科 目	金 額	貸 方 科 目	金 額

会 計 学

問題1

	正誤	理　　　　由
1.		
2.		
3.		
4.		
5.		
6.		
7.		
8.		
9.		
10.		

問題2

問1	計算過程	

金額	円

問2	計算過程	

金額	円

問3	

問4	計算過程	

金額	円

問5	

問題3

	処理方法	要　　件			ケース		
問1	I	イ	ロ	ハ	1	2	3
	II	イ	ロ	ハ	1	2	3
	III	イ	ロ	ハ	1	2	3

	日付	借　方　科　目	金　　額	貸　方　科　目	金　　額
問2	3/20				
	5/10				

第209回 解答用紙

工 業 簿 記

問題1

問1　不利差異の場合には△をつけること

　　X補助部門費：予定配賦率〔　　　　　　　　〕円／単位　　配賦差異総額〔　　　　　　　　〕円

　　Y補助部門費：予定配賦率〔　　　　　　　　〕円／単位　　配賦差異総額〔　　　　　　　　〕円

問2

　　A製造部門費：予算額〔　　　　　　　〕円　　予定配賦率〔　　　　　　　〕円／時間

　　B製造部門費：予算額〔　　　　　　　〕円　　予定配賦率〔　　　　　　　〕円／時間

問3　A製造部門

　　配 賦 差 異 総 額〔　　　　　　　〕円

　　予 算 差 異〔　　　　　　　〕円

　　操 業 度 差 異〔　　　　　　　〕円

問4　B製造部門

借 方 科 目	金 額	貸 方 科 目	金 額

問5

問題2

問1　期末材料　〔　　　　　　　　　　〕円

問2

借　方　科　目	金　　額	貸　方　科　目	金　　額

問3

売 上 原 価　〔　　　　　　　　〕円

期 末 製 品　〔　　　　　　　　〕円

期末仕掛品　〔　　　　　　　　〕円

問題3

① 　原価は，経済価値の消費である。

②

③

④

原 価 計 算

問題1

問1

製品A 〔　　　　　　　　　〕円

製品B 〔　　　　　　　　　〕円

製品C 〔　　　　　　　　　〕円

問2

製品A 〔　　　　　　　　　〕円

製品B 〔　　　　　　　　　〕円

製品C 〔　　　　　　　　　〕円

問3

売上高　　　　　　　〔　　　　　　　　　　〕円

安全余裕率　　　　　〔　　　　　　　　　〕％

経営レバレッジ係数　〔　　　　　　　　〕

問4

製品A 〔　　　　　　　　　〕円

製品B 〔　　　　　　　　　〕円

製品C 〔　　　　　　　　　〕円

問5

製品A 〔　　　　　　　　　〕円

製品B 〔　　　　　　　　　〕円

製品C 〔　　　　　　　　　〕円

問6

安全余裕率　　　　　〔　　　　　　　　　〕％

経営レバレッジ係数　〔　　　　　　　　　〕

問7

①シナリオ α 〔　　　　　　　　　　　〕 ％

②シナリオ β 〔　　　　　　　　　　　〕 ％

問8

問題2

問1

（ア）

自製すべき
購入すべき　　（該当する方に○を付すこと）

（イ）

自製すべき
購入すべき　　（該当する方に○を付すこと）

問2

個以上から	個未満

問題3

ア（　　　　　　　　　）　　イ（　　　　　　　　　）

ウ（　　　　　　　　　）　　エ（　　　　　　　　　）

商 業 簿 記

問題1

(単位：円)

問題番号		借 方 科 目	金 額	貸 方 科 目	金 額
(1) 全経 販売分	期首分	〔　　　　〕	〔　　　〕	〔　　　　〕	〔　　　〕
		〔　　　　〕	〔　　　〕	〔　　　　〕	〔　　　〕
		〔　　　　〕	〔　　　〕	〔　　　　〕	〔　　　〕
	期末分	〔　　　　〕	〔　　　〕	〔　　　　〕	〔　　　〕
		〔　　　　〕	〔　　　〕	〔　　　　〕	〔　　　〕
(2) 全経九 州セー ルス分	期首分	〔　　　　〕	〔　　　〕	〔　　　　〕	〔　　　〕
		〔　　　　〕	〔　　　〕	〔　　　　〕	〔　　　〕
	期末分	〔　　　　〕	〔　　　〕	〔　　　　〕	〔　　　〕
		〔　　　　〕	〔　　　〕	〔　　　　〕	〔　　　〕

(注)〔　　　　〕には勘定科目あるいは金額を1つのみ記入すること。

問題2

(単位：円)

問題番号	借 方 科 目	金 額	貸 方 科 目	金 額
(1)				
(2)				

問題3

損　　　益　　　　　　　　　　　　　　　　　　　（単位：円）

借　方　科　目	金　　額	貸　方　科　目	金　　額
仕入	〔　　　　　〕	売上	2,081,868
商品低価評価損	〔　　　　　〕	受取手数料	12,340
給料手当	332,000	商品低価切下額戻入	〔　　　　　〕
退職給付費用	〔　　　　　〕		〔　　　　　〕
	〔　　　　　〕		〔　　　　　〕
	〔　　　　　〕		
広告宣伝費	18,700		
支払地代	〔　　　　　〕		
貸倒引当金繰入	〔　　　　　〕		
減価償却費	〔　　　　　〕		
雑費	1,690		
支払利息	〔　　　　　〕		
	〔　　　　　〕		
	〔　　　　　〕		
	〔　　　　　〕		
法人税等	175,000		
繰越利益剰余金	〔　　　　　〕		
	〔　　　　　〕		〔　　　　　〕

（注）すべての空欄を使用するとは限らない。

閉 鎖 残 高　　　　　　　　　　　　　（単位：円）

借　方　科　目	金　額	貸　方　科　目	金　額
現金	100,350	買掛金	72,500
当座預金	223,000	電子記録債務	8,800
売掛金	〔　　　　　　〕	未払消費税等	〔　　　　　　〕
電子記録債権	〔　　　　　　〕	未払法人税等	〔　　　　　　〕
繰越商品	〔　　　　　　〕		〔　　　　　　〕
	〔　　　　　　〕		〔　　　　　　〕
建物	150,000		〔　　　　　　〕
土地	230,000	貸倒引当金	〔　　　　　　〕
満期保有目的債券	〔　　　　　　〕		〔　　　　　　〕
関連会社株式	〔　　　　　　〕	長期借入金	30,000
その他有価証券	〔　　　　　　〕	退職給付引当金	〔　　　　　　〕
	〔　　　　　　〕	建物減価償却累計額	〔　　　　　　〕
		資本金	300,000
		資本準備金	130,000
		利益準備金	〔　　　　　　〕
		繰越利益剰余金	〔　　　　　　〕
			〔　　　　　　〕
	〔　　　　　　〕		〔　　　　　　〕

（注）すべての空欄を使用するとは限らない。

会 計 学

問題1

	正誤	理　　　　　由
1.		
2.		
3.		
4.		
5.		
6.		
7.		
8.		
9.		
10.		

問題 2

問 1

資産説	
資本控除説	

問 2

問 3

問題 3

問 1

1	
2	
3	
4	
5	

問 2

（％）

第211回 解答用紙

工 業 簿 記

問題1

問1

等級製品Xの正常減損費　〔　　　　　　　〕円

等級製品Yの正常減損費　〔　　　　　　　〕円

問2

等級製品X　完成品原価〔　　　　　　〕円　月末仕掛品原価〔　　　　　　〕円

等級製品Y　完成品原価〔　　　　　　〕円　月末仕掛品原価〔　　　　　　〕円

問3

等級製品X当月製造費用　直接材料費〔　　　　　　〕円　加工費〔　　　　　〕円

等級製品Y当月製造費用　直接材料費〔　　　　　　〕円　加工費〔　　　　　〕円

問4

借　　方	金　　額	貸　　方	金　　額

問5

問題2

問1　基準操業度　〔　　　　　　　　〕時間

問2　変動費率　〔　　　　　　　　〕円/時間　　固定費　〔　　　　　　　　〕円

問3　予定配賦率　〔　　　　　　　　〕円/時間

問4

	No. 1	No. 2	No. 3	No. 1 － R	No. 2 － 2
直 接 材 料 費	〔　　　　〕	〔　　　　〕	〔　　　　〕	〔　　　　〕	〔　　　　〕
直 接 労 務 費	〔　　　　〕	〔　　　　〕	〔　　　　〕	〔　　　　〕	〔　　　　〕
製 造 間 接 費	〔　　　　〕	〔　　　　〕	〔　　　　〕	〔　　　　〕	〔　　　　〕
作 業 屑 売 却 益	－	－	〔　　　　〕	〔　　　　〕	－
仕 損 売 却 益	－	〔　　　　〕	－	－	－
仕 損 費 振 替	〔　　　　〕	〔　　　　〕	－	〔　　　　〕	〔　　　　〕
合 計	〔　　　　〕	〔　　　　〕	〔　　　　〕	〔　　　　〕	〔　　　　〕

＊マイナスには△をつけること。

問5

製造間接費

諸　　口	〔　　　　〕	予定配賦額	〔　　　　〕
予算差異	〔　　　　〕	予算差異	〔　　　　〕
操業度差異	〔　　　　〕	操業度差異	〔　　　　〕

問6

原 価 計 算

問題1 不利差異には△を付すこと

問1

予算・実績差異分析総括表　　　　　　　　　　（単位：円）

予算営業利益　　　　　　　　　　　　　　　〔　　　　　　　　　　〕

売上高差異

（　　　　　　　　）　　　　〔　　　　　　　　　〕

販売数量差異　　　　　〔　　　　　　　　　〕　〔　　　　　　　　　〕

変動売上原価差異

単位当たり変動売上原価差異　　〔　　　　　　　　　〕

販売数量差異　　　　　〔　　　　　　　　　〕　〔　　　　　　　　　〕

変動販売費差異

予算差異　　　　　　　〔　　　　　　　　　〕

販売数量差異　　　　　〔　　　　　　　　　〕　〔　　　　　　　　　〕

貢献利益差異　　　　　　　　　　　　　　　〔　　　　　　　　　〕

（　　　　　　　　）　　　　　　　　　　　〔　　　　　　　　　〕

固定販売費及び一般管理費差異　　　　　　　〔　　　　　　　　　〕

実際営業利益　　　　　　　　　　　　　　　〔　　　　　　　　　〕

問2　　　〔　　　　　　　　　〕円

問3

市場占有率差異　〔　　　　　　　　〕円

市場総需要差異　〔　　　　　　　　〕円

計算過程

問題2

問1　〔　　　　　　　　　　〕円

問2　初期投資額　　　　　　　〔　　　　　　　　　　〕円

　　　　年々のキャッシュ・フロー　〔　　　　　　　　　　〕円

　　　　売却によるキャッシュ・フロー〔　　　　　　　　　　〕円

問3　正味現在価値　〔　　　　　　　　　〕円

計算過程

問4　〔　　　　　　　　　〕円

計算過程

問5　1年目のキャッシュ・フロー　　〔　　　　　　　　　　〕円

問題3

A		B	
C		D	
E		F	
G		H	

商 業 簿 記

　問題1及び2について，【　　　】には科目の記号を，〔　　　　〕には金額をそれぞれ1つのみ記入すること。なお，空欄となる場合もある。

問題1

	日付	借 方 科 目	金 額	貸 方 科 目	金 額
問1	3/31	【　　】	〔　　　　〕	【　　】	〔　　　　〕
	4/1	【　　】	〔　　　　〕	【　　】	〔　　　　〕
問2	6/30	【　　】	〔　　　　〕	【　　】	〔　　　　〕
		【　　】	〔　　　　〕	【　　】	〔　　　　〕

問題2

	借 方 科 目	金 額	貸 方 科 目	金 額
開 始 仕 訳	【　　】	〔　　　　〕	【　　】	〔　　　　〕
	【　　】	〔　　　　〕	【　　】	〔　　　　〕
	【　　】	〔　　　　〕	【　　】	〔　　　　〕
のれんの償却	【　　】	〔　　　　〕	【　　】	〔　　　　〕
純利益の振替	【　　】	〔　　　　〕	【　　】	〔　　　　〕
配当金の修正	【　　】	〔　　　　〕	【　　】	〔　　　　〕
	【　　】	〔　　　　〕	【　　】	〔　　　　〕

問題3

決算整理後残高試算表　　　　　　単位：円

借　方　科　目	金　額	貸　方　科　目	金　額
現金	100	買掛金	145,000
当座預金	11,000	仮受消費税等	0
クレジット売掛金	〔　　　　〕	貸倒引当金	〔　　　　〕
売掛金	〔　　　　〕	未払利息	〔　　　　〕
売買目的有価証券	〔　　　　〕	未払消費税等	〔　　　　〕
買建オプション	〔　　　　〕	未払法人税等	〔　　　　〕
未収利息	〔　　　　〕	建物減価償却累計額	〔　　　　〕
仮払金	0	備品減価償却累計額	〔　　　　〕
前払地代	〔　　　　〕	車両減価償却累計額	〔　　　　〕
仮払法人税等	0	社債	〔　　　　〕
仮払消費税等	0	資本金	800,000
商品	〔　　　　〕	利益準備金	196,000
建物	800,000	繰越利益剰余金	〔　　　　〕
備品	〔　　　　〕	売上	1,600,000
車両	〔　　　　〕	有価証券評価損益	〔　　　　〕
借地権	500,000	オプション差損益	〔　　　　〕
長期貸付金	〔　　　　〕	受取利息	〔　　　　〕
売上原価	1,020,000	固定資産売却損益	〔　　　　〕
給与手当	250,000		
支払地代	〔　　　　〕		
支払手数料	〔　　　　〕		
貸倒引当金繰入(営業費)	〔　　　　〕		
減価償却費	〔　　　　〕		
棚卸減耗損	〔　　　　〕		
商品評価損	〔　　　　〕		
その他の営業費用	120,000		
貸倒引当金繰入(営業外)	〔　　　　〕		
社債利息	〔　　　　〕		
法人税等	56,000		
	〔　　　　〕		〔　　　　〕

注意：〔　　　〕内の金額がゼロである場合，0と記入すること。

会 計 学

問題1

	正誤	理　　　　由
1.		
2.		
3.		
4.		
5.		
6.		
7.		
8.		
9.		
10.		

問題2
　問1

1		2		3	
4		5			

　問2
　(1)　直接法

<u>　　　　キャッシュ・フロー計算書　　　　</u>　　　　　　　（単位：千円）

営業活動によるキャッシュ・フロー
　　　　営業収入　　　　　　　　　　　　　　　　〔　　　　　　　〕
　　　　商品の〔　　　　　　　〕　　　　　　　　〔　　　　　　　〕
　　　　人件費の支出　　　　　　　　　　　　　　〔　　　　　　　〕
　　　　その他の営業支出　　　　　　　　　　　　〔　　　　　　　〕
　　　　　小　　　計　　　　　　　　　　　　　　〔　　　　　　　〕
　　　　〔　　　　　　　〕の受取額　　　　　　　〔　　　　　　　〕
　　　　〔　　　　　　　〕の支払額　　　　　　　〔　　　　　　　〕
　　　　〔　　　　　　　〕の支払額　　　　　　　〔　　　　　　　〕
　　　　営業活動によるキャッシュ・フロー　　　　〔　　　　　　　〕
　(注）マイナスは金額の前に△を付すこと

　(2)　間接法

<u>　　　　キャッシュ・フロー計算書　　　　</u>　　　　　　　（単位：千円）

営業活動によるキャッシュ・フロー
　　　　〔　　　　　　　〕利益　　　　　　　　　〔　　　　　　　〕
　　　　減価償却費　　　　　　　　　　　　　　　〔　　　　　　　〕
　　　　貸倒引当金の〔　　　　　〕　　　　　　　〔　　　　　　　〕
　　　　〔　　　　　　　〕　　　　　　　　　　　〔　　　　　　　〕
　　　　受取利息　　　　　　　　　　　　　　　　〔　　　　　　　〕
　　　　社債利息　　　　　　　　　　　　　　　　〔　　　　　　　〕
　　　　売上債権の〔　　　　〕額　　　　　　　　〔　　　　　　　〕
　　　　棚卸資産の〔　　　　〕額　　　　　　　　〔　　　　　　　〕
　　　　仕入債務の〔　　　　〕額　　　　　　　　〔　　　　　　　〕
　　　　前払費用の〔　　　　〕額　　　　　　　　〔　　　　　　　〕
　　　　未払費用の〔　　　　〕額　　　　　　　　〔　　　　　　　〕
　　　　　小　　　計　　　　　　　　　　　　　　〔　　　　　　　〕
　　　　〔　　　　　　　〕の受取額　　　　　　　〔　　　　　　　〕
　　　　〔　　　　　　　〕の支払額　　　　　　　〔　　　　　　　〕
　　　　〔　　　　　　　〕の支払額　　　　　　　〔　　　　　　　〕
　　　　営業活動によるキャッシュ・フロー　　　　〔　　　　　　　〕
　(注）マイナスは金額の前に△を付すこと

問題 3

問 1

(1)

1		2		3	
4		5			

(2)

①		②		③	

問 2

①使用価値：
②正味売却価額：

第213回 解答用紙

問題 96 解答 342

工 業 簿 記

問題1

問1

仕損品評価額　〔　　　　　　　　〕円

完成品総合原価　〔　　　　　　　　〕円

問2

1.
2.
3.　税法上とくに認められる損金算入項目
4.

問3

月末仕掛品原価　〔　　　　　　　　〕円

異常仕損費　　　〔　　　　　　　　〕円

完成品総合原価　〔　　　　　　　　〕円

問4

月末仕掛品原価　〔　　　　　　　　〕円

異常仕損費　　　〔　　　　　　　　〕円

完成品総合原価　〔　　　　　　　　〕円

問5

月末仕掛品原価　〔　　　　　　　　〕円

異常仕損費　　　〔　　　　　　　　〕円

完成品総合原価　〔　　　　　　　　〕円

問6

問題2

問1　月末仕掛品　〔　　　　　　　　　　〕kg

問2　月末仕掛品　〔　　　　　　　　　　〕kg

問3

仕　掛　品

月初仕掛品	〔　　　　　　〕	製品	〔　　　　　　〕
A材料	218,000,000	月末仕掛品	〔　　　　　　〕
B材料	〔　　　　　　〕		
加工費	672,796,800		

問題3

特徴
理由

原 価 計 算

問題1

問1

製品P 〔 　　　　　　　 〕円/個　　　製品Q 〔 　　　　　　　 〕円/個

問2

製品P 〔 　　　　　　　 〕個　　　製品Q 〔 　　　　　　　 〕個

営業利益 〔 　　　　　　　 〕円

問3

製品P 〔 　　　　　　　 〕個　　　製品Q 〔 　　　　　　　 〕個

営業利益 〔 　　　　　　　 〕円

問4

製品P 〔 　　　　　　　 〕個　　　製品Q 〔 　　　　　　　 〕個

営業利益 〔 　　　　　　　 〕円

問5

_____

_____

_____

問題2

問1

( )

問2

損益分岐点売上高 〔 〕千円

安全余裕率 〔 〕 %

問3

_____

その理由：_____

問4

経営レバレッジ係数 〔 〕

計算過程：

問5

営業利益増加額 〔 〕千円

計算過程：

問6

全経電機の安全性は 改善した ・ 悪化した ・ 不変である。 ←○で囲むこと。

その理由：_____